치매와 가족 ^{3판}

다학제적 접근

권중돈 지음

학지사

3판 머리말

치매환자는 시간 지남력의 장애로 인하여 이따금씩 인생시계를 뒤로 되돌려 살아가기도 한다. 그러나 우주, 세상 그리고 사람들의 인생시계는 오늘의 순간순간을 지나쳐서 미래를 향해 또각또각 어김없이 흘러간다. 필자가 1994년 여름 치매가족의 부양부담에 관한 주제로 박사학위 논문을 제출할 때만 해도 우리 사회에서 치매는 거의 알려지지 않았고, 치매에 관한 학술적 연구가 전무한 실정이었다. 그 이후 8년의 시간이 지나 5명의 공저자와 함께 『치매와 가족』이라는 서명을 지닌 책을 처음 출판하였고, 다시 그로부터 10년의 세월을 흘려보내고 필자 혼자서 『치매환자와 가족복지: 환원과 통섭』이라는 제목으로 개정판을 출간했다. 또다시 10년의 세월이 흐르는 동안 치매국가책임제의 시행이라는 획기적인 치매정책의 변화가 일어났고 다양한 학문분야에서 수많은 학술연구와 논문이 쏟아져 나왔음에도, 필자의 게으름 탓으로 책을 개정하지 못하고 있었다. 학지사에 이 책의 2판에 담긴 내용이 너무 오래된 내용이므로 절판을 요구하였으나, 아직도 이 책을 찾는 독자들이 있으니 개정하여 3판을 출판하는 것이 어떻겠느냐는 제안을 받고 시간을 할애하여 개정작업을 시작하게 되었다. 오래된 지식과 정보를 고치지 않은 필자의 게으름에도 불구하고, 이 책이 20년 넘게 읽힐 수 있었던 것은 모두 독자 여러분 덕분이기에 이 책을 찾아 읽어 준 독자 여러분께 마음 깊은 곳에서 우러나는 심심한 감사의 마음을 전하는 바이다.

이 책은 치매에 대한 다학제적 지식과 정보를 담고 있다. 이번 개정판에서도 이 책의 기본 틀은 고치지 않았으며, 장별 구성도 2판과 동일하다. 그러나 지난 10년간 국가의 치매정책 변화와 학술연구 논문들을 반영하여 최신의 지식과 정보들로 세부 내용들을 수정하였다. 제1부는 노인문제에서의 치매의 위치, 치매에 대한 의학적 이해와 예방, 진단, 치료방법에 대해 다루고 있다. 제1장은 통계청의 장래인구추계결과와 치매 현황자료를 바탕으로, 인구고령화 현상과 치매환자 증가추이 그리고 그에 따르는 치매관리비용의 추이에 관한 사항들을 모두 수정하였다. 제2장은 DSM-5-TR과 ICD-11의 간행에 맞추어 치매의 유형 분류, 진단기준 등에 관한 사항을 수정하였으며, 제3장에서는 새롭게 개발된 치매선별검사 도구와 최근의 학술연구를 기반으로 치매 예방, 진단, 치료에 관한 내용을 수정하였다.

제2부에서는 치매에 대한 비약물적 치료방법과 치매환자의 간호와 돌봄에 관한 내용을 담고 있다. 제4장에서 제6장까지는 작업치료, 운동치료, 음악치료, 미술치료, 원예치료 등의 비약물적 치료와 관련된 최근의 연구자료를 바탕으로 하여 기존의 내용들을 수정·보완하였다. 제7장부터 제9장까지는 치매환자의 신체 및 일상생활 간호와 돌봄방법, 문제행동과 증상 관리방법, 치매환자와의 의사소통, 영양관리, 안전관리 방법 등에 대해서도 최신의 연구결과를 최대한 반영하여 그 내용을 수정하였다.

제3부에서는 치매환자와 가족을 위한 복지정책에 대한 내용을 주로 담고 있다. 2판 출간 이후 10년의 시간이 흐르는 동안 2017년에 치매국가책임제가 시행되면서, 우리나라의 치매환자와 가족을 위한 복지정책은 획기적인 전환이 이루어졌다. 제10장의 내용은 치매국가책임제 이후 확대·강화된 치매환자와 가족을 위한 복지정책과 서비스에 대한 내용을 대폭 보완하여, 2판의 내용이 거의 대부분 수정되었다. 제11장에서는 치매안심센터에서 실시하는 맞춤형 사례관리의 절차와 행정양식을 반영하여 사례관리의 과정에 대한 내용을 대폭 수정·보완하였다. 제12장의 치매가족의 부양부담에 관한 내용은 우리나라에서 치매가족에 관한 전국단위의 실태조사가 거의 이루어지지 않아 가장 최근의 조사자료인 2011년의 치매노인 실태조사 결과를 기반으로 치매가족의 부양실태에 관한 내용을 수정하게 되어 아쉬움이 많이 남는다. 앞으로 실시될 치매실태조사를 통해 치매가족의 부양 및 돌봄실태와 그들이 느끼는 부양부담에 관한 사항들이 보다 구체적으로 밝혀지기를 기대하는 것으로 아쉬움을 달래려고 한다. 제13장에서는 치매환자와 가족의 인권상황에 대한 최신 자료들을 보완하

였으며, 대표적인 인권보호제도인 성년후견제도와 노인보호전문기관의 학대예방 및 개입서비스에 대한 내용을 새롭게 추가하였다. 그리고 부록으로 첨부되어 있던「치매관리법」은 국가법령정보센터(https://www.law.go.kr)를 클릭만 하여도 법령의 연혁과 최신 개정 법령의 내용들을 알 수 있기 때문에 이번 개정판에서는 삭제하였다.

이렇게 책을 개정하는 작업을 마무리하고 돌아서니, 필자가 좀 더 노력해야 했는데라는 아쉬움과 후회가 밀려온다. 하지만 10년을 미뤄 온 개정작업을 또다시 미루기에는 너무 몰염치하여, 현명한 독자 여러분의 깊은 식견과 자발적 학습을 통해 이 책의 부족한 부분이 채워지고, 기탄없는 비판을 통하여 좀 더 다듬어지기를 기대해 본다.

실로 오랜만에 책을 개정하면서 감사해야 할 일이 너무 많다. 먼저 부족하고 죄 많은 필자를 지금껏 살게 해 주시고 크나큰 은혜를 베풀어 주신 하나님께 절하여 감사를 드린다. 이제는 못다 한 효도를 하고 싶어도 그럴 기회를 주시지 않는 하늘에 계신 부모님의 은혜에 눈물로 감사의 마음을 표현한다. 부족한 것 많고 다정하기는커녕 퉁명스럽기만 한 남편과 아버지를 이해해 주고 도와준 아내와 아들, 딸과 사위에게도 고마운 마음을 전한다. 가끔 속을 끓이기도 하지만 순수한 눈망울로 배움의 열정을 보여 준 제자들, 필자와 함께 사회복지실천현장의 프로그램 자문 활동을 함께해 준 교수님들과 관장님들 그리고 책을 통해 깨우친 것보다 더 크고 많은 깨달음을 선물해 준 사회복지실천현장의 사회복지사 여러분께도 감사의 마음을 함께 전한다. 그리고 지난 30년 동안 사회복지학 전공교수로서 알고 깨달은 것들을 깜깜한 곳간(庫間)에 쌓아 두지 않고 세상의 빛을 볼 수 있도록 길을 열어 주신 학지사의 김진환 사장님과 편집부, 영업부 직원들에게도 깊은 감사의 마음을 전한다.

2024년 2월 삭풍이 휘몰아치는 겨울날에
다섯 그루 소나무(五松)가 있는 호수 옆 작은 서재에서

2판 **머리말**

사람은 삶이라는 무채색 도화지 위에 그림을 그리며 살아간다. 그 그림은 명화일 수도 있고, 졸작일 수도 있다. 그림이 평론가로부터 어떤 평가를 받든지에 관계없이, 그 그림은 자기 자신에게는 매우 귀하고 아름다운 것이다. 그런데 어느 날부터 그림이 조금씩 지워지다 결국에는 무채색 도화지로 되돌아간다면 어떨까? 이는 분명 누구에게나 상상하기도 싫은 일일 것이다.

그런데 치매는 상상하기조차 싫은 일을 현실로 만든다. 치매는 삶의 족적을 지우고, 사람의 사람다움을 잃게 만드는 '내 머릿속의 지우개'이다. 하지만 치매의 검은 그림자는 치매환자 자신에게만 드리워지는 것이 아니다. 가족의 삶에도 아픈 그림자를 드리운다. 치매가족은 치매로 인해 '하루 36시간'의 고된 삶을 살아야 한다. 즉, 겉으로 드러난 환자(identified patient)인 치매환자와 치매의 그늘에 숨겨진 환자(hidden patient)인 가족 모두가 치매로 인하여 고통을 당한다.

치매로 인해 야기되는 문제를 해결하기 위하여 국가에서는 20년이 채 안 되는 짧은 기간 동안 다양한 정책을 수립하여 집행하고 있다. 하지만 치매환자와 가족이 피부로 느끼는 복지 체감지수는 그리 높지 않으며, 치매정책은 아직도 개선되고 확충되어야 할 부분이 많이 남아 있다. 치매에 관한 연구와 임상 역시 짧은 기간 동안 큰 발전을 이루었다. 의학, 약학, 재활의학, 간호학, 사회복지학 등 다양한 학문 분야에서 치매의 예방, 진단, 치료와 간호, 가족 지원방안 등에 이르기까지 깊이 있는 논의와 실천이 이루어지고 있다.

치매문제는 한 분야의 학문적 성과만으로는 해결되기 어려운 사회문제이므로, 다분야 접근이 필수적이다. 하지만 치매와 관련된 특정 분야의 지식과 기술만을 담고 있는 연구나 저술을 다른 분야의 전공자가 찾아 익힌다는 것은 쉽지 않다. 이 책은 치매에 관한 다분야의 지식과 기술을 한 권에 정리하고, 치매 전공자와 현장 실천가가 직접 활용할 수 있는 실천 지식의 학습을 지원하고, 치매가족에게 실질적 도움이 될 수 있는 내용을 정리하기 위해 쓰였다.

이 책은 크게 3부로 구성되어 있다. 제1부는 사회문제인 치매의 임상적 특성에 대해 다루었다. 즉, 노인문제로서의 치매, 치매에 대한 의학적 이해와 진단 및 치료방법에 대해 다루었다. 제2부는 치매환자 치료와 간호의 실천적 방법에 대해 다루었다. 즉, 치매환자를 위한 작업치료, 미술치료 등의 재활 및 대안요법, 그리고 치매환자의 신체 및 일상생활 간호, 문제행동 관리, 의사소통, 영양 및 안전관리에 대해 다루었다. 마지막으로 제3부에서는 치매가족과 치매정책에 대해 다루었다. 즉, 치매가족의 부양부담과 지원방안, 치매정책과 서비스, 치매환자 사례관리와 인권문제에 대해 다루었다.

이 책은 대학생 또는 대학원생에게는 치매에 대한 심화학습 교재로 활용될 수 있을 것이며, 치매환자의 치료와 간호에 헌신하고 있는 의료기관, 사회복지기관이나 시설의 종사자에게는 실무지침서로서 가치를 지닐 것이다. 그리고 지극한 효심으로 치매환자를 가정에서 간호하고 있는 부양가족에게는 치매환자의 치료와 간호 방법에 대한 유익한 정보를 제공할 것이다.

이 책을 쓰면서 치매환자와 가족을 위한 전문 서비스 제공에 기초가 되는 다분야의 치매 전문지식과 기술을 포괄적이면서도 깊이 있게 논의하기 위하여 노력을 기울였다. 하지만 아직 다듬어지지 않은 부분이 곳곳에 남아 있다. 부족한 부분은 이 책을 읽는 독자 여러분의 기탄없는 비판과 가르침을 통하여 더욱 다듬어 나갈 수 있기를 기대한다.

이 책을 내면서 저자의 오늘이 있기까지 사랑으로 키워 주시고 돌봐 주신 가족, 기역과 니은을 깨우쳐서 전문지식을 익히기까지 공부의 길목에서 가르쳐 주신 은사님, 치매와 관련된 연구와 일을 할 때 뜻과 행동을 함께해 주신 분들, 가까이서 또는 멀리서 저자를 지켜봐 주고 격려해 주신 모든 분께 진심으로 감사의 마음을 전한다. 또한 강산도 변한다는 10년이 넘는 세월 동안 한결같은 마음으로 부족한 글을 책으로 출판할 수 있는 기회를 허락해 주신 학지사 김진환 사장님 그리고 늘 저자가 쓰는 책을 정밀하고 아름답게 다듬어 주신 최임배 전무님과 김경민 차장님께도 감사의 마음을 표한다.

2012년 2월 세찬 겨울바람에 마음이 시린 날
계룡산 자락의 작은 공간에서

차례

제1부
치매의 임상적 이해

제2부
치매의 비약물 치료, 간호와 돌봄

제3부
치매환자와 가족의 복지

제1부 치매의 임상적 이해

제1장   노인문제와 치매

우리나라에서 노인문제의 맹아(萌芽)가 싹튼 것은 산업화가 시작된 1960년대이고, 노인문제에 대해 사회적 관심을 기울이기 시작한 것은 1970년대 초반의 일이며, 노인문제에 대한 본격적인 사회적 대응이 이루어지기 시작한 것은 1981년 「노인복지법」이 제정되면서부터라고 할 수 있다(권중돈, 1995a). 이후 40년 동안 노인복지제도가 매우 빠르게 확대되었음에도 노인문제는 갈수록 다양해지고 심화되고 있으며, 앞으로도 더욱 심화될 가능성이 높다.

현재 노인계층이 공통으로 겪고 있는 문제는 빈곤, 질병, 고독·소외, 무위라고 하는 '4중고(四重苦)'이다(권중돈, 2022). 우리나라에서 질병이라는 노인문제의 하위유형인 치매에 대해 사회적 관심을 기울이게 된 것은 1990년대 초반부터이며, 공식적인 치매대책이 수립된 것은 1996년 3월에 발표된 '삶의 질 세계화를 위한 노인·장애인 복지 종합대책'이다(보건복지부, 1996). 일반적으로 특정 사회문제에 대한 사회대책이 수립되기까지 10년 정도의 시간이 걸린다는 점을 고려할 때, 치매에 대한 사회대책은 매우 빠르게 수립된 것이다. 이와 같이 빠르게 사회대책이 수립된 것은 그만큼 치매문제를 심각하고 중요한 사회문제로 받아들이고 있었기 때문이라 할 수 있다.

치매에 대한 사회대책이 수립된 이후 30년 가까운 시간 동안 사회성원의 치매에 대한 인식이 개선되었으며, 국가에서는 「치매관리법」의 제정, 치매종합관리대책의 추진, 노인장기요양보험제도의 시행과 같은 보다 체계적이고 전문적인 치매대책을 마련하여 시행하고 있다. 특히 2017년 9월 치매국가책임제의 시행과 함께 치매관리대책은 획기적 변화가 이루어졌다. 그럼에도 치매에 대한 치료적 허무주의 (therapeutic nihilism)가 상존하고 있으며, 국가의 치매대책은 여전히 치매환자와 가족의 미충족 욕구와 문제를 해결하는 데 한계를 보이고 있다. 따라서 치매환자와 가족에게 질 높은 전문 서비스를 제공하기 위해서는 치매문제가 노인문제 중에서 어느 정도의 심각성과 중요성을 지니고 있는지에 대한 명확한 이해가 선행되어야 한다.

이에 이 장에서는 치매가 노화 및 인구고령화와는 어떤 관련성을 지니고 있으며, 노인문제에서 치매가 차지하는 비중은 어떠하며, 노인복지제도에서는 어느 정도의 비중을 두고 치매문제에 대응하고 있는지, 그리고 치매와 관련된 학문 분야에서는 어떤 영역에 관심을 두고 치매문제에 접근하고 있는지에 대하여 논의하고자 한다.

1. 노화와 치매

인간의 출생은 죽음의 출발선이라는 말이 있을 정도로, 모든 인간은 노화(aging)의 과정을 거치게 된다. 노화란 '시간의 흐름에 따라 유기체의 생물적·심리적·사회적 측면에서 나타나는 점진적이고 정상적인 발달과정상의 변화'로서 주로 퇴행적 발달을 의미한다(권중돈, 2021; Beaver, 1983). 이러한 노화는 생물적 노화, 심리적 노화, 사회적 노화라는 세 가지 영역으로 나누어지는데, 이러한 노화와 치매가 어떤 연관성과 차이를 지니고 있는지에 대해 살펴보고자 한다.

1) 생물적 노화와 치매

생물적 노화는 생물적 퇴화과정이 재생산 과정을 능가하여 유기체 내에 퇴행적 변화가 나타나는 현상이다(권중돈, 2022). 먼저 치매와 직접적 관련성을 지니고 있는 뇌의 노화를 살펴보면, 뇌세포의 수는 일생 동안 꾸준히 감소하므로 뇌의 크기와 무게는 50세 이후에는 5~10%, 70세 이후에는 30~40% 정도 감소한다(이상일, 1999). 그리고 치매환자의 뇌에서 자주 관찰되는 신경섬유 뭉치(neurofibrillary tangles)와 노인반(senile plague)이 나타나고, 기억을 저장하는 뇌 구조물인 해마와 대뇌피질의 신경세포가 소실되며, 세포간질에 아밀로이드(amyloid)가 침착하고 리포푸신(lipofuscin)이라는 대사성 쓰레기 물질이 축적된다. 신경전달물질인 도파민(dopamine)이나 노르에피네프린(norepinephrine)을 합성하는 효소가 감소하고 콜린성 물질의 합성도 줄어들며, 80세 이후에는 수상돌기의 양 또한 감소한다(민성길, 2006). 이와 같은 뇌의 노화는 모든 노인에게서 일어나기 때문에 뇌의 노화 자체가 치매와 직결된다고 할 수는 없다. 하지만 뇌의 노화가 정상적 노화의 범위를 넘어서 정상적 기능의 수행을 방해하는 병리적 노화에 이르게 되면 알츠하이머병과 같은 퇴행성 치매를 일으킨다.

　나이가 들어가면서 심장과 혈관계의 기능 저하가 뚜렷하게 나타난다. 심장비대가 초래되며 심근의 수축력이 줄어들고, 심장판막에 섬유조직이 증식되고 칼슘이 침착되므로 그 기능이 감소된다. 그리고 심부정맥 현상이 많아지며, 최대 심장박동수와 최대 심장박출량이 감소하므로 노인은 운동과 같은 스트레스 상황에 대한 대처능력이 떨어진다. 혈관계에서는 먼저 혈관벽이 두꺼워져 동맥압이 상승하게 되지만 정맥의 교감신경 활동이 저하되어 혈액이 동맥으로 이동하는 것이 원활하지 못하게 되므로 혈액 흐름이 늦어진다. 순환혈액량도 나이가 들면서 감소하며, 일반적으로 70세에 도달할 때까지는 연령증가와 함께 평균 동맥혈압이 높아지고 75세 전후가 되면 동맥혈압이 낮아지기 시작한다. 이와 같은 심장과 순환기계의 기능 저하에 위험인자가 작동하게 되면 심부전, 심근경색, 부정맥, 동맥경화, 고혈압 등의 심장 및 혈관계 질환에 이환되며, 이러한 질환이 혈관성 치매의 원인질환이 될 가능성이 높다(Alzheimer's Association, 2006).

　내분비계의 생화학적 변화 역시 치매와 많은 관련성을 지니고 있다. 연령이 증가하면서 내당능력이 저하됨으로써 당뇨병에 이환될 위험이 높아지는데, 이러한 당뇨병과 동맥경화성 혈관장애, 당뇨병성 심근증, 뇌경색, 뇌출혈, 감각신경장애 등과 같은 당뇨병의 합병증은 치매 유발인자가 될 수 있다. 여성의 경우 폐경으로 인하여 기억과 관련이 있는 신경전달물질인 아세틸콜린(acetylcholine)과 신경성장인자 조절에 관여하는 에스트로겐(estrogen) 호르몬이 감소하게 되므로 해마의 기능이 저하되고, 신경원의 손상이 일어나 점진적인 뇌의 퇴화를 가져오며 알츠하이머병과 같은 퇴행성 치매의 원인으로 작용하게 된다. 그리고 갑상선 기능 저하 또는 항진 역시 치매를 일으키는 한 원인으로 간주되고 있다.

2) 심리적 노화와 치매

심리적 노화란 '연령이 증가함에 따라 나타나는 유기체의 감각 및 지각기능, 정서기능, 정신기능 및 성격 특성의 점진적 변화'를 의미한다(권중돈, 2022). 먼저 감각기능의 노화와 관련하여서는 시각, 청각, 촉각 등의 점진적 퇴화는 외부 자극의 수용과 정보처리를 위한 뇌 활동의 위축을 가져올 수 있으며 이로 인하여 전반적인 인지기능의 저하를 초래할 수 있다.

대부분의 치매에서 나타나는 핵심적 증상은 기억장애인데, 정상적 노화의 과정에서도 대뇌피질기능의 저하로 인하여 기억력의 쇠퇴가 뚜렷하게 나타난다. 따라서 대부분의 노인은 경증의 기억장애를 경험하게 되는데, 얼핏 보면 치매의 기억장애와 유사한 듯이 보인다. 이러한 점 때문에 노화의 연속성 모델에서는 치매를 정상적 노화의 한 극단으로 이해하는 경우도 있지만, 정상적 노화에 의한 기억손실과 치매의 기억장애 사이에는 분명한 차이가 있다. 정상적 노화로 인한 기억손실은 기억의 일부에 한정되며 대부분의 노인은 이러한 기억손실을 성공적으로 극복해 나가지만, 치매 환자의 경우에는 경험의 전체 영역에서 기억장애가 나타나며, 이로 인해 일상생활에 많은 지장을 받게 된다(Alzheimer's Association, 2010a).

정상적 노화의 과정에서는 연령이 증가함에 따라 학습능력이 저하되는데, 편차는 있지만 종합적인 학습능력의 변화는 50세경에 14세경과 비슷하고, 60세경이면 11세, 70세경이면 10세 이하로 떨어지는 것으로 나타났다(이상일, 1999). 개념형성능력의 저하로 사고능력이 떨어지고 이에 따라 문제해결능력이 감소되며, 지적 활동이 둔화되는 경향이 있다. 기존 연구에서 아직 확실한 증거는 제시되지 않고 있지만, 이러한 지적 활동의 둔화와 뇌세포 사이의 연결성을 증진시키는 학습활동의 저하 그리고 능동적 사고의 결여 역시 치매를 일으킬 수 있는 위험인자로 알려져 있다(Kuhn, 1998).

이러한 감각 및 지적 기능의 노화와 아울러 정서 및 성격적 변화 역시 치매의 직접적 원인은 아니지만 많은 관련성을 지닌다. 노년기에 이르면 일반적으로 활동에 대한 욕구가 줄어들게 되는데, 미국에서 이루어진 연구결과에 따르면 치매환자 집단은 통제집단에 비해 운동을 적게 한 것으로 나타나 운동능력의 저하가 치매를 일으키는 위험요인으로 알려졌다(Smith et al., 1998; Alzheimer's Association, 2010a). 정상적 노화과정에서 나타나는 성격변화 중에서 치매와 깊은 관련성을 지니고 있는 것은 우울성향이다. 치매환자 중에 치매 발병 이전에 우울증을 앓은 경험이 있는 노인이 많으며, 노인성 우울증은 기억력 저하, 무관심, 판단력 손실, 지남력장애, 수면장애 등 치매환자에게서 보이는 인지기능장애를 수반하는 경우가 많다. 치매 초기에 우울증이 동반되는 경우가 많아 감별진단이 매우 어렵고 심지어 노인성 우울증은 가성치매라고 명명되기도 한다(연병길, 2001; 이상규, 2001).

스트레스나 근심거리가 있으면 건망증이 생기고 때에 따라서는 착란상태에 빠지기도 하므로 치매와 분간이 어렵고, 걱정거리로 인해 잠재해 있던 치매 증상이 노출되는 경우도 있다. Khalsa와 Stauth(2006)는 스트레스에 반응하여 부신에서 분비되는 코르티솔(cortisol) 호르몬의 독성에 만성적으로 노출될 경우 뇌의 생화학적 통합성이 파괴되고, 이로 인해 뇌의 노화와 알츠하이머병 치매의 중요한 원인이 된다고 주장한다. 하지만 스트레스와 치매의 관련성에 관한 연구결과가 상반되게 나타나고 있기 때문에, 앞으로 좀 더 많은 연구가 이루어진 후에야 두 요인 간의 관련성을 명확히 제시할 수 있을 것이다.

3) 사회적 노화와 치매

사회적 노화란 '연령이 증가함에 따라 기존의 사회적 지위와 역할, 사회적 관계가 약화 또는 제한되는 현상'을 말한다(권중돈, 2022). 사회적 노화는 생물적 노화나 심리적 노화에 비하여 치매와의 관련성이 상대적으로 낮은 노화의 영역이다. 치매로 인하여 사회적 참여나 활동이 제한되기는 하여도 사회적 노화가 치매의 직접적 원인으로 작용하지는 않는다는 것이 일반적인 견해이다. 즉, 치매가 사회적 노화를 가속화시키는 독립변인으로서의 기능을 하는 것으로 알려져 있다.

하지만 치매의 예방을 위한 전문가의 조언을 살펴보면, '은퇴 후에도 사회활동에 왕성하게 참여해야 한다' '친구를 사귀어야 한다' '여러 가지 일에 관심을 가져야 한다' '젊은이를 이해하고 그들과 교제해야 한다' 등 사회관계를 유지하고 적극적인 사회참여와 사회활동을 하도록 권유하고 있다(형주병원, 2000). 이와 같이 치매전문가는 사회적 노화가 치매를 유발하는 직접적인 요인은 아니지만, 사회관계망을 유지하고 적극적으로 사회활동에 참여함으로써 사회적 노화를 지연시키는 것이 치매의 예방이나 발병의 지연에 효과가 있다고 보고 있는 것만은 분명하다(Alzheimer's Association, 2006).

4) 정상적 노화와 치매

노화는 치매와 깊은 관련성을 지니고 있는 것으로 알려져 있다. 알츠하이머병 치매의 경우 연령이 높아질수록 유병률이 높아지고, 혈관성 치매 역시 연령이 높아짐에 따라 발생 가능성이 높아지는 것으로 밝혀지고 있다. 그리고 정상적 노화과정에서 나타나는 생리, 인지 및 행동상의 퇴행적 변화가 치매환자에게서도 관찰되고 있으며, 경도인지장애나 치매 발병 초기의 노인이 보이는 인지, 행동 특성은 정상적 노화과정에 있는 노인과 구분하기 어려운 점이 많다(Huppert & Brayne, 1994). 이러한 특성 때문에 치매가 정상적 노화와 구별되는 질병인지 아니면 정상적 노화과정의 일부인지에 대한 상반된 주장이 제기되고 있다.

노화에 관한 연속성 모델에서는 연령이 높아질수록 기능장애에 이를 가능성이 높고 각종 임상적 측정치가 낮아진다는 점에 근거하여, 치매를 정상적 노화의 한 극단이라고 규정한다. 연속성 모델에서는 연령이 높아질수록 각종 검사치의 변이범위가 커지기 때문에 정상과 비정상을 구분하기는 매우 어려우므로, 심한 기능변화로 인한 병리를 반드시 비정상이라고 규정할 수 없다고 주장한다. 단지 퇴행적 변화로 인하여 전문가의 원조가 필요한 지점에 이르게 되었을 때, 편의상 질병이 있다고 부르고 있을 뿐이므로 치매와 정상적 노화 사이의 구분은 임의적인 것이라고 본다. 실제로 치매로 진단함에 있어서 인지기능 점수가 기대치에서 벗어난 경우에 치매로 간주한다는 것은 치매가 노화라는 연속선상의 한 극단이라는 점을 반증해 주는 것이다(Jorm, 1994). 특히 경증 치매환자와 정상노인 간의 인지수행 능력과 신경생리학적 검사치에서 의미 있는 양적 차이가 존재하지 않는다는 것은 치매와 정상적 노화가 연속성을 지니고 있다는 것을 의미하는 것으로 보아야 할 것이다.

이러한 연속성 모델과는 반대로 치매를 정상적 노화와는 확연히 구별되는 질병이라고 보는 질병모델이 있다. 치매가 질병이라는 증거는 해부학 연구에서 치매환자와 일반 노인 사이에 병리적 특성과 화학적 특성이 확실하게 차이가 나며, 신경생리학적 변화가 국소적이며, 병리적 변화를 보이는 사람 모두가 치매 증상을 보이는 것은 아니라는 점이다. 특히 Mortimer(1994)에 따르면 정상적 노화의 과정이나 결과로는 나타날 수 없을 정도의 뇌세포 감소가 치매환자에게서 일어난다는 사실은 치매를 질병이라고 보는 것이 타당함을 보여 준다. 그리고 고혈압, 심혈관계 질환 등에 외적 위험인자가 작용하여 발생하는 혈관성 치매는 정상적 노화과정에 있던 사람을 갑작스럽게 병리적 상태로 전락시키므로 정상적 노화의 연속 선상에서 이해하기보다는 질병으로 보는 것이 더욱 타당할 것이다.

이와 같이 치매가 정상적 노화와 구별되는 질병인지 아니면 정상적 노화과정의 일부인지에 대한 결론은 아직 명확히 내려지지 않고 있으며, 앞으로 대표성 있는 인구집단을 대상으로 한 인지-행동-신경생리학적 연구가 더 깊이 이루어져야 할 것이다. 전문적 학술연구에서는 정상적 노화와 치매가 엄격하게 구분된다는 주장과 그렇지 않다는 주장이 대립되고 있지만, 치매에 관한 임상 현장이나 일반인은 치매가 정상적 노화와는 확연히 구분되는 병적인 현상으로서 대표적인 노년기의 정신장애라고 인정하고 있다(김범생, 2001). 다시 말해 [그림 1-1]에서 보는 바와 같이 치매는 유전이나 환경과 같은 노화기제에 위험인자가 작용하여 일어나는 노화현상과 그로 인한 개인의 기능저하라는 정상적 노화과정에 질병을 유발하는 위험인자가 작용하여 나타나는 병리적 노화의 결과로 보는 것이 일반적인 시각이다.

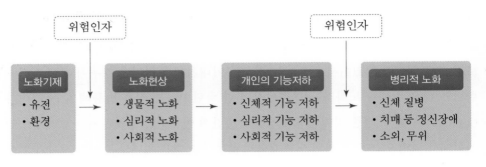

[그림 1-1] 병리적 노화로서의 치매

2. 고령화와 치매

1) 인구고령화

한 사회의 인구구조 변화는 국가정책의 우선순위를 설정하고 장기적 대책을 수립하는 데 있어서 가장 우선적으로 살펴보아야 할 요인이다. 전 세계적으로 나타나는 인구구조 변화의 가장 큰 특징은 노인인구의 절대 수와 상대적 비율의 증가이다. 국제연합(UN)(2019)에 따르면, 출산률 저하와 평균수명의 연장으로 65세 이상 노인인구는 2050년에 15억 4,800만 명으로 세계인구의 15.9%에 이를 것으로 예측하고 있다. 이러한 세계적 인구고령화 현상을 두고 세계보건기구(WHO)에서는 '조용하게, 거의 눈에 띄지 않게 진행되는 사회혁명'이라고 표현하고 있다(Wallace, 1999).

우리나라 역시 세계적인 인구변화 현상이 그대로 나타나고 있다. 장래인구추계(통계청, 2021a)에 따르면 우리나라의 고령화 혁명은 세계 다른 어떤 나라보다도 더욱 빠르게 진행되고 있는 추세이다. 인구고령화와 관련하여 평균수명의 변화를 살펴보면, 다음의 〈표 1-1〉에서 보는 바와 같이 2010년 79.6세에서 2020년 83.5세, 그리고 2030년에는 85.7세로 연장될 것으로 밝혀지고 있어, '인생 80의 시대'에 이미 진입하였다. 노인인구의 절대 수에 있어서도 2000년 노인인구 300만 명 시대에서 2030년에는 그 4배에 이르는 1,300만 명 시대에 접어들며, 2060년에는 전체 인구 10명 중 4명

구분	1980년	1990년	2000년	2010년	2020년	2030년	2040년	2050년
평균수명(세)	65.7	71.3	76.0	79.6	83.5	85.7	87.4	88.9
노인인구 수(천 명)	1,456	2,195	3,395	5,357	8,152	13,056	17,245	19,004
노인인구비(%)	3.8	5.1	7.2	11.0	15.7	25.5	34.4	40.1

표 1-1 우리나라의 인구고령화 현상

출처: 통계청(2021a). 장래인구추계; 통계청(2021b). 2020년 생명표.

이 노인일 것으로 예측되고 있다.

이러한 평균수명과 노인인구 수의 증가에 따라 우리나라의 인구고령화는 다른 어떤 나라에 비할 수 없을 정도로 매우 빠르게 진행되고 있다. 인구고령화 속도는 노인인구 비율이 전체 인구의 7%에 도달하는 고령화사회(aging society)에서 노인인구가 14%에 도달하는 고령사회(aged society) 그리고 노인인구가 20%에 이르는 초고령사회(super aged society)로 전환되는 데 소요되는 연수를 기준으로 비교하는 것이 일반적이다. 프랑스의 경우 고령화사회에서 초고령사회로 전환되는 데 155년이 소요되었으며, 스웨덴은 125년, 미국은 88년 그리고 전 세계적으로 인구고령화 속도가 매우 빠른 것으로 알려지고 있는 일본의 경우에도 36년이 소요된 것으로 나타나고 있다. 그러나 우리나라는 불과 25년밖에 소요되지 않을 것으로 예측되어, 2025년에는 초고령사회로 진입할 것으로 추계되고 있다.

이와 같이 빠르게 진행되고 있는 인구고령화로 인해 15~64세의 생산연령인구가 부양해야 할 노인인구의 비율을 의미하는 노년부양비는 2000년 10.1%에서 2020년 21.7%, 2030년 38.6% 그리고 2050년에는 79.8%로 증가할 것으로 예측되어, 우리 사회의 노인부양에 따르는 부담 역시 급격히 증가할 것으로 전망되고 있다.

2) 치매환자의 증가

인구고령화는 필연적으로 가족이나 사회에 대한 의존 욕구를 지닌 의존성 노인의 증가를 유발하게 되어 있다. 이러한 의존성 노인 중에서도 가족과 사회에 대한 의존성이 가장 높은 노인이 바로 치매환자이다. 치매는 인지기능의 장애로 시작하여 일상생활과 사회활동 능력의 점진적 황폐화를 초래하는 신경인지장애인 관계로, 치매가 심해지게 되면 기본적인 일상생활조차도 혼자 힘으로 영위해 가기가 어려워진다. 그러므로 인구고령화는 곧 치매환자 인구의 증가로 이어진다고 해도 과언이 아니다.

우리나라에서 치매에 관심을 갖게 된 것은 1990년대 초반으로 최초의 치매유병률이 조사된 것은 1991년이지만, 대부분의 조사는 일부 지역을 대상으로 한 역학조사였다(박종한, 고효진, 1991; 서울대학교 지역의료체계 시범사업단, 1994; 한림대학교, 1997). 보건복지부에서 공식적으로 처음 제시한 치매유병률은 한국보건사회연구원(1997)에서 한국판 간이정신상태검사(MMSE-K)를 활용하여 전국의 노인을 대상으로 하여 조사한 추정 유병률로서, 1990년대 후반에서 2010년대까지는 8%대에서 2015년 이후로는 9%대에 이를 것으로 추정하였다. 그러나 이 조사는 단순한 치매선별검사 도구에 의한 치매유병률의 추정이라는 한계를 지니고 있다.

이와 같이 공식적인 치매유병률이 부재한 점을 고려하여, 보건복지부에서는 2008년도에 1차 선별검사, 2차 정밀검사 그리고 3차 감별진단이라는 절차를 활용하는 공식적인 치매유병률 조사를 처음으로 실시하였는데, 2008년 당시 65세 이상 노인인구의 치매유병률은 8.04%이었으며, 치매환자 수는 42만 1천여 명으로 알려졌다(서울대학교병원, 2008). 2016년에는 동일한 방식으로 전국 치매역학조사(보건복지부, 중앙치매센터, 2017b)를 실시한 결과, 2020년의 치매유병률은 10.32%이었지만 2030년에는 10.56%, 2040년에는 12.71% 그리고 2050년에는 13.80%로 증가할 것으로 예측되고 있다. 노인인구 증가와 치매유병률의 상승이 복합적으로 작용하여, 2020년 65세 이상

표 1-2 치매환자의 증가 추이

구분	2010년	2020년	2030년	2040년	2050년
노인인구 수(천 명)	5,357	8,152	13,056	17,245	19,004
치매유병률(%)	8.76	10.32	10.56	12.71	13.80
치매환자 수(천 명)	469	836	1,418	2,263	3,148

출처: 통계청(2021a). 장래인구추계; 보건복지부, 중앙치매센터(2017b). 2016년 전국 치매역학조사.

치매환자의 수가 83만 6천여 명에서 2030년에는 141만 8천여 명, 2040년에는 226만 3천여 명 그리고 2050년에는 314만 8천여 명으로 증가하여, 30년 사이에 치매환자의 수가 231만 명 증가할 것으로 추계되고 있다.

　이와 같이 치매환자 인구가 증가할 것으로 예측되는 것은 여러 가지 이유가 있지만, 가장 주된 원인은 평균수명의 연장에 따른 노인인구의 증가라 할 수 있다. 우리나라는 물론 외국의 치매유병률 조사에서도 연령이 증가함에 따라 치매유병률이 높아지는 것으로 나타나고 있으며, 남성노인보다는 여성노인의 치매유병률이 높게 나타나고 있는 것은 공통적인 현상이다. 우리나라의 장래인구추계(통계청, 2021a)에 따르면 평균수명이 연장됨에 따라 80세 이상의 고령노인 특히 여성 고령노인의 수가 급격하게 늘어날 것으로 예측되고 있기 때문에, 치매에 걸릴 가능성이 높아지는 위험군 노인집단의 규모가 커짐에 따라 자연히 치매환자의 수 또한 증가할 수밖에 없는 것이다.

3. 사회문제로서의 치매

　인간이면 누구나 노화를 경험하게 되므로 노인문제는 모든 인간이 경험하는 보편적인 문제이다. 따라서 노인문제를 개인문제가 아닌 사회문제로 규정하는 것이 일반적이다. 치매는 질병이라는 노인문제의 하위문제에 해당한다. 이러한 치매에 대한 사회적 관심이 높고 치매를 사회문제의 하나로 받아들이는 경향이 강하지만, 우선 치매문제가 사회문제가 갖추어야 할 조건을 충족하고 있는지에 대한 논의가 필요하다.

　어떤 사회현상이 사회문제로 인정되기 위해서는 다음의 여섯 가지 조건을 충족시켜야 한다. 즉, 어떤 사회현상이 ① 사회적 가치에 비추어 바람직하지 못하며, ② 상당수의 사람들이 그 현상과 관련하여 고통, 손해 또는 부당한 처우를 받고 있으며, ③ 상당수의 사람 또는 일부의 영향력 있는 사람들이 그 현상을 문제라고 인식하고 판단하며, ④ 사회가 전반적으로 그 현상의 개선을 원하고 있으며, ⑤ 집단적 차원 또는 사회적 차원에서의 행동으로 개선의 가능성이 있으며, ⑥ 그 현상의 근본 원인이 사회적 요인에 관련되어 있을 때 사회문제로 규정될 수 있다(권중돈 외, 2022). 다음에서는 치매문제가 앞에 제시한 사회문제의 기준에 부합하는지와 관련하여 좀 더 구체적으로 살펴보고자 한다.

첫째, 치매는 사회적 가치에서 벗어난 현상이다. 사회의 모든 구성원은 행복추구권을 지니고 있지만, 치매는 삶의 전반적인 황폐화를 초래하므로 개인의 행복해질 권리를 박탈하게 된다. 그리고 치매환자의 과도한 부양요구에 부응하지 못하는 치매가족이나 주변 사람이 노인을 유기하거나 학대하는 사례가 빈발하고 있는 것은 인간존엄성, 경로효친 등의 사회적 가치기준에 위배되는 증거라 할 수 있다.

둘째, 치매로 인하여 상당수의 사람들이 고통을 받고 있다. 노인인구의 증가로 인하여 2020년 현재 15~64세까지의 생산연령인구 5명이 한 명의 노인을 부양하고 있지만 2050년에는 1~2명의 생산연령인구가 한 명의 노인을 부양해야 할 정도로 노년부양비가 증가할 것으로 예측되어, 노인부양에 대한 가족의 부담이 더욱 가중될 것으로 보인다(통계청, 2021a). 그리고 2025년 노인인구의 10.32%에 해당하는 108만 3,900명이 치매환자로 추정되고 있으며, 이들을 부양하는 가족 또한 숨겨진 환자인 점을 감안하면 240만 명 정도가 치매로 인하여 고통을 받고 있는 실정이다. 그리고 노인인구의 증가에 따라 치매환자의 수는 지속적으로 증가할 것으로 추계되고 있으므로, 치매문제로 인하여 고통받는 인구 수는 더욱 늘어날 전망이다. 이와 같이 치매로 인하여 고통받는 인구가 상당수에 이르고 있기 때문에 치매는 사회문제임에 분명하다.

셋째, 상당수 또는 일부 영향력이 있는 사람들이 치매를 문제로 인식하고 있다. 1990년대 초반부터 치매에 대해 관심을 갖기 시작한 이후 국민의 치매에 대한 인식이 매우 빠르게 개선되었으며, 치매문제를 개인이나 가족의 힘만으로 해결하는 데 한계가 있는 것으로 인식하고 있다. 그리고 정부에서도 1996년 '삶의 질 세계화를 위한 노인 · 장애인종합대책'에서 처음으로 치매대책을 제시한 이래로 네 차례에 걸쳐 '치매종합관리대책'을 수립하여 추진하고 있을 뿐 아니라, 2011년 8월 「치매관리법」을 제정하고 2017년 9월에는 치매국가책임제를 시행하여 치매문제를 국가가 해결해야 할 핵심적 과제로 공식적으로 인정하고 있다. 이와 같이 대부분의 국민과 정부가 치매를 국가와 사회가 해결해야 할 핵심적 노인문제 중의 하나로 인식하고 있는 점을 볼 때, 치매문제는 분명 사회문제로 규정될 수 있다.

넷째, 사회가 전반적으로 치매문제의 개선을 원하고 있다. 치매의 원인이 정확히 밝혀지지 않고 있다는 점 때문에 노인계층뿐 아니라 중·고령자계층도 치매를 예외적 문제가 아니라 보편적 문제로 인식하고 있으며, 일부 사람은 '치매공포증'으로 부를 만큼 치매를 두려워하고 불안해한다. 이처럼 대부분의 사람은 치매의 예방, 치료 및 장기요양서비스를 위한 보건복지대책이 보다 강화되기를 희망하고 있으므로 치매는 사회문제로 규정될 수 있다.

다섯째, 치매문제는 개선의 가능성이 충분히 있다. 현재까지 치매에 대한 효과적 치료법이 밝혀지지 않고 있지만 10~15% 정도의 치매는 치료가 가능하며, 개인과 가족 수준에서 치매를 조기발견하여 적절한 치료와 간호를 하게 되면 증상의 악화를 지연할 수 있다. 그리고 앞으로 뇌 연구나 유전자 연구, 신약개발 연구 등을 통하여 의학적인 측면에서 치매의 정복 가능성이 예견되기도 한다. 이러한 치매의 치료 가능성뿐만 아니라 국가가 체계적인 치매환자 보호대책을 수립·집행할 경우 치매환자에 대해 적절한 간호와 돌봄서비스의 제공이 가능하고 가족의 부양부담을 경감할 수 있으므로, 치매가 개인과 가족의 삶에 미치는 부정적 영향력을 경감시켜 나갈 수 있다. 그러므로 치매는 사회문제로서의 요건을 갖춘 노인문제이다.

여섯째, 치매를 유발하는 원인은 사회적 요인과는 크게 관련이 없지만 치매환자를 부양하는 데 따르는 문제는 사회적 요인과 관련되어 있다. 치매환자의 경우 기본 일상생활조차도 타인의 원조를 받아야 하기 때문에 가족의 보호부양이 필수적이지만, 성인자녀와 별거하는 경향이 강해지고 가족의 노인부양기능이 약화되고 있는 현대사회에서 가족의 힘만으로 치매환자에게 적절한 부양서비스를 제공한다는 것은 매우 어려운 일이다. 노인장기요양보험제도의 도입 이후 중증 치매환자의 경우는 시설에 입소하거나 가정에서 장기요양서비스를 받을 수 있게 되었지만, 장기요양서비스를 이용하지 않는 치매환자가 대부분이다. 이와 같이 치매환자와 가족에 대한 사회적 보호체계의 미성숙으로 인하여 치매환자의 보호문제가 사회문제로 등장하게 되므로, 치매문제는 사회문제로 규정되어야 한다.

이상에서 살펴본 바와 같이, 치매는 사회적 가치에서 벗어난 사회현상이며, 상당수의 노인과 가족이 치매로 인하여 고통을 받고 있으며, 치매환자의 보호문제가 가족의 노인부양기능 약화와 같은 사회적 현상에 그 원인이 있으며, 대다수의 국민과 국가가 치매를 문제로 인식하고 이의 개선이 필요하다고 인식하고 있으며, 치매문제가 해결 또는 완화되기를 희망하고 있으며, 개인이나 가족 차원 또는 국가적 차원에서의 개입을 통하여 문제의 개선이나 완화가 가능하므로 치매문제는 사회문제로서의 요건을 모두 충족한다. 그러므로 치매문제는 사회문제, 그것도 초고령사회에서 국가가 우선적으로 해결해 나가야 할 핵심적 사회문제임에 분명하다.

4. 치매환자 보호의 사회적 비용

특정 사회문제가 어느 정도의 중요성을 지니는가를 평가하는 기준으로는 여러 가지가 있겠지만, 그 문제로 인하여 고통을 받는 인구집단의 크기, 사회구성원이 그 문제의 해결을 바라는 정도, 그 문제가 사회구성원의 삶의 질에 미치는 부정적 영향력 수준, 그리고 그 문제 해결을 위하여 사회가 부담해야 하는 비용 등이 중요한 기준이 될 수 있다. 이 절에서는 앞서 논의한 치매로 인해 고통받는 인구집단의 크기, 사회구성원의 치매문제 해결에 대한 욕구 및 삶에 미치는 부정적 영향력에 관한 부분은 제외하고, 치매문제로 인하여 개인과 가족 그리고 사회가 부담해야 하는 경제적 비용에 초점을 두고 치매문제가 어느 정도의 심각성과 중요성을 지니고 있는지에 대해 논의해 보고자 한다.

일부 치료 가능한 치매가 있긴 하지만 치료 가능성이 매우 낮은 치매의 임상적 특성과 치매에 대한 사회적 인식의 부족으로 인하여 치매환자에 대하여 적극적 치료를 하지 않는 경향이 아직도 남아 있다. 실제로 서울대학교병원(2008)의 치매환자 유병률 조사에서는 66%가 치매에 대한 진단이나 치료를 받지 않은 것으로 나타났으며, 중증 치매환자 중에서도 절반 정도가 진단이나 치료를 전혀 받지 않은 것으로 나타났다. 하지만 건강보험심사평가원(2018)의 연구에 의하면, 치매 진단율은 지속적으로 높아지고 있으며, 치료비율도 2008년 약 20%에서 2017년 40%로 증가한 것으로 나타났다. 이와 같이 치매 진단율과 치료율이 높아지는 현상은 치매관리종합계획에 의거하여 조기진단 정책을 지속적으로 추진해 왔고, 치매진단검사 항목에 대한 건강보험 급여화가 이루어지고, 본인부담 경감대상자를 확대하고, 중증치매환자에 대한 외래 및 입원진료 시 본인부담금비율 하향 조정 등의 건강보험 관련 정책의 효과로 여겨진다. 그러나 치료제를 처방받지 않는 치매환자가 절반 이상에 이르고 있으며, 치료제 처방 이후 재평가와 후속 관리가 되지 않은 환자도 전체의 70% 이상에 이르고 있어, 아직도 치매 치료에 대한 적극성이 떨어진다고 볼 수 있다.

치매에 대한 진단 및 치료율의 증가와 함께 치매 치료 및 관리에 소요되는 비용은 점차 증가하는 양상을 보이고 있다. 서울대학교병원(2008)의 치매환자 유병률 조사에 의하면, 의료비를 포함하여 치매환자를 돌보는 데 소요된 총 비용은 월 평균 47만 원, 연간 564만 원 정도였다. 보건복지부와 분당서울대병원(2011)의 치매노인 실태조사에

표 1-3 치매환자 1인당 연간 관리비용(2021년 말 기준)   (단위: 원)

총 관리비용	21,124,379
직접 의료비	11,272,253
• 의료비	9,821,691
• 본인부담약제비	1,450,562
직접 비의료비	6,906,904
• 간병비용	4,862,588
−유료 간병인 비용	791,586
−비공식 간병비	4,071,002
• 교통비	1,106,866
• 보조용품구입비	658,318
• 시간비용	279,132
−환자 시간비용	34,999
−보호자 시간비용	244,133
장기요양비용	2,738,061
간접비	207,161
• 환자 생산성 손실비용	207,161

출처: 통계청(2021a), 장래인구추계; 보건복지부, 중앙치매센터(2017b), 2016년 전국 치매역학조사.

서는 1인당 연간 1,851만 원의 비용이 소요되는 것으로 나타났다. 보건복지부와 국립중앙의료원 그리고 중앙치매센터(2023b)에서 동일 조사결과를 바탕으로 재산출한 결과에 따르면, 2021년 말을 기준으로 했을 때 치매환자 1인당 연간 관리비용은 2,112만원에 이를 것으로 추정하고 있으며, 항목별 비중을 보면, 직접 의료비가 53.2%로 절반 이상을 차지하고 있으며, 직접 비의료비가 32.7%, 노인장기요양비가 13.0% 그리고 간접비가 1.0%인 것으로 나타났는데, 세부 항목별 관리비용은 〈표 1-3〉과 같다.

이러한 치매환자 관리비용은 치매가 진행될수록 더욱 증가하는데, 경증에 비해 중증 치매환자의 관리비용은 2배에 이르고 있다. 그리고 이 비용에 치매환자의 부양에 따르는 정신적 스트레스 해결을 위한 비용, 부수적 가계지출 비용 등의 간접비용을 폭넓게 추가할 경우 가족의 치매환자 관리 및 돌봄비용은 더욱 높아진다.

국가치매관리비용은 2021년 18조 7천억 원으로 국내총생산(GDP)의 0.9%를 차지하고 있으나, 2030년에는 36조 9,000억 원, 2050년에는 121조 7,000억 원 그리고 2070년에는 194조 2,000억 원으로 급격히 증가할 것으로 예측되고 있다.

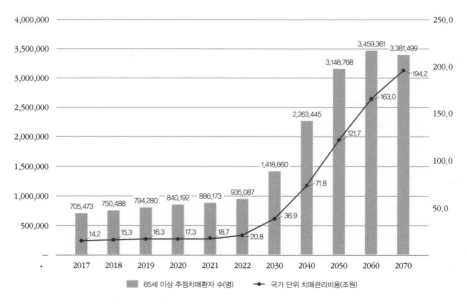

[그림 1-2] 치매환자 및 국가치매관리비용 증가추이
출처: 보건복지부, 국립중앙의료원, 중앙치매센터(2023b). 대한민국 치매현황 2022.

국민건강보험제도의 노인 진료비와 의료급여제도의 노인 수급자 진료비가 매우 빠르게 증가하고 있으며(건강보험심사평가원, 2021; 국민건강보험공단, 2022b), 노인의료비 중에서 치매는 의료비 지출이 높은 노인성 질환으로 알려져 있다. 치매환자의 수와 의료이용률이 증가하면서, 치매환자에게 지출되는 의료비는 빠르게 증가하고 있다. 국민건강보험제도에서 치매 진료비로 지출한 비용은 2014년 1조 3,325억 원에서 2019년 2조 3,821억 원으로 5년 사이에 1.7배 정도 증가한 것으로 나타났다. 치매환자의 총 진료비는 지속적으로 증가추이를 보이는 반면 개인당 진료비는 2014년 320만 원에서 2019년 298만 원으로 줄어드는 양상을 보이는데, 이는 중증 치매환자 산정특례제도 도입으로 중등도 치매 이상의 본인부담금 비율이 10%로 하향 조정된 것에 기인한 것으로 보인다.

표 1-4 치매환자의 진료비 증가추이

구분	2014년	2015년	2016년	2017년	2018년	2019년
실진료 환자 수	416,309명	472,845명	545,750명	624,772명	712,974명	799,411명
총 건강보험 진료비	1조 3,325억 원	1조 5,108억 원	1조 7,608억 원	1조 9,972억 원	2조 23,760억 원	2조 3,821억 원
치매환자 1인당 진료비	320만 원	319만 원	323만 원	319만 원	314만 원	298만 원

출처: 국민건강보험공단(2020). 건강보험통계연보.

노인장기요양보험을 이용한 치매환자는 2021년에 38만 2,155명으로 총 요양비용은 5조 5,435억 원에 이르는 것으로 나타나, 2019년의 4조 2,513억 원에 비해 1.3배 증가한 것으로 나타났다(국민건강보험공단, 2022a) 그리고 의료급여 제도를 통해 알츠하이머병 치매환자 10만 558명에 대해 4,870억 원의 진료비를 지출하여, 65세 이상 노인 수급자에게 지급된 급여비 중에서 여덟 번째로 많은 것으로 나타났다(국민건강보험공단, 2022b)

치매환자의 증가는 노인 의료비 및 장기요양비용의 증가뿐만 아니라 치매환자의 돌봄 및 복지를 위한 사회경제적 비용도 동반 상승하게 만들 것이다. 그리고 가족의 치매환자 부양기능 약화 등으로 인하여 부양책임이 점차로 국가와 사회로 이양되고 있기 때문에, 앞으로 치매환자의 치료, 요양 및 보호에 따르는 사회경제적 비용은 빠르게 증가할 것으로 예측된다.

5. 노인복지제도에서의 치매문제

우리나라에서 치매가 일반인에게 노년기의 질병으로 알려지기 시작한 것은 1990년대 초반의 일이며, 매우 빠른 속도로 치매에 대한 일반인의 인식이 개선되어 왔다. 그 결과로 정부에서도 1990년대 중반부터 치매환자를 위한 복지대책을 공식적으로 수립하여 시행하기 시작하였고 짧은 시간 내에 전문시설과 서비스가 확충되기에 이르렀다. 일반적으로 특정 사회적 관심사가 사회문제로 인정되기까지 10년, 그리고 사회문제에 대한 국가의 공식적 대책이 수립되는 데까지 10년 정도 소요되는 점에 비하면, 우리나라에서 치매에 대한 사회적 대응은 매우 빠르게 진행되었다고 할 수 있다. 이와 같이 치매에 대한 사회적 대응이 빠르게 진행된 것은 ① 치매에 대한 일반인의 인식 개선, ② 치매로 인해 높아지는 노인의 의존성, ③ 치매의 개인과 가족생활에 대한 파괴적 영향력, ④ 치매에 대한 학술적 연구의 활성화, 그리고 ⑤ 정부의 고령사회에 대비한 노인복지제도 확충 의지 등이 복합적으로 작용한 결과라 할 수 있다.

치매에 대한 공식화된 정부의 보호대책이 처음으로 제시된 것은 1996년 3월 28일 '삶의 질 세계화를 위한 노인복지종합대책'이라 할 수 있지만, 다양한 정치사회적 제약요인으로 인하여 이 대책에 포함된 치매 관련 사업은 적극적으로 추진되지 못하였다. 하지만 이 종합대책은 치매에 관해 정부가 공식적 대응의지를 처음 제시한 것으로 이후 치매 관련 복지사업의 확대에 긍정적 영향을 미쳤다.

치매와 관련된 사회적 대응이 법적 기초를 다지게 된 것은 1997년 8월의 「노인복지법」 3차 개정에서이다. 개정된 「노인복지법」 제29조에서 치매관리사업을 명문화함으로써 치매관리사업과 치매상담센터 설치가 의무화되었으며, 제34조의 노인의료복지시설의 종류에 치매환자를 위한 노인전문요양시설을 명문화하면서 치매환자를 위한 시설보호서비스가 확대되기 시작하였다. 하지만 치매환자를 비롯한 중증질환을 앓는 노인을 가족 내에서 보호부양하는 데 한계가 있다는 점을 인식하여 2008년 7월부터 노인장기요양보험제도를 시행하면서 노인요양시설과 재가장기요양기관이 빠르게 확대 설치되었다.

　이와 아울러 보건복지부에서는 2008년 9월 소위 '치매와의 전쟁'으로도 불리는 '치매종합관리대책'을 발표하였다. 이 대책에 포함된 주요 내용은 치매 조기발견 및 예방 강화, 종합적이고 체계적인 치매 치료와 관리 체계 구축, 효과적 치매관리를 위한 인프라 구축, 치매환자 부담경감 및 부정적 인식개선 등이다. 치매 조기발견 및 치료를 지원할 목적으로 2006년부터 치매 조기검진사업을 확대하여 치매선별검사를 실시하고, 치매로 의심되는 경우 정밀검사와 감별진단을 실시하고 있다. 저소득 치매환자의 치료를 지원하기 위하여 2010년부터 저소득 가구의 치매환자를 대상으로 치매약제비와 진료비의 본인부담금을 지원하는 치매 치료관리비 지원 사업을 실시하고 있다. 그리고 매년 9월 21일을 치매 극복의 날로 지정하여 치매의 예방과 치료에 관한 사회적 인식을 제고하기 위해 노력하고 있으며, 치매환자를 위한 사례관리를 전담하는 인력의 인건비를 지원하는 등 치매환자를 위한 통합적 사례관리체계를 구축하기 위하여 노력하였다.

　하지만 2010년 이전까지 치매환자와 가족을 위한 사회대책은 노인복지대책의 일부로서 추진되었으며 노인복지대책에서 차지하는 비중도 높지 않았고 독자적인 치매정책은 존재하지 않았다. 2011년 8월 「치매관리법」이 제정되고 2012년 2월 시행됨에 따라 독자적인 치매정책의 기반이 마련되었다. 「치매관리법」에서는 치매관리종합계획의 수립, 국가치매관리위원회의 구성, 치매연구사업, 치매검진과 의료비지원사업, 중앙치매센터와 치매상담센터의 설치 등을 규정하고 있다. 2012년 수립된 '제2차 치매관리종합계획(2012~2015)'에서는 「치매관리법」을 기반으로 하여 중앙치매센터-광역치매센터-치매상담센터로 이어지는 전달체계를 활용하여 앞서 언급한 국가 치매관리사업을 추진하였으나, 치매정책의 주요 내용은 크게 변화된 것이 없었으며, 치매상담센터의 인력 및 재정적 한계로 인하여 진정한 의미의 치매관리사업을 추진하였다고 평가하기에는 부족한 점이 많았다. 2015년 '제3차 치매관리종합계획(2016~2020)'을 수립하여 지역사회 중심의 치매 예방과 관리, 치매진단-치료-돌봄,

치매환자 가족 부담경감을 위한 사업을 추진하였다.

2017년 국정과제로 치매국가책임제를 발표하여 치매 관련 통합 상담과 사례관리 등 치매관리체계를 수요자 중심으로 발전시켰을 뿐 아니라, 보건복지부에 치매정책과(2022년 12월 노인건강과로 명칭 변경)를 신설하고 기초자치단체마다 치매안심센터를 설치함으로써, 진정한 의미의 체계적 치매관리사업이 추진되기 시작하였다. 2020년에는 '제4차 치매관리종합계획(2021~2025)'을 수립하여 치매가족휴가제 이용한도 확대, 치매가족 상담수가 도입 등의 정책이 추진되어 있다. 2023년 현재 치매국가책임제하에서 실시되고 있는 치매관리사업은 보건복지부 인구정책실 노인정책관 산하의 노인건강과에서 담당하고 있으며, 중앙치매센터-광역치매센터(17개소)-치매안심센터(256개소)의 전달체계를 통하여 다양한 급여와 서비스를 제공하고 있다. 현행 치매정책의 세부 사항에 대해서는 이 책의 제10장 치매환자와 가족을 위한 복지정책에서 보다 상세하게 논의하고자 한다.

이상에서 살펴보았듯이, 국가가 다른 어떤 사회문제보다도 치매에 대해 **빠르게** 대응하고 있을 뿐 아니라 국가의 책임을 명시적으로 선언하고 있는 점, 치매 관련 독자적 전달체계의 구축과 복지재정의 증액과 전문의료 및 복지시설 확충의 속도가 다른 어떤 노인문제보다도 **빠르게** 이루어지고 있다는 것은 현재 우리나라의 노인복지제도에서 치매가 차지하는 비중이 매우 높다는 점을 반증해 주는 것이다.

6. 치매문제에 대한 학문 분야의 관심

치매가 노년기의 대표적 신경인지장애라는 점 때문에 정신의학의 주된 영역이라고 할 수 있지만, 치매문제의 해결은 정신의학의 노력만으로는 불가능하며 다양한 학문 분야의 공동노력이 필요하다. 먼저 의약학 분야는 정신과학, 신경과학, 예방의학 및 보건학, 재활의학, 간호학, 생화학 및 생물약학에서, 공학 분야는 건축학, 정보통신 분야에서 치매에 관심을 기울이고 있다. 인문사회과학 분야는 사회학, 심리학, 사회복지학에서 그리고 자연과학 분야는 식품공학 및 영양학, 가정학 등에서 치매문제에 관심을 기울이고 있다.

정신의학, 신경과학, 예방의학, 노인의학 등 의학 분야에서는 주로 치매의 원인을 발견하여 진단·치료하는 데 주된 관심을 기울이고 있다. 즉, 뇌 연구나 기타 병리적 노화과정에 대한 연구를 통하여 치매의 발병 기전을 확인하고 정확한 진단기준을 마련하고 치매의 예방법을 보급하며, 실제 임상에서는 문진(問診)과 각종 검사를 통하여 치매를 진단하고 이에 대한 의학적 처치를 하는 데 주력하고 있다. 특히 최근 의학 분야에서는 치매의 조기발견 또는 초기단계 치매의 치료에 많은 관심을 보이고 있다.

전통적 재활의학 분야에서는 치매환자에 대한 인지치료, 일상생활 동작훈련, 작업치료, 물리치료, 운동치료, 회상치료 등의 프로그램 개발과 효과성 평가에 관한 연구에 주력하고 있다. 이러한 전통적 재활의학 분야 이외에 치매환자를 위한 대안적 비약물치료법을 살펴보면 원예치료, 문예치료, 음악치료, 미술치료, 심리안정치료, 향기치료, 게임치료, 광선치료, 치료레크리에이션 등의 프로그램 개발과 보급이 활발하게 이루어지고 있다. 즉, 현재 단계에서는 전통적인 재활의학 분야뿐만 아니라 문학, 예술, 체육 분야 등에서도 치매환자를 위한 비약물 치료프로그램을 개발하는 데 적극적으로 참여하고 있다.

생리학, 생화학 및 생물약학에서는 뇌 연구, 유전자 연구나 동물실험을 통하여 치매의 발병 기전을 확인하고 치매의 발병을 예방 또는 치료할 수 있는 방안에 대한 연구에 주력하고 있다. 그리고 생물과학 분야의 연구결과를 바탕으로 치매 치료제를 개발하는 데 주력하고 있으며, 치료약물의 효과성을 검증하는 노력을 기울이고 있다.

예방의학 및 보건학 분야에서는 고혈압, 당뇨병, 심장질환 등과 같은 치매를 유발할 수 있는 질병의 관리와 예방에 대한 연구와 실천방안을 제시하는 데 주력하고 있다. 그리고 간호학 분야에서는 치매환자에 대한 신체간호, 일상생활지원, 문제행동과 정신 증상에 대한 간호방법, 치매환자의 가정간호 등을 개발·실행하고 이의 효과성을 검증하는 데 주력하고 있다.

건축학 분야에서는 노인주택모형개발과 관련된 연구결과를 확장하여 치매전문시설의 설계와 안전한 주거환경 구축을 위한 연구가 활발하게 진행되고 있다. 전자 및 정보통신 분야에서는 첨단 전자 및 정보통신기술을 치매환자의 치료와 간호에 활용하기 위한 연구가 진행되고 있다. 정보통신공학 분야에서는 첨단 정보통신기술을 이용하여 치매환자의 치료와 간호를 지원하는 시스템을 개발하고 있는데, 우리나라에서 개발된 대표적 치매 관련 시스템으로는 대소변 원격모니터링시스템, 치매환자 치료를 위한 리마인드(remind) 시스템, 그리고 웹원격 동영상시스템으로 구성된 '치매환자를 위한 종합복지시스템'(고대식, 2000; 권중돈, 2001b)이 있다.

식품공학 및 영양학 분야에서는 치매예방을 위한 식이요법, 치매환자의 영양섭취 및 식단 개발에 많은 기여를 하고 있다. 가정학 분야에서는 치매가족의 가정관리, 치매환자의 생활에 편리한 의상 소재와 디자인 등에 관심을 기울이고 있다.

사회학 특히 인구사회학 분야에서는 인구고령화에 따른 치매환자의 증가와 사회적 파장, 가족의 노인부양기능 저하에 따른 치매환자 보호문제 등에 관심을 기울이고 있다. 심리학 분야에서는 노년기의 감각기능, 인지기능 등 심리적 노화와 치매의 관련성, 인지치료 등에 관심을 기울이고 있다. 사회복지학 분야에서는 치매환자의 장기요양 시설보호와 지역사회 통합돌봄 체계, 재가서비스, 치매가족의 부양부담 경감 및 지원방안 등의 치매 관련 복지정책과 서비스 개발에 주력하고 있다.

제2장 | 치매의 의학적 이해

치매는 노년기에 주로 발생하며, 인구고령화가 급격하게 진행됨에 따라 치매노인의 수 또한 급증하고 있다. 치매노인의 증가로 인해 환자 자신뿐만 아니라 가족은 다양한 부양부담을 경험하게 되고, 국가나 사회도 치매환자 보호비용의 부담을 경험함으로써 치매문제는 중요한 사회문제로 인식되고 있다. 사회문제로서의 치매문제에 효과적이고 효율적으로 대응할 수 있는 방안을 마련하기 위해서는 치매에 대한 정확한 임상적 이해가 선행되어야 한다.

1. 치매의 개념

1) 치매의 말뜻

치매라는 정신장애가 알려지기 전에 서구에서는 조현병(schizophrenia)으로 진단되기도 했으며, 우리 사회의 치매에 대한 인식이 매우 낮았던 1990년대 이전에는 '나이

들어 망령(亡靈)이 들었다'는 의미의 '노망(老妄)'으로 불리기도 했다. 하지만 지금은 치료와 간호가 필요한 노년기의 대표적인 정신장애로 받아들이고 있다.

치매(dementia)라는 용어는 라틴어 'dement'에서 유래된 것으로, '없다'라는 'de'와 '정신'이라는 'ment'가 합해진 말이다. 즉, 치매라는 용어는 '제정신이 아니다, 정신이 나갔다(out of mind)'는 의미를 지닌다. 한문으로는 '어리석을 치(癡 또는 痴)'와 '어리석을 매(呆)'가 합쳐진 단어로, '어리석다' 또는 '바보 같다'는 의미를 지니고 있다. 이 중 치(癡)는 질병을 앓는다는 의미의 '병질 엄(疒)' 부에 '의심할 의(疑)'가 합쳐진 것으로 '의심이 많아지는 병'이라는 의미를 지닌다. 이는 치매의 증상 중 타인에 대한 의심이 많아지는 증상에 초점을 두고 쓰는 용어이다. 그리고 癡의 속자(俗字)인 痴는 '병질 엄' 부에 '알 지(知)'가 더해진 글자로, '아는 것에 병이 들었다'는 의미를 지닌다. 이는 치매의 대표적 증상인 기억장애, 판단장애 등의 인지기능장애에 초점을 두고 쓰는 용어이다(권중돈, 2004b).

이러한 치매라는 용어의 부정적 의미 때문에, 같은 한자문화권인 대만에서는 '지혜를 잃는 질병'이라는 의미의 실지증(失智症), 일본에서는 '인지기능이 저하되는 질병'이라는 의미의 인지증(認知症)이라는 용어를 사용하고 있으며, 중국과 홍콩에서는 뇌퇴화증(腦退化症)이라는 용어를 사용하고 있다. 우리나라에서도 2000년대 중반부터 부정적 의미를 지닌 치매라는 용어 대신 다른 용어로 대체하여야 한다는 주장이 제기되었고, 2023년 현재 보건복지부에서 치매 용어 개정을 위한 협의체를 운용하고 있다. 하지만 한편에서는 치매라는 용어 자체가 지닌 부정적 의미보다는 치매라는 질병에 대한 국민들의 부정적 인식과 두려움이 더 큰 문제이므로, 용어 자체의 개정보다는 치매라는 질병에 대한 대국민 인식개선을 위한 노력이 우선이라는 주장이 제기되고 있기도 하다.

2) 치매의 개념과 특성

치매는 인간의 뇌가 성숙하여 정상적인 지적 수준에 도달한 이후 질병이나 외상 등과 같은 후천적 원인에 의해 뇌가 손상([그림 2-1] 참조)됨으로써 고등정신기능에 장

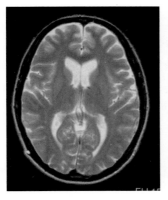 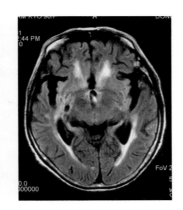

정상인의 뇌 사진   치매환자의 뇌 사진

[그림 2-1] 치매환자의 뇌 구조

애가 나타나는 복합적인 임상증후군이다. 즉, 치매는 뇌의 병변(病變)에 의하여 기억장애, 사고장애, 판단장애, 지남력(식별력)장애, 계산력장애 등과 같은 인지기능과 고등정신기능이 감퇴되고, 정서장애, 성격변화, 일상생활 동작능력장애 등이 수반됨으로써 직업, 일상적 사회활동 또는 대인관계에 장애를 초래하는 노년기의 대표적인 정신장애이다(권중돈, 2022).

치매는 뇌병변으로 인하여 기억력, 지남력, 추리력, 판단력 등의 인지기능 전반에 걸쳐 장애가 일어나는 정신장애로서, 정신장애 진단분류체계인 DSM-5(American Psychiatric Association, 2013)에 따르면 인지장애라는 기본 증상 외에 일상생활을 방해할 정도로 심한 다른 증상이 동반되며, 이로 인하여 독립적 생활과 사회적 기능 수행에 있어 장애가 초래되어야 한다(〈표 2-1〉 참조).

치매를 이와 같이 정의한다고 할지라도 복합적 임상증후군인 치매는 다른 질병과 혼동되는 경우가 많으므로, 다른 질병과의 감별진단(differential diagnosis)에서 다음과 같은 임상적 특성을 보일 경우 치매로 진단한다.

첫째, 치매는 뇌의 질병, 손상, 변형에 의해 발생한다. 치매의 근본 원인은 기능성 또는 심인성(心因性) 정신장애가 아니라 뇌와 신경계의 손상이나 기능 저하에 의해 발생하는 기질성 정신장애(organic mental disorder)이다. 따라서 우울증으로 인하여

표 2-1   치매 진단기준(DSM-5)

A. 하나 또는 그 이상의 인지영역(복합적 주의집중, 집행기능, 학습과 기억, 언어, 지각–운동
   또는 사회인지)에서 인지 저하가 이전의 수행 수준에 비해 현저하다는 증거는 다음에 근거
   한다.
   1. 환자, 환자를 잘 아는 정보제공자 또는 임상의가 현저한 인지기능 저하를 걱정
   2. 인지 수행의 현저한 손상이 가급적이면 표준화된 신경심리검사에 의해 또는 그것이 없
      다면 다른 정량적 임상평가에 의해 입증
B. 인지 결손은 일상활동에서 독립성을 방해한다(즉, 최소한 계산서 지불이나 치료약물 관리
   와 같은 일상생활의 복잡한 도구적 활동에 도움을 필요로 함).
C. 인지 결손은 오직 섬망이 있는 상황에서만 발생하는 것이 아니다.
D. 인지 결손은 다른 정신질환(예: 주요 우울장애, 조현병)으로 더 잘 설명되지 않는다.

인지기능이 저하되고 치매 증상이 나타나는 가성치매(pseudo-dementia)와는 분명히
다르다(〈표 2-2〉 참조).

둘째, 치매는 선천적인 것이 아니라 후천적으로 나타나는 현상이다. 치매는 후천
적 원인에 의한 뇌손상으로 인해 인지기능이 저하되는 것으로, 선천적으로 인지기능
이 낮은 지적 장애(mental retardation)와는 구분된다.

셋째, 치매는 주로 노년기에 발병한다. 치매에 관한 연구가 거의 이루어지지 않았
던 시기에는 선천성 지적 장애나 청소년기의 조현병도 치매로 간주하는 경향이 있었

표 2-2   치매와 가성치매의 비교

치매	가성치매
서서히 발병함	급작스럽게 발병함
증상이 장기간 지속됨	증상이 단기간 지속됨
감정이나 행동이 자주 변함	우울한 감정이 일관되게 나타남
질문에 답변하려고 애를 씀	모르겠다고 응답함
자신의 무능력을 감추려 함	자신의 무능력을 강조하려 함
인지기능 손상 수준이 안정적임	인지기능 손상 수준이 변화함

다. 최근에는 노년기에 이르기 전인 중·장년기에 나타나는 조발성(早發性) 치매가 많아지고 있기는 하지만, 대부분의 치매는 노년기에 발병하는 것으로 밝혀지고 있다.

넷째, 치매의 원인과 증상은 매우 다양하다. 일반적으로 치매에는 기억장애가 수반되지만, 그 원인에 따라 나타나는 증상은 매우 다르다. 즉, 70가지 이상의 원인에 의해 발병하는 치매는 그 원인에 따라 뇌 손상 부위가 각기 다르기 때문에, 환자가 보이는 증상도 다를 수밖에 없다.

다섯째, 치매는 정신기능뿐만 아니라 삶 전체의 황폐화(荒廢化)를 초래한다. 치매 중에는 치료 가능한 것도 있고 적절한 치료와 간호가 이루어지면 증상 악화가 지연되기도 하지만, 중증 치매환자의 경우 정신기능은 물론 기본 일상생활, 대인관계, 사회활동이 불가능해져 삶 전체가 황폐화된다.

여섯째, 치매에는 의식장애가 동반되지 않는다. 치매환자가 아무리 심한 증상을 보이는 경우에도 의식은 또렷하므로, 섬망(delirium)과 같은 정신장애와는 구분되어야 한다.

표 2-3 치매와 섬망의 비교

구분	치매	섬망
발병	서서히 발병함	급작스럽게 발병함
기간	최소 1개월 이상 지속됨	주로 1개월 미만 지속됨
지남력	경증은 없을 수 있음	시간·장소지남력장애
사고	빈곤	혼란
의식	장애 없음	항상 저하되어 있고, 밤에 변동이 심함
지각	일반적으로 없음	착각·환각이 자주 있음
각성-수면주기	일반적으로 정상적	항상 장애

일곱째, 치매는 노년기의 우울증, 섬망, 지적 장애 등과 같은 질병이나 장애와 유사점이 있지만, 정상인이 경험하는 건망증과도 유사한 점이 많다. 중·장년기에 속한 사람 중 약속이나 물건을 잊어버리게 되면 '혹시 내가 치매가 아닌가?' 하는 의구

표 2-4 건망증과 치매의 비교

건강한 노인의 건망증	치매노인의 기억장애
생리적인 뇌의 자연적 노화현상이 원인이다.	뇌의 질병이나 손상이 원인이다.
말과 글을 이해할 수 있다.	점차 말과 글을 이해하지 못한다.
경험의 일부를 잊어버린다.	경험한 것 전체를 잊어버린다.
잊어버리는 일이 많아져도 기억장애는 나타나지 않는다.	기억장애가 점점 심해지며 판단력도 저하된다.
잊어버린 사실을 스스로 안다.	잊어버린 사실 자체를 모른다.
일상생활에 지장이 없다.	일상생활에 지장이 있고, 간호가 필요하다.

심을 갖는 경우가 종종 있는데, 치매에 의한 기억장애와 건강한 사람의 건망증은 〈표 2-4〉에서 보는 바와 같이 차이가 있으며, 진행과정 또한 매우 다르다.

2. 치매의 원인 및 유형 분류

1) 치매의 원인

치매는 위암, 폐암, 간암 등을 '악성신생물' 또는 '암(癌)'이라고 부르는 것처럼, 다양한 원인에 의한 뇌손상이나 뇌병변으로 인지기능 저하가 나타나는 신경인지장애를 통칭하는 용어이다. 치매를 유발하는 원인질환은 내과, 신경과 및 정신과 질환 등 70가지 이상에 이를 정도로 다양한데, 전체 치매의 절반 정도는 그 원인이 정확히 밝혀지지 않고 있다. 그러나 앞으로 치매의 분자생물학적 발생기전이 밝혀지면서 점점 더 그 수가 증가할 것으로 보이는데, 현재까지 밝혀진 치매의 주요 원인은 〈표 2-5〉와 같다.

표 2-5 치매의 원인질환

구분	원인질환
퇴행성 뇌질환	알츠하이머병, 픽병, 파킨슨병, 전측두엽성 치매, 헌팅턴병, 루이소체병, 진행성 핵상마비
뇌혈관 질환	다발성 뇌경색, 열공성 뇌경색, 빈스방거병, 만성경막하 출혈, 측두 동맥염
뇌염증 및 감염대사성 장애	후천성면역결핍증(AIDS), 크로이츠펠트-야콥병, 헤르페스성 뇌염, 뇌막염 후유증, 신경매독, 뇌종양, 정상압뇌수종
중독성 장애	알코올중독, 약물중독, 일산화탄소 중독, 중금속 중독(납, 망간, 수은 등), 유기용매 중독
내분비 및 결핍성 장애	심폐부전, 저산소증, 저혈당, 간성뇌병증, 요독증(만성신부전), 갑상선 기능저하증, 비타민 결핍증(B_1, B_{12}), 빈혈 및 혈액장애
기타	두부외상(head trauma), 정신과적 장애(우울증, 조증, 조현병)

2) 치매의 유형 분류

치매의 유형 분류에는 신경병리학적 소견에 따른 분류, 원인에 따른 분류, 병변의 진행경과에 따른 분류가 있다. 국제질병분류 제11판 개정판(ICD-11)에서는 치매를 정신, 행동 또는 신경발달장애(mental, behavioral or neurodevelopmental disorder) 중에서 신경인지장애(neurocognitive disorder)로 분류하고 있다. 그리고 세부 유형으로 '알츠하이머병 치매, 혈관성 치매, 루이소체 치매, 전측두엽 치매, 항정신약물에 기인한 치매, 다른 곳에 분류된 질병에 의한 치매, 행동 또는 정신장애를 특징으로 하는 치매, 불분명한 치매'라는 여덟 가지로 분류하고 있다(WHO, 2018). 미국정신의학협회(APA, 2013)의 『정신질환의 진단 및 통계 편람(제5판, DSM-5)』에서는 치매를 주요 신경인지장애(major cognitive disorder)로 규정하고, 병인(病因)에 따라 '알츠하이머병, 전측두엽 퇴화, 루이소체병, 혈관성 질환, 외상성 두뇌손상, 물질 · 약물유발형, 인간 면역결핍 바이러스(HIV) 감염, 프리온병, 파킨슨병, 헌팅턴병, 다른 의학적 상태, 다양한 변인, 불특정형'으로 세부 유형을 분류하고 있다.

치매가 일어나는 뇌 부위에 따라서 피질성 치매와 피질하성 치매로 구분한다. 피질성 치매는 대뇌피질의 손상에 의해 발생하는 치매로서 기억장애, 실어증, 실인증, 실행증 등이 특징적 증상이며, 대표적으로 알츠하이머병 치매, 루이소체 치매, 픽병에 의한 치매 등이 있다. 피질하성 치매는 대뇌피질 아랫부분인 백질이나 뇌간에 손상이 있어 일어나는 치매로서 정신기능의 저하, 정서변화, 운동장애 등이 특징적으로 나타나며, 파킨슨병, 헌팅턴병, 전행성 핵상마비, 윌슨병에 의한 치매 등이 이에 속한다.

뇌병변의 진행에 따라서는 퇴행성 변성질환에 의한 치매와 비퇴행성 변성질환에 의한 치매로 구분한다. 퇴행성 치매는 대뇌 신경의 점진적 퇴행에 의해 발병하는 치매를 말하며 알츠하이머병 치매, 전측두엽 치매, 파킨슨병, 헌팅턴병 등이 이에 속한다. 비퇴행성 치매는 퇴행성 치매를 제외한 원인질환에 의한 치매를 말하며 혈관성 치매, 감염·독성물질·대사성장애 등의 원인에 의해 발병하는 치매가 이에 속한다.

치매의 발병 시 연령을 기준으로 초로성 치매(presenile dementia)와 노인성 치매(senile dementia)로 구분하는데, 역연령에 따른 노인의 정의에 근거하여 65세를 기준으로 두 가지 장애를 구분하고 있다. 이때 노년기 이전에 발병하는 초로성 치매를 조발성 치매로, 노년기 이후에 발병하는 노인성 치매를 만발성 치매로 부르기도 한다.

한편 치매의 원인질환에 따라서는 적절한 치료에 의해 치료가 가능한 가역성 치매와 치료가 어렵고 점차 악화되는 비가역성 치매로 분류하기도 한다. 현재 부분적 호전까지 포함하여 치료가 가능한 치매는 전체 치매의 10~15% 정도로 알려져 있다. 치료 가능한 치매로는 ① 약물중독, 중금속중독, 알코올중독 등의 중독성 장애, ② 심혈관계질환 및 호흡기질환, 만성간질환, 만성신장질환, 전해질장애, 저혈당 및 고혈당, 갑상선 기능 항진증 및 저하증 등의 대사장애, ③ 비타민 B_{12} 결핍, 엽산 결핍 등의 결핍성 장애, 그리고 ④ 신경매독, 결핵성 수막염, 뇌종양, 진균성 뇌염, 정상압수두증 등의 감염성 질환에 의한 치매가 있다(민성길, 2006).

3) 주요 치매

우리나라 65세 이상 노인의 치매 유병률은 2020년 10.3%인데, 다양한 원인에 의해 발생하는 뇌병변이나 손상에 의해 발생하는 치매 중에서 알츠하이머병 치매가 전체 치매의 74%, 혈관성 치매가 9% 정도를 차지하며, 나머지는 기타 원인에 의한 치매이다(보건복지부, 중앙치매센터, 2017a). 이러한 치매 중에서 주요 치매의 원인과 증상, 임상적 경과 등에 대해 간략히 살펴보면 다음과 같다(권중돈, 2002, 2004b; 민성길, 2006; 이상일, 1999; Alzheimer's Association, 2011).

(1) 알츠하이머병 치매

알츠하이머병 치매(Alzheimer's disease)는 독일인 의사인 알로이 알츠하이머(Alois Alzheimer)가 처음으로 보고한 대표적인 치매 유형이다. 알츠하이머병 치매는 뇌신경의 퇴행성 변화에 의해 일어나는 질병으로, 치매에서 가장 흔한 질환이며 나라에 따라 다르지만 최소한 전체 치매의 절반 이상을 차지한다.

알츠하이머병 치매의 발병은 서서히 시작되며 지속적으로 악화되는 양상을 보인다(Alzheimer's Association, 2011). 발병 초기 단계에서는 일상생활의 수행능력이 좀 늦거나, 대화 중에 얘기의 초점을 잊어버리는 정도여서 노년기의 건망증 정도로 잘못 판단할 수 있다. 그러므로 가족이 이상을 느껴 노인을 병원에 데리고 갔을 때에는 이미 치매가 2~3년 정도 경과된 경우가 많다. 치매가 진행되면서 심한 기억장애, 실어증, 실인증, 지남력장애, 배회, 야간착란 증상, 환상이나 망상 등의 증상이 뚜렷하게

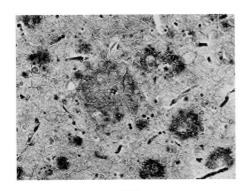
노인반

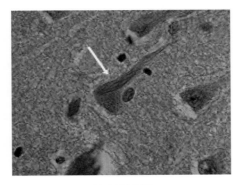
신경섬유뭉치

[그림 2-2] 노인반과 신경섬유뭉치

나타나고 말기에는 고도의 인지장애가 수반되어 자신의 이름이나 가까운 가족도 알아보지 못하는 것은 물론 자기 자신을 전혀 돌보지 못할 정도로 황폐화된다.

알츠하이머병 치매를 유발하는 위험인자는 연령, 여성, 두부외상(head trauma), 낮은 교육수준, 치매의 가족력, 유전인자(APOE-ε4) 등이며, 발병을 억제하는 보호요인은 높은 교육수준, 비스테로이드 소염제 및 황산화제 복용, 에스트로겐 대체요법 등이다. 연령은 알츠하이머병 치매의 가장 중요한 위험인자인데, 노년기 이전에는 발병률이 낮지만 65세 이상에서는 5년 증가마다 유병률이 2배씩 증가하여 85세 이상에서는 거의 절반 정도인 45% 정도의 유병률을 보인다. 알츠하이머병 치매가 남성보다 여성에게서 더 호발하는 이유는 분명하지 않으나, 폐경기 이후 에스트로겐 감소와 여성의 평균수명이 남성에 비해 상대적으로 긴 것이 원인으로 추정된다. 일시적 충격에 의한 두부외상(head trauma)이나 권투선수가 겪는 펀치드렁크 증후군(punchdrunk syndrome)과 같이 반복적 충격에 의해 발생하는 두부외상은 알츠하이머병 치매의 위험인자로 알려져 있다. 가족력 또한 알츠하이머병 치매 발병의 중요한 위험인자로서, 가족력이 있는 경우 발병 위험은 4배 정도 높아진다.

알츠하이머병 치매의 원인과 관련된 병리학적 소견은 대뇌피질이 위축되고, 피질구와 뇌실이 확장되며, 대뇌신경세포가 폭넓게 소실되고, 노인반(senile plaque), 신경섬유뭉치(neurofibrillary tangle)가 발견되는 것이다. 이러한 병리적인 소견은 해마와 편도를 포함한 대뇌의 내측 측두엽에서 잘 관찰된다. 알츠하이머병 치매 중에서 유전적 원인에 의해 발병하는 경우는 1% 미만이며, 알츠하이머병 치매를 유발하는 유전자의 위치는 상염색체 1, 14, 19, 21번 등이다(Alzheimer's Association, 2011). 이 중 21번 염색체는 아밀로이드 전구 단백질(amyloid precursor protein)의 돌연변이에 관여하며, 1번 염색체는 프레시닐린 2(preseniline-2), 14번 염색체는 프레시닐린 1(preseniline-1) 단백질의 돌연변이에 작용한다. 19번 상염색체의 결함은 아폴리포단백질 E(Apolipoprotein E: APOE) 유전자와 관련되어 있으며, APOE-ε4는 신경세포 내에서 분해가 되지 않아 노인반을 만들게 됨으로써 뇌신경세포의 퇴화를 촉진시키고, 그로 인해 알츠하이머병 치매를 유발하는 것으로 알려져 있다(Alzheimer's Association, 2011).

(2) 혈관성 치매

혈관성 치매(vascular dementia)는 알츠하이머병 치매 다음으로 많은 치매의 유형으로 전체 치매의 9% 정도를 차지한다(보건복지부, 중앙치매센터, 2017b). 혈관성 치매는 뇌경색에서부터 확산성(擴散性) 소혈관의 병변에 이르기까지 다양한 뇌혈관 질환에 의해 발생하며, 다발성경색 치매, 빈스방거병, 열공성 뇌경색 등으로 분류된다. 혈관성 치매의 위험인자에는 고혈압, 당뇨병, 고지혈증, 심장병, 흡연, 비만 등이 있다. 부드럽고 탄력적이어야 할 뇌혈관이 만성적인 고혈압이나 당뇨병 등에 의해 딱딱하고 두꺼워지며, 혈관은 좁아지거나 막히거나 터져 뇌의 원활한 혈액순환을 방해하고, 뇌 활동에 필요한 산소와 영양분의 공급을 차단함으로써 치매가 나타난다. 뇌혈관 중 큰 혈관이 막히면 운동장애나 언어장애가 바로 나타나고 치매가 곧바로 진행되지만, 작은 혈관이 막히면 처음에는 특별한 증상을 보이지 않다가 누적되면 다발성경색 치매가 된다.

임상적으로 혈관성 치매는 갑작스럽게 발병하여 계단식 악화 양상을 보이며, 신체 부위가 경직되거나 반사기능이 항진되는 운동장애와 부분적인 인지기능장애를 보인다. 또한 우울 증상이 더 잘 나타나며, 혈관성 병적 변화가 나타난 자리[病巢]의 위치와 정도에 따라 인지기능의 장애가 다양하게 나타난다.

(3) 전측두엽 치매와 픽병에 의한 치매

전측두엽 치매(frontotemporal dementia)는 알츠하이머병 치매와 구분이 쉽지 않다. 그러나 초기단계에서 알츠하이머병 치매는 측두엽의 병변으로 기억장애 등이 주로 나타나는 데 반하여 전측두엽 치매는 뇌의 전두엽과 측두엽의 병변으로 성격장애와 이상행동이 특징적으로 나타난다. 즉, 전측두엽 치매는 전두엽과 측두엽에 퇴행성 변화가 일어나 발생하는 치매를 말한다. 전측두엽 치매는 알츠하이머병 치매에 비해 비교적 젊은 나이에 발병하며, 초기에 인지장애보다는 성격과 행동상의 증상이 주로 나타난다. 부적절한 성적 행동과 폭식 등의 행동문제가 나타나며, 외부 자극이 바뀌어 새로운 행동이나 언어표현을 하려고 노력해도 동일한 행동과 언어표현을 반복하는 보속증(保續症) 또는 상황이나 자극에 관계없이 동일한 행동을 반복하는 상동증(常動症), 주의산만 등의 행동변화, 성격과 정서의 부정적 변화 등의 증상이 특징적으로 나타난다.

픽병에 의한 치매(Pick's disease)는 전측두엽 치매의 대표적인 원인질환으로 간주되었으나, 최근 연구에 따르면 픽병 이외의 원인에 의한 전측두엽 치매가 더 많다. 픽병에 의한 치매는 픽 소체의 우성 또는 열성 유전이 되는 질병으로, 픽 소체가 기억을 관장하는 해마와 신피질에서 발견되고 전두엽과 측두엽에서는 신경세포의 감소가 두드러지게 나타난다. 픽병에 의한 치매는 일반적으로 40~65세 사이에 발생하며, 발병 후 10년 내에 사망하는 것으로 알려져 있다. 픽병에 의한 치매의 주된 증상은 성격장애, 행동장애, 언어장애, 기억장애이지만 초기에는 다른 장애가 일어나기 전에 기억장애가 심하게 나타나기도 한다.

(4) 파킨슨병에 의한 치매

파킨슨병(Parkinson's disease)은 신경전달물질 중 도파민(dopamine)의 부족으로 운동신경망이 원활하게 작동하지 못하여 생기는 운동신경장애로서 운동완만, 근강직(筋強直), 진전(振顫: 몸에서 일어나는 근육의 불규칙한 운동), 보행장애 등이 특징적으로 나타난다. 파킨슨병은 서서히 진행되는 퇴행성 질환으로서 중년기와 노년기에 주로 발병한다. 파킨슨병 환자의 1/5~3/5 정도는 치매를 수반하는데, 주로 말기단계에서 치매 증상이 나타나며, 정신병적 증상과 우울증을 수반하는 경우가 많다. 파킨슨병은 약물을 복용함으로써 운동장애 증상을 완화시켜 줄 수 있지만 부작용으로 환각, 망상, 일시적인 혼란 상태나 비정상적인 움직임을 보일 수 있다.

(5) 헌팅턴병에 의한 치매

헌팅턴병(Huntington's disease)에 의한 치매는 4번 염색체의 우성 유전에 의해 발병하는 것으로, 신체와 정신에 영향을 주는 뇌의 퇴행으로 생기는 치매이다. 일반적으로 헌팅턴병은 20~50세 사이에 발병하며, 20~30%에서 치매를 동반한다. 주된 증상은 지적 장애, 손발과 얼굴 근육이 불규칙적이고 비자발적으로 움직이는 운동장애이다. 그 밖에 성격변화, 기억장애, 말더듬, 판단력이나 정신적인 문제 등의 다른 증상도 동반된다. 헌팅턴병은 진행을 막을 수 있는 치료법이 아직 개발되지 않았지만, 약물을 복용함으로써 신체적 운동장애와 정신병적 증상은 조절할 수 있다.

(6) 루이소체 치매

루이소체 치매(Lewy body dementia)는 손상된 신경세포에서 잘 관찰되는 단백질 덩어리인 루이소체가 대뇌세포에 넓게 퍼짐으로써 나타나는 퇴행성 뇌질환이다. 특징적 증상은 파킨슨병과 같은 신체 부위의 경직과 같은 운동장애가 나타나고, 섬망이나 환시와 같은 정신병 증상을 보이며, 집중력 및 주의력 결핍 장애가 나타나기도 한다. 이러한 증상은 심해졌다가 좋아지는 변동 추이를 보이지만 결국에는 증상이 매우 심해지고 그러한 상태가 지속된다. 루이소체 치매는 알츠하이머병 치매와 같이 현재로는 치료가 불가능하며, 항정신병 약물 부작용이 많아 정신병적 증상을 통제하는 데도 어려움이 있다.

(7) 신경매독과 AIDS에 의한 치매

신경매독에 의한 치매는 매독에 의한 만성뇌막염에 의해 치매가 발생하는 것으로, 매독에 감염된 지 10~15년 후에 주로 발생한다. 신경매독은 페니실린 등의 항생제가 발달하면서 최근 급격히 감소하였다.

AIDS 환자의 절반 이상은 전반적 대뇌위축, 백질 부위의 수초탈락 등으로 인하여 치매 증상을 보인다. 임상 증상은 점진적으로 나타나며, 무감동, 기억장애, 주의집중력 저하, 정신병적 증상, 보행장애, 근경련(筋痙攣) 등의 증상이 특징적이다. AIDS 환자가 치매에 걸리는 것을 막기 위해서 항바이러스성 약물인 지오부딘(zidovudine)이 처방되고 있으며, 그 효과가 입증되고 있다.

(8) 크로이츠펠트-야콥병에 의한 치매

크로이츠펠트-야콥병(Creutzfeldt-Jakob disease)은 프리온이라는 슬로 바이러스(slow virus: 세포 속에 잠복해 있다가 어떤 계기로 생체에 병변을 일으킨다고 생각되는 바이러스)에 의해 일어나는 감염질환의 하나로 40~50대에서 아급성으로 나타나지만, 100만 명 중에 1명 정도가 걸릴 정도로 아주 희귀한 병이며 대개 발병 후 1년 내에 사망하는 것으로 알려져 있다. 크로이츠펠트–야콥병의 초기 증상은 무력감과 수면습관의 변화, 체중감소, 집중력 저하, 시각장애, 수족의 감각장애, 어지럼증 등이며, 이러한 증상은 인지장애와 운동실조 그리고 근육간대경련으로 이어지며, 치매의 진행과 함께 시력저하, 실어증, 성격변화, 초조와 불안, 망상, 기억장애 등을 수반한다.

(9) 알코올성 치매(코르사코프 증후군)

알코올에 의한 치매는 알코올 독성에 의한 전두엽 기능 저하, 비타민 B_1의 결핍과 같은 영양결핍, 해마 손상이 그 원인으로 알려지고 있다. 알코올성 치매는 비타민 B_1의 결핍에 의한 코르사코프 증후군(Korsakoff's psychosis)과 알코올의 신경독성 작용에 의한 알코올성 치매로 구별된다. 코르사코프 증후군은 주로 기억장애에 국한된 인지기능의 장애를 보이는 반면 알코올성 치매는 전반적인 인지기능의 장애를 보인다. 단주를 하거나 비타민 B_1을 섭취하고, 알코올중독과 알코올에 의한 급성 기질성 뇌증후군인 베르니케(Wernicke) 뇌증의 적절한 치료를 통하여 치매로의 진행 예방과 증상의 호전을 기대할 수 있다.

(10) 중금속과 화학물질에 의한 치매

알루미늄, 구리와 수은, 납 등의 중금속과 살충제, 가스, 화학물질 등의 독성물질이 중추신경계에 각종 장애를 일으키며 심한 경우 뇌손상을 일으켜 치매 상태에 이르게 한다. 특히 알루미늄이 배출되지 않고 뇌에 침착하게 되면 기능성 단백질과 효소의 활동을 막아 치매를 일으키는 원인으로 작용하게 되는데, 알츠하이머병 치매환자의 사후 부검결과 절반 정도에서 알루미늄이 뇌에 축적되어 있다는 연구결과도 있다.

(11) 정상압뇌수종에 의한 치매

정상압뇌수종(normal pressure hydrocephalus)은 60세 이상 노인에게서 주로 나타나는 질환으로 뇌실질의 확장이 치매, 보행장애, 요실금 등의 증상과 함께 나타난다. 뇌수종의 원인은 이전에 발생했던 뇌의 외상이나 뇌출혈, 뇌막염, 뇌척수액의 흡수장애 등이나 절반 정도는 특별한 원인이 없이 발생하며, 뇌실질은 확장되지만 뇌압을 측정해 보면 정상적인 뇌압을 보인다. 임상 증상은 서서히 진행되며, 보행장애는 치매 증상보다 일찍 나타나고, 요실금 증상은 일반적으로 다른 증상보다 늦게 나타나거나 없을 수도 있다. 정상압뇌수종에 의한 치매의 증상은 현저한 집중력 저하, 기억력의 저하와 전두엽 장애로 나타난다. 치료법으로는 이뇨제를 투여하여 뇌척수액의 형성을 줄이는 내과적 방법과 뇌척수액을 다른 통로를 통해서 뽑아내는 수술적 방법인 뇌척수액 단락술이 사용된다.

(12) 두부외상에 의한 치매

개방성 두부외상, 뇌좌상 등에 의해 광범위한 뇌손상을 입는 경우를 말하는 두부외상(head trauma)은 치매의 원인 중 하나이다. 두부외상에 의한 치매의 증상은 주의력장애, 기억장애, 언어장애, 정신기능 둔화 등이다. 권투 선수와 같이 만성적 두부외상으로 인해 발생하는 치매를 '펀치드렁크(punchdrunk) 뇌병증'이라고 부르기도 하며, 두부외상이 때로는 알츠하이머병 치매의 위험인자로 작용하기도 한다.

(13) 대사성 장애에 의한 치매

갑상선질환, 당뇨병, 만성간질환, 저산소증, 비타민(B_1, B_{12} 등) 부족, 엽산 부족 등에 의해 치매가 발생할 수 있다. 특히 갑상선 기능 저하증과 비타민 B_{12}와 엽산 부족에 의한 치매는 노인에게서 자주 발병하는 것으로 알려져 있다. 갑상선 기능 저하증에 의한 치매에서는 무감동과 인지장애가 잘 나타나며, 비타민 B_{12}와 엽산 결핍에 의한 치매에서는 척수 말초 신경질환 외에 점차적으로 인지기능장애가 나타날 수 있다.

3. 치매의 증상

치매의 증상은 원인질환이나 치매진행단계에 따라 달라질 수 있으나, 치매의 주요 증상은 ① 인지장애, ② 정신장애, ③ 언어장애, ④ 행동장애, ⑤ 일상생활 수행장애, ⑥ 신체·감각기능장애라는 여섯 가지 범주로 나뉜다. 이러한 치매의 주요 증상을 살펴보면 다음과 같다.

1) 인지장애

(1) 기억장애

기억장애는 치매의 대표적 증상으로, 대부분의 치매에 나타나며 초기단계에 현저하게 나타난다. 치매의 초기단계에는 오래전에 경험한 일을 기억하는 장기기억에는 문제가 없으나 최근이나 방금 전에 경험한 일을 기억하지 못하는 단기기억 장애가 주로 나타난다. 예를 들면 방금 했던 말을 기억하지 못하거나, 물건을 놓아둔 곳을 잊어버리거나, 수도나 가스 불을 잠그지 않는 등의 문제를 보인다. 그러므로 치매 초기 단계의 기억장애는 정상적 노화에 의한 건망증과 구별이 어렵다. 치매가 진행되면 단기기억장애뿐 아니라 장기기억장애가 수반되어, 자기 집 주소나 자신의 나이, 가족의 이름 등도 기억하지 못하게 된다.

(2) 지남력장애

지남력(指南力, orientation)은 말 그대로 남쪽을 가리킬 수 있는 능력이라는 말로서, 시간, 장소, 계절, 거리, 위치 등을 파악할 수 있는 능력을 말한다. 치매환자는 이러한 지남력에 장애를 보이는 경우가 많은데, 일반적으로 시간에 대한 지남력이 가장 잘 손상된다. 지남력장애가 있는 치매환자는 날짜와 시간, 계절, 자신이 위치해 있는 장소를 모르며, 집 안에서 화장실을 찾지 못하거나, 익숙한 환경에서 방향감각을 잃거나, 외출한 후 길을 잃어 배회 또는 실종되거나, 다른 집의 초인종을 누르기도 한다.

(3) 주의력 및 판단 장애

주의력은 외부 자극에 의식을 집중할 수 있는 능력을 말하는데, 치매환자에게서는 이러한 주의집중력에 장애가 나타난다. 그러므로 치매환자와의 의사소통이나 재활치료 프로그램을 실행할 때에는 장시간의 주의집중력이 필요한 것은 바람직하지 않다. 치매환자는 주의집중력의 저하와 함께 판단력장애를 보인다. 즉, 자신의 소유물을 구분하지 못하고, 자신의 잘못이나 실수를 이해하지 못하며, 상황에 맞지 않는 행동을 하거나, 텔레비전의 내용을 현실 상황으로 착각하거나, 거울을 보고 대화를 나누는 등의 증상을 보이기도 한다.

(4) 실인증

실인증(失認症, agnosia)은 눈, 귀 등의 감각기관에는 문제가 없지만 시력, 청력, 촉각기능 등의 감각 기능에 문제가 발생하여 자극을 인식하지 못하는 증상을 말한다. 실인증에는 ① 사물을 보고도 무엇인지 모르는 시각 실인증, ② 상대방의 말을 듣고도 이해하지 못하는 청각 실인증, ③ 손으로 만진 물건이 무엇인지 모르는 촉각 실인증, ④ 가족이나 친지 등의 아는 사람의 얼굴을 알아보지 못하는 안면 실인증, ⑤ 삼각형, 사각형 등을 알아보지 못하는 입체감각 실인증 등 다양한 종류가 있다. 이러한 치매환자의 실인증은 치매가 어느 정도 진행된 뒤에 나타나는 것이 일반적이다.

(5) 계산능력의 장애

치매가 진행됨에 따라 치매환자는 수에 대한 개념을 상실하면서 계산능력에서 장애를 보인다. 예를 들어 100에서 7을 빼는 간단한 계산조차 하지 못하거나, 돈을 관리하는 데 어려움을 겪거나 물건을 구매하지 못하는 경우가 있다.

2) 정신장애

치매노인은 인지장애와 함께 다양한 정신병적 증상을 보이는 경우가 많다. 치매환자의 15~40% 정도는 망상 증상을 보이는데 주로 타인이 자신을 해칠 것이라고 믿는 피해망상이 많다. 망상 증상을 보이는 치매환자는 주변 사람을 의심하고 도둑을 맞았다고 소동을 피우며, 먹는 음식에 독을 넣었다고 하거나 약을 먹여 죽이려 한다고 생각하여 음식 섭취를 거부하기도 한다. 또한 배우자나 며느리가 바람을 피우는 등의 부정한 행동을 한다는 부정망상(不淨妄想)이나 가족이 자신을 버리려고 한다는 유기망상(遺棄妄想) 증상을 보이기도 한다.

치매환자에게서 나타나는 환각 증상은 주로 환청(幻聽)과 환시(幻視)이지만, 환후(幻嗅)나 환촉(幻觸) 증상을 보이기도 한다. 환각 증상을 보이는 치매환자는 아무 소리도 나지 않는데 사람 목소리나 다른 소리가 들린다고 하거나, 보이지 않는 사람이나 동물이 보인다고 하거나, 아무 냄새도 나지 않는데 냄새가 난다고 하거나, 피부에 무엇인가 기어다닌다고 말하기도 한다.

치매환자의 40~50%에서 우울과 불안 증상이 나타나는데, 특히 치매 초기 단계에 많이 나타난다. 치매환자는 정서가 불안정하고 지나치게 긴장하거나 신경이 예민해져 있으며, 불안해서 아무 일도 하지 않으려 하며, 집 밖에 나가는 것을 두려워하는 등의 불안 증상을 보인다. 또한 치매환자는 의욕을 상실한 사람처럼 보이며, 자신을 쓸모없는 사람이라고 비하하고, 수면장애와 식욕부진 등의 우울 증상을 보인다. 그러나 일부 치매환자 중에는 지나치게 감정이 고양되어 깔깔대며 웃는 등의 조증 증상을 보이는 경우도 있다.

그 외에 감정표현을 전혀 하지 않거나 주변에 어떠한 일이 일어나도 관심을 보이지 않는 등의 무감동(apathy) 증상을 보이기도 하며, 치매가 진행될수록 부정적 방향으로 성격변화가 이루어지고, 밤낮이 바뀌는 주야전도 증상이나 불면증 등의 수면장애를 보이기도 한다.

3) 언어장애

치매환자는 기억장애로 인하여 알던 단어를 잊어버리고, 의사소통 능력이 제한됨으로써 언어장애를 보인다. 그중에는 사물의 이름을 올바르게 말하지 못하는 명칭실어증, 유사한 단어를 말하는 착어증을 보이기도 한다. 치매가 진행됨에 따라 없는 말을 만들어 내는 작화증(作話症), 같은 말을 반복하는 동어반복(同語反覆) 증상, 상대방의 말을 병적으로 따라 하는 반향언어증(echolalia)이 나타나기도 한다. 또한 앞뒤가 맞지 않는 무의미한 말을 혼자서 중얼거리기도 하며, 다른 사람의 말을 이해하지 못하거나 말하려는 단어를 떠올리지 못하여 의사소통에서 어려움을 겪으며, 말하는 것에 두서가 없어지기도 한다. 그리고 특정한 사람에 대해 험담을 늘어놓거나 고함을 지르기도 하며, 심한 욕설을 하기도 한다.

4) 행동장애

치매환자의 30~50% 정도는 행동장애를 보인다. 즉, 화를 내거나 자해를 하거나 다른 사람에게 폭력을 휘두르는 공격적 행동, 자위행위를 하거나 배우자 이외의 다른 사람에게 성행위를 요구하거나 성희롱을 하는 등의 부적절하고 비정상적인 성적 행동을 하기도 한다. 또한 불안하여 왔다 갔다 하거나 의미 없는 일을 계속해서 반복하는 강박적 행동, 바깥에서 쓰레기 등을 주워 와서 방에 보관하는 등의 수집벽, 다른 사람의 도움이나 약 복용과 목욕 등을 거부하는 행동, 하루 종일 실내를 서성거리거나 집 밖을 나가서 돌아다니는 배회행동 등을 하기도 한다. 이러한 치매의 행동 증상은 초기단계에서는 잘 나타나지 않으며 치매가 진행되면서 여러 가지 행동 증상을 보이는 빈도가 많아진다.

5) 일상생활 수행장애

치매환자는 신체기능, 운동기능, 감각기능의 장애가 없는데도 일련의 행위나 활동을 하지 못하는 실행증(失行症, apraxia), 즉 일상생활 수행장애를 보인다. 치매환자는 치매가 진행됨에 따라 일상생활을 영위하는 데 필요한 기본적인 활동, 즉 조리와 식사, 청소, 세탁, 옷 갈아입기, 화장실 이용, 용모단장 등을 적절히 수행하지 못하게 된다. 뿐만 아니라 외출을 하거나, 글을 읽고 쓰거나, 교통신호를 구분하거나, 전화를 걸고 받거나, 관공서나 은행 등을 이용하는 능력, 즉 수단적 일상생활 동작능력에도 장애가 나타난다.

6) 신체 · 감각기능장애

치매환자는 편마비 등으로 인하여 손과 발을 사용하는 데 어려움을 호소한다. 보행 시에 구부정한 자세로 종종걸음을 하거나, 중심을 잡지 못하고 한쪽으로 기울어지거나, 하체에 힘이 없어 엉덩이로 밀고 다니거나 기어다니며, 침대에 누워 지내는 와상(臥床) 상태에 이르기도 한다. 뿐만 아니라 백내장이나 녹내장 등으로 시력에 문제가 생기거나, 청력의 약화로 소리를 잘 듣지 못하여 의사소통에서 어려움을 겪기도 한다.

4. 치매의 경과와 예후

치매가 언제 발병하여 어떤 경과를 거쳐 마지막으로 사망에 이르는지는 정확하게 알기 어렵다. 그 이유는 치매 증상을 보이기 이전에 뇌세포의 병리적 변화가 일어나는 시점을 정확히 알 수 있는 방법이 없기 때문이다. 치매의 경과와 예후는 환자의 성, 교육수준, 생활력(life history), 성격, 건강 상태, 치매의 원인질환, 발병 시기, 발병 시 임상 양상, 다른 정신병적인 증상과 신경계 증상의 유무 등에 따라 달라질 수 있다. 즉, 치매의 주된 증상이라고 할 수 있는 인지장애, 언어장애, 행동장애, 일상생활 수행장애 등이 악화되는 양상이 서로 다르게 나타난다. 특히 [그림 2-3]에서 보는 바와 같이 알츠하이머병 치매의 경우에는 점진적 악화 과정을 거치는 반면, 혈관성 치매의 경우에는 단계적 악화 과정을 거치는 차이가 있다.

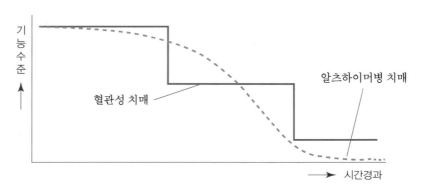

[그림 2-3] 혈관성 치매와 알츠하이머병 치매의 진행과정

그러나 치매는 대개 다음과 같이 3단계로 진행되는 것이 일반적이다. 각 단계에 따라 나타나는 증상은 병의 경과와 간호계획을 수립하는 데 아주 중요한 자료가 되지만 진행단계는 개인에 따라 다를 수 있으며, 꼭 순서대로 진행되는 것은 아니다.

1) 초기 단계

첫 번째 단계는 전문가, 친척, 친구 등 주위 사람이 '나이가 들어서'라고 말하면서 환자의 증상을 무심코 지나치는 경우가 많은 단계이다. 알츠하이머병 치매는 매우 천천히 진행되기 때문에 언제, 어떻게 시작되었는지 그 발병 시기를 확실하게 알 수 없다. 초기 단계에서는 언어장애, 최근 기억 장애, 시간지남력장애, 판단력장애, 의욕 상실, 우울증이나 공격적 행동 증가, 취미활동에 대한 흥미 상실 등의 증상을 나타낸다.

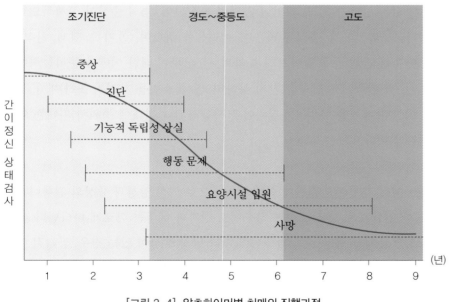

[그림 2-4] 알츠하이머병 치매의 진행과정

2) 중기 단계

치매가 점차 심해지면서 문제 증상이 눈에 띄게 나타나며, 심하면 일상생활을 할 수 없게 된다. 중기 단계에 이르면, ① 금방 일어났던 일이나 사람의 이름을 기억하지 못하며, ② 혼자서 살 수 없을 정도로 일상생활에 어려움을 겪으며, ③ 청소, 요리, 장보기 등을 할 수 없으며, ④ 타인에 대한 의존 경향이 상당히 강해지며, ⑤ 기본 위생관리도 타인의 도움을 받아야 하며, ⑥ 조리 있게 말하는 것이 힘들어지며, ⑦ 배회하고 비정상적 행동을 나타내며, ⑧ 집 안이나 밖에서 길을 잃어버리고, ⑨ 일부는 환각을 경험하기도 한다.

3) 말기 단계

완전히 의존 상태가 되고, 기억이 완전히 상실되며, 병의 증상이 신체적으로도 뚜렷하게 나타난다. 즉, ① 음식을 먹는 데 어려움을 겪으며, ② 가족, 형제, 친척, 친구, 자신이 아끼던 물건 등을 알아보지 못하며, ③ 상황에 대한 이해나 분석능력이 전혀 없으며, ④ 집 안에서도 방향을 찾지 못하며, ⑤ 대소변을 가리지 못하며, ⑥ 사람들 앞에서 이상한 행동을 하며, ⑦ 휠체어를 사용하거나 침대에 누워서 지내는 와상 상태에 이르게 된다.

치매는 여러 가지 원인질환에 의해 일어나므로 임상 양상과 증상의 진행이 다양하며, 동일한 진단과 증상을 보이는 경우에도 경과와 예후는 다르게 나타난다. 일반적으로 항정신성 약물 복용 시 부작용이 있거나 망상 증상이 있는 경우, 공격적 행동 증상과 수면장애가 많거나 언어기능의 장애가 있는 경우, 전두엽 기능장애가 있는 경우에 치매의 악화가 빠르며 예후 또한 나쁜 것으로 알려져 있다. 그리고 감염, 약물중독, 뇌졸중, 심근경색 등에 의해 신체적 기능장애가 수반되는 경우 치매가 빠르게 악화되고 예후도 나쁜 것이 일반적이다.

알츠하이머병 치매의 경우 발병 후 사망하기까지의 평균 생존기간이 10.3년으로 알려져 있으나, 환자에 따라 몇 개월에서 20여 년에 이르기까지 생존기간은 매우 다양하다. 치매 진단 후 평균 생존기간은 65~80세까지의 치매노인은 약 7.7년, 80세 이상의 노인은 3.8년으로 보고된다. 일반적으로 치매환자의 사망률은 일반인에 비해 높은 편이며, 알츠하이머병 치매환자의 진단 후 1년 이내 사망률은 병의 정도에 따라 7~37%로 보고된다. 성별에 따라서는 여성이 남성보다 좀 더 오래 생존하고, 원인질환에 따라서는 알츠하이머병 치매환자가 혈관성 치매환자보다 좀 더 오래 살며, 일찍 치매가 발병한 경우 인지기능의 악화가 더욱 빨리 진행되는 것으로 알려져 있다(이상일, 1999).

제3장 치매의 예방, 진단과 치료

치매는 단일 질병이 아니라 70가지 이상의 다양한 원인에 의해 발병하는 복합적 임상증후군이다. 따라서 치매의 발병 원인에 따라 예방, 진단, 치료하는 방법 또한 다양할 수밖에 없다. 심지어는 치매 중에서 원인이 정확히 밝혀지지 않은 치매는 예방이나 치료가 불가능할 수도 있다. 이러한 이유로 실제 가족성원 중에 치매환자가 발생하였을 때 치매환자의 치료를 지연하거나 포기하기도 하며, 치매라는 현실 자체를 부정하는 사례가 나타나기도 한다. 심지어는 보건의료 분야에 종사하는 사람에게서도 이러한 경향을 볼 수 있는데, 치매환자를 진단하게 되면 그것으로 자신의 할 일은 끝났으며 더 이상 환자 및 가족에게 아무것도 해 줄 것이 없다는 태도를 취하기도 한다. 이와 같은 치매에 대한 치료적 허무주의(therapeutic nihilism)를 극복하고, 치매로 인한 환자 자신과 가족 그리고 사회에 대한 피해를 최소화하기 위해서는 적극적인 예방노력과 조기발견에 의한 진단과 치료가 필수적이다. 이에 다음에서는 치매의 예방과 진단 그리고 치료적 방법에 대해 살펴보고자 한다.

1. 치매의 예방과 조기발견

치매의 원인이 매우 다양하고 아직까지 정확한 원인이 밝혀지지 않은 치매가 절반 이상을 차지하고 있기 때문에 확실한 치매예방법을 찾는 것은 불가능할지 모른다. 하지만 다음과 같은 예방조치를 꾸준히 실행하면 일부 치매는 예방이 가능하며, 그렇지 않은 경우에도 치매의 발병을 최대한 지연시킬 수 있다. 치매예방에 도움이 되는 방법을 제시하면 다음과 같다(권중돈, 2002).

- 나이가 들수록 책을 읽고, 쓰고, 이야기하는 등 머리를 많이 쓰고 적극적으로 살아간다.
- 항상 새로운 정보를 접하고 무언가를 배운다.
- 지나친 음주나 흡연을 삼간다.
- 젊어서부터 꾸준히 운동을 하고, 적정 체중을 유지한다.
- 우울증은 치료받고, 많이 웃으며 밝게 살도록 노력한다.
- 기억장애, 언어장애가 있을 때는 빨리 검사를 받는다.
- 매일 일기를 쓰는 것이 도움이 된다.
- 스포츠와 같이 신체적, 정신적 긴장과 이완이 반복되는 취미생활을 즐긴다.
- 혼자서 지내기보다는 친구를 많이 만들어 놓고 자주 만나서 즐겁게 지낸다.
- 고혈압, 당뇨병, 동맥경화증, 고지혈증, 심장질환, 갑상선 기능 저하증 등 성인병을 사전에 관리하고 적극적으로 치료한다.
- 성병(性病)에 걸리지 않도록 한다.
- 어떤 일을 할 때 주의를 집중해서 하는 습관을 들이고, 반복해서 기억하도록 한다.
- 중요한 약속이나 일은 메모하거나 기록해 두는 것이 유용하다.
- 걷고 손을 많이 쓰는 일은 뇌를 자극하여 뇌의 위축을 방지하는 효과가 있다.
- 소리를 내서 노래를 부르거나 다른 사람과 대화를 하는 것이 좋다.
- 균형 있는 영양섭취와 노화방지에 도움이 되는 음식을 섭취하되, 먹을 수 있는

양의 80% 정도만 섭취하고, 수분을 충분히 섭취하는 것이 도움이 된다.

- 스트레스가 누적되지 않도록 한다.
- 추운 겨울이나 새벽운동, 환절기에 급격한 기온변화를 피한다.
- 깊게 심호흡을 하여 폐활량을 늘리는 것이 심신의 안정에 도움을 준다.
- 안전운전과 방어운전을 하여 교통사고를 예방하며, 공사장 등에서의 안전사고에 유의한다.
- 실내공해나 환경오염지역 등에서 독성물질에 오래 노출되지 말아야 한다.
- 여성일 경우 폐경기 이후 필요하다면 호르몬 치료를 받는 것도 도움이 된다.
- 적당량의 비타민제, 은행잎 추출제와 아스피린을 복용하는 것이 도움이 될 수 있다.
- 여러 가지 약을 동시에 복용하는 것은 피한다.
- 충분한 수면을 취하고, 열심히 일한다.
- 알루미늄, 아연, 구리 등의 중금속이 많이 들어 있는 음식이나 공기 등을 장기간 섭취·흡입하지 않는 것이 좋다.
- 난청과 시력장애가 있으면 치매로 오인받을 수 있으므로 적절한 치료를 받는다.
- 노후대책을 미리 세워 놓고 노인이 되어서는 외부활동에 적극적으로 참여한다.

　　중앙치매센터(www.nid.or.kr)에서는 3권(勸, 즐길 것), 3금(禁, 참을 것), 3행(行, 챙길 것)을 통하여 치매의 위험요인은 줄이고 보호요인은 강화할 것을 권장하고 있다. 먼저 세 가지 권장할 사항으로는 일주일에 운동을 세 번 이상하고, 생선과 채소, 과일, 우유, 견과류를 골고루 챙겨 먹고, 부지런히 읽고 쓸 것을 권장하고 있다. 세 가지 금지해야 할 사항으로는 술은 절주(한 번에 세 잔 이하)하고, 담배를 피우지 말고, 머리를 다치지 않게 조심하라고 권면하고 있다. 세 가지 챙길 것으로는 건강검진을 통해 혈압, 혈당, 콜레스테롤을 정기적으로 체크하고, 가족이나 친구들과 자주 연락하고, 매년 보건소에서 치매조기검진을 통하여 치매를 조기발견할 것을 권장하고 있다.

　　이상에서 열거한 사항과 중앙치매센터의 치매예방수칙은 일반적인 노화예방과 치매예방을 위한 방법으로서, 이와 같이 실행한다고 하여 모든 치매가 예방되는 것은 아니며 다만 일부 치매만이 예방될 수 있다. 그리고 치매는 오랜 기간의 삶의 이력과 깊은 관계가 있기 때문에 앞에 열거한 사항을 젊었을 때부터 주의하고 꾸준히 생활에서 실천하는 것이 무엇보다도 중요하다.

표 3-1 치매의 열 가지 경고 증상

1. 일상생활을 방해하는 기억력장애: 중요한 약속, 전화번호, 주변 사람의 이름이나 최근에 알고 있던 정보를 잊어버리며, 동일한 정보를 계속 묻는다.
2. 계획과 문제해결 능력의 문제: 어떤 일을 하면서 집중력이 이전보다 떨어지고, 계획을 세우고 일을 처리하는 데 어려움을 겪는다.
3. 친숙한 일을 제대로 하지 못함: 일상적인 집안일, 평소 즐기던 취미활동, 요리 등을 제대로 하지 못하며, 익숙한 장소를 찾는 데 어려움을 겪고, 좋아하던 놀이나 게임의 규칙을 기억하지 못한다.
4. 장소와 시간의 혼돈: 날짜, 계절, 시간의 흐름을 이해하지 못하고, 익숙한 길을 잃거나 집을 잘 찾아오지 못하는 경우가 생긴다.
5. 시각적 이미지와 공간적 개념을 이해하는 데 어려움: 읽고, 거리를 판단하고, 색깔을 결정하는 데 어려움을 겪으며, 거울 속에 비친 사람이 집 안에 있다고 생각하거나, 거울 속의 사람이 누구인지를 이해하지 못한다.
6. 언어장애: 대화에 참여하거나 지속하는 데 어려움이 있고, 대화를 중간에 중단하거나 동일한 말을 반복하기도 하고, 올바른 단어를 찾으려고 애쓰지만 결국 틀린 단어를 사용하기도 하며, 간단한 단어를 잊어버리거나 사물의 이름을 정확하게 말하지 못한다.
7. 물건을 잘못 놓아두거나 되찾을 수 있는 능력의 상실: 늘 놓아두던 곳에 물건을 두고도 잊어버려서 찾지 못하거나, 다른 사람이 물건을 훔쳐 갔다고 주장하며, 점차 발생 빈도가 잦아진다.
8. 판단력장애: 판단이나 의사결정에서 문제를 경험하고, 돈을 잘 다루지 못하며, 용모 단장이나 청결에 관심이 없어진다.
9. 일이나 사회적 활동에서의 철퇴: 취미생활이나 사회적 활동, 일, 운동 등을 멀리하거나 이들을 행할 때 어려움을 경험한다.
10. 기분이나 성격의 변화: 가정이나 일터 그리고 친구 관계에서 우울해하고, 두려워하고, 불안해하고, 의심하는 일이 많아지고, 혼란스러워한다.

자료: Alzheimer's Association (2010a). *Basics of Alzheimer's disease*.

치매를 예방할 수 있다면 그것만큼 좋은 것은 없을 것이다. 그러나 현재로서는 치매를 예방할 수 있는 확실한 방법이 제시되지 않고 있기 때문에, 무엇보다도 치매를 조기발견하여 적절한 치료와 조치를 취하는 것이 노인은 물론 가족에게도 가장 바람직한 치매 대응방법이라 할 수 있다. 혈관성 치매나 두부외상에 의한 치매 등은 발병 시점이나 사건을 확실하게 인식할 수 있지만, 알츠하이머병 치매는 발병 이후 일정 기간이 흐르기까지는 정상적 노화에 의한 인지장애와 크게 다른 증상을 보이지 않으므로 조기발견이 매우 어렵다. 그럼에도 〈표 3-1〉의 열 가지 경고신호는 치매를 조기에 발견할 수 있는 실마리이므로, 이에 해당하는 증상을 보일 경우 병원을 방문하여 정밀진단을 받도록 한다.

치매의 정확한 진단을 위해서는 전문의에 의한 체계적 진단이 필수적이지만, 우선 가정에서 자가진단을 위한 선별검사(screening test)를 해 보는 것도 조기발견에 도움이 된다. 이때 활용할 수 있는 선별검사 도구로는 한국판 간이정신상태 검사(MMSE-K), 하세가와 치매척도, 삼성치매척도 등이 있으며, 치매안심센터의 국가치매검진사업에서 활용하는 인지선별검사(CISC)와 사례관리 초기 평가도구로 활용되는 주관적 기억감퇴 평가설문이 있다(Youn et al., 2009). 이들 도구는 병원에서 치매 진단에 실제 사용되는 것으로 가정에서도 치매 조기발견을 위한 도구로 유용하게 사용할 수 있다. 하지만 이들 척도만으로 치매를 정확하게 진단하거나 발견해 낼 수는 없기에 참고자료로만 활용하여야 하며, 정확한 진단을 위해서는 다양한 의학적 검사를 받아야 한다.

표 3-2   한국판 간이정신상태 검사(MMSE-K)

번호	질문	점수
1	오늘은 □□년 □□월 □□일 □요일입니까? 지금은 어느 계절입니까?	5점
2	당신의 집 주소는 ? ____도(시) ____ 군(구) ____ 면(동) 여기는 어떤 곳입니까? (학교, 시장, 집, 병원 등)	4점
3	여기는 무엇을 하는 곳입니까? (마당, 안방, 화장실, 거실 등)	1점
4	물건 이름 세 가지 대기(예: 나무, 자동차, 모자)	3점
5	3분 또는 5분 뒤에 질문 4의 물건 이름을 회상하기	3점
6	100−7= −7= −7= −7= −7= (또는 "삼천리강산" 거꾸로 말하기)	5점
7	물건 알아맞히기(예: 연필, 시계)	2점
8	오른손으로 종이를 집어서, 반으로 접고, 무릎 위에 놓기(3단계 명령)	3점
9	5각형 2개를 겹쳐 그리기	1점
10	"간장 공장 공장장" 따라 하기	1점
11	"옷은 왜 세탁을 해서 입습니까?"	1점
12	"길에서 남의 주민등록증을 주웠을 때 어떻게 하면 쉽게 주인에게 되돌려줄 수 있겠습니까?"	1점
총점	점 / 30점	
판정	① 확실한 치매: 19점 이하 ② 치매 의심: 20~23점 ③ 정상: 24점 이상	

표 3-3 하세가와 치매척도(Hasegawa Dementia Scale)

검사일	년 월 일		검사자		
성명		생년월일	년 월 일	연령	세
성별		교육연수	년	검사장소	

1	나이는 몇 살입니까? (2년까지의 오차는 정답으로 간주한다.)		0 1
2	오늘은 몇 년 몇 월 며칠입니까? (연월일, 요일이 정답이면 각각 1점씩이다.)	년 월 일 요일	0 1 0 1 0 1 0 1
3	우리가 지금 있는 곳은 어디입니까? 자발적으로 답할 수 있으면 2점, 5초 후에 "집입니까? 병원입니까? 시설입니까?"라고 물어서 올바르게 선택하면 1점이다.		0 1 2
4	지금부터 하는 말을 따라 하세요. 나중에 물어보니까 잘 기억하고 계세요. (아래의 계열 중의 하나를 선택하며 채용한 계열에 ○표를 한다.) 1: (a) 진달래 (b) 고양이 (c) 전차 2: (a) 무궁화 (b) 개 (c) 자동차		(a) 0 1 (b) 0 1 (c) 0 1
5	100에서 7을 순서대로 빼 주세요. 100-7은? 그리고 거기서 또 7을 빼면? 하고 질문한다. 첫 번째 답이 틀렸으면 중지한다.	(93) (86)	0 1 0 1
6	지금부터 말하는 숫자를 거꾸로 말해 주세요. 6-8-2, 3-5-9-2를 거꾸 로 시킨다. 첫 번째 답이 틀렸으면 중지한다.	2-8-6 2-9-5-3	0 1 0 1
7	4번에서 검사자가 선택했던 말을 다시 한 번 말해 주세요. 자발적인 회답이 있으면 각 2점, 만약 회답이 없을 시 아래와 같은 힌트를 주어 정답이 나오면 1점이다. (a) 식물 (b) 동물 (c) 타는 것		(a) 0 1 2 (b) 0 1 2 (c) 0 1 2
8	지금부터 다섯 가지 물건을 보여 드린 후, 그 물건을 숨길 테니까 무엇이 있었는지 말씀해 주세요. 시계, 열쇠, 숟가락, 펜, 동전 등 반드시 서로 무관한 것이어야 한다.		0 1 2 3 4 5
9	알고 있는 야채의 이름을 가능한 한 많이 말해 주세요. 대답한 야채의 이름을 아래에 기입 한다. 도중에 약 10초간 기다려도 대답이 없으면 중지한다.		5: 10개 4: 9개 3: 8개 2: 7개 1: 6개 0: 0~5개
합계 점수			
판정 등급	1. 비치매(24.45±3.60) 2. 경도(17.85±4.00) 3. 중등도(14.10±2.83) 4. 고도(9.23±2.83) 5. 최고도(4.75±2.95)		

표 3-4 ┃ 삼성치매척도(Samsung Dementia Questionnaire)

※ 치매로 의심되는 사람의 상태를 가장 잘 알고 있는 보호자가 최근 6개월간의 해당 사항을 체크해 보십시오.

(　) 전화번호나 사람 이름을 기억하기 힘들다.

(　) 어떤 일이 언제 일어났는지 기억하지 못할 때가 있다.

(　) 며칠 전에 들었던 이야기를 잊는다.

(　) 오래전부터 들었던 이야기를 잊는다.

(　) 반복되는 일상생활에 변화가 생겼을 때 금방 적응하기가 힘들다.

(　) 본인에게 중요한 사항을 잊을 때가 있다(예를 들어, 배우자 생일, 결혼기념일 등).

(　) 다른 사람에게 같은 이야기를 반복할 때가 있다.

(　) 어떤 일을 해 놓고도 잊어버려 다시 반복할 때가 있다.

(　) 약속을 해 놓고도 잊어버려 다시 반복할 때가 있다.

(　) 이야기 도중 방금 자기가 무슨 이야기를 하고 있었는지를 잊을 때가 있다.

(　) 약 먹는 시간을 놓치기도 한다.

(　) 여러 가지 물건을 사러 갔다가 한두 가지를 빠뜨리기도 한다.

(　) 가스 불을 끄는 것을 잊어버린 적이 있다. 또는 음식을 태운 적이 있다.

(　) 남에게 같은 질문을 반복한다.

(　) 어떤 일을 해 놓고도 했는지 안 했는지 몰라 다시 확인해야 한다.

(　) 물건을 두고 다니거나 또는 가지고 갈 물건을 놓고 간다.

(　) 하고 싶은 말이나 표현이 금방 떠오르지 않는다.

(　) 물건 이름이 금방 생각나지 않는다.

(　) 개인적인 편지나 사무적인 편지를 쓰기가 힘들다.

(　) 갈수록 말수가 줄어드는 경향이 있다.

(　) 신문이나 잡지를 읽을 때 이야기 줄거리를 파악하지 못한다.

(　) 책을 읽을 때 같은 문장을 여러 번 읽어야 이해가 된다.

(　) 텔레비전에 나오는 이야기를 따라가기 힘들다.

(　) 자주 보는 친구나 친척을 바로 알아보지 못한다.

(　) 물건을 어디에 두고, 나중에 어디에 두었는지 몰라 찾게 된다.

(　) 전에 가 본 장소를 기억하지 못한다.

(　) 방향 감각이 떨어졌다.

(　) 길을 잃거나 헤맨 적이 있다.

(　) 물건을 항상 두는 장소를 망각하고 엉뚱한 곳에서 찾는다.

(　) 계산능력이 떨어졌다.

(　) 돈 관리를 하는 데 실수가 있다.

(　) 과거에 쓰던 기구 사용이 서툴러졌다.

※ 각 항목에 해당하는 경우 1점으로 채점해서 17점 이상인 사람은 일단 치매로 의심됨

표 3-5 인지선별검사(Cognitive Impairment Screening Test: CIST)

지남력	시간	1. 오늘 날짜를 말씀해 주세요.		
		(1) 올해는 몇 년도입니까?	0	1
		(2) 지금은 몇 월입니까?	0	1
		(3) 오늘은 며칠입니까?	0	1
		(4) 오늘은 무슨 요일입니까?	0	1
	장소	2. 지금 _____님이 계신 여기는 어디인가요? 이 장소가 어디인지 말씀해 주세요.	0	1
기억력	기억등록	3. 지금부터 외우셔야 하는 문장 하나를 불러 드리겠습니다. 끝까지 잘 듣고 따라 해 보세요. (1차 시행) 민수는/자전거를 타고/공원에 가서/11시부터/야구를 했다. 잘 하셨습니다. 제가 다시 한 번 불러 드리겠습니다. 이번에도 다시 여쭈어볼 테니 잘 듣고 따라 해 보세요. (2차 시행) 민수는/자전거를 타고/공원에 가서/11시부터/야구를 했다. 제가 이 문장을 나중에 여쭤보겠습니다. 잘 기억하세요.	점수 없음 (단, 순서 상관없이 대상자가 말한 단어에 ○표)	
주의력	숫자 바로 따라 말하기	4. 제가 불러드리는 숫자를 그대로 따라 해 주세요. (대상자가 잘 이해하지 못하는 경우) 제가 1-2-3 하고 부르면, 똑같이 1-2-3 이렇게 말씀해 주세요. (1) 6-9-7-3	0	1
		(2) 5-7-2-8-4	0	1
	거꾸로 말하기	5. 제가 불러 드리는 말을 끝에서부터 거꾸로 따라 해 주세요. (대상자가 잘 이해하지 못하는 경우) ○○○님(대상자 이름) 이름을 거꾸로 하면 ○○○ 이렇게 되지요? 마찬가지로 제가 부르는 말을 거꾸로 말씀해 주세요. 금수강산	0	1
시공간 기능	도형모사	6. (그림을 가리키며) 여기 점을 연결하여 그린 그림이 있습니다. 이 그림과 똑같이 되도록 (아래 반응 공간을 가리키며) 같은 위치에 그려 보세요. 점을 연결해서 그리시면 됩니다.	0　1　2	
집행 기능	시각추론1	7. 여기 모양들이 정해진 순서로 나옵니다. 모양들을 보면서 어떤 순서로 나오는지 생각해 보세요. 자(도형을 왼쪽부터 하나씩 가리키며), 네모, 동그라미, 세모, 네모, 빈칸, 세모. 그렇다면 여기 빈칸에는 무엇이 들어가야 할까요? ■⇒●⇒▲⇒■⇒□⇒▲	0	1
	시각추론2	8. (맨 앞 그림을 가리키며) 여기 네 칸 중의 한 칸에 별이 하나 있습니다. (두 번째 그림을 가리키며) 별이 이렇게 다른 위치로 이동합니다. 어떤 식으로 이동하는지 잘 생각해 보십시오. (마지막 반응 칸을 가리키며) 여기서는 네 칸 중에 별이 어디에 위치하게 될까요?	0	1

집행 기능	언어추론	9. 카드에 숫자와 계절이 하나씩 적혀 있습니다. '1-봄-2-여름~' 이렇게 연결되어 나 갑니다. (화살 표시된 빈칸을 가리키며) 여기는 무엇이 들어갈 차례일까요? 1 - 봄 - 2 - 여름 - 3 - 가을 - ▼ - 겨울 - 5 - 봄 - 6 - ▼	0 1 2

10. 제가 조금 전에 외우라고 불러 드렸던 문장을 다시 한 번 말씀해 주세요. [조금 전에 외우라고 불러드렸던 문장(한 문장의 이야기)을 말씀해 보세요.]

기억력	기억회상/ 재인	기억회상 (각 2점)	재인 (기억회상 과제에서 회상하지 못한 항목만 시행. 각 1점)	
		민수 [ ]	제가 아까 어떤 사람의 이름을 말했는데 누구일까요? 영수 [ ] 민수 [ ] 진수 [ ]	0 1 2
		자전거 [ ]	무엇을 타고 갔습니까? 버스 [ ] 오토바이 [ ] 자전거 [ ]	0 1 2
		공원 [ ]	어디에 갔습니까? 공원 [ ] 놀이터 [ ] 운동장 [ ]	0 1 2
		11시 [ ]	몇 시부터 했습니까? 10시 [ ] 11시 [ ] 12시 [ ]	0 1 2
		야구 [ ]	무엇을 했습니까? 농구 [ ] 축구 [ ] 야구 [ ]	0 1 2

언어 기능	이름대기	11. 여기 있는 이 그림의 이름을 말씀해 주세요. 이것은 무엇입니까?	0 1
		(1) 칫솔 [대상자 반응:]	0 1
		(2) 그네 [대상자 반응:]	0 1
		(3) 주사위 [대상자 반응:]	0 1
	이해력	12. 제가 말씀드리는 대로 행동으로 그대로 보여 주십시오. 박수를 두 번 치고, 주먹을 쥐세요.	0 1
집행 기능	유창성	13. 지금부터 제가 그만이라고 말할 때까지 과일이나 채소를 최대한 많이 이야기해 주세요. 준비되셨지요? 자, 과일이나 채소 이름을 말씀해 주세요. 시작!	_____개
		[반응기록/제한 시간 1분] 0~8개: 0점/9~14개: 1점/15개 이상: 2점	0 1 2

결과요약표

인지영역	지남력	주의력	시공간기능	집행기능	기억력	언어기능	총점
점수	/5	/3	/2	/6	/10	/4	/30
판정	☐ 정상				☐ 인지저하 의심		

진단검사 의뢰점수						
연령	교육년수					
	비문해	무학/문해 ~5년	초졸 6~8년	중졸 9~11년	고졸 12~15년	대졸 이상 16년~
50~59세	–	–	22	24	26	27
60~69세	–	16	21	23	25	26
70~79세	13	14	19	22	22	25
80~89세	10	11	16	18	20	22

※위 표에 제시된 점수의 미만일 경우 진단검사로 의뢰함

표 3-6 주관적 기억감퇴 평가설문(Subject Memory Complain Questionnaire: SMCQ)

이름: _____ 연령: _____ 성별: 남 / 여 작성일: _____ 년 ___ 월 ___ 일

질문	아니오	네
1. 당신은 기억력에 문제가 있습니까?		
2. 당신의 기억력은 10년 전에 비해 저하되었습니까?		
3. 당신은 기억력이 동년의 다른 사람들에 비해 나쁘다고 생각합니까?		
4. 당신은 기억력 저하로 일상생활에 불편을 느끼십니까?		
5. 당신은 최근에 일어난 일을 기억하는 것이 어렵습니까?		
6. 당신은 며칠 전에 나눈 대화 내용을 기억하는 것이 어렵습니까?		
7. 당신은 며칠 전에 한 약속을 기억하는 것이 어렵습니까?		
8. 당신은 친한 사람의 이름을 기억하기 어렵습니까?		
9. 당신은 물건 둔 곳을 기억하기 어렵습니까?		
10. 당신은 이전에 비해 물건을 자주 잃어버립니까?		
11. 당신은 집 근처에서 길을 잃은 적이 있습니까?		
12. 당신은 가게에서 사려고 하는 두세 가지 물건 이름을 기억하기 어렵습니까?		
13. 당신은 가스 불이나 전깃불 끄는 것을 기억하기 어렵습니까?		
14. 당신은 자주 사용하는 전화번호(자신 혹은 자녀의 집)를 기억하기 어렵습니까?		
총점		점

※점수가 높을수록 주관적 기억감퇴가 심한 것을 의미함

2. 치매의 진단

치매에 대한 정확한 진단은 환자의 적절한 치료와 간호의 선행조건이다. 그러므로 치매의 초기단계에서 치매 전문의로부터 정확한 진단을 받아야 한다. 즉, 치매에 대한 의학적 진단을 통하여 치료 가능성 여부를 판단하고, 치료 가능한 치매를 조기에 발견하여 치료함으로써 좋은 예후를 기대할 수 있다. 치료 불가능한 치매에 대해서는 진행 경과를 지연시킬 수 있는 방법을 모색하며, 어떻게 치료하고 간호하는 것이 환자와 가족의 행복한 삶에 가장 도움이 되는지를 결정할 수 있도록 도와주기 때문이다.

그러나 치매의 임상적 특성과 치매에 대한 이해 부족으로 치매진단이 지연되는 경우가 많다. 즉, 치매환자 스스로는 인지장애 등으로 인하여 자신이 치매에 걸렸다는 사실을 인식하기 어렵고, 가족이나 치매 전문의가 아닌 일반 의료진의 치매에 대한 이해 부족과 무관심으로 인하여 치매의 진단을 지연시키는 경우가 많다.

치매의 특성상 초기에는 정상적 노화와 구별이 어렵고 매우 느리게 진행되기 때문에 병원에 진단을 받으러 가야 할 시점을 정확히 판단하는 것은 어려운 일이다. 대개 치매로 의심되는 사람이 병원을 찾는 시점은 가족이 환자에 대해 무엇인가 이전과는 다르고 또 잘못되어 가고 있다고 느낄 때이다. 그러나 가족이 뭔가 이상하다고 느꼈을 때에는 이미 치매가 어느 정도 진행된 경우일 수 있으므로, 앞서 제시한 치매 경고 증상에 해당하는지를 검토해 보거나 치매 조기발견을 위한 선별검사 도구를 활용하는 것이 조기진단을 받는 데 도움이 된다. 치매 선별검사를 해 보고 치매로 의심되거나 치매 경고 증상이 있는 경우에는 병원을 찾아 정밀 진단을 받는 것이 바람직하다. 그렇지만 다른 요인 때문에도 치매와 비슷한 증상을 보일 수 있기 때문에 단지 몇 가지 증상을 보인다고 해서 치매로 성급하게 단정해서는 안 된다.

치매를 정확히 진단받기 위해서는 신경과 전문의 또는 정신과 전문의를 찾는 것이 좋다. 그러나 어떤 환자는 의사에게 진단을 받는다는 것 자체를 꺼리거나 거부하는 경우가 있다. 또 어떤 사람은 그들 자신에게 뭔가 문제가 있다는 사실 자체를 모르거나, 알고 있더라도 그 사실을 부정하려고 애쓰는 경우도 있다. 또 어떤 경우에는 어느 정도 치매라는 의심이 들기는 하지만 치매가 현실이 되어 버리는 것이 두려워 병원을 찾지 않으려는 경우도 있다. 이러한 문제점을 극복할 수 있는 가장 효과적인 방법은 두통과 시력 감퇴와 같이 환자가 쉽게 병원에 가는 것에 동의할 수 있는 질병이나 장애를 들어 건강진단을 받아야 한다고 설득해 보는 것이다. 혹은 심장검사, 혈액검사, 당뇨검사 또는 다른 신체 질병을 구실로 삼아 병원으로 데리고 가는 것도 좋은 방법이다. 하지만 무엇보다도 중요한 것은 치매로 의심되는 사람을 안심시키고, 차분하고 사려 깊은 태도로 환자의 걱정과 두려움을 덜어 주는 것이다(권중돈, 2004b).

치매의 진단은 크게 다음과 같은 세 가지 영역으로 구성된다. 첫째는 진짜 치매가 있는지, 둘째는 치매라고 한다면 그 원인은 무엇이며 어느 정도 심각한지, 셋째는 적절한 치매의 치료와 간호방법은 무엇이며 미래의 예후는 어떠한지를 파악하는 것이다. 이러한 치매의 진단은 다음과 같은 절차를 거쳐 이루어진다.

1) 생활력 및 병력 청취

치매 진단에서 가장 우선적으로 이루어져야 할 것은 치매환자의 병력 청취이다. 치매환자 본인, 가족, 가까운 친구나 친척은 가능한 한 자세하게 치매환자의 인구사회학적 특성과 생활상, 병전 성격뿐 아니라 치매를 의심하게 된 시점과 주요 증상, 진행과정, 정신병적 증상의 유무와 내용, 치매 가족력, 약물 및 알코올의 남용, 고혈압, 당뇨, 고지혈증 등의 신체질환 같은 병의 내력을 상세하게 설명해야 한다. 즉, 언제 처음 어떤 사건으로 환자가 이상하다고 느꼈는지를 기억해서 자세하게 이야기하고, 그러한 증상이 어떻게 전개되었는지 그리고 현재는 어떠한지를 자세하게 이야기해야 한다. 가능하다면 구체적 사건의 예를 들어 설명하는 것이 좋으며, 과거의 질병과 치료 내역, 직업, 가족력에 관한 내용도 상세하게 설명하는 것이 도움이 된다.

2) 정신상태와 신경학적 검사

치매환자는 인지장애뿐 아니라 불안, 초조, 우울, 환각, 망상 등의 정신장애가 수반되는 경우가 많으므로 정신상태 검사를 실시할 필요가 있다. 또한 치매의 원인에 따라 서로 다른 신경학적 문제가 있을 수 있으므로 기본적인 신경학 검사를 실시함으로써 정확한 치매의 원인을 발견할 수 있다. 신경학적 평가를 위해 반사행동, 협응능력, 근육강도, 눈 움직임, 감각, 언어 등을 검사할 수 있다(Alzheimer's Association, 2010a). 이러한 신경학적 검사 결과 부분적인 근육 위축과 기저핵 손상으로 인한 운동장애가 나타나는 경우에는 혈관성 치매를, 초기에 기저핵 장애로 인한 운동장애가 나타나는 경우에는 파킨슨병 등의 피질하 치매를 의심할 수 있다.

3) 신경심리학적 검사

치매가 의심되는지를 알아보고 조기검진을 유도해 주는 선별검사 도구와 치매환자의 인지장애 정도를 알아볼 수 있는 다양한 신경심리학적 검사도구는 정확한 치매진단에 도움이 된다. 신경심리학적 검사도구는 치매환자 자기보고형, 검사자용, 가족보고형으로 나눠지는데, 치매진단을 위해 사용하는 대표적인 신경심리학적 검사도구를 살펴보면 다음과 같다.

첫째, 치매안심센터의 국가치매검진사업에서 활용하는 인지선별검사(Cognitive Impairment Screening Test: CIST)는 인지저하 여부를 선별하여 진단검사로 의뢰할지 판단하기 위한 선별검사 도구이다. 이 도구는 지남력, 기억력, 주의력, 시공간기능, 언어능력, 집행기능을 평가하기 위한 13개 항목으로 구성되어 있다(〈표 3-5〉 참조). 30점 만점으로 인지기능을 평가하되, 점수가 높을수록 인지기능이 높음을 의미하며 피평가자의 연령과 학력수준에 따라 평가기준을 차등 적용한다.

둘째, 간이정신상태 검사(Mini-Mental State Examination)(〈표 3-2〉 참조)는 Folstein 등(1975)이 처음 개발한 것을 국내에서 여러 연구자가 표준화하였으나, 현재는 권영철과 박종한(1989)이 표준화한 도구와 치매 선별용 한국어판 간이정신상태검사(MMSE-DS)가 널리 사용되고 있다. 그러나 치매환자의 교육수준, 인지기능 저하 수준 등에 따라 검사결과의 편차가 발생하는 단점이 있다.

셋째, 7분 선별검사와 시계 그리기 검사가 있다. 7분 선별검사(7-minute Screen)는

Solomon 등(1998)이 개발한 검사도구로 기억력, 시간지남력, 언어능력, 시계 그리기 검사로 구성되어 있다. 이 중에서 시계 그리기 검사(Clock Drawing Test)는 시계 얼굴, 시간을 나타내는 숫자, 특정 시간을 나타내는 시곗바늘을 그리도록 하여 평가하는 방법이다.

넷째, 인지평가 선별검사(Cognitive Assessment Screening Test: CAST)는 환자가 스스로 답하는 자기보고형 검사도구이다. 이 도구는 Drachman과 Swearer(1996)가 개발한 것으로 인지기능 전반에 관한 질문, 약간의 난이도가 있는 인지기능에 관한 질문, 그리고 인지기능의 감소에 관한 환자의 지각을 묻는 질문이라는 세 부분으로 구성되어 있으며, 짧은 시간 내에 실시할 수 있는 장점이 있다.

다섯째, 치매의 단계와 정신 증상, 일상생활 수행능력을 평가할 수 있는 검사도구가 있다. 치매단계를 평가할 수 있는 검사도구로는 전반적인 인지기능의 황폐화 수준을 평가하는 도구(Global Deterioration Scale), 임상적 치매평정척도(Clinical Dementia Rating)가 있다. 치매에 수반되는 정신 증상을 평가하는 척도로는 Cornell 우울 및 치매척도(Cornell Scale for Depression and Dementia), 단축형 노인우울척도(SGDS-K), 알츠하이머병의 행동병리척도(Behavioral Pathology in Alzheimer's Disease) 등이 있다. 일상생활 수행능력을 평가하기 위해서는 Katz의 일상생활 동작능력척도(Katz ADL Scale), 수정 Barthel 척도(Modified Barthel Index), 그리고 노인장기요양보험제도에서 활용하는 신체 기능(기본적 일상생활 기능) 평가도구를 활용할 수 있다.

4) 신체검사

다른 원인은 배제하고 치매와 유사하여 혼돈을 일으킬 수 있는 그 외 질병(예: 시력장애, 청력장애 등)이 있는지를 파악하는 것이 중요하기 때문에 신체검진을 받는 것이 좋다. 신체검진에는 영양 상태 검사, 혈액 검사, 소변 검사, 혈액화학 검사, 혈청전해질 검사, 심전도 검사, 흉부 X-선 검사, 갑상선 기능 검사, 신경전도 검사와 근전도 검사, 뇌파 검사, 매독혈청반응, AIDS 검사, 대소변 검사 등이 포함된다. 이러한 검사를 통해 치매의 원인이 되는 감염성 질환, 갑상선 이상, 비타민 결핍, 신장 또는 간 장애, 심장질환, 혈관장애, 폐질환 등 주의력, 기억력, 사고력 등의 장애를 일으키는 원인성 질환을 파악할 수 있다. 이러한 신체검사 결과는 치매를 유발하는 원인질환을 발견하는 데도 도움이 되지만, 신체질환에 의한 인지기능장애와 치매를 감별 진단하는 데도 매우 유용하게 사용될 수 있다.

5) 진단적 검사

치매가 있는 것으로 판단되거나 의심이 되는 경우에는 원인을 알아보기 위한 다양한 검사를 받아야 한다. 의심되는 원인 질환을 밝혀내기 위하여 필요한 검사를 할 경우, 치매의 원인 질환은 매우 다양하여 경우에 따라서는 몇 단계에 걸쳐 검사를 받을 수도 있으므로 가능하면 중간에 검사를 중단하지 않도록 한다. 치매를 진단하기 위한 검사로는 앞서 열거한 신체검사 이외에 필요에 따라 〈표 3-7〉에서 보는 바와 같이 컴퓨터 단층촬영(CT), 뇌자기공명영상(MRI), 뇌파 검사, 뇌혈관 조영술, 자기공명혈관조영술(MRA), 뇌척수액 검사, 단일 광전자방출 전산화 단층촬영(SPECT), 양전자단층촬영(PET) 등을 선별적으로 실시할 수 있다.

표 3-7 치매진단에 도움이 되는 전문검사

- 뇌척수액 검사: 뇌와 척수를 싸고 흐르는 뇌척수액을 검사하여 뇌, 척수 등의 감염성 질환이나 지주막하 출혈 등을 진단하는 방법으로, 정상압뇌수종 등과 같은 특별한 경우에는 검사 자체가 치료방법으로 이용되기도 한다.
- 뇌파 검사: 두피에 붙인 전극을 통해서 뇌의 전기적 활동을 기록하는 검사로, 경련성 질환의 검사에 반드시 필요하며, 검사 시에 통증은 전혀 없다.
- 신경전도 검사와 근전도 검사: 신경전도 검사는 말초신경의 상태를 알아보는 검사이다. 근전도 검사는 근육에서 발생하는 전기적 활동성을 측정하고 기록하는 검사로 신체부위 특히 팔다리의 통증, 감각이상, 저림, 허약감 등이 있을 때 실시한다.
- 유발전위 검사: 시각, 청각, 피부감각, 후각 등의 자극에 의한 뇌의 전기적 반응을 검사하는 방법으로, 신경과 질환의 검사에 유용하게 이용된다. 특히 뇌와 척수 신경 즉, 중추신경계 질환에서 병변의 위치를 찾거나 진단을 하는 데 도움이 된다.

- 경두개 초음파 검사: 얇은 두개골 부위를 통해 뇌혈관의 혈액 양과 속도를 초음파로 검사하는 방법으로 비용이 저렴하고 반복검사가 가능하므로 뇌혈관이 좁아지거나 막힌 경우 지주막하 출혈, 동정맥 기형 등에 이용되며 뇌혈관 질환성 치매환자에게 널리 이용된다.
- 컴퓨터 단층촬영(CT): X선을 이용하여 사진을 찍어 이를 컴퓨터로 합성한 사진을 분석한 후 두개골 내의 여러 가지 뇌 구조물의 모양과 병변을 확인하는 검사법으로 일반에게도 많이 알려져 있다.
- 자기공명 영상 촬영(MRI): X선이 아닌 자기장을 이용하여 영상을 분석하는 검사로, 인체에 해가 없으며 약 30분 정도 소요된다.
- 자기공명 혈관조영술(MRA): MRI와 같은 방법으로 얻은 자료를 컴퓨터 프로그램을 이용하여 뇌혈관만 사진에 나타내는 방법으로 검사과정에서 통증이 없고, 쉽고 빠르게 검사할 수 있기 때문에 뇌혈관을 검사하는 방법으로 많이 사용된다.
- 뇌혈관 조영술: 뇌혈관의 모양이나 막힌 곳을 눈으로 볼 수 있게 해 주는 검사로 다리 혈관이나 목에 조영제를 주사하면서 X선을 이용하여 혈관을 촬영하는 검사이다.
- 단일 광전자방출 전산화 단층촬영(SPECT): 방사성 동위원소를 주사하여 뇌조직으로 흐르는 혈액의 변화를 관찰하는 검사로 뇌혈류의 증가 혹은 감소를 영상으로 확인하는데, 뇌혈관이 좁아지거나 막힌 경우 뇌로 가는 혈류가 얼마나 감소했는지를 알 수 있다.
- 양전자 단층촬영(PET): 방사성 동위원소를 주사하여 뇌 각 부분의 산소와 포도당의 이용 상태를 확인하여 이용이 떨어진 곳, 즉 대사가 감소된 위치를 영상으로 확인하는 검사로서, 알츠하이머병 치매 등의 퇴행성 질환의 진단에 매우 유용하나 검사 비용이 비싼 단점이 있다.

자료: 권중돈(2004b). 치매환자를 위한 프로그램의 실제. 서울: 학현사.

6) 감별진단

치매와 유사한 증상을 보이는 비슷한 질환이 많이 있기 때문에, 우울증, 섬망 등과 같은 정신장애는 물론 정상적 노화로 인해 나타나는 기억장애와도 감별진단(differential diagnosis)을 필수로 해야 한다. 치매와 정상적 노화, 섬망, 우울증 등과의 감별진단에 대해서는 이 책의 〈표 2-1〉에서 〈표 2-4〉까지를 참조하도록 한다.

3. 치매의 치료

치매의 가장 좋은 치료방법은 사전 예방이라 할 수 있지만, 앞서 살펴본 바와 같이 치매를 사전에 예방할 수 있는 확실한 방법은 없다. 그리고 치료 가능한 가역성 치매가 있긴 하지만 대부분의 치매는 치료가 불가능한 것으로 알려져 있다. 따라서 치매를 일으키는 원인적 요소를 조기에 발견하여 치매의 진행을 최대한 억제하는 것이 가장 바람직하다.

치매를 일으키는 원인이 다양하므로 치매의 유형에 따라 각기 다른 치료방법을 채택할 필요가 있다. 하지만 아직 치매의 원인을 통제할 수 있는 치료방법은 개발되어 있지 않으며, 치매의 핵심 증상이라고 할 수 있는 인지장애의 직접적 개선을 도모하기보다는 정신장애나 행동장애 등의 이차적 증상을 개선하는 데 치료목적을 두는 경우가 많다. 그리고 치매는 어느 한 전문분야의 개입만으로는 한계가 있으므로 치매환자, 가족, 의사, 간호사, 사회복지사, 재활치료사, 자원봉사자 등이 긴밀한 치료적 협력체계를 구축하여 공동으로 노력할 때 치매환자의 치료를 효과적으로 진행할 수 있다. 다음에서는 치매 치료의 일반 원칙과 인지장애, 정신행동장애 등에 대한 치료방법에 대해 논의하고자 한다.

1) 치매 치료의 일반 원칙

치매는 치료 가능성이 매우 낮으므로, 예방이 가장 적극적 치료라고 할 수 있다. 치매를 효과적으로 예방하기 위해서는 치매의 위험인자를 파악하여 미리 조절하는 것이 필수적이다. 하지만 알츠하이머병 치매의 경우에는 위험인자가 확실하게 밝혀지지 않고 있을 뿐 아니라 밝혀진 위험인자조차도 인위적으로 조절할 수 있는 효과적인 방법이 없는 상황이다. 혈관성 치매의 경우 금연, 혈압 조절, 당뇨병과 심장질환의 치료 등을 통하여 뇌졸중의 발생과 재발을 방지함으로써 발병 및 악화를 예방할 수 있다. 그리고 이 장의 1절에서 제시한 치매예방법이 모든 치매를 예방해 주지는 못할지라도 치매의 발생을 지연시키거나 일부 치매를 예방할 수 있기 때문에 꾸준히 노력하면 어느 정도의 치매 예방 효과는 거둘 수 있다.

　치매의 예방과 조기발견이 어렵고 치료 가능성이 낮고, 치매환자는 인지기능과 일상생활영위에 필요한 다른 기능들도 함께 저하되며, 정신병적 증상이 수반되는 경우가 많다. 그러므로 약물치료뿐 아니라 현재 이용 가능하면서 효과가 입증된 치료방법들을 통합적으로 활용하는 것이 필수적이다. 이러한 통합적 치료를 위해서는 의사, 간호사, 사회복지사, 재활치료사, 영양사 등 다양한 전문직이 협력하여 약물치료, 인지 재활 치료와 다른 비약물적 치료, 일상생활의 돌봄과 사회적 지지 등을 통합적으로 제공하여야 한다. 치매환자 치료의 목표는 치매환자의 현재 기능을 극대화하고 최대한 오래 보존하여 독립적인 생활기간을 늘리고 삶의 질을 높여 마지막까지 고통 없이 인간다운 존엄성을 가지며 살아갈 수 있도록 하는 것이다. 그러므로 치매 치료의 일반적 원칙은 가장 먼저 현재 환자에게 남아 있는 기능을 보존하고 유지하는 것이며, 그 다음으로는 잃어버린 기능을 회복하도록 돕는 것이며, 그것이 어려운 경우에는 잃어버린 기능을 보완하거나 대체하는 것이다(중앙치매센터, www.nid.or.kr).

　치매로 진단받았다고 하여 치료를 포기하는 것은 금물이다. 치매의 10~15% 정도는 약물 또는 중금속 중독, 우울증, 뇌혈종, 뇌종양, 정상압뇌수종, 두부외상, 대사성 장애, 비타민 결핍 등과 같은 치료가 가능한 원인에 의해 발병하는 가역성 치매이다.

[그림 3-1] 치매환자 치료의 일반 원칙

출처: 중앙치매센터(www.nid.or.kr).

그러므로 이러한 원인질환을 적절히 치료하고 관리하면, 치매의 치료가 가능하다.

현재 치매의 치료에서는 인지기능 개선에 목적을 두고 약물치료에 집중하고 있으나 실제 약물치료는 치매의 원인을 제거하는 근본적 치료가 아니고 증상의 일부를 호전시키는 데 목적이 있다. 그러므로 치매에 대한 약물치료의 한계를 명확히 인식해야 하며, 약물의 부작용 또한 면밀하게 고려해야 한다. 노년기에는 신체 기능이 저하되고 만성질환의 치료를 위해 여러 가지 약물을 동시에 복용함으로써 약물부작용을 일으키기 쉽다. 그러므로 치매 치료약물을 처방하고 복용할 경우에는 치료효과를 면밀히 관찰하여 약물에 의한 부작용을 최소화하는 것이 바람직하다.

치매환자가 앓고 있는 신체질환 등의 다른 질병을 적극적으로 치료해야 한다. 치매환자는 동통(疼痛)이나 신체질환을 동시에 앓는 경우가 있다. 치매에는 인지기능과 의사소통에 장애가 수반되므로, 치매환자의 신체질환은 심하게 진행된 다음에 발견되는 경우가 많다. 그리고 신체질환은 치매 증상을 악화시킬 수 있으므로 감염, 골절, 통증, 심장질환, 호흡기계 질환, 순환기계 질환, 수면장애, 시력과 청력 등의 감각장애 등을 잘 살펴보고 적절히 치료해야 한다.

그러나 치매 치료에서 무엇보다 중요한 것은 치매는 치료가 불가능하다는 치료적 허무주의에서 벗어나 치매의 진행을 지연시키거나 증상을 통제할 수 있는 방법을 찾고, 이를 지속적으로 실행에 옮기는 것이다. 즉, 최선의 치료방법이 없다면 차선의 방법을, 차선의 방법도 없다면 차차선의 방법으로라도 치매를 치료해 보겠다는 의지를 갖고 이를 실행하는 것이 중요하다. 그리고 치매환자의 치료와 간호를 의사 등의 전문의에만 맡겨 놓기보다는 치매환자와 가족, 보건복지 전문인력 등이 공동으로 협력하는 것이 바람직하다.

2) 인지장애의 약물치료

치매는 매우 다양한 원인에 의해서 발생하며 원인에 따라 치료방법이나 예후가 현저하게 차이가 나므로, 치료에 앞서 치매의 원인에 대한 정확한 진단이 필수적이다. 결핍성 질환, 대사성 및 중독성 질환 등 가역성 치매인 경우에는 이들 원인질환을 조기에 치료하고 관리함으로써 치매 증상을 호전시킬 수 있다. 그러나 치매의 절반 이상을 차지하는 알츠하이머병 치매의 경우 질병의 진행 경과 자체를 차단하거나 원래 상태로 회복시킬 수 있는 치료방법은 현재까지 없으므로 완치를 기대하는 것은 무리이다.

하지만 치매의 완치는 어렵다고 할지라도 증상을 개선할 수 있는 각종 약물치료와 정서적 지지, 환경 조절 및 행동적 접근, 가족 교육 등의 비약물적 치료 등을 통해 치매환자와 가족의 고통과 부담을 상당 부분 경감할 수 있다. 알츠하이머병 치매와는 달리 혈관성 치매의 경우 증세가 심하지 않은 초기에 적극적인 치료를 시작할 경우 진행을 차단하는 것이 어느 정도 가능하며, 경우에 따라서는 시간 경과에 따라 회복되는 양상을 보이기도 한다. 또한 혈관성 치매의 위험요인으로 알려져 있는 고혈압, 당뇨병, 고지혈증, 비만, 흡연, 심장질환 등을 미리 잘 조절할 경우 예방효과가 큰 것으로 나타났다.

(1) 콜린 분해효소 억제제

콜린 분해효소 억제제(choline esterase inhibitor) 계통의 약물은 알츠하이머병으로 저하된 시냅스 간극(synaptic cleft)의 콜린 농도를 증가시켜 치매환자의 인지기능을 향상시킬 수 있다. 이 계통의 약물은 치매의 진행을 막을 수는 없으나 치매 초기와 중기에는 효과가 큰 것으로 알려져 있으며, 최근에는 중증환자에게도 인지장애를 개선하는 효과가 있다는 점이 밝혀지고 있다. 콜린성 약물을 투여할 경우 치매의 진행을 약 6개월에서 2년 정도 늦출 수 있다. 미국 식약청(FDA)이 알츠하이머병 치매의 치료제로 인정한 약물로는 타크린(tacrine; 제품명 Cognex), 도네페질(donepezil; 제품명 Aricept), 리바스티그민(rivastigmine; 제품명 Exelon), 글란타민(galantamine; 제품명 Reminyl) 등이 있다. 하지만 타크린은 부작용이 많아 현재는 거의 처방되지 않으며, 나머지 약물은 심각한 부작용이 드물고 약물의 치료효과에 큰 차이가 없어 많이 처방되고 있다.

(2) 항산화제

활성산소(free radical)는 세포막과 조직을 손상시켜 신경세포를 퇴행시키게 되는데, 항산화제는 활성산소에 의한 세포독성을 막는 신경보호 효과가 있다. 알츠하이머병 치매는 신경전달물질의 결핍에 의해 발병하는 질환이므로 글루타민(glutamine)과 도파민(dopamine) 등의 신경전달물질의 활성화를 자극하는 약물은 운동기능과 인지기능을 향상시키는 데 효과가 있다. 그러므로 단가아민 산화 억제제(monoamine oxidase B inhibitor)인 셀레길린(selegeline)은 알츠하이머병 치매환자의 인지기능을 일부 개선시키고 진행을 억제하는 것으로 알려져 있다. 셀레길린은 파킨슨병 환자에게 사용하는 약물로서 비타민 E와 비슷한 효과를 나타낸다. 비타민 E는 활성산소가 신경세포의 손상을 일으키는 것을 억제하여 인지기능을 개선시키거나 치매의 진행을 늦출 수 있는 것으로 알려져 있는데, 하루 복용양은 1000IU(international unit) 2회이다.

(3) NMDA 수용체 길항제

글루타메이트(glutamate)가 작용하는 NMDA 수용체(N-methyl-D-aspartic acid receptor)가 알츠하이머병 치매에서 비정상적으로 활성화되는 것을 막아 뇌의 학습 및 기억능력을 증진하고 병의 진행을 막을 것으로 기대되고 있다. 이런 종류의 약으로는 메만틴(memantine; 제품명 Ebixa)이 중증 알츠하이머병 치매환자에게 효과가 있는 것으로 입증되었으며, 현재 임상에서 처방되고 있다.

(4) 소염제와 진통제

알츠하이머병 치매의 병리학적 소견인 노인반(senile plaque) 주변에 염증과 관련된 여러 단백질이 발견되는 경우가 많다. 비스테로이드성 소염제가 알츠하이머병의 발병을 현저히 감소시킨다는 사실이 밝혀졌다. 알츠하이머병 환자에게 류머티즘 관절염 및 통풍 치료에 사용되는 염증 소염제인 인도메타신(indomethacin)을 투여하면 진행을 지연할 수 있다. 그리고 한 임상시험에서 이 약제가 알츠하이머병의 진행을 더디게 한다고 보고되기도 하였다. 그리고 사이클로옥시제나제-2 억제제(cyclo-oxygenase [COX] II inhibitor)는 비스테로이드성 소염제보다 더욱 효과적이며 독성이 약하기 때문에 알츠하이머병의 예방과 치료에 이용될 가능성이 높아 보인다.

진통제인 아스피린은 혈액응고에 관여하는 프로스타글란딘(prostaglandin)의 생성을 억제하는 항응고제로서의 효능이 있어, 장기 복용한 노인에게서 치매의 발병이 적다는 연구보고가 있다. 그러나 일부 사람에게서는 알레르기 반응이나 위나 장의 장애를 초래하는 부작용이 있다.

(5) 에스트로겐 및 기타

여성의 폐경기 이후 에스트로겐 감소가 여성이 남성보다 치매발병률이 높은 이유 중의 하나일 것이라는 가설에 근거하여 에스트로겐 대체요법이 사용되고 있으며, 일부 연구에서는 치료효과가 입증되기도 했다. 그러나 유방암 발병의 위험 등 부작용이 많고, 일부 연구에서는 알츠하이머병 치매환자의 인지기능 개선에 효과가 없는 것으로 보고되어 임상에서는 거의 처방되지 않는다.

그 외에 징코빌로바(ginko biloba)는 은행잎에서 추출한 약물로서 치매 치료에 효과가 있다는 일부 보고가 있으나 아직 효과가 충분히 입증되지는 않은 상태이다. 또한 칼슘길항제(flunarizine) 등의 혈관성 치매 치료 효과, 신경성장인자(nerve growth factor)의 세포손상 억제 효과, 베타아밀로이드(beta-amyloid)의 형성과 침착을 감소시키는 새로운 약물의 개발이 시도되고 있다.

3) 정신행동 증상의 약물치료

대부분의 치매환자가 병의 경과 중에 우울증, 환각, 망상, 초조, 불안 등 다양한 정신병적 증상과 배회, 공격적 행동 등의 행동장애를 보인다. 실제로 치매환자의 가족은 기억장애를 비롯한 인지장애보다는 정신행동 증상으로 인해 더 큰 부담을 경험하고, 치매환자는 안전사고를 당할 위험이 높아지기 때문에 정신행동 증상의 치료와 대처가 매우 중요하다.

정신행동 증상을 치료하기 위해서는 먼저 부적절한 주변 환경이나 신체질환과 같은 증상을 유발할 수 있는 원인을 찾아 제거하여야 한다. 이와 함께 증상에 따라 약물치료를 병행하는 것이 도움이 되지만, 항정신병 약물 처방은 12주를 넘기지 않는 것이 원칙이다. 만약 약물 치료를 종결하였을 때 정신행동 증상이 재발한다면 약물을 재투여할 수 있으며, 한 가지 약제를 적절한 용량으로 4~6주 투여하여 목표 증상을 감소하는 데 실패했을 경우에는 약물을 교체하여 두 번째 약물을 투여하는 것이 바람직하다. 정신행동 증상이 조절되면 일정 기간 유지 후 약물복용을 중단하는 것이 바람직하다. 정신행동 증상의 완화와 조절에 효과가 있는 약물을 살펴보면 다음과 같다.

(1) 항정신병 약물

항정신병 약물(antipsychotic drugs)은 망상, 환각 등 정신병적 증상을 보이거나, 배회, 공격적 행동 등 행동 증상을 보일 때 주로 처방된다. 저역가(low potency)의 항정신병 약물은 저혈압과 항콜린성 부작용 등을 수반하기 때문에 가급적이면 피하고 강력한 정신안정제인 할로페리돌(haloperidol)과 같은 고역가의 항정신병 약물을 소량 투여하는 것이 바람직하다. 최근 들어 조현병 치료와 양극성 질환 및 다른 정신질환 치료에 사용되는 항정신약물인 리스페달(risperdal), 조현병과 분열정동장애의 치료에 사용되는 올란자핀(Olanzapine), 조현병의 치료와 양극성 장애와 관련된 조증의 치료에 사용되는 퀘티아핀(Quetiapine) 등과 같은 새로운 비정형 항정신병 약물이 증상조절에 효과가 좋고 부작용이 적기 때문에 많이 사용되고 있다.

(2) 항우울제

치매환자 중 많은 수가 우울증을 수반한다. 치매환자의 우울증 치료는 노인 우울증 치료와 유사한데, 약물치료 이전에 생활환경의 개선이나 레크리에이션 등의 흥미를 유발할 수 있는 행동치료를 먼저 시행해 보는 것이 좋다. 그럼에도 우울증이 지속될 경우에는 항우울제를 처방하는 것이 바람직한데, 대표적인 항우울증제(antidepressants)로는 삼환계 항우울제(Tricyclic Antidepressant: TCA)가 있으나 노인에게는 어지럼증, 과도한 졸림 등의 부작용이 많다. 그러므로 최근에는 선택적 세로토닌 재흡수 억제제(selective serotonin reuptake inhibitors: SSRI)가 많이 사용되고 있다.

(3) 신경안정제 및 항경련제

벤조다이아제핀계 약물(benzodiazepines)은 신경안정제로 널리 알려진 약물로 불안, 비공격성 초조행동, 수면 장애 등을 동반하는 치매환자에게 효과적이다. 초조행동, 충동적 또는 공격적 행동, 기분의 기복이 심한 경우에 카르바마제핀(carbamazepine), 밸프로에이트(valproate) 등의 항경련제(anticonvulsants)가 사용되는데, 드물지만 간독성이나 백혈구 감소증이 나타날 수 있다.

(4) 기타

그 밖에도 불안에 대한 치료제로 사용되는 부스피론(buspirone), 초조 및 공격적 행동에 사용되는 프로프라놀롤(propranolol) 등의 약물이 사용된다.

4) 정신사회적 치료

치매환자 치료의 목표는 현재의 기능 수준을 최대한 유지하고 사용하도록 하는 것이며, 환자마다 증상이나 기능 수준이 다르기 때문에 개인별 맞춤형 치료계획을 수립하여야 한다. 이때 약물치료 등에 의한 인지장애나 정신 증상의 조절만을 고려해서는 안 되며 신체적 건강과 기능의 유지, 사회적 관계 형성과 지지의 제공 등 종합적인 치료계획을 수립하여야 한다. 이를 위해서는 비약물적 치료인 정신사회적 치료가 필요하다.

정신사회적 치료는 심하지 않은 행동장애를 완화 또는 해결하는 데 주로 사용되며, 개별화된 맞춤형 치료가 가능하고, 치료사와 치매환자 간의 상호작용을 매개로 치료효과를 거둘 수 있고, 가족 등을 치료팀의 일원으로 참여시키는 것이 가능할 뿐 아니라 치매환자의 자아존중감을 고양할 수 있는 장점이 있다. 특히 치매환자는 초기단계에 자아존중감과 자아정체성에 심한 혼란을 경험하게 되며, 심한 경우 정서적 공황장애를 보이기도 하므로 부정적 사회관계 형성을 예방하고 자아존중감을 고양하기 위한 인간중심적인 치료적 개입이 필요하다.

비약물적 치료인 정신사회적 치료에서는 어떤 치료적 접근방법을 사용하는가가 중요한 고려사항이지만 그에 못지않게 환경적 중재가 매우 중요하다. 치매환자에게 이상적인 환경은 스트레스와 혼란이 적고, 변화가 적은 친숙한 환경이다. 또한 정신사회적 치료를 시작하기 전에 반드시 행동장애를 일으키는 원인이 되는 내과적 질환이나 신체기능을 확인하고 이를 우선적으로 치료해야 한다. 그리고 다양한 정신사회적 치료를 시행하여 치매환자 개인에게 적합한 치료방법을 찾아내고 환자 개개인의 증상이나 문제에 맞게 수정·변형하여 적용하여야 한다.

치매환자를 위한 정신사회적 치료에는 ① 문제행동이나 이상행동을 유발하는 요인을 발견하여 적절한 조치를 취하는 행동지향적 치료, ② 정서적 지지와 과거의 생애를 회상 또는 회고하여 해결되지 않은 정서문제를 해결하는 감정지향적 치료, ③ 시간·장소 등의 지남력을 비롯한 인지결손을 개선하는 인지지향적 치료, 그리고 ④ 문제행동의 감소와 정서적 고양을 목적으로 한 자극지향적 치료가 있다. 이러한 치매환자의 정신사회적 치료에 대해서는 이 책의 제2부 4~6장에서 보다 상세히 다루고자 한다.

치매환자의 치료에서는 약물치료나 정신사회적 치료 중 어느 하나만 사용하기보다는 병합치료를 하는 경우가 많다. 그 이유는 두 가지 치료법이 서로의 장단점을 상승 또는 보완해 주기 때문이다. 약물치료와 정신사회적 치료를 병합하여 사용하든 아니면 한 가지 치료법만을 사용하든 치매환자의 증상 변화에 대한 주기적 관찰과 평가가 이루어져야 하며, 새로운 증상이 나타나거나 기존 증상의 변화가 있는 경우에는 치료방법을 변경하여야 한다.

치매환자에 대한 정신사회적 치료와 아울러 가족의 부양부담을 경감하기 위한 치료적 개입이 요구된다. 즉, 치매환자와 가장 가까운 곳에서 간호와 일상생활 지원의 1차적 책임을 지고 있는 부양가족은 다양한 심리사회적 스트레스와 부양부담을 경험한다. 그러므로 부양가족의 스트레스와 부양부담을 경감할 수 있는 심리사회적 지원을 적극적으로 제공해야 한다. 그리고 치매환자를 위한 사회서비스를 적극적으로 이용하도록 권장해야 하는데, 이는 치매환자의 증상 완화에도 도움이 된다. 노인장기요양보험제도의 재가급여 중에서 주·야간보호서비스는 낮시간 동안 치매환자에게 안전한 환경을 제공하고 적절한 프로그램을 실시함으로써 부양가족이 낮시간 동안 휴식을 취할 수 있도록 해 준다. 그리고 치매안심센터, 치매상담콜센터(☎ 1899-9988), 치매환자 사례관리서비스 이용 등이 치매환자의 증상관리와 가족의 부양부담을 경감하는 데 많은 도움이 된다.

5) 치매유형과 단계별 치료적 접근방법

치매는 다양한 원인에 의해 발병하므로 치매의 유형에 따라 치료적 접근방법이 달라진다. 그리고 대부분의 치매 증상은 치매의 진행과정 전체 단계에서 나타나지만, 특정 단계에서 특징적으로 나타나는 증상이 있기 때문에 치매의 진행단계에 따라 치료적 접근방법의 변화를 도모해야 한다. 이에 다음에서 치매의 대표적 유형인 알츠하이머병 치매와 혈관성 치매의 치료방법, 치매단계별 치료적 접근방법에 대해 살펴보고자 한다.

(1) 치매유형별 치료적 접근방법

알츠하이머병 치매와 혈관성 치매는 전체 치매의 80% 이상을 차지하지만, 서로 다른 원인에 의해 발병하기 때문에 치료적 접근방법은 상이하다. 먼저 알츠하이머병 치매는 신경전달물질인 아세틸콜린을 분비하는 신경세포의 파괴가 특징이므로, 아세틸콜린을 분해하는 효소를 억제하여 아세틸콜린의 양을 증가시키는 약물치료를 한다. 현재 콜린 분해효소 억제제가 주로 처방되고 있는데, 치매 초기단계에 사용될수록 그 효과가 큰 것으로 보고된다. 알츠하이머병 치매에 대한 치료는 약물에만 전적으로 의존할 수 없고, 다각적인 치료적 접근이 필요하다. 알츠하이머병 치매환자의 경우 자아존중감이 낮아지기 때문에 항상 환자에 대한 존경과 지지를 유지해야 한다. 우울, 불안 등의 정신 증상에 대처하기 위해서는 치매환자의 정서적 요인에 초점을 맞추고 이야기를 들어 주는 것이 바람직하다. 그리고 치매환자가 생활하는 공간을 단순하면서도 안정되게 유지하고, 손상된 인지기능을 보완해 줄 수 있도록 자주 일깨워 주거나 기억을 보조할 수 있는 도구를 활용하는 것이 좋다. 그리고 성적 이상행동 등 문제행동에 대해서는 단호하게 지적하되, 문제행동을 멈춘 경우에는 칭찬과 격려를 하여 점진적으로 줄여 나가도록 유도하는 것이 좋다.

혈관성 치매는 뇌경색, 뇌출혈 및 피질하 병변과 같은 뇌의 혈관성 질환에 의한 뇌

손상이 그 원인이므로, 동맥경화, 고지혈증, 고혈압, 심장질환, 당뇨병 등의 질병을 적절히 치료하여 뇌졸중을 사전에 예방하는 것이 가장 바람직한 치료방법이다. 그리고 혈관성 치매환자의 뇌졸중 재발을 막기 위해서는 금연, 금주, 운동 등의 건전한 생활습관을 형성해 주고, 항혈소판제제 등의 약물을 복용하여 혈액의 응고를 억제하는 것이 바람직하다. 혈관성 치매환자의 인지장애 개선을 위해서는 알츠하이머병 치매환자에게 처방되는 콜린 분해효소 억제제 등의 약물이 동일하게 처방된다. 또한 중증 이상의 혈관성 치매에서도 알츠하이머병에서와 같이 메만틴과 같은 약물이 이용되고, 항산화제 등의 약물도 도움이 되며, 부수적인 정신행동장애를 치료하기 위해서 항불안제, 항우울제 및 항정신병 약물이 처방되기도 한다. 또한 알츠하이머병 치매와 마찬가지로 약물치료와 함께 정신행동 증상을 완화하고 적절히 대처하기 위한 정신사회적 치료를 병행하는 것이 바람직하다.

이와 같이 치매유형에 따라 치료적 접근방법에서 차이가 있지만, 부양가족의 심리사회적 스트레스 및 부양부담을 감소시킬 수 있는 사회서비스의 연계와 정서적 지지의 강화는 치매유형에 관계없이 매우 중요한 치료적 접근이다.

(2) 치매단계별 치료적 접근방법

치매 초기 단계, 즉 경도 치매의 경우에 치매환자는 자신의 변화된 생활모습에 당황하고 혼란스러워하며 우울해지고 자아존중감이 저하되는 것이 일반적이다. 그러므로 경도 치매환자를 인격적으로 존중하여 자아존중감과 자아정체감을 유지하도록 돕는 것이 매우 중요하다. 경도 치매환자의 인지기능 감소를 지연시키기 위해서는 콜린 분해효소 억제제를 투약하는 것이 바람직하며, 정신행동 증상의 완화를 위한 약물치료와 정신사회적 치료를 병행하는 것도 적극적으로 고려해야 한다. 경도 치매환자의 경우 전체 기능이 손상되는 것이 아니므로 손상된 기능은 보완하고 잔존해 있는 기능은 보존 유지할 수 있도록 도와야 한다. 그리고 인지장애가 심하지 않을 때 유산상속 등의 법적 문제를 처리할 수 있도록 도와야 한다. 치매가족 역시 치매로 인한 인지장애, 정신행동 증상에 대처하는 방법을 모르기 때문에 혼란과 스트레스를 경험할 수 있다. 그러므로 치매환자의 가족은 치매에 대한 임상적 지식과 간호방법 등에 대한 교육을 받음으로써 치매로 인한 증상에 대한 대처능력을 강화해야 한다.

치매의 중기 단계, 즉 중등도 치매에서는 공격적 행동이나 이상행동, 배회 등의 활동성 증상(active symptom)의 빈도가 많아지므로 치매환자의 안전사고 예방에 많은 노력을 기울여야 한다. 콜린 분해효소 억제제는 중등도 치매환자의 인지기능 개선에 효과가 있으므로 적극적으로 사용하는 것이 바람직하며, 우울증, 망상, 환각, 공격성 등의 완화를 위한 항정신병 약물의 복용도 긍정적으로 검토할 필요가 있다. 가족은 중등도 치매환자가 보이는 증상에 효과적으로 대처하는 데 많은 어려움을 겪기 때문에 지역사회의 사회서비스를 적극적으로 이용하고 노인요양시설의 입소 등을 긍정적으로 검토할 필요가 있다.

치매의 말기 단계, 즉 고도 치매환자는 기본 일상생활 수행능력에 장애가 발생하며, 활동적 증상은 줄어들고 수동적 증상(passive symptom)이 더 많이 나타난다. 최근 들어 고도 치매환자의 인지기능 개선에 효과가 있는 약물이 개발되고 있으므로 적극적인 약물치료가 권장되지만, 약물의 효과가 없다면 중단하는 것이 바람직하다. 치매환자의 일상생활 수행능력장애에 따르는 돌봄행위가 증가하여 가족의 부양부담이 강화될 수 있다. 따라서 가족의 지역사회 서비스 이용과 환자의 장기요양시설 입소를 적극적으로 검토할 필요가 있으며, 생을 잘 마무리하고 죽음을 수용할 수 있는 임종간호(hospice care) 또한 적극적으로 고려해야 한다.

제**4**장 　작업치료와 운동치료

　　모든 인간은 무능(inability) 상태에서 차츰 유능(ability) 상태로 성장·발달하게 된다. 치매는 뇌가 활성화된 이후에 뇌의 병변에 의하여 다양한 기능에 장애(disability)를 입은 상태를 말한다. 이러한 장애 상태로부터 다시 활성화, 즉 재활(rehabilitation)할 수 있도록 원조하는 재활의학 중의 한 접근방법이 작업치료이다(전세일, 2011). 그리고 건강한 사람은 운동을 함으로써 건강을 유지하고 질병을 예방할 수 있으며, 신체 및 정신 장애를 앓고 있는 환자는 운동을 통하여 질병의 치료적 효과를 거둘 수 있다. 이와 같이 운동의 효과를 이용하여 개발된 물리치료의 하위요법이 운동치료이다. 이에 다음에서는 치매환자에게 활용할 수 있는 작업치료와 운동치료의 프로그램과 그 효과에 대해 살펴보고자 한다.

1. 작업치료

1) 작업치료의 이해

치매환자를 위한 작업치료 프로그램의 효과성을 논의하기 위해서는 우선적으로 작업치료에 대한 기본 이해가 선행되어야 할 것이다. 작업치료(occupational therapy)라고 할 때의 '작업(occupation)'은 '활동의 대가로 얻게 되는 보상의 유무에 관계없이 일상생활상의 동작(activity of daily living)이나 운동(exercise) 또는 놀이(play) 등의 모든 생산적 활동(productive activity)'을 의미한다. 그러므로 작업치료는 이러한 생산적 활동을 치료적으로 활용하여 다양한 기능의 회복, 향상과 발달을 촉진시키는 치료적 활동이다.

세계작업치료사협회(WFOT)에서는 작업치료를 "개인의 일상생활 동작을 독립적으로 수행할 수 있도록 도움으로써 개인의 건강과 복지를 증진시키는 데 관심을 기울이는 전문분야"라고 정의한다(http://www.wfot.org). 미국작업치료사협회(AOTA)에서는 작업치료를 "일상적 활동(작업)을 치료적으로 활용하여 개인이 전 생애에 걸쳐서 하고 싶고, 할 필요가 있는 것을 할 수 있도록 돕는 개입방법"이라고 정의한다(http://www.aota.org). 즉, 작업치료는 개인의 기능 상태를 사정·평가하여 개인에게 적합한 치료목적을 달성할 수 있는 작업을 선택하고 개인이 직접 참여하여 활동을 수행하는 과정을 통하여, 건강 유지, 증상 개선, 잔존기능 유지 등 건강을 증진·유지하도록 돕는 과학(science)인 동시에 예술(art)이다(김경미, 2018). 대한작업치료사협회에서는 작업치료를 "신체적·정신적 그리고 발달과정에서 어떠한 이유로 기능이 저하된 사람에게 의미 있는 치료적 활동(작업)을 통해 최대한 독립적으로 일상생활을 수행하고 능동적으로 사회활동에 참여함으로써 행복한 삶을 영위할 수 있도록 치료·교육하는 보건의료의 한 전문분야"라고 정의한다(http://www.kaot.org).

이러한 정의를 종합하여 볼 때, 작업치료란 "생산적이고 의미 있는 활동(작업)을 치료적으로 활용하여 신체 또는 정신기능이 저하된 사람의 독립적 일상생활 수행과 사회활동 참여를 돕고, 더 나아가 개인의 건강과 복리를 증진시키는 보건의료의 전문분야"라고 정의할 수 있다.

　이러한 정의에 기초하면, 작업치료는 ① 목적지향적 활동이며, ② 환자의 참여와
잠재력 활용을 전제로 하며, ③ 개별화된 맞춤형 치료를 시행하고, ④ 단계적인 지속
적 개입을 하고, ⑤ 중증화 방지를 위한 2차적 예방을 강조하며, ⑥ 기본적인 일상적
활동을 치료도구로 활용하는 특성이 있다. 이러한 작업치료의 목적은 다음과 같다.

- 건강을 유지하고 증진시킨다.
- 질병이나 장애를 예방한다.
- 행동이나 기능을 평가한다.
- 신체적 장애와 심리사회적 장애를 최소한으로 감소시킨다.
- 독립적 생활을 촉진시킨다.
- 개인의 최적 생활로의 복귀를 원조한다.

　작업치료는 신체적 상해와 질병, 장애, 노화, 심리사회적 장애, 또는 이로 인한 손
상과 기능 저하 모두에 적용 가능하다. 이러한 작업치료는 [그림 4-1]에서 보는 바와

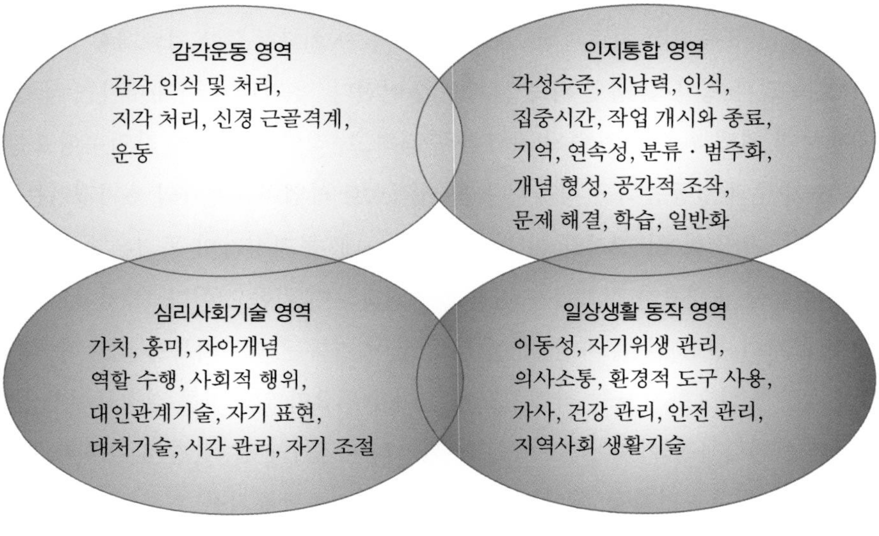

[그림 4-1] 작업치료의 주요 영역

같이 관심 영역에 따라 ① 감각운동 영역, ② 인지통합 영역, ③ 심리사회기술 영역, 그리고 ④ 일상생활 동작 영역으로 구분되며, 치매환자를 대상으로 한 작업치료는 네 가지 모두 활용될 수 있다.

전 생애에 고르게 분포된 환자에게 동일한 작업치료를 적용한다고 하더라도, 치매 환자, 뇌졸중 환자 등 장기 치료가 필요한 환자를 대상으로 하는 경우에는 다음과 같은 점에 더욱 강조점을 둔다(영국작업치료사협회, http://www.rcot.co.uk)

- 장애에도 불구하고 적정 수준의 기능을 수행할 수 있도록 돕는다.
- 개인이 필요로 하거나 하고 싶어 하는 활동(작업)을 보다 쉽게 수행할 수 있게 활동(작업)을 변화시키거나 적응하도록 돕는다.
- 개인 스스로가 자신의 문제에 대처할 수 있는 능력이 있다는 느낌을 갖도록 한다.
- 일상생활의 제한을 감소시키기 위해 물리적 및 사회적 환경을 변화시킨다.

2) 작업치료의 과정과 효과

(1) 작업치료의 과정

작업치료는 유목적적 치료과정으로 '초기평가 → 치료목표와 치료계획 수립 → 치료 이행 → 결과 평가 및 종결'의 순서로 이루어진다. 초기평가 단계에서는 작업치료를 수행하기 위해 환자와 관련된 자료를 수집하고, 작업수행기술, 작업수행요인, 개인의 기능수준과 활동능력을 평가한다. 일반적으로 작업치료에서의 초기평가는 환자가 입원 또는 입소한 지 72시간 이내에 실시하는데, 초기평가의 목적은 앞으로의 치료 계획과 실행에 필요한 정보를 수집하고 조직화하기 위한 것이다. 작업치료사는 가장 먼저 환자의 질병 원인, 과정, 진전 정도 등이 기록된 의무기록을 검토하여, 더욱 상세한 검사가 필요한지 또는 작업치료에 참여할 필요가 있는지를 결정하여야 한다.

이러한 선별검사가 이루어진 이후로는 환자와의 접수면접, 관찰 및 검사도구를 사용하여 환자와 초기면접을 실시한다. 다음으로는 종합평가를 위하여 구조화된 면접, 평가도구에 의한 검사, 임상적 관찰을 통하여 치료계획에 필요한 정보를 수집한다. 작업치료의 평가에 포함되어야 할 내용은 환자의 목표와 기능, 작업수행능력, 가사 및 일상생활, 직업활동, 그리고 여가 및 취미생활 등에서의 문제점이다. 각각의 영역에서 작업수행요인은 감각운동 영역, 심리사회기술 영역, 인지통합 영역, 일상생활 동작 영역을 관찰하고 평가하여야 한다.

이러한 초기평가 자료를 분석하여 치료목표와 치료계획을 수립한다. 치료목표와 치료계획을 수립함에 있어서는 ① 가장 적합한 이론이나 치료모형은 무엇인지, ② 환자의 잠재력과 장점, 제한점은 무엇인지, ③ 치료사가 환자에게 해 줄 수 있는 것은 무엇인지, ④ 장·단기 치료목표는 무엇인지, ⑤ 환자의 욕구와 능력에 맞는 목표인지, ⑥ 어떤 치료방법이 치료목표 달성에 가장 적합한지, ⑦ 치료과정에 대한 평가는 어떻게 할 것인지 등에 대해 검토하여야 한다.

이러한 평가결과와 치료계획을 토대로 하여, 작업치료사는 치료계획을 직접 실행에 옮긴다. 치료단계에서는 감각운동 영역, 인지통합 영역, 심리사회기술 영역, 그리고 일상생활 동작 영역과 관련된 자기돌봄(self-care), 일 그리고 놀이를 활용한 다양한 작업치료 프로그램을 활용하여 환자를 치료한다. 환자가 치료에 참여하기 전에 작업치료사는 우선 모의실험을 통하여 환자에게 적합한 치료활동인지를 사전에 평가한 후 환자에게 치료활동에 대해 충분히 설명하고 교육하며, 치료활동을 보조한다. 치료활동을 통하여 기능수준이 회복되고 환자 스스로 치료활동을 할 수 있게 되면, 환자의 자율적 훈련을 조장하고 치료사에 대한 의존성을 줄여 나가도록 한다.

치료과정에서 치료계획의 오류와 환자의 기능 회복수준을 지속적으로 점검하고, 필요에 따라서는 치료목표와 치료계획을 수정·보완하여야 한다. 그리고 환자의 독립생활 능력이 회복되어 감에 따라 공식적인 치료 개입을 점진적으로 줄여 나가고, 전체 치료과정과 치료목표에 대한 평가를 통하여 치료의 종결 여부를 결정하여야 한다. 어떤 환자의 경우에는 완전한 자립이 가능한 정도로 회복되지만, 부분적 또는 전체적 의존생활이 불가피한 수준까지밖에 기능 회복이 이루어지지 않는 환자도 있다. 그러므로 이들에 대해서는 제한된 기능수준에서 최대의 기능을 발휘할 수 있는 치료적 방안을 모색하거나 다른 전문가에게 치료를 의뢰하도록 한다.

(2) 작업치료의 효과

작업치료는 환자의 신체적 기능과 심리사회적 기능의 회복에 긍정적 효과를 지니고 있다(박창환 외, 2019; 이유나 외, 2013; 이윤로 외, 2000; 임재원 외, 2022). 먼저 작업치료의 신체적 기능 회복 효과로는 다음과 같은 것이 있다.

- 특수 장비를 통해서 근력을 강화시키고 지구력을 증진시킨다.
- 일상생활의 수행능력을 도와준다.
- 눈과 손의 협응 능력을 길러 주고, 남아 있는 소근육을 유지한다.
- 남아 있는 지각 및 운동신경을 통해서 잔존능력을 유지한다.
- 가사 재훈련을 통해서 가정에서 적응력을 길러 준다.
- 작업을 통해 재활의 기회를 제공한다.

작업치료의 심리사회적 기능 회복 효과로는 다음과 같은 것이 있다.

- 인지기능을 유지 또는 향상시킨다.
- 만족스러운 관계성을 회복시켜 준다.
- 감정적 충동을 표현하거나 완화시키는 것을 보조한다.
- 작업을 통해서 사회성 및 대인관계를 증진시켜 준다.
- 우울 감정을 조절하는 데 도움을 준다.
- 단순 작업을 통해 자아존중감을 고양시키며, 성취감과 자신감을 길러 준다.

이러한 일반적인 작업치료의 효과는 치매환자에게서도 유사하게 나타나는데, 작업치료는 작업활동 수행 시 신체적 활동뿐만 아니라 인지, 지각, 감각작용을 요구하므로 치매환자의 인지기능을 향상시켜 나갈 수 있다(김영숙, 1997; 이진주, 2001; 임재원 외 2022; Burton, 1980; McCormak & Whitehead, 1981). 작업치료는 치매환자의 역기능적 행동과 증상의 개선, 다른 병리적 행동으로의 전환이나 병적 상태로의 전락 방지, 자아존중감과 자아가치감의 향상, 그리고 유목적적 행동의 조성 등에 매우 유익한 것으로 알려져 있다. 또한 작업치료가 장기요양시설 노인의 생활만족도와 사회적 관심을 제고하는 데 효과가 높은 것으로 밝혀졌다. 작업치료에 참여한 치매환자의 유목적적 활동 빈도가 높아지고, 수면시간이 유의미하게 늘어나는 것으로 나타났다. 그리고 언어적 제한을 창조적 작업활동을 통해 표현하는 능력, 효과적 의사소통 방법 학습, 통찰의 활용능력 등이 높아지고 작업치료를 통하여 뇌장애 노인환자의 직업적 수행능력이 제고되며, 치매환자의 인지기능 개선에 효과가 있는 것으로 나타났다.

치매환자를 대상으로 한 작업치료 실험연구에 따르면, 작업치료에 참여한 치매환자의 인지기능은 유의미하게 개선된 반면 아무런 치료도 받지 않은 치매환자의 인지기능은 지속적으로 저하되는 것으로 나타나 작업치료가 치매환자의 인지기능 개선에 효과를 지닌 것으로 평가된다. 특히 이 실험에서 작업치료는 치매환자의 관리기능, 구성, 개념화 등의 인지기능 증진에 유의미한 영향을 미치며, 작업치료 참여과정에서 치매환자의 의사소통이 증가하고 집중력도 유의미하게 증가하는 것으로 나타났다. 이와 같이 치매환자에 대한 작업치료가 인지기능의 개선뿐만 아니라 일상생활 동작능력의 유지와 기능 향상에 긍정적 영향을 미치며, 더 나아가 치매환자의 장기요양시설 생활 전반에 긍정적 영향을 미치는 것으로 평가된다.

3) 치매환자를 위한 작업치료 프로그램

치매환자를 위한 개별 작업치료 프로그램은 감각운동, 인지통합, 일상생활 동작, 심리사회적 기술 영역 중 특정 영역의 기능을 향상시키는 데 주된 목적을 두고 있다. 하지만 각각의 작업치료 프로그램은 한 가지 목적만을 달성하는 데 국한되어 있지 않고, 두세 가지 목적을 동시에 달성할 수 있는 효과를 지니고 있는 경우가 일반적이다. 다음에서는 개별 활동프로그램이나 작업도구의 주된 목적에 따라 구분하여 제시하고자 한다(권중돈, 2004b).

(1) 감각운동 영역의 작업치료
치매환자의 감각과 운동 기능을 증진시키는 데 1차적 목적을 둔 작업도구를 활용한 작업치료의 세부 활동으로는 ① 촉감인지보드와 같은 지각 및 지각처리 기능 향상을 목적으로 한 도구, ② 샌딩박스, 벨크로(찍찍이) 손운동기, 어깨운동 사다리 등의 근육 및 운동 기능 향상을 목적으로 한 도구, ③ 파이프 만들기, 집게걸기 등 운동과 인지기능 향상을 목적으로 한 도구, ④ 게골게임, 미니볼링게임, 바닥농구, 링 던지기 등의 게임을 통한 운동 및 인지기능 향상을 목적으로 한 도구를 이용한 활동이 있다. 그러나 이 외에도 각종 물리치료 장비를 이용하여 치매환자의 감각 및 운동 기능을 제고할 수 있으며, 다음에 소개하는 인지통합 영역과 일상생활 동작훈련의 각종 프로그램도 시각, 지각 등의 각종 감각 기능을 증진시키는 목적을 지닌 활동을 포함한다.

① 촉감인지보드

촉감인지보드는 나무판과 10개의 원통으로 구성되어 있으며, 원통과 나무판의 구멍에는 각기 다른 종류의 천이 끼워져 있다. 치매환자에게 각각의 원통과 나무판의 구멍을 만지게 하여 촉각을 기억하게 하고, 나무판

과 원통의 천의 촉각이 동일한 것끼리 서로 짝을 짓게 한다. 이러한 활동을 통하여 치매환자는 촉각을 유지 또는 개선해 나갈 수 있으며, 촉각에 의한 기억력, 분류능력, 판단력, 문제해결능력, 공간지각능력 등 인지기능의 향상을 동시에 도모할 수 있다.

② 샌딩박스

샌딩박스는 양팔의 동작 기능과 근력을 향상시키기 위한 운동기구이다. 패드가 덧씌워진 막대의 양 끝을 잡고서 보드 위쪽 방향으로, 최대한 몸에서 멀리 막대를 밀어 올리고 다시 아래로 잡아당기는 동작을 반복한다. 이 과정에서 공간 내의 위치지각과 공간지남력, 집중력, 판단력 등 인지기능의 향상을 동시에 도모할 수 있다.

③ 벨크로 손운동기

벨크로 손운동기는 마찰력을 높이기 위한 찍찍이(벨크로) 띠가 보드 위에 돌출되어 있으며, 이 보드판 위로 역시 벨크로로 겉이 둘러싸인 원형기구를 굴리는 운동이다. 이와 같은 운동을 통하여 미세근육운동과 조절능력 그리고 전체적인 운동근육의 향상과 같은 운동효과를 거둘 수 있다. 이와 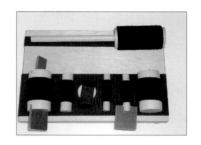 아울러 크기에 대한 판별력과 공간지각 및 지남력, 손과 눈의 협응운동, 문제해결능력, 주의집중력 등 인지기능의 향상을 동시에 도모할 수 있다.

④ 어깨운동 사다리

어깨운동 사다리는 양손과 양팔의 운동 기능을 향상시키기 위한 작업도구이다. 나무막대의 양쪽 끝을 양손으로 붙잡고 사다리의 홈을 밑에서부터 하나씩 차례대로 올라가는 방법으로 시행한다. 이 과정에서 양손과 양팔의 근육강화 및 운동조절능력을 강화할 수 있으며, 높이와 순서의 이해, 문제해결능력 등 인지기능의 향상을 동시에 도모할 수 있다.

⑤ 파이프 나무 만들기

파이프 나무 만들기는 여러 형태와 크기의 파이프 조각을 연결하여 치매환자가 원하는 모양을 만들도록 함으로써, 손과 손목의 운동제어능력과 높은 수준의 지각능력을 향상시키기 위한 작업운동이다. 그리고 눈과 손의 협응운동, 깊이지각, 문제해결능력, 순서의 이해, 분류와 구조의 이해, 형태  분류능력 등 운동 및 인지기능의 향상을 동시에 도모할 수 있다.

⑥ 집게걸기

집게걸기는 나무 기둥 위에 돌출되어 있는 여러 개의
못에 집게와 금속링을 붙이거나 떼어 내는 과정을 통하
여 근육조절능력을 키우게 되며, 손가락을 하나씩 움직
여서 못에 차례대로 집게를 집고 올라가는 방법으로 진
행한다. 이 작업도구는 연속적인 반복운동을 통하여 치
매환자의 이해력, 지시이행능력, 공간 및 깊이지각 등의
인지기능 향상과 손가락, 손목의 근육강화와 운동조절
능력의 향상을 동시에 도모할 수 있다.

⑦ 게골게임

게골게임 세트는 게골게임, 게이트볼, 골프게임
등의 다양한 게임을 할 수 있도록 제작된 종합운동
기구이다. 이 게임은 게이트볼과 골프게임을 종합한
게임으로, 이를 통해서는 전체 및 부분 운동의 기능
을 유지하고, 환자의 사회적 교류와 친교, 감정 표현
과 스트레스 해소를 도우며, 공간지각, 색채분별, 계
산력 등의 향상을 동시에 도모할 수 있다.

⑧ 바닥농구

바닥농구대는 의자나 휠체어에 앉은 상태에서 여
러 명이 농구게임을 할 수 있도록 고안된 게임도구
이다. 이 게임을 통하여 전체와 부분 운동 능력을 제
고하고, 환자 간의 심리사회적 교류를 촉진하고 생
활에 흥미를 더해 주며, 이해력, 판단력, 공간지각능
력, 계산력, 문제해결능력 등의 인지기능 향상을 동
시에 도모할 수 있다. 이와 유사한 게임으로는 여러 명이 동그랗게 둘러앉아 축구공

이 자기에게 오지 않도록 하고 상대방이 받지 못하도록 하여 점수를 내는 좌식축구 게임이 있다.

⑨ 미니볼링게임

볼링세트는 폴리에스테르로 만든 볼링핀과 공으로 실내 또는 실외 어느 곳이나 바닥이 평평한 곳에서 볼링게임 규칙에 따라 실시하는 게임도구이다. 이 게임은 앉아서 생활하거나 전신활동이 부자유스러운 환자에게 적합한 운동이며, 가정에서는 여러 세대가 동시에 즐길

수 있는 게임이다. 이 게임을 통하여 공간지각, 판단력, 계산력, 문제해결능력 등의 인지기능을 제고하고 전체 및 부분 운동 기능의 향상과 환자의 사회적 교류 및 스트레스 해소의 촉진을 동시에 도모할 수 있다.

⑩ 링 던지기

링 던지기는 일정 거리 밖에서 고리를 던져 막대에 고리를 많이 건 사람이 승리하는 게임이다. 변형된 링 던지기 게임은 그림에서 보는 바와 같이 바닥에 수를 써 놓고 동일한 수가 쓰인 고리를 그 막대에 걸도록 하는 게임이 있으며, 바닥에 수를

써 놓거나 몇 개의 동심원을 그려 놓고 동전 던지기를 할 수도 있다. 보통 사람의 경우 2m 정도가 적당한 거리이나, 치매환자의 경우 보폭으로 한 발짝 반 정도의 거리에 목표물을 주어 고리가 많이 걸리게 함으로써 성취감을 경험할 수 있도록 하는 것이 좋다. 이 게임을 통해서는 전체 및 부분 운동 능력, 공간지각, 시각조절능력, 수리 및 계산 능력, 집중력, 문제해결능력 등의 인지기능 향상을 동시에 도모할 수 있다.

(2) 인지통합 영역의 작업치료

치매환자의 기억력, 지남력, 범주화 및 분류능력, 인식, 판단력, 문제해결능력, 학습능력 등을 제고시키는 데 목적을 둔 인지통합 영역의 작업치료 활동은 매우 다양하다. 먼저 작업도구를 이용한 작업치료 활동으로는 25구 펙보드, 레이스 연결하기, 미로게임, 시각인지 메모리판, 옥수수 체스게임, 빙고게임, 공기주머니 던지기, 줄 그리기 보드, 코끼리 연결하기, 타르공게임, 형태분류판, 퍼즐 맞추기 등이 있다. 그리고 최근에는 작업도구를 활용하지 않고서 가정에서 치매환자의 인지기능을 제고할 수 있는 다양한 작업치료의 세부활동이 개발·실시되고 있다.

① 25구 펙보드

25구 펙보드는 손의 운동조절능력과 감각인지에 의한 분류능력을 향상시키기 위한 작업도구이다. 특히 이 보드는 시각능력이 손상된 사람이 사용할 수 있도록 색깔과 모양이 다르게 제작되어 있으며, 각기 다른 색상과 형상으로 된 펙을 임의대로 보드판 위에 디자인하는 동안 자연스럽게 시각분류능력, 형태지각, 판단력 등의 인지기능과 소근육 강화 및 운동조절능력의 향상을 동시에 도모할 수 있다.

② 레이스 연결하기

레이스 연결하기는 두꺼운 골판지로 만든 9개의 모양에 여러 가지 색상의 레이스를 수놓기 하는 작업도구로 바늘은 필요가 없다. 이 작업도구를 이용한 치료는 손과 손가락의 미세근육과 운동조절능력을 향상시키고, 색채 및 형태 분류, 문제해결능력, 공간지각 등의 인지기능을 향상시킬 수 있으며, 바느질과 같은 일상생활 동작능력을 유지하는 데 도움이 된다.

③ 미로게임

미로게임은 보드에 파인 홈을 따라 각기 색이 다른 펙을 이동하여 목적지로 이동하거나 같은 색으로 펙을 분류하도록 하는 작업도구이다. 이 작업활동을 통해 치매환자는 형태지각, 공간지각, 판단력, 분류능력, 시각기억, 주의집중력 등의 인지기능과 동시에 미세근육과 운동조절능력을 향상시킬 수 있다.

④ 시각인지 메모리판

시각인지 메모리판은 치매환자를 위한 기억능력 향상 게임을 위해 고안된 작업도구이다. 이 작업도구를 활용하게 되면 대소 근육기능 증진, 색·형태·크기 판별 등의 지각능력 향상, 주의집중기술, 지시이행, 기억자극, 시각기억 증진 등의 인지기능

의 유지와 향상을 도모할 수 있다. 큰 시각인지 메모리판을 이용한 작업활동의 방법은 먼저 3개의 원형 홈 속에 사진이나 물건을 넣고 나머지 3개의 홈에는 그 물건들의 이름을 써넣은 종이를 넣어 둔 다음 뚜껑을 닫고 환자에게 기억을 더듬어 물건과 물건의 이름을 짝지어 보도록 한다. 그다음에 물건의 위치를 바꾸어 넣고 다시 반복한다. 그리고 물건과 그 이름을 짝지은 후에는 그것이 어떤 물건인지, 용도는 무엇인지, 또 사진의 내용이 의미하는 바는 무엇인지 등을 물어 사고능력을 향상시키고, 예전의 경험과 연결시켜 옛 기억을 회상하게 함으로써 장기기억을 보존할 수도 있다.

⑤ 옥수수 체스게임

옥수수 체스게임은 체스게임을 응용하여 변형한 작업도구로서 일반 체스게임의 규칙에 따라 게임을 한다. 이 게임은 근육 강화 및 운동조절능력, 시각인지, 문제해결능력, 계획과 순서의 이해, 집중력의 제고, 판

단력, 공간지각능력 등과 같은 인지기능의 향상을 동시에 도모할 수 있다.

⑥ 빙고게임

빙고게임은 철망 속에 75개의 글자가 쓰인 공을 넣어 두고 이 철망을 돌려서 나오는 숫자와 동일한 숫자를 숫자판에서 찾아 짝짓는 작업도구이다. 이 게임을 통해서는 어깨운동, 손 근육 및 운동조절능력 등의 운동 기능 회복과 수 개념 학습, 판단력, 기억력 등 인지기능의 향상을 동시에 도모할 수 있다.

⑦ 공기주머니 던지기

공기주머니 던지기는 동일한 크기의 공기주머니를 세워진 판의 구멍에 넣는 놀이로서 집중력을 키우는 작업도구이다. 이 놀이를 통하여 환자는 팔과 손의 근육 강화 및 운동조절능력을 향상시켜 나갈 수 있으며, 공간지각, 판단력, 계산력, 문제해결능력, 기억력 등의 인지기능을 제고하고 사회적 교류를 촉진할 수 있다.

⑧ 줄 그리기 보드

줄 그리기 보드는 보드 위에 돌출되어 있는 펙 사이로 실이나 고무밴드를 엮어 일정한 형태를 만들어 보는 작업도구이다. 이 작업활동을 통해서 치매환자는 깊이와 형태지각, 공간지남력, 문제해결능력, 분류능력, 집중력 등의 인지 및 지각능력과 손과 개별 손가락의 움직임과 근육조절능력, 양손의 운동조절능력, 어깨의 운동범위 등의 향상을 동시에 도모할 수 있다.

⑨ 코끼리 연결하기

코끼리 연결하기는 40개의 코끼리 모양으로 구성되어 있으며 코끼리 코와 꼬리를 서로 연결하는 작업도구이다. 이 작업활동은 색, 형태, 길이, 크기에 따른 판단력, 미세동작, 분류능력, 시각기억, 수 개념의 학습, 미세근육의 조절능력 등을 제고할 수 있다.

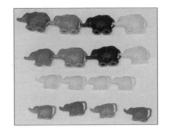

⑩ 타르공게임

타르공게임은 찍찍이(벨크로) 보드판 위에 동심원 4개를 그려 놓고 점수를 써 놓은 표적에 타르공을 맞추는 작업도구이다. 이 게임을 통하여 환자의 대소근육을 강화하고, 공간지각, 판단력, 문제해결능력, 계산력 등의 인지기능 제고와 환자의 대인관계를 촉진하고 자신감을 심어 주는 심리사회적 효과를 동시에 도모할 수 있다.

⑪ 형태분류판

형태분류판은 다섯 가지 색상으로 된 서로 다른 모양과 길이의 나무펙을 분류할 수 있도록 고안된 작업도구이다. 이 작업도구를 활용하여 치매환자는 색, 형태, 길이, 깊이에 대한 지각을 유지 또는 향상시켜 나가고, 분류능력, 판단력 등을 제고하며, 미세근육의 강화와 운동조절능력의 향상을 동시에 도모할 수 있다.

⑫ 퍼즐 맞추기

퍼즐 맞추기는 여러 조각으로 나눈 조각그림을 원래의 그림과 모양대로 맞추는 작업도구이다. 이 작업활동을 통하여 치매환자는 색채분별력, 형태지각, 공간지각, 판

단력, 추리력, 기억력 등의 인지기능과 미세근육 강화 및 운동조절능력을 향상시켜 나갈 수 있다. 이러한 퍼즐 맞추기의 변형된 형태로는 모양 맞추기가 있다. 이 게임은 플라스틱 또는 나무 모양 도형 판 안의 구멍에 같은 도형끼리 맞추는 놀이로서, 각 도형의 모양에 대해 이야기하면서 분위기를 고조시킬 수 있으며, 사각형, 삼각형, 원 등의 모양과 색깔 또한 논의할 수 있다.

⑬ 낱말 만들기

자음과 모음이 각각 적혀 있는 카드를 준비하고, 참여자를 두 집단으로 나눈다. 치료사는 단어를 부르고 치매환자 개인이나 집단은 단어를 찾는다. 다 찾은 사람이나 팀이 큰 소리로 단어를 읽으면 승리하게 된다.

⑭ 문장 속 같은 글자 찾기

잡지나 신문에서 긴 문장이나 문단을 하나 선택하고, 연필을 준비하여 그 문단 속에, 예를 들어 '다'라는 글자가 몇 개나 들어 있는지 찾아보는 훈련을 한다. 그리고 제대로 찾았으면 이제 다른 문단을 선택하여 '아' 자가 몇 개나 들어 있는지 찾아본다.

⑮ 양손 글씨 쓰기

종이를 앞에 놓고 양손에 연필을 하나씩 잡고 동시에 자신의 이름을 적어 본다. 그리고 왼손으로는 성을, 오른손으로는 이름을 동시에 적어 본다. 이런 훈련은 두뇌운동에 매우 좋으며 재미도 있다. 대부분 왼손으로는 거꾸로 쓰기 마련인데, 왼손으로 쓴 글을 거울에 비춰 보면 생각보다는 괜찮은 글씨체가 나온다.

⑯ 점 이어 형태 만들기

도화지에 많은 점을 찍어 놓고, 세 개의 점을 이어서 여러 개의 삼각형을 만든 후 몇 개를 만들었는지 세어 본다. 단, 처음 시작할 때에 치료사는 치매환자에게 삼각형과 사각형의 모형을 보여 준 후 삼각형과 사각형을 구분해 보도록 하고 프로그램에 들어간다. 이러한 활동을 통하여 치매환자의 공간지각능력, 감각신경, 운동신경을 자극할 수 있다.

⑰ 카드 뒤집기

앞면과 뒷면의 색깔이 다른 카드를 준비하여, 색깔의 분포를 반씩 되게 하여 바닥에 펼쳐 놓는다. 치료사의 시작 신호에 따라 한 가지 색이 되게 카드를 뒤집되, 카드를 뒤집을 때 '무궁화 꽃이 피었습니다'를 외치도록 한다.

⑱ 동작 반대로 따라 하기

치매환자는 손을 들어 올려 치료사가 지시하는 반대로 동작을 실시한다. 치료사가 손을 위로 올리면 환자는 아래로 손을 내린다. 그 외에도 다양한 동작을 반대로 실시할 수 있다. 그러나 대부분의 치매환자는 반대로 동작을 실시하게 하면 치료사의 동작을 따라 하는 경우가 많다.

⑲ 콩 고르기

콩 고르기는 섞여 있는 콩을 색, 크기, 모양 등에 따라 분류하게 하는 것으로 증상의 정도에 따라 난이도를 조절할 수 있는 손쉬운 작업도구이다. 이러한 활동을 통하여 치매환자는 색, 크기, 형태에 대한 지각, 분류능력, 판단력, 기억력, 그리고 미세운동능력을 유지 또는 증진시켜 나갈 수 있다.

⑳ 종이접기

종이접기 교재에 따라 간단한 형태의 종이접기에서 시작해 숙달되면 작품 형태로까지 발전이 가능하며, 색, 공간, 형태에 대한 지각능력, 판단력, 기억력 등의 인지기능을 제고하고, 작품의 완성을 통하여 성취감을 경험할 수 있다.

㉑ 모양 헤아리기

가로세로 각각 4cm의 정사각형을 그린 다음 그 속에 가로세로 각각 1cm마다 줄을 그으면 16개의 정사각형이 생긴다. 그리고 자세히 들여다보면서 거기에 정사각형이 몇 개나 있는지 헤아려 본다. 이 그림을 더 자세히 살펴보면 총 26개나 되는 정사각형이 들어 있음을 알 수 있다. 이런 식으로 정삼각형이나 정육각형을 그려 보고 거기에 같은 정다각형이 몇 개나 있는지 헤아려 보는 훈련을 해 보는 것도 치매환자의 인지기능 향상에 도움이 된다.

㉒ 그림 기억해 내기

잡지나 신문, 그림책에 있는 사진이나 그림을 하나 선택하여 3~4분 정도 자세히 들여다본 후에 그림을 덮고, 몇 사람이 있었는지, 동물은 몇 마리나 있었는지, 그림을 통해 전달하고자 하는 의미는 무엇인지를 얘기해 본다. 이런 훈련을 해 보면 치매환자가 얼마나 관찰력이 부족한지, 기억력이 어느 정도인지를 알 수 있으며, 기억력, 관찰력, 주의집중력의 증진에도 도움이 된다.

㉓ 계산하기와 수 세기

종이에 6개의 숫자를 받아 적은 다음, 일정한 수가 되도록 덧셈과 뺄셈을 해 본다. 또 다른 방법으로는 가로세로 5칸씩 총 25칸이 그려진 종이를 나누어 주고, 시작신호와 함께 각 팀의 한 사람이 종이 위에 쓰인 숫자를 한 자씩 부른 후 그 숫자를 지워 나간다. 가로세로 다섯 칸 모두 지워진 줄이 3개가 나오면 자기 이름을 크게 외치게 하여 승부를 낸다. 단, 이는 글을 읽을 수 있고 계산능력이 있는 치매환자에게 활용 가능한 프로그램이다. 또 다른 변형활동으로서 수 세기 게임이 있다. 짝수를 100까지 빨리 세게 하거나, 100부터 거꾸로 0까지 세어 보도록 하거나, 3의 배수, 4의 배수 등의 원리에 따라 수를 세는 것도 치매환자의 수리력과 계산능력, 기억력 등을 제고하는 데 도움이 된다.

㉔ 스톱워치

초, 분, 시간, 날짜, 요일이 기록되어 있는 초시계(stop watch)를 치매환자에게 작동시키고 정지시키게 함으로써 지시이행 능력을 제고하며, 시간과 관련된 지남력을 제고할 수 있다. 그리고 이를 변형하여 시계 그리기나 장난감 시계를 이용한 시간 맞추기 게임 등을 활용할 수도 있다.

㉕ 문장 따라 하기

발음하기 어려운 문장을 치료사가 먼저 읽어 주고 환자가 따라 하는 방법으로 기억력과 언어능력을 유지 또는 개선하기 위한 활동이다. 예를 들어, '간장공장 공장장은 강 공장장이고, 된장공장 공장장은 공 공장장이다'라든지, '이 콩깍지는 깐 콩깍지인가 안 깐 콩깍지인가' 등과 같이 발음이 어려운 문장읽기를 연습하는 것도 도움이 된다.

㉖ 달력 만들기

부직포를 절반으로 분할하여 윗부분에는 미술활동, 수공예활동으로 계절에 맞는 장식을 하고, 아랫부분에는 부직포로 만든 요일, 날짜 등을 붙여 나감으로써 한 달 달력을 만든다. 이는 시간지남력, 시각기억, 미세운동능력 제고에 도움이 되고 한지공예를 이용하여 좀 더 다양한 형태의 달력을 꾸며 볼 수도 있다.

(3) 일상생활 동작 영역의 작업치료

치매환자의 일상생활 동작능력이 저하되는 것을 방지하기 위해서는 환자의 기본적인 일상생활과 수단적 일상생활과 관련된 활동을 지속적이고 반복적으로 수행할 필요가 있다. 치매환자의 일상생활 동작능력을 유지 또는 증진시키기 위해서 디럭스 조절보드, 볼트-너트 끼우기보드, 옷입기 작업보드 등의 작업도구를 활용할 수 있다. 그러나 이러한 작업도구를 활용하지 않더라도 가정에서 일상적으로 활용하는 생활용품을 이용하여 지속적으로 훈련을 하면 작업도구를 이용한 작업치료에 못지않은 효과를 거둘 수 있다. 가정에서 활용하는 모든 생활도구가 치매환자의 일상생활 동작훈련을 위한 작업도구로서 훌륭하게 활용될 수 있으므로 특별한 비용을 들여 일상생활 동작훈련 도구를 구입할 필요는 없으며, 단지 안전성에 문제가 될 수 있는 위험요인만을 제거하면 적절한 훈련도구로서의 기능을 갖출 수 있게 된다.

① 디럭스 조절보드

디럭스 조절보드는 출입문 열쇠, 맹꽁이 자물쇠, 꼭지손잡이 등 가정에서 흔히 접할 수 있는 기계장치를 이용하여 치매환자의 기능적 조절능력을 숙련시키기 위한 작업도구이다. 이 작업도구를 활용함으로써 치매환자의 손과 팔의 신경계 및 미세운동근육의 강화, 근육조절능력의 향상, 시각인지능력, 지남력, 인식력 등의 증진을 도모할 수 있다.

② 볼트-너트 끼우기보드

볼트-너트 끼우기보드는 수평과 수직 상태의 보드판에 있는 다양한 크기의 볼트와 너트를 조절함으로써 손가락의 운동 기능을 향상시키기 위한 작업도구이다. 그리고 이러한 손운동을 통하여 크기에 대한 판단력, 깊이와 형태 지각, 공간지각, 순서의 이해, 분류능력, 집중력 등의 인지기능의 향상을 동시에 도모할 수 있다.

③ 옷입기 작업보드

옷입기 작업보드는 손의 기능적 숙련도를 제고하여 일상생활 동작능력을 유지 또는 증진시키기 위한 작업도구이다. 단추 풀고 잠그기, 지퍼 올리고 내리기, 벨트 묶고 풀기 등 일상생활에서 흔히 접하게 되는 일상생활 동작을 작업활동으로 활용함으로써 미세동작 및 소근육운동, 손과 눈의 협응능력, 판단력, 문제해결능력, 일상생활 동작능력과 자기돌봄 능력을 향상시킬 수 있다.

(4) 심리사회적 기술 영역의 작업치료

치매환자의 심리사회적 기술 향상을 위한 작업치료는 정신과 환자에게 활용되는 사회적 기술훈련이나 대인관계 훈련 등을 변형하여 사용할 수 있다. 그러나 이러한 특별한 프로그램을 실시하지 않더라도 앞에서 기술한 감각운동, 인지통합, 일상생활 동작훈련과 관련된 작업치료를 실시하는 과정에서 충분한 심리사회적 효과를 거둘 수 있다. 그리고 작업치료 이외에 집단을 단위로 하는 미술치료, 음악치료, 문예치료 등의 다른 치료활동을 통해서도 부수적으로 치매환자의 심리사회적 기술을 제고할 수 있으므로, 여기서는 특별한 프로그램을 제시하지 않겠다.

2. 운동치료

1) 운동치료의 이해

일반적으로 건강한 사람이 운동을 하게 되면, 신체동작능력, 순환기 및 심폐 기능, 대사작용이 향상되며 질병을 예방하는 효과를 거둘 수 있다. 또한 관상동맥질환, 고혈압, 당뇨병, 고지혈증, 골다공증, 비만, 정신심리적 질환 등에도 운동이 치료적 수단으로 활용되기도 한다. 이와 같은 운동의 효과를 이용하여 개발된 물리치료의 하위방법이 바로 운동치료이다.

운동치료는 신체운동을 질병이나 손상 및 그 후유증의 치료수단으로 쓰는 치료방법으로, ① 근력의 증강, ② 내구력의 증대, ③ 정확한 동작을 위한 근육의 협응성 개선, ④ 속도의 단축, ⑤ 관절의 운동범위 유지 및 이것이 제한되었을 경우의 개선 등을 목적으로 한 물리치료의 하위방법이다. 운동치료의 기본형은, ① 근육의 수의적인 수축이 상실되었을 때 관절의 운동범위를 유지하기 위해 행하는 타동운동(他動運動), ② 근육의 수의적인 수축이 불충분할 때 행하는 개조자동운동(介助自動運動), ③ 동작을 수의적으로 할 수 있는 상태에서의 자동운동(自動運動), ④ 저항에 대항해서 움직여 근력의 증강을 꾀하는 저항운동, ⑤ 단축된 근육이나 기타 연부조직(軟部組織)을 늘이는 신장운동(伸張運動) 등이다. 기능훈련으로는 매트운동 · 평행봉 · 지팡이 · 의지(義肢) · 장구 등을 이용한 보행훈련 등이 있다.

　이러한 운동치료는 노년기의 신체 구조 및 기능의 저하를 예방하고, 질병이나 손상 기능을 회복 또는 개선하는 데 도움이 되는 것으로 알려져 있다. 실제로 건강한 60, 70대 노인에게 6개월간 규칙적 운동을 시킨 결과 심폐 기능이 향상되고, 인지기능의 손상과 치매발병률이 낮아지고, 혈압, 당뇨, 고지혈증, 비만 등이 치료 또는 예방이 되어 혈관성 치매를 예방할 수 있는 것으로 밝혀지고 있다. 그리고 유산소 운동을 할 경우 노인환자의 우울증세가 개선되며, 알츠하이머병 환자를 대상으로 한 연구에서 신체활동이 왕성할수록 근육의 부피가 커지고 영양 상태도 좋은 것으로 나타났다(황병용, 2001). 또한 간호자의 도움으로 치매환자도 얼마든지 운동치료의 참여가 가능하며, 근력운동을 통하여 근력이 향상되었다는 연구 결과도 있다. 이와는 반대로 운동을 하지 않고 누워 지내는 경우에는 욕창이나 변비, 소화불량, 식욕 감소가 나타나며, 만성 성인병이 악화되고 폐렴, 요로 감염 등 감염 질환에 잘 걸린다. 또한 근력이 약해지고 관절이 굳으며, 골다공증이 잘 생기고 심지어 치매 증상도 악화된다.

　따라서 치매환자의 독립적 이동능력 향상, 일상생활을 영위할 근력의 강화, 그리고 넘어지거나 다치는 것을 예방함과 동시에 운동을 통하여 불안과 우울증을 개선해 나가는 운동치료는 치매환자에게 많은 도움이 될 것이다.

2) 치매환자를 위한 운동치료 프로그램

(1) 치매예방을 위한 체조

　노인이 간단한 체조를 통해 손과 발의 말초신경을 자극하여 두뇌활동을 활성화시킴으로써, 치매를 예방하는 효과를 거둘 수 있다. 치매예방 손발체조는 노인이 언제 어디서나 쉽게 할 수 있도록 짜여 있고 처음부터 끝까지 하는 데 15~30분 정도면 충분하며, 손발체조를 하면서 음악을 곁들이면 더욱 좋은 효과를 볼 수 있다. 이러한 치매예방 손발체조를 소개하면 〈표 4-1〉과 같다(권중돈, 2004b).

　보건복지부와 중앙치매센터(2014)가 공동으로 개발한 치매예방운동법은 크게 뇌

신경체조와 치매예방체조라는 2개 영역의 운동으로 구성되어 있다. 뇌신경체조는 뇌 표현을 자극하여 인지기능을 향상시키는 데 목적을 두고 있으며, ① 얼굴 두드리기, ② 눈 돌리기, ③ 눈감고 씹기, ④ 소리내기, ⑤ 볼 혀 쓰기, ⑥ 목 돌리기라는 6개 운동으로 구성되어 있다. 치매예방체조는 뇌의 혈액순환을 증가시켜 인지기능을 향상시키는 데 목적을 두고 있으며, ⑦ 온몸 자극하기, ⑧ 손운동(박수), ⑨ 손운동(쥐기), ⑩ 팔운동(두 팔로 하기), ⑪ 팔운동(한 팔로 하기), ⑫ 기 만들기, ⑬ 기 펼치기, ⑭ 온몸 가다듬기의 8개 세부 운동으로 구성되어 있다. 치매예방운동법은 중앙치매센터 홈페이지(https://www.nid.or.kr)의 자료실에 접속하거나 웹 포털 사이트(web portal site) 주소창에 'bit.ly/1utn3o9'를 입력하면 유튜브(Youtube) 동영상으로 시청할 수 있다.

(2) 치매환자를 위한 운동프로그램

운동치료를 실시하기 전에 환자에게 적합한 운동을 선택하기 위해서는 우선적으로 의사 등 전문가에게서 운동 전 평가를 받는 것이 좋다. 운동 전에 평가받아야 하는 항목으로는 유산소능력, 근력, 유연성, 체성분 분석 등이 있으며, 특정 운동의 위험도와 운동부하 검사를 받는 것이 도움이 된다. 특히 고혈압, 심장병, 고지혈증이나 신체장애가 있는 치매환자의 경우에는 운동 중에 사고나 위험에 처할 수 있으므로 반드시 운동처방을 받고 난 후에 운동을 하여야 한다. 국민체육진흥공단에서 체력상태를 과학적 방법에 의해 측정·평가를 하여 운동 상담 및 처방을 해 주는 대국민 무상 스포츠 복지 서비스인 '국민체력 100' 홈페이지(https://nfa.kspo.or.kr)에 체력측정을 예약하면 무료 체력측정과 함께 근력과 근지구력, 심폐지구력, 유연성, 평형성, 협응성 향상을 위한 체력증진 프로그램을 설계해 준다.

일단 운동처방을 받고 난 후에는 선택된 운동을 하되, 어떤 운동을 하든 간에 어깨, 팔, 가슴, 등, 배, 하지를 골고루 운동하고, 운동 전후에 5분 정도 천천히 걷거나 가볍게 체조하는 등의 준비운동과 정리운동을 하는 것이 좋다. 그리고 운동으로 인한 통증이 심하거나 며칠간 지속된다면 운동량을 반으로 줄인 후 다시 점진적으로 늘려 나가고, 뜻이 맞는 친구나 가족과 함께 운동을 하거나, 좋아하는 음악이나 영상 프로그램을 듣거나 보면서 정기적이고 지속적으로 운동을 하는 것이 효과적이다.

표 4-1 치매예방을 위한 손발체조

구분		운동방법과 절차
손체조	손목관절운동	① 손목관절 및 손목 누르기 　• 누르기 부위: 팔꿈치와 손목 사이의 1/2 지점의 팔목에서부터 손목까지의 팔목 안쪽과 　　바깥쪽 부위 　• 누르는 지점: 먼저 팔목 안쪽에서부터 손목 쪽으로 다음과 같이 누른다. 　• 새끼손가락 방향으로 6곳을 3초씩 3회 누른다. 　• 중지 방향으로 6곳을 3초씩 3회 누른다. 　• 엄지 방향으로 6곳을 3초씩 3회 누른다. 　• 팔목 바깥쪽 부위도 위와 같이 반복한다. ② 손목관절 좌우스트레칭: 엄지손가락을 안으로 넣고 가볍게 주먹을 쥔 상태에서 엄지손가락 쪽으로 약 25도, 새끼손가락 쪽으로 약 65도 굽힌다. 손가락을 가지런히 편 다음 10초씩 3회 반복한다. ③ 손목스트레칭: 양손바닥을 마주 대고 팔을 쭉 뻗는다. 쭉 뻗은 팔을 엄지손가락 쪽으로 굽혔다가 새끼손가락 쪽으로 굽히기를 10초씩 3회 반복한다. 손등 쪽으로도 같은 방법으로 반복한다.
	손등운동	① 손등 누르기: 손목에서 손등의 각 손가락 쪽으로 나가면서 3곳을 각각 누른다. 엄지손가락 쪽에서 새끼손가락의 바깥쪽으로 가면서 뼈와 뼈 사이의 다섯 군데를 1회 3초 동안 누르고 전체적으로 3회 되풀이한다. ② 손등 문지르기: 한쪽 손바닥으로 다른 쪽 손등을 수십 번 문지른다.
	손바닥운동	① 손바닥 누르기: 손바닥은 손목에서부터 손가락과 손가락이 붙은 사이까지 3곳, 각 손가락 사이의 4곳 등 모두 12곳을 새끼손가락 쪽에서부터 엄지 쪽으로 3초씩 3회 누른다. 손가락을 유연하게 하면서 중지를 중심으로 다섯 손가락을 밀착시킨다. 10초씩 3회 실시한다. ② 손바닥 두드리기: 큰 소리가 나도록 박수를 친다(20회). ③ 손가락으로 손바닥 두드리기: 한 손바닥을 펴서 다른 손가락으로 두드린다(50회). ④ 손바닥 비비기: 손바닥에 열이 나도록 빨리 비벼 준다.
	손가락운동	① 손가락 스트레칭: 엄지손가락과 엄지손가락, 집게손가락과 집게손가락, 이런 식으로 각 손가락의 지문 부위를 밀착시킨 다음 서서히 밀어 부채꼴로 펴서 엄지손가락과 새끼손가락 끝이 수평으로 일직선이 되게 한다. 10초씩 3회 실시한다. ② 손가락 눌러 주기: 엄지는 3곳을 다른 손가락은 4곳을 지압하되, 엄지손가락과 집게손가락으로 아래 위에서 잡는 듯이 손가락 뿌리 쪽 지압점부터 3초씩 누르고 손가락 끝에서는 손가락을 잡아당긴다. 각 손가락 압점의 좌우 옆 부분을 마찬가지로 3초씩 누른다.

	손가락 운동	③ 손가락 잡아당기기: 엄지, 집게, 가운데, 약지, 새끼손가락끼리 잡고 서로 엇갈려 고리를 만든 후 잡아당긴다(5초씩). ④ 손가락 끝 운동: 좌우 다섯 손가락을 조금 펼치고 팔꿈치를 가볍게 굽힌 다음, 어깨 높이에서 양쪽 손가락의 지문부를 모두 밀착시킨 다음 본래의 자세로 돌아온다(3회 실시). 좌우의 손가락을 양쪽 어깨 폭보다 조금 넓게 벌렸다가 밀착시키도록 한다. ⑤ 손가락 끝 두드리기 운동: 손톱 끝을 직각으로 세워 큰 소리가 날 정도로 세게 두드리거나(20회), 빠르게 두드린다. ⑥ 손가락 돌리기 운동: 집게손가락을 좌우 포개어 원을 그리며 빙빙 돌린다. 원의 크기를 조절하여 다른 손가락도 교대로 실시한다. 뒷짐을 지고 같은 방법으로 돌리기 운동을 반복한다. ⑦ 손가락 깍지 끼워 누르기: 양손을 위로 향하게 손가락을 끼운 상태에서 지그시 눌러 준다. ⑧ 손가락 튕기기 운동: 가운뎃손가락으로 다른 쪽 손가락을 번갈아 가며 뒤로 젖혀 탁자 위로 거문고 소리가 나는 것처럼 튕겨 준다(천안삼거리, 노들강변 등의 굿거리장단에 맞추어 튕겨 본다).
발 체 조	발의 스트 레칭	① 양다리를 펴고 앉은 상태에서 발가락을 최대한 오므렸다 펼쳐 주는 동작을 반복한다(10초씩 3회). ② 양다리를 펴고 앉은 상태에서 발가락을 뒤쪽으로 최대한 늘렸다가 앞쪽으로 번갈아 늘린다(20회). ③ 양다리를 어깨 넓이로 벌린 상태에서 발목으로 원을 그리며 돌려 준다(20회).
	발바닥 두드리기	① 발바닥으로 박수를 세게 친다(20회). ② 왼쪽 발바닥 중앙(용천)을 따라 오른쪽 엄지발가락으로 3초씩 3회 반복하여 누른다. ③ 왼발 장심(발바닥의 움푹 들어간 곳)을 오른쪽 뒤꿈치로 두드린다(20회).
	발바닥 스트레칭	① 왼쪽 발가락이 위로 향하게 발목을 세운다. 오른쪽 발가락을 왼쪽 발가락에 걸고 앞으로 끌어당긴다(10초씩 3회). ② 왼쪽 발가락에 오른쪽 발바닥을 얹고 앞으로 밀어 준다(10초씩 3회).
	발꿈치 스트레칭	① 발꿈치에는 누르기와 스트레칭을 동시에 실시한다. 왼쪽 무릎을 구부려 오른쪽 발 위에 얹고 발꿈치를 앞으로 끌어당긴다. ② 왼손으로 발목을 가볍게 잡고 오른쪽의 엄지손가락 끝이 발바닥 쪽으로 향하게 하여 발꿈치에 댄 다음 네 손가락으로 발목의 바깥쪽을 잡는다. 발바닥의 용천 부위를 눌러 준다(5회). ③ 아킬레스건을 오른쪽의 엄지손가락과 네 손가락으로 잡고 아래위로 스트레칭을 빠르고 리듬감 있게 반복한다(10회).

자료: 권중돈(2004b). 치매환자를 위한 프로그램의 실제. 서울: 학현사.

치매환자의 경우 인지기능의 손상은 물론 운동 기능의 저하가 나타나는 경우가 많으므로, 운동프로그램을 계획함에 있어서 일반환자와는 달리 특별히 고려해야 할 사항이 있다. 특히 치매환자를 위한 운동프로그램의 성공을 위해서는 환자의 관심을 집중시키고 참여동기를 최대한 유발하여야 하는데, 치매환자를 위한 운동프로그램을 포함한 재활치료 프로그램에서 고려해야 할 사항을 제시하면 다음과 같다(권중돈, 2004b).

- 환자의 흥미를 끌 수 있을 만큼 충분히 재미있어야 하므로, 환자의 발병 전 직업이나 취미를 파악한다.
- 환자의 기능 수준에 맞는 수행과제를 부여한다.
- 실패의 가능성이 낮고 성공의 가능성이 높은 과제로 프로그램을 구성한다.
- 치매환자를 위한 운동은 단순하면서도 리듬감 있게 반복되는 동작으로 구성한다.
- 치료 목표와 과정을 명확하게 설정하고 정확히 알려 준다.
- 치료 효과를 훼손하지 않는 범위 내에서 환자의 의사를 반영하여 운동프로그램을 설계한다.
- 운동의 결과를 시각적 수단을 통하여 환자에게 객관적으로 보여 준다.
- 모든 반응에 격려와 보상을 하고, 실수한 경우 질책하거나 비난하지 않는다.
- 혼자서 하는 것보다 소집단으로 함께 할 수 있도록 한다.
- 운동을 할 때 분위기에 맞는 음악을 곁들인다.
- 비슷한 능력의 환자와 짝짓거나 봉사자와 같이 하는 운동프로그램을 제공한다.
- 운동기구를 새로 구입하기보다는 가정이나 시설에서 쉽게 활용할 수 있는 운동기구를 그대로 사용한다.
- 환자의 간병인이나 가족에게 운동치료의 효과를 교육하고 환자의 참여를 조장할 수 있도록 치료팀의 일원으로 활용한다.
- 신체질병이 있거나 약물을 복용하고 있을 때는 운동량을 조정한다.
- 환자의 생활리듬에 맞게 운동시간을 정한다.

치매환자를 대상으로 하여 실시할 수 있는 운동프로그램으로 유산소 운동, 근력운동, 유연성 운동, 게임을 활용한 운동프로그램 등이 있다.

① 유산소 운동

유산소 운동이란 산소를 이용한 운동이다. 치매환자를 위한 유산소 운동은 1~4단계로 구성되어 있으며, 단계가 높아질수록 운동량이 증가되므로 치매의 정도가 심할수록 낮은 단계의 운동을 하여야 한다.

표 4-2 치매환자를 위한 유산소 운동프로그램

단계	유산소 운동프로그램
1단계	정지 → 어깨 돌리기 → 하늘땅 보기 → 실내에서 걷기 → 팔 들기 → 고양이 자세(발을 어깨 넓이보다 조금 넓게 벌리고, 손을 양 무릎에 얹고 팔을 편 상태에서 등을 아치형으로 둥글게 만들면서 시선을 아래로 한 자세) → 가슴 늘이기 → 벽 밀기 → 허벅지 늘이기 → 산책
2단계	정지 → 어깨 돌리기 → 하늘땅 보기 → 실내에서 걷기 → 팔 들기 → 고양이 자세 → 어깨 늘이기 → 벽 밀기→ 허리 늘이기 → 산책
3단계	정지 → 하늘땅 보기 → 실내에서 걷기 → 숨쉬기 → 고양이 자세 → 가슴 늘이기 → 종아리 늘이기 → 허벅지 늘이기 → 산책
4단계	정지 → 어깨 돌리기 → 하늘땅 보기 → 실내에서 걷기 → 팔 들기 → 고양이 자세 → 가슴 늘이기 → 벽 밀기 → 허벅지 늘이기 → 산책

자료: 권중돈(2004b). 치매환자를 위한 프로그램의 실제. 서울: 학현사.

② 근력운동

근력운동이란 근육을 이용한 운동이다. 치매환자를 위한 근력운동 프로그램은 1~4단계로 구성되어 있으며, 단계가 높아질수록 운동량이 증가되므로 치매의 정도가 심할수록 낮은 단계의 운동을 하여야 한다.

표 4-3 치매환자를 위한 근력운동 프로그램

단계	근력운동 프로그램
1단계	정지 → 벽을 이용한 팔굽혀펴기 → 당기기 → 무릎 펴기 → 목 들기
2단계	정지 → 의자를 이용한 팔굽혀펴기 → 뒤꿈치 들기 → 다리 들기→ 당기기 → 어깨 일으키기 → 엎드려 목 들기 → 어깨 늘이기
3단계	정지 → 당기기 → 계단 오르기 → 상체 일으키기(매트에 누워 무릎을 세우고, 양손을 펴 앞으로 들고 상체를 일으킴) → 무릎 대고 팔굽혀펴기 → 엎드려 다리 들어올리기
4단계	정지 → 알통 만들기 → 날갯짓하기 → 앉았다 일어나기 → 뒤꿈치 들기 → 팔굽혀펴기 → 엎드려 목, 다리 들어 올리기 → 상체 일으키기(매트에 누워 무릎을 세우고, 양손을 어깨 부위에서 교차시키고, 시선은 정면을 향한 상태에서 상체를 일으킴)

자료: 권중돈(2004b). **치매환자를 위한 프로그램의 실제**. 서울: 학현사.

③ 유연성 운동

유연성 운동이란 몸을 유연하고 탄력적으로 가꾸기 위한 운동이다. 1~4단계로 구성되어 있으며, 단계가 높아질수록 운동량이 증가되므로 치매의 정도가 심할수록 낮은 단계의 운동을 하여야 한다.

표 4-4 치매환자를 위한 유연성 운동프로그램

단계	유연성 운동프로그램
1단계	정지 → 어깨 돌리기 → 가슴 늘이기 → 벽 밀기 → 허벅지 늘이기 → 허리 늘이기 → 전신 펴기
2단계	정지 → 어깨 돌리기 → 가슴 늘이기 → 벽 밀기 → 허벅지 늘이기 → 허리 늘이기 → 한쪽 무릎 가슴과 닿기 → 전신 펴기
3단계	정지 → 어깨 늘이기 → 양쪽 무릎 가슴과 닿기 → 전신 펴기
4단계	정지 → 어깨 돌리기 → 가슴 늘이기 → 벽 밀기 → 허벅지 늘이기 → 허리 늘이기 → 한쪽 무릎 가슴과 닿기 → 전신 펴기

자료: 권중돈(2004b). **치매환자를 위한 프로그램의 실제**. 서울: 학현사.

④ 게임을 응용한 운동프로그램

최근의 치매환자를 위한 운동치료는 앞서 제시한 작업치료에서 실시하는 다양한 게임과 놀이를 이용하여 손과 눈 및 머리에 자극을 주고, 인간관계를 형성하고 사회성을 향상시키며, 이와 함께 즐거움과 만족감을 느끼도록 하는 게임, 치료레크리에이션 활동을 병행하는 경우가 늘어나고 있다. 이러한 게임과 치료레크리에이션 활동을 응용한 운동프로그램은 〈표 4-5〉와 같다.

표 4-5 게임을 응용한 운동프로그램

프로그램	실행방법	준비물
풍선놀이	• 풍선을 분다. • 배구, 풍선 돌리기, 족구 등의 놀이를 한다.	풍선, 줄
정전기 놀이	• 머리에 풍선을 비벼 정전기를 일으킨다. • 준비된 깡통을 풍선으로 끌어온다.	풍선, 깡통, 탁자, 끈
낚시하기	• 클립 물고기를 바닥에 깔아 놓는다. • 자석 낚싯대로 색깔, 크기별로 물고기를 낚는다.	클립 물고기, 자석 낚싯대
빼빼로 게임	• 빼빼로를 입에 물고 양파링을 걸어서 반환점을 돌아와서 바통 터치한다.	빼빼로, 양파링
고리 던지기	• 팀을 짜서 고리 던지기 시합을 한다. • 몇 개를 넣는지 계산한다.	고리, 고리대
과자 따먹기	• 과자를 실에 매달아 놓고 따 먹는다.	과자, 실, 긴 막대
타르공 맞추기	• 타르공을 구멍에 던져 넣는다. • 구멍에 통과한 숫자를 계산한다.	타르공, 구멍 뚫린 판
볼링	• 핀을 세워 놓는다. • 공을 굴려 핀을 쓰러뜨리고 점수를 계산한다.	볼링공, 핀
오자미 놀이	• 색깔로 팀을 나눠 상대방의 바구니에 오자미를 던져 넣는다. • 많이 넣은 팀이 승리한다.	오자미
손수건 돌리기	• 손수건을 노래를 부르며 오른쪽으로 돌린다. • '그만!' 할 때 손수건을 들고 있는 사람은 노래를 부른다.	손수건

건강 장애물	• 5단계의 장애물(자물쇠, 옥발판 밟기 등)을 통과한다. • 박수를 쳐서 격려해 준다.	자물쇠, 옥발판, 컵통, 바둑알, 고리 넣기
스피드 게임	• 한 팀에서 한 명은 동물그림을 보고 흉내를 내고, 한 명은 무엇인지 맞힌다. • 점수를 계산하여 선물을 준다.	동물그림
안마하기	• 혼자 박수를 치고, 둘이 같이 친다. • 노래를 부르며 옆 사람 등을 두드려 주고 안마도 해 준다.	음악

자료: 권중돈(2002). 치매! 어떻게 할까요? 대전: 한국치매가족협회 대전지부.

⑤ 말기 치매환자의 운동

말기 치매환자는 신체적 장애가 생겨 걷지 못해 의자나 침대에서만 지내게 된다. 또한 전신 근육이 경직되며, 일부는 경련성 발작이나 근경련을 일으키고, 더 심해지면 말없이 눈을 감고 움직이지 않는 상태에 이른다. 치매가 심하여 근육이 경직되었을 때에는 우선 얼음으로 근육을 마사지하고, 부드러운 고무망치로 근육을 가볍게 두드려 주고, 부드러운 솔로 피부를 문지르거나 근육을 쓰다듬어 주는 것이 좋다. 스트레칭을 능동적으로 시행하지 못할 때에는 간호자가 환자의 표정을 살피면서 천천히 스트레칭을 시켜 주고, 관절을 움직이지 않은 상태에서 힘을 주었다 빼는 운동을 실시한다. 누운 상태에서 팔다리를 구부렸다 펴고, 옆으로 움직이는 운동을 능동적 또는 수동적으로 시행한다. 환자의 근력이 어느 정도 증가되어 균형을 잡고 앉아 있을 수 있다면, 서기 연습을 시작한다. 그 후에는 지지대(bar)나 간호자의 손을 잡고 서서 몸을 양쪽으로 흔드는 연습을 하고 한쪽 다리를 번갈아 앞으로 내밀었다가 들어오는 행동을 시도한다. 어느 정도 훈련이 되면 서서히 걷기를 시행한다. 수중 운동은 체중 부담 없이 시행할 수 있는 운동이므로 권장할 만하다.

제5장 음악치료와 미술치료

1. 음악치료

1) 음악치료의 이해

음악치료는 예술인 '음악'과 과학인 '치료'의 합성어로서, 이 두 가지 요소가 상호작용하여 만들어진다. 그러나 음악과 치료는 서로 상반된 의미와 특성을 지닌다. 예술은 주관성, 개인성, 창조성을 강조하고 아름다움(美)을 추구하는 반면 치료는 객관성, 보편성, 재현성을 강조하고 진리를 추구한다는 점에서 서로 다르다(Bruscia, 1998). 이와 같은 음악과 치료, 치료사와 환자 간의 상호작용과 교류를 통해 형성되는 음악치료는 음악활동을 매개체로 하여 참여한 사람의 심리상태 또는 문제행동의 변화를 일으킨다.

음악치료는 음악을 도구로 사용하여 심리상태와 문제행동을 바람직한 방향으로 변화시키는 것으로서 음악의 전문 분야이다. 미국음악치료협회(American Music Therapy Association: AMTA)에서는 음악치료를 "음악치료 훈련을 받은 전문가와 치료적 관계를 형성하여 치료적인 목적, 즉 정신과 신체 건강을 복원, 유지 및 향상시키기 위하여 음악을 사용하는 임상적 개입방법"이라고 정의한다(http://www. musictherapy.org). 세계음악치료연맹(World Federation of Music Therapy: WFMT)에서는 음악치료를 "삶의 질 향상, 신체, 사회, 정서, 의사소통, 인지, 영적 건강과 복지를 증진시키고자 하는 개인, 집단, 가족 또는 지역사회 수준에서 음악과 그 구성요소를 의료, 교육, 그리고 일상생활 환경에서 전문적으로 활용하는 개입방법"이라고 정의한다(http://www.wfmt.info). Bruscia(1998)는 음악치료를 "치료사가 환자를 도와 건강을 회복시키기 위해 음악적 경험과 관계를 통해 역동적인 변화를 이끌어 내는 체계적인 치료의 과정"이라고 정의한다. 이러한 정의를 종합하여 보면, 음악치료는 "의미 있는 음악적 경험과 음악이 갖는 효과를 활용하여 문제행동이나 증상의 개선, 건강 및 복리증진을 도모하는 임상적 개입방법"이라고 정의할 수 있다.

이러한 음악치료는 인지 영역, 생리 및 운동 영역, 심리사회적 영역, 그리고 언어 영역과 관련된 목적을 달성하기 위한 치료활동으로서, 치매환자를 위한 음악치료의 목적은 다음과 같다(정현주 외, 2006; 정현주, 2022; 최병철 외, 2015; Bruscia, 1998).

① **인지 영역**: 지각, 기억력, 회상능력, 주의집중력, 판단력, 상상력, 창의성, 현실인식 및 검증 능력 등의 자극과 향상
② **생리 및 운동 영역**: 생기(生氣)와 활력 증진, 혈압 강하, 호흡리듬 조절, 근육 긴장 이완, 신체 항상성 및 조절 기능 향상, 운동리듬 개선, 통증 감소 등
③ **심리사회적 영역**: 불안 감소 등을 통한 정서안정, 자아존중감 회복, 감정 고조 및 표현능력 향상, 충동 조절, 동기 부여, 공감능력 향상, 개성발달의 촉진, 사회적 관계 형성 촉진, 결속력 증진, 협동능력 강화, 사회통합의 촉진, 문제행동 감소
④ **언어 영역**: 조음능력 향상, 의사표현 및 소통 능력 향상

2) 음악의 구성요소와 반응

음악을 구성하는 핵심 요소는 음고, 음색, 화성, 리듬이다(최병철 외, 2015). 먼저 음고, 즉 음의 높이는 사람이 느끼는 음의 고유한 진동수를 말한다. 빠른 진동은 자극적이어서 사람을 긴장시키는 반면 느린 진동은 오히려 이완시킨다. 음의 강도는 진동의 폭에 따라 결정되는데, 진폭이 크면 음량이 불어나고 소리의 전달력은 확대되며, 귀뿐 아니라 음의 진동 자체를 직접 느낄 수 있고 신체 및 심리적 변화가 일어난다.

음색은 소리의 질을 나타내는 요소로 음의 주파수와 상대적 강도에 의해 형성되는 청각적 질감으로서, 서로 다른 음을 구별 짓는 기능을 한다. 예를 들어 같은 높이와 크기의 소리라도 피아노 소리와 바이올린 소리가 다르고, 사람의 목소리도 누구의 목소리인지 구별되듯이 음을 발생하는 도구의 차이에 따라 소리가 구분되는 것을 음색이라 한다. 이러한 음색은 객관적으로 표현할 수 있는 도구가 마땅하지 않으므로 개인의 주관적 지각에 의해 결정되는 경우가 대부분이다.

화음은 주파수가 다른 두 개의 음이 동시에 날 때 맺어지는 관계를 말하며, 멜로디가 표현하고자 하는 감정 또는 그 감정을 담아내는 맥락을 설정한다(정현주, 2022). 즉, 화음은 정서적 에너지의 이동과 표출을 지지한다. 화음이 활발하게 움직이는 음악은 감정의 흐름과 전달을 촉진하는 반면 그렇지 않은 경우에는 감정상태를 유지하는 기능을 한다. 만약 불협화음이 생기게 되면 정서적으로 초조, 불안 등의 감정을 경험할 수 있다. 하지만 대부분의 음악은 다소간의 불협화음이 생기더라도 궁극적으로는 화성적 질서에 따라 끝나게 됨으로써 정서적 표현과 감동을 가져다준다.

리듬은 음의 시간적 길이, 즉 음가(音價)로서 일정하게 반복되는 박자 위에 길고 짧은 음을 늘어놓은 것으로, 그 자체가 하나의 단위가 아니며 템포, 박자, 악센트 등의 다른 요소와의 관계에 의해 만들어진다. 리듬은 일정한 시간적 간격을 유지하면서 반복되는 배경리듬과 보다 자유롭게 표출되는 전경리듬으로 구분된다(정현주, 2022). 모든 문화에 특징적인 전통리듬이 존재하고, 사람은 모두 본능적 신체리듬을 지니고 있기 때문에 특별한 음악 경험이나 훈련을 받지 않더라도 이러한 리듬에 반응을 보일 수 있다.

이러한 음악을 접할 때 인간은 생리·심리·사회적 반응을 일으키게 된다(최병철 외, 2015). 인간이 음악을 접하게 되면 음악적 자극으로 인해 혈압, 맥박, 호흡, 피부, 근육 등의 생리적 변화를 경험하지만, 그 변화 양상은 개인마다 달라 일정한 반응 유형을 예측하기 어렵다. 음악적 경험은 대뇌 변연계의 기능과 밀접하게 연관되어 있는데, 음악은 시상하부를 자극하여 자율신경에 영향을 미치고, 그 결과 개인의 신체 및 정서적 변화를 일으키게 된다. 음악은 의미 있는 정서적 경험과 정서변화를 불러일으키고, 감정의 표현과 교류를 촉진한다. 뿐만 아니라 음악은 사회적으로 표현하기 꺼리는 주제를 표현할 수 있는 기회를 제공하고, 사회성원 간의 의사소통과 상호작용을 촉진하며, 나아가 사회통합을 촉진하기도 한다.

3) 치매환자를 위한 음악치료 프로그램

치매환자를 대상으로 음악치료를 시행할 때 활용할 수 있는 프로그램으로는 다음과 같은 것이 있다(권중돈, 2004b; 정현주 외, 2006; 정현주, 2022; 최병철 외, 2015; Bruscia, 1998).

(1) 노래부르기 또는 악기연주

환자는 혼자 또는 여럿이 같이 노래를 부르면서 억압된 감정과 충족되지 않은 욕구를 자유롭게 표출하고, 무의식에 내재된 정서를 다룰 수 있으므로, 노래부르기는 치매환자에게 큰 도움이 된다. 그리고 현악기, 건반악기, 타악기 등의 악기를 배우거나 핸드벨과 같은 집단 악기연주 활동에 참여할 수도 있다.

(2) 즉흥연주

즉흥연주는 환자가 멜로디, 리듬, 노래나 악곡(樂曲)을 즉흥적으로 만들어서 연주하거나 노래하는 기법이다. 즉흥연주는 타악기, 관악기, 현악기 등의 다양한 악기나 환자 자신의 목소리, 신체 등을 이용해서 자유롭게 만들고 연주할 수 있으며, 굳이 연주나 노래를 하지 않고 음악으로 표현될 수 있는 이미지나 이야기 등을 제시할 수도 있다. 즉흥연주는 솔로, 이중주, 합주 등의 다양한 형태로 진행할 수 있다. 즉흥연주는 환자 개인의 정서적 경험을 자유롭게 표현할 수 있도록 도와주며, 자기표현, 의사소통과 대인관계의 촉진, 적응행동의 학습, 자아존중감의 회복, 창의성과 협동심의 증진, 감각기능 및 지각능력의 향상 등의 효과를 얻을 수 있다.

(3) 창작 및 재창작

창작은 환자가 노래, 가사, 악곡을 창작하거나 뮤직비디오나 오디오테이프 만드는 것을 돕는 방법이다. 이러한 창작기법을 활용함으로써 환자의 기획력과 창의성을 증진하고, 의사소통 능력을 향상하고, 대인관계 형성과 집단결속력을 향상하며, 감정의 확인과 표현, 감정의 교류와 수정을 촉진한다.

재창작기법은 환자가 미리 작곡한 성악이나 악곡을 배우거나 연주 또는 재생하는 기법이다. 재창작기법은 특정 기술과 역할행동을 개발하기 위해 치료적 구조화가 필요한 환자에게 주로 사용되며, 환자는 재창작활동에 참여할 때 특정한 역할을 부여받으며 구조화된 음악활동이나 게임에 참여하게 된다. 예를 들면, 지정된 방식으로 악기를 연주하거나, 이미 작곡되어 있는 악곡을 연주하거나, 지정된 방식으로 발성연습이나 노래부르기를 한다. 또 다른 방법으로는 청중이 있는 연극이나 뮤지컬 등에 참여하여 연주나 다른 음악활동을 하기도 한다. 그리고 특정 음악의 가사나 멜로디를 언어 또는 비언어적 방법으로 표현하는 등의 음악게임에 참여하거나 음악을 지휘하기도 한다.

(4) 음악감상

음악감상은 들려오는 소리를 듣는 것이 아니라 의도적으로 음악에 집중하여 듣는 것을 말한다. 일상적인 음악감상과 마찬가지로 환자가 좋아하는 음악을 감상하기도 하며, 특정한 노래를 듣고 제목을 알아맞히거나 반주에 사용된 악기의 소리를 찾는 활동을 할 수도 있다. 다만 음악치료에서의 음악감상은 단순하게 감상만 하는 것이 아니라 음악을 들으며 떠오르는 이미지나 감정을 표현하고 공유하는 것이 필요하다.

음악의 연상작용을 활용하여 환자의 욕구를 충족시키는 음악감상 기법으로 널리 사용되는 것이 심상유도음악(Guided Imagery and Music: GIM)이다. 심상유도음악은 몸과 마음이 이완되고 안정된 상태에서 특정 목적을 지닌 고전음악을 감상하는 동안 일어나는 무의식적 세계와 관련된 심상을 통해 자아를 발견하는 경험을 하도록 돕는다. 다만 심상유도음악은 소정의 훈련과정을 거친 치료사에 의해서 시행되어야 하며, 환자가 망상이나 환각 등의 증상을 보일 때에는 사용해서는 안 된다.

(5) 생활리듬과 배경음악

생활리듬은 환자가 소속된 민족의 전통적인 악기와 리듬을 사용하여 구성원 간의 협동심과 결속력을 증진하고 집단참여를 촉진하기 위한 목적에서 사용되는 음악치료 기법이다. 생활리듬은 특별한 음악 경험이나 훈련이 없는 사람에게서도 강한 반응을 불러일으킬 수 있다. 그 예로 사물놀이 공연을 보고 심장박동이 빨라지고 정서가 고양되는 느낌을 받는 경우를 들 수 있다. 이러한 생활리듬은 정서의 고양, 운동능력의 향상, 긴장고조 또는 완화의 목적으로 많이 사용된다.

배경음악은 그 자체가 목적이라기보다는 다른 활동을 촉진할 목적으로 주로 사용된다. 예를 들면 신체적 긴장 이완 프로그램을 실시하거나, 그림을 그리거나, 음악에 맞춰 춤을 추거나, 환자의 회상을 돕기 위한 목적으로 사용된다.

4) 음악치료의 설계와 효과

(1) 음악치료 회기의 설계

치매환자를 대상으로 한 음악치료의 회기 구성은 다양하지만, 집단 음악치료의 회기 설계의 예를 들면 다음과 같다(최병철 외, 2015).

① 친숙한 노래를 부르며 참석자와 치료사를 소개한다.
② 참석자에게 친숙한 노래를 두세 곡 부르게 하면서 음악 활동에 참여하도록 격려한다. 이때 드문드문 노래를 따라 하거나 콧노래를 부르는 사람도 있으며, 따라 하도록 격려해야 할 사람이 있기도 한데, 모든 형태의 반응을 인정하도록 한다.

③ 리듬악기를 연주한다.
- 참석자 개개인이 두 가지 악기 중에 하나를 선택하도록 한다.
- 참석자에게 자기가 택한 악기를 잘 살펴보고 연주해 보도록 한다.
- 참석자는 치료사 또는 집단의 다른 구성원을 따라 악기를 연주한다.
- 참석자는 치료사가 제시하는 간단한 리듬 형태를 따라 연주해 본다.
- 참석자는 자신의 리듬을 만들어 연주하면서 치료사가 따라 하도록 해 본다.
- 참석자는 자신의 악기 연주를 집단의 다른 구성원이 따라 하도록 해 본다.
- 치료사가 노래하거나 연주할 때 모든 참석자가 합주를 하도록 한다.
- 합주할 때 모든 참석자는 치료사와 함께 노래 부른다.
④ 치료사가 기타로 반주하면서 노래할 때 참석자는 함께 따라 부른다.
- 익숙한 노래를 부른다.
- 만일 참석자가 가사를 모를 경우, 그냥 '랄라라'를 넣어 멜로디를 따라 하게 한다.
⑤ 모두에게 익숙한 헤어질 때 하는 노래를 부른다.
- 참석해 주어 고맙다는 말을 한다.
- 참석자에게 다음 치료시간의 날짜와 시간을 확인시킨다.

(2) 음악치료의 효과

음악치료는 치매환자가 말기 단계에 이르러서도 참여할 수 있는 이점이 있을 뿐 아니라 사회적 교류와 의사소통을 촉진하고, 기억력과 같은 인지기능을 강화하거나 감퇴를 지연하고, 충동이나 분노 등으로 인한 행동문제를 조절하는 데 효과가 있다(김찬영, 2022; 채공주 외, 2021; 최병철 외, 2015; Brotons et al., 1977). 그 외에 배회행동의 감소, 우울 증상의 감소, 상실감과 비애감의 감소, 주야전도 증상의 감소, 현실감의 증가 및 정서표현의 기회 증가 등과 같은 다양한 효과가 있다.

음악치료의 효과는 활용하는 치료 프로그램에 따라 다양하다. 먼저 즉흥연주 경험은 기악연주나 즉흥적 성악 또는 몸동작을 사용하는 것으로 이루어지는데 다음과 같은 치료 효과를 거둘 수 있다(Bruscia, 1998).

- 언어적 의사소통을 촉진하는 비언어적 의사소통의 경로를 형성한다.
- 자기표현과 정체성 확립을 위한 도구를 제공한다.
- 다른 사람과 관련된 다양한 상황을 탐구하도록 한다.
- 대인관계상의 친근감을 발달시킨다.
- 집단에서 함께 활동하는 기술을 발달시킨다.
- 창의력, 표현력, 즉각성 등의 기술을 발달시킨다.
- 지각과 인지 기술을 발달시킨다.
- 감각능력을 자극하고 발달시킨다.

집단 음악연주 활동은 전통적인 노래나 음악을 기악 또는 성악으로 연주하는 것으로, 다음과 같은 치료 효과를 지닌다(Bruscia, 1998).

- 감각운동기술을 발달시킨다.
- 적응행동을 발달시킨다.
- 집중력과 현실감각을 향상시킨다.
- 기억력을 발달시킨다.
- 감정이입 능력을 발달시킨다.
- 다른 사람과 자신의 생각과 느낌을 소통하도록 하며, 다른 사람의 생각을 수용하는 능력을 발달시킨다.
- 상호교류의 다양한 상황에서 적합한 행동을 배우도록 한다.
- 상호교류 및 대인관계 기술을 향상시킨다.

음악 창작활동은 주로 노래가사를 고쳐 부르거나 치료 대상자가 직접 노래를 만들어 가는 활동으로서, 다음과 같은 치료 효과를 지닌다(Bruscia, 1998).

- 계획과 조직력을 발달시킨다.
- 창의적 문제해결기술을 발달시킨다.

- 책임감을 증진시킨다.
- 기억기술을 발달시킨다.
- 내면 경험을 표현할 수 있는 능력을 발달시킨다.
- 노래가사를 통해 치료적 주제를 탐구해 가도록 한다.
- 부분을 전체로 연합하고 통합하는 능력을 발달시킨다.

음악감상은 신체적 반응은 물론 정신적 반응을 불러일으키며, 다음과 같은 치료 효과를 지닌다(Bruscia, 1998).

- 수용력을 향상시킨다.
- 특정한 신체적 반응을 유발시킨다.
- 개인을 활성화시키거나 진정시킨다.
- 청각 및 운동 기술을 발달시킨다.
- 정서적 상태나 경험을 일깨운다.
- 다른 사람의 생각이나 아이디어를 탐색하도록 한다.
- 기억과 회상을 유발시킨다.
- 심상을 유발시킨다.
- 지역사회와 소속집단에 연결되도록 한다.
- 절정 경험(peak experiences), 영적인 경험을 촉진시킨다.

2. 미술치료

1) 미술치료의 이해

미술치료(art therapy)는 예술의 속성을 지닌 미술(art)과 과학의 속성을 지닌 치료(therapy)의 속성을 동시에 지닌 예술치료의 한 접근방법이다. 즉, 미술치료는 미술이

라는 방법을 사용하여 환자의 삶을 변화시키는 심리치료의 한 분야인 동시에 예술의
한 분야이다. 따라서 미술치료는 회화, 조소, 디자인, 공예, 서화 등의 아름다움을 추
구하는 미술을 매개체로 하여 개인의 자신과 삶에 대한 통찰을 얻고 자아의 힘을 강
화하여 보다 적응적 삶을 살아가도록 돕는 심리치료의 한 방법이다.

　　미국미술치료협회(American Art Therapy Association: AATA)에서는 미술치료를 "모
든 연령대에 속한 개인의 질병 치료, 생활문제 해결, 그리고 신체, 정신, 정서적 복리
증진을 위하여 창의적 미술활동 과정을 활용하는 정신건강 전문 분야"라고 정의하였
다(http://www.arttherapy.org). 따라서 미술치료는 미술 창작활동을 통해 표현된 개인
의 심리 상태나 정서 상태를 파악하고, 심리적 문제나 정서적 갈등을 조화롭게 해결
하도록 도와줌으로써 환자의 건강과 복리를 증진시키는 전문적 치료활동이라고 정
의할 수 있다.

　　미술치료에서 매개체로 활용하는 미술은 하나의 상징(symbol)으로서, 환자 자신
의 자아상, 욕구, 문제, 생활상, 방어기제, 무의식과 병리적 요인 등의 다양한 의미를
함축적으로 표현한 것이다. 이러한 미술치료는 다른 심리치료와는 달리 미술이라는
매개체를 사용함으로써 얻는 다음과 같은 장점이 있다(정현희, 이은지, 2017; 주리애,
2021).

- 말로 표현하기 어려운 것을 미술이라는 매체를 통하여 심상(image)으로 표현함
  으로써 자신의 내면과 직간접적으로 대면할 수 있는 기회가 많아진다.
- 비언어적이고 감각적인 자료를 사용함으로써 개인의 발달에 중요한 의미를 지
  닌 경험과 사건을 손쉽게 표현할 수 있다.
- 무의식적 요소가 그림으로 투사되므로 환자의 방어를 줄일 수 있다.
- 미술작품을 통해 환자 자신을 객관화하고 대상화하여 바라볼 수 있으므로, 자기
  성찰에 도움이 된다.
- 미술작품을 창작하는 과정에서 창의성을 발휘하고, 능동적인 참여를 조장할 수
  있다.
- 집단 미술활동에 참여함으로써 타인과의 의사소통과 사회적 교류가 촉진된다.

• 환자는 치료사와 미술작품 모두에 전이감정을 표현할 수 있으므로, 전이감정의 형성과 해소가 용이하다.
• 미술작품은 지속적으로 보관되므로 치료와 변화의 순간을 보존하고, 과거 회상을 가능하게 한다.

2) 치매환자를 위한 미술치료 프로그램

치매환자를 대상으로 하는 미술치료의 치료 기법으로는 다음과 같은 것이 있다 (권중돈, 2004b; 이근매, 아오키 도모코, 2010; 주리애, 2021; 정여주, 2018; 정현희, 이은지, 2017).

(1) 미술매체 선택

미술활동에 사용할 재료, 즉 미술매체를 사용하는 것만으로도 치료적 효과를 거둘 수 있다. 다양한 미술매체 중에서 자신이 미술활동에 사용할 재료를 선택하는 과정에서 주의집중, 판단, 의사결정 등의 다양한 인지능력을 동원하여야 하며, 새로운 재료를 접할 때 느끼는 낯선 감정과 익숙하게 사용해 온 재료에서 느끼는 친숙감, 그리고 미술재료마다 다른 질감 등을 느낄 수 있기 때문이다. 그리고 미술매체를 선택하는 과정에서 촉각, 후각, 시각 등의 감각기관이 자극을 받고, 감각기관을 통해 받아들인 자극을 지각하고 이해하는 능력이 제고되기도 한다. 이와 같이 미술매체를 선택하는 것 자체가 환자의 감각, 정서, 인지능력을 고양할 수 있다.

(2) 모방하기

치매환자와 같이 인지장애와 정신행동장애가 있는 경우에는 자발적 미술활동도 의미가 있지만, 외부에서 약간의 자극과 틀을 제시해 주는 것이 바람직하다. 그러므로 치료사가 어떤 미술작품을 만드는 것을 그냥 지켜보게 하거나, 따라 만들게 하거나, 이미 완성된 작품을 보여 줌으로써 환자의 미술활동에 대한 참여동기를 고양하고 자발적 참여를 이끌어 낼 수 있다.

136

(3) 밑그림 그려 주기

환자에게 밑그림을 그려서 주고 내용을 덧붙이거나 변형해서 색을 칠하거나 만들어 보게 한다. 밑그림이 그려진 작품은 미술활동에 대한 관심이 없거나 거부적 태도를 보이는 환자의 참여를 촉진할 수 있는 장점이 있다. 이때 밑그림의 내용은 복잡하지 않고 단순한 것으로 제시한다.

(4) 그림 보고 그리기

치매환자와 같이 우울증이나 불안, 혼란과 같은 정신병적 증상을 보이는 환자에게는 잘 구성된 그림을 보고 그리게 하는 것이 도움이 된다. 이때 한 가지 그림만을 제시하기보다는 여러 그림을 동시에 제시하여 그중에 마음에 드는 한두 가지 그림을 선택하여, 그림의 내용을 덧붙이거나 빼고 그릴 수 있도록 한다.

(5) 그림 완성하기

종이의 일부분에 사람 얼굴이나 동물 등을 그려 주고 나머지 공간에 환자가 그림을 그리거나 사진 등을 오려 붙여 전체 그림을 완성하게 하는 기법이다. 이때 이미 그려져 있는 그림의 변형이 가능하다. 이러한 활동을 통해 미술활동에 대한 거부감이나 저항, 공포를 줄여 나갈 수 있다.

(6) 난화

난화(亂畵, scribble)는 특정 대상을 그리겠다는 의도 없이 선을 끊김 없이 연속적으로 긁적거리듯이 그린 후 어느 정도 선의 덩어리가 형성되면 중지하고 그 속에 나타난 이미지를 찾아내어, 찾아진 이미지를 바탕으로 그림을 완성하여 이야기를 나누는 기법이다. 이 기법은 지나치게 틀에 얽매이거나 상상력이 부족한 환자에게 많은 도움이 된다. 난화와 유사한 기법으로는 스퀴글(squiggle) 기법이 있다. 스퀴글은 화면을 여덟 개의 구역으로 나누고 각각의 구역에 치료사와 환자가 선을 번갈아 그려서 완성하고, 각각의 그림에 대해 이야기를 나누는 기법이다.

(7) 자유화

자유화는 미술치료에서 가장 많이 활용되는 기법이다. 치료사는 환자에게 떠오르는 느낌이나 감정이 있는지를 묻고 최소한의 주제만을 제시하여 환자가 그리고 싶은 대로 자유롭게 그리게 한 후, 그림과 관련된 대화를 나누는 기법이다. 이 기법은 치매환자의 자유로운 감정표현을 촉진하고, 회상능력과 자기인식능력을 강화하는 장점이 있다.

(8) 주제화

치료사가 환자에게 특정 주제를 제시하고 미술작업을 하도록 하는 기법이다. 예를 들면 가족, 자연, 시설물, 고향 등 다양한 주제를 그림으로 표현할 수 있다. 이때 치료사는 환자가 특정 주제를 선택한 이유나 동기를 질문하고, 그림에 나타난 정서에 대해 대화를 나눔으로써 환자의 자기 탐색 기회를 부여할 수 있다.

(9) 협동화

가족이나 소집단이 한 장의 종이에 함께 그림을 그리게 하는 기법이다. 서로 언어적 대화를 하지 않고 몸짓 등의 비언어적 상호작용만으로 그림을 그리는 것이 일반적이지만, 비언어적인 방법과 언어적인 방법 모두를 사용할 수도 있다. 협동화의 한 종류로 가족벽화, 가족난화 등의 기법이 있는데, 이를 통해 가족관계와 집단성원 간의 상호작용을 평가할 수 있으며, 환자 개인의 자발성, 협동심, 의사소통 능력, 정서표현 능력 등을 평가할 수 있다.

(10) 인물화

치매환자의 경우 기억장애로 인하여 가족이나 친구, 심지어는 자신의 얼굴조차도 기억하지 못하거나, 인물오인 증상을 보일 수 있다. 환자 자신의 자화상을 그려 보게 함으로써 환자의 자아개념, 자아존중감, 자아정체감을 파악할 수 있으며, 가족성원 각각에게 가족초상화를 그려 보게 함으로써 가족분위기, 가족관계에 대한 개인의 지각, 가족성원 간의 역할관계 등을 파악할 수 있는 이점이 있다.

(11) 콜라주 기법

콜라주(collage)는 신문지, 헝겊, 벽지, 인쇄물 또는 일상생활에서 사용하는 물건 등을 화판이나 캔버스에 붙여 만드는 미술기법으로, 직감이나 감각 등을 이용한 치료기법이다. 이 기법은 환자의 자기개방을 촉진하고, 이상과 현실의 차이를 이해할 수 있는 기회를 제공한다. 간단한 콜라주 기법으로는 잡지나 신문 등에서 그림을 잘라내어 종이에 배치하고 붙이는 방법이 있다. 콜라주는 자연풍경, 계절, 음식, 생활사건, 인물, 역사, 가족, 고향 등 매우 다양한 주제로 시행할 수 있다.

(12) 만다라

만다라(曼陀羅, mandala) 그리기 기법은 힌두교와 탄트라 불교에서 종교의례를 거행할 때나 명상할 때 사용하는 상징적인 그림을 변형한 기법이다. 치료사는 해, 시계, 꽃 등과 같은 원(圓) 형태를 연상하도록 유도하고 이미 완성된 만다라를 몇 작품 보여 준 다음 만다라를 보고 느낀 바에 대해 이야기를 나누도록 한다. 그리고 명상과 이완 훈련을 실시한 후 환자가 마음에 드는 만다라 문양을 고르게 하고, 선택한 문양에 색칠을 한 다음, 완성된 만다라를 감상하고 느낌을 나눈다. 만다라 기법은 치매환자의 긴장 완화, 심리적 안정 강화, 집중력 향상에 도움을 주고 색채 및 형태 감각을 활성화하며, 소근육 운동기능을 강화하는 효과가 있다.

(13) 기타

이상에 제시한 미술치료 기법 이외에도 다양한 기법이 있다. 즉, 석고로 손 본뜨기 · 거울 보고 자기 그리기 · 가면 만들기 등의 방법을 이용한 자기표현기법, 자연 · 계절 · 기후 · 주택 등의 풍경 구성하기, 점토 등을 이용한 조소활동, 손가락을 이용하여 그림을 그리는 핑거페인팅(finger painting), 물감이 만들어 낸 우연한 현상이나 형상을 통해 내면세계를 표출하게 하는 데칼코마니(decalcomanie) 등 다양한 기법이 있다.

3) 미술치료의 설계와 효과

(1) 미술치료의 설계

미술치료 방법의 선택은 일반적으로 네 단계에 걸쳐 이루어진다(주리애, 2021). 미술치료를 시행하기 위한 첫 단계는 환자의 문제를 이해하는 것으로서, 환자가 주로 호소하는 문제(chief complaint)를 파악하여 환자가 직면한 문제를 정리하고 이해해야 한다. 두 번째 단계는 미술치료의 목표를 설정하는 것으로서, 다루고자 하는 환자의 주 호소를 분명하게 결정하고, 양적 목표와 질적 목표를 동시에 수립해야 한다. 세 번째 단계는 치료의 방향을 설정하는 것으로서, 정보 전달, 자기 이해, 정화(catharsis), 행동문제 제거와 새로운 행동 학습, 성숙, 문제인식 및 해결의 촉진 등이 주요 치료 방향이 될 수 있다. 네 번째 단계는 구체적인 치료 기법을 선택하는 단계로서, 환자의 참여동기, 이미지 생성 및 통찰 능력, 문제의 성격에 따라 앞서 제시한 미술치료 프로그램 중에서 적합한 기법을 선택하여 활용한다.

미술치료의 방법을 선택한 이후에는 미술활동에 필요한 환경을 구축하고 선택할 수 있는 매체를 준비하여야 한다. 먼저 미술치료를 하기 위해서는 적절한 환경을 갖춘 미술치료실이 준비되어야 한다. 치료실 환경은 환자가 평화로운 상태에서 보호받고 최대한 편안한 느낌을 가질 수 있는 공간이어야 한다. 미술치료실의 작업공간은 개별활동과 집단활동이 가능할 정도로 충분히 넓어야 하며, 필요에 따라 공간을 가변적으로 활용할 수 있어야 한다. 그 이유는 공간이 너무 넓으면 환자가 심리적으로 위축되고 정서적으로 불안정해지는 반면 공간이 너무 좁으면 환자가 답답해하거나 활동에 제약을 받을 수 있기 때문이다. 소음을 최소화하고 먼지와 냄새를 제거할 수 있는 환기시설도 적절히 갖추어야 한다. 미술작업에 충분한 빛을 공급할 수 있도록 조명은 밝아야 하며, 미술재료와 작품을 보관·진열하거나 비치할 수 있는 정리함이나 자료보관함이 설치되어 있어야 한다.

미술치료에서는 다양한 매체를 사용한다. 미술매체의 선택은 치료 시간과 공간, 환자의 특성에 따라 융통성 있게 선택해야 한다. 미술치료실에 다양한 매체를 준비하여 두고, 특정 치료시간에 활용되는 미술매체를 선별해서 제공하는 것이 좋으며,

가능한 한 다양한 매체를 준비해 두도록 한다. 그 이유는 활용할 수 있는 매체가 다양할수록 환자가 자유롭게 자신의 취미와 선호도, 감정상태 등을 표현할 수 있기 때문이다. 그러나 치료사는 매체의 유형과 특성을 정확히 이해하여, 환자의 흥미를 유발하고 정서적 안정을 주면서도 욕구나 문제를 자유롭게 표현할 수 있는 매체를 선택·제시하고, 매체의 사용방법을 환자에게 알려 주도록 한다. 미술치료에서 자주 사용되는 매체는 크레파스, 색연필, 물감, 점토, 종이, 콜라주 재료, 헝겊, 자연물 등이 있다. 이러한 매체를 통제하기 어려운 것에서부터 쉬운 것의 순으로 나열해 보면, '젖은 점토 → 그림물감 → 부드러운 점토 → 오일 파스텔 → 두꺼운 펠트지 → 콜라주 → 단단한 점토 → 얇은 펠트지 → 색연필 → 연필'의 순이다(박현주, 서명옥, 2009).

치매환자를 위한 미술치료 회기를 설계함에 있어서 치료사가 전체적으로 고려해야 할 사항은 다음과 같다(정여주, 2018; 정현희, 이은지, 2017).

첫째, 미술활동의 주제는 환자에게 익숙해야 한다. 치매환자는 인지기능이 저하되어 있어 생소한 것을 마주하게 되면 혼란스러워하거나 불안해하기도 한다. 그러므로 치매환자를 위한 미술치료에서는 환자에게 익숙한 주제를 선택하는 것이 바람직하다.

둘째, 미술활동의 내용은 단순한 것으로 제시한다. 치매환자는 미술활동의 내용이 복잡하면 활동 자체에 대한 이해를 하지 못하고, 이해를 하더라도 미술활동에 요구되는 과업을 이행하지 못하여, 미술활동 자체가 불가능해짐은 물론 치료 효과도 거두기 어렵다. 그러므로 미술활동의 내용이나 활동과제는 단순한 것이 좋다.

셋째, 미술치료 회기의 시간구성은 짧아야 한다. 치매환자는 주의집중을 할 수 있는 시간이 짧기 때문에 아무리 길어도 40~50분 정도 이내에 활동을 마무리할 수 있도록 회기당 시간을 배분하여야 한다.

넷째, 반복적이고 지속적인 장기치료를 실시한다. 치매환자의 경우 기억장애로 인하여 자신이 참여한 미술활동의 내용을 기억하지 못하며, 단기간의 미술치료 회기로는 기대하는 치료 효과를 얻기 어렵다. 그러므로 동일한 내용의 미술활동을 반복적으로 시행하여 오랜 기간 동안 실시하는 것이 바람직하다.

다섯째, 소수의 동질 집단으로 구성한다. 치매의 유형, 정도, 증상이 매우 다양하므로 이질적 임상 특성을 지닌 다수의 치매환자를 대상으로 미술치료를 실시할 경우 치매환자의 행동통제가 어려워 원활한 진행을 할 수 없다. 따라서 치매의 유형, 정도, 증상이 유사한 소수의 치매환자로 집단을 구성하여 미술치료 회기를 운영하는 것이 바람직하다.

여섯째, 치매환자의 자발성을 무시해서는 안 되지만 통제와 지지가 필요하다. 미술치료에서 자발성의 원칙이 강조되지만, 치매환자는 자발적 참여동기가 낮고 인지장애 등으로 인하여 매체 선택이나 자유로운 미술표현이 어려운 경우가 많다. 치매환자는 점토나 물감과 같은 미술매체를 음식이나 음료수로 혼동하거나, 붓이나 가위 등의 도구 사용방법을 모르기도 하며, 치료사의 지시를 이행하지 못하는 경우도 있다. 그러므로 치료사는 매체나 주제를 제한하고, 환자가 치료사를 모방하여 그리거나 만들도록 하고, 미술활동에 어려움을 겪는 환자를 적극적으로 도와주어야 한다.

일곱째, 친화관계(rapport)를 형성하고 치매 증상을 관리할 수 있는 능력을 갖춰야 한다. 치매환자와 친화관계를 형성하기 위해서는 언어적 의사소통과 함께 눈맞춤, 신체접촉, 사진이나 그림으로 대화하기 등의 비언어적 의사소통 방법을 함께 사용하고, 환자가 증상을 보이더라도 존중하고 수용할 수 있어야 한다. 그리고 치료사는 치매환자의 행동 증상으로 인하여 미술활동이 방해받지 않도록 치매 증상을 적절히 관리하고 통제할 수 있는 역량을 갖추어야 한다.

이러한 미술치료의 설계에 따라 치매환자를 대상으로 실제 미술활동을 진행하는 과정에서 유의해야 할 세부 사항은 다음과 같다(권중돈, 2004b; 박현주, 서명옥, 2009; 정여주, 2018; 정현희, 이은지, 2017).

- 환자의 기능수준과 증상에 맞는 적절한 주제와 매체를 제공한다.
- 환자로 하여금 자유롭게 주제와 매체를 선택하게 하기보다는 치료사가 제한된 매체와 주제를 선택하여 제시한다.
- 환자의 미술작품을 예술성으로 평가하는 것이 아니라 치료 목적에 입각하여 평가한다.
- 미술활동에 대한 설명은 언어 및 비언어적 방법을 함께 사용하여 쉬우면서도 상세하고 구체적으로 한다.

- 미술활동과 관련하여 지시를 내려야 할 경우에는 구체적으로 하되, 많은 지시를 내리는 것을 삼가고, 환자가 하고 싶지만 할 수 없는 부분을 치료사가 적극적으로 도와주어 성취감을 경험하도록 유도한다.
- 미술활동 중에 환자가 느끼는 불안, 긴장, 초조감, 두려움 등의 감정변화에 민감하게 반응하며 친화적 관계를 형성한다.
- 미술활동의 내용이 정해진 주제를 벗어나 목표달성이 어렵더라도, 환자를 비난하거나 자존감에 상처를 입혀서는 안 되며 인간적으로 존중한다.
- 가위나 칼 등 위험한 도구나 점토, 물감 등 음용할 위험이 있는 미술재료에 대한 관리와 통제를 적절히 시행하여 안전사고를 미연에 방지한다.
- 환자가 원하는 것을 자유롭게 하도록 하고, 환자가 중단하고 싶을 때는 언제든 중단할 수 있도록 허용한다.
- 환자가 완성한 작품에 대한 지나친 평가와 판단은 주의한다.
- 미술활동을 완료한 후 작품에 대해 대화를 나누는 과정에서 대화를 재촉하거나 강요해서는 안 되며, 환자의 응답을 기다리고 대화내용이 미흡하더라도 수용한다.
- 미술작품에 관한 대화를 나눌 때 과거를 회상할 수 있는 기회를 부여하여 장기기억의 보존을 돕는다.

(2) 미술치료의 효과

일반적인 미술치료의 효과로는 인지기능 개선, 협응능력 향상, 불안 감소 및 정서 안정, 사회화 기술 및 의사소통기술 향상을 통한 대인관계 및 사회성 증진, 사고 및 감정의 표현, 정서적 지지, 감정 및 행동 통찰, 긍정적 대처기술 증진, 긍정적 자아개념 향상 등을 들 수 있다. 치매환자는 미술치료에 참여함으로써 생활문제 해결에 필요한 태도와 자기관리 능력을 습득하고, 대인관계기술을 높이며, 회상하는 데 크게 도움을 얻는다. 또한 환자의 잔존능력을 개발하고 유지하며 긍정적인 자극을 통해 성취감과 기쁨을 느낄 수 있는데, 치매환자가 미술치료를 통해 얻을 수 있는 효과는 다음과 같다(권중돈, 2004b; 김도연 외, 2022; 이하란, 박소정, 2022; 정여주, 2018; 정현희, 이은지, 2017; 한경아, 문리학, 2019).

- 치매환자의 억압된 감정과 욕구를 표출하고 정서적 안정감을 고양한다.
- 창의력을 표현하고 주의집중력을 제고한다.
- 상실된 기능을 자각하고 자아정체성을 유지할 수 있게 해 준다.
- 색채, 형태, 공간 지각능력을 유지 · 강화한다.
- 시각 및 촉각 자극을 통해 배회행동을 예방하고 완화한다.
- 무기력 증상이 감소하고, 협동작업을 통해 소외감을 극복하고 사회적 교류가 증가한다.
- 소근육을 이용한 협응운동 능력이 향상된다.
- 수 개념, 공간 · 시간 개념, 지남력장애를 예방하고 치료하는 데 도움이 된다.
- 환자가 과거의 기억을 회상하도록 도움으로써, 장기기억을 보존 · 유지할 수 있게 한다.
- 무감동, 무기력, 우울감을 감소하고 자발성, 적극성을 강화한다.
- 미술작품을 완성함으로써 성취감을 느낀다.
- 자기표현과 의사소통의 기회를 제공하고 자아통합을 도모하는 계기를 마련해 준다.
- 집단 미술활동을 통해 사회적 교류가 확대되고 협동심, 신뢰감 등이 강화된다.

제6장 | 원예치료와 기타 치료

치매환자의 인지, 정서 및 행동상의 문제를 유지 또는 개선하기 위해서 약물치료, 전통적 정신치료 이외에 다양한 상담방법과 대안치료법이 활용될 수 있다. 이에 다음에서는 치매환자의 치료와 재활에 많이 활용되는 원예치료, 향기치료, 회상치료, 문예치료에 대해서 살펴보고자 한다.

1. 원예치료

1) 원예치료의 이해

원예(horticulture)라는 용어는 라틴어의 정원을 의미하는 'hortus'와 경작한다는 의미를 지닌 'cultura'에서 유래된 말로서, 식물을 이용하고 이를 가꾸는 활동을 말한다. 원예치료는 원예활동이 지니는 다양한 효과를 이용하여 사람을 치료하는 개입방법이다. 미국원예치료협회(American Horticultural Therapy Association: AHTA)에서는 원예치료를 "개인의 사회적 · 교육적 · 심리적 및 신체적 적응능력을 향상시키고, 신체, 심리, 영적 성장과 치유를 도모하기 위하여 식물과 원예활동을 활용하는 과정"이라고 정의한다(http://www.ahta.org). 한국원예치료복지협회에서는 "식물을 통한 원예활동에 의해서 사회적 · 교육적 · 심리적 혹은 신체적 적응력을 기르고 이로 말미암아 육체적 재활과 정신회복을 추구하는 전반적인 활동"으로 정의한다(http://www.

표 6-1 원예치료의 효과

구분	효과 내용
인지적 효과	• 전체적인 안목과 계획성이 증가된다. • 새로운 용어와 개념의 학습을 통해 언어능력이 강화된다. • 호기심을 불러일으킨다. • 평가능력과 관찰력을 증대한다. • 지식의 증가와 기술훈련의 효과를 갖는다. • 감각 기능의 증진을 가져온다.
사회적 효과	• 각자 자기가 맡은 역할이 무엇인지를 배우게 된다. • 협력과 타인에 대한 존중의식이 고양된다. • 지도력의 발전을 도모한다. • 대인관계가 향상됨은 물론 자기의 존재가치를 일깨워 준다.
정서적 효과	• 자신감과 자부심을 증가시킨다. • 자제력을 증진시킨다. • 장래에 대한 희망을 준다. • 창의력과 자아표현을 계발시킨다.
신체적 효과	• 소근육과 대근육 운동에 도움이 된다. • 대뇌에 자극을 제공함으로써 뇌의 기능을 강화시킨다. • 균형감각을 유지시켜 준다. • 협응능력을 증진시킨다. • 관절가동범위(ROM)를 증가시킨다.
환경적 효과	• 실내 공기오염 물질 제거, 온 · 습도 조절, 유해전자파 차단의 효과가 있다. • 시각적인 피로를 해소하고, 뇌파 변화를 주어서 집중력을 증가시킨다. • 인공적 기구가 주는 부작용이 없으며 이용이 편하면서도 비용이 저렴하다.

자료: 손기철 외(2002). **원예치료**. 서울: 중앙생활사.

khta.or.kr). 이러한 정의를 종합하여 볼 때, 원예치료(horticultural therapy)는 "식물과 원예활동을 통하여 개인의 적응능력 향상과 신체 및 정신적 치유와 재활을 돕는 전문적 과정"이라고 정의할 수 있다.

원예치료는 원래 정신장애인이나 지적 장애아에게 원예활동을 시키는 과정에서 그 효과가 입증된 것에서 비롯되었다(서정근 외, 2000). 그러나 최근에는 보다 많은 사람에게 광범위하게 적용됨에 따라 그 효과도 다양해지고 있다. 원예치료는 무생물이 아닌 생물체를 대상으로 하여 눈으로 보고, 코로 맡고, 손으로 만지고, 머리를 써서 움직이는 등 많은 감각기관을 통해서 이루어진다는 점에서 효과가 뛰어나다. 원예치료가 지니는 효과는 〈표 6-1〉에서 보는 바와 같이 매우 다양하며, 치매환자를 대상으로 하였을 때 나타날 수 있는 효과는 ① 심리적 안정감의 획득, ② 촉각자극의 유도와 촉각반응 향상, ③ 소근육의 발달, ④ 자기성찰 기회 제공, ⑤ 과거 기억의 회상, ⑥ 소일거리 제공 및 주변 환경변화에 대한 인식 증진, ⑦ 지속적 대인관계 유지, ⑧ 자기표현력과 인지기능의 향상 등이 있다(강경자, 강미정, 2021; 김홍렬, 윤숙영, 2003; 손기철 외, 2002; 이상훈 외, 2007; 최영애, 2003).

2) 원예치료의 방법

원예치료는 환자의 참여 형태를 기준으로 주체적 참여방법과 객체적 관찰방법으로 나눌 수 있다. 주체적 참여방법은 환자가 주체가 되어 직접 원예활동에 참여하는 방법이며, 객체적 관찰방법은 타인이 조성한 경관, 실내환경, 혹은 식물을 관찰하고 느끼는 방법이다. 주체적 치료 중 참여방법은 크게 식물 재배 프로그램과 식물 이용 프로그램으로 나누어 볼 수 있는데, 식물의 파종과 삽목, 화분·용기 재배, 관엽식물의 관리, 채원·화단가꾸기, 압화·꽃꽂이 등의 꽃 장식품 만들기, 수경재배 등의 프로그램이 있다(손기철 외, 2002; 이상훈, 2006). 객체적 원예치료는 실내에 식물을 두고 함께 생활하는 것으로, 실내에 식물을 심었을 경우 공기정화, 실내습도 유지, 음이온 및 휘발성 살균물질 방출, 심신의 안정을 도모하는 방향성 물질의 방출, δ(델타)파의 감소와 α(알파)파의 증가와 같은 뇌파 변화 등의 효과를 인간이 직간접적으로 향유함으로써 치료효과를 거두는 방법이다.

원예치료를 실시하는 장소에 따라서는 실내 원예치료와 실외 원예치료로 구분할 수 있다(손기철 외, 2002). 실외에서 할 수 있는 원예치료 프로그램으로는 과수·채소·화훼 재배, 정원관리, 화단 만들고 꾸미기, 용기재배, 벽걸이 및 공중걸이 화분식물 재배, 자연관찰과 견학, 자연재료 수집, 낙엽 모으기, 퇴비와 화분용 흙 만들기 등이 있다. 실내에서 할 수 있는 원예 프로그램으로는 수경재배, 실내정원 관리, 드라이플라워 장식, 꽃꽂이, 포푸리 및 압화 만들기, 테라리움, 실내식물 관리, 원예생산물을 이용한 요리 등이 있다. 그리고 식물의 삽목이나 파종, 난이나 분재 재배, 관엽식물 재배, 화분관리 등은 실외와 실내 모두에서 활용 가능한 원예활동이다.

3) 치매환자를 위한 원예치료 프로그램

치매환자를 대상으로 한 원예치료는 신체건강 유지와 증진, 인지기능의 유지와 향상, 정서적 안정의 도모, 사회적 교류의 촉진, 독립적 일상생활 수행능력의 유지와 강화 등을 목적으로 실시된다. 이러한 목적을 달성하는 데 효과적인 치매환자를 위한 원예치료 프로그램으로는 다음과 같은 것이 있다.

(1) 테라리움

테라리움(terrarium)이란 '유리용기 안의 작은 정원'이란 뜻에서 유래된 것으로, 밀폐된 유리용기 속에서 적당한 빛, 수분, 산소를 이용하여 식물을 재배하는 방법이다. 테라리움의 용기는 투명한 어항 등의 유리나 플라스틱 용기가 적합하며, 공간이 한정되어 있으므로 키가 작고 성장속도가 더디고 그늘과 습기가 많은 곳에서 잘 자랄 수 있는 식물이 바람직하다. 테라리움을 만드는 방법은 먼저 용기 속에 스티로폼(styrofoam)을 잘라 넣어 배수층을 만들어 주고, 흙은 배양토를 이용한다. 식물을 심을 때는 키가 큰 순서대로 심고, 꽃식물을 중심부에, 관엽식물을 주변부에 배치하는 것이 좋다. 마무리를 할 때는 장식토나 자갈 등을 깔아 모양을 낸다. 관리방법은 테라리움 용기에 공기구멍이 있는 경우에는 2주에 한 번 정도 흙을 살짝 적실 정도로 물을 주고, 완전 밀폐된 용기는 표면에 습기가 서려 있을 때는 물을 주지 말도록 하며, 표면이 말랐을 때만 소량의 물을 준다.

(2) 접시정원

접시정원(dish garden)은 접시처럼 야트막하면서 오목한 넓은 용기에 식물을 심어서 기르는 원예치료의 방법이다. 접시정원을 만드는 방법은 오목한 그릇의 바닥에 숯을 깔아 배수층을 만들고 숯 위에 굵은 마사토를 간 다음 그 위에 흙을 얇게 깔면 된다. 그릇의 중심부에 키가 크고 눈에 잘 띄는 중심이 되는 식물(예: 무늬금사철, 테이블 야자, 선인장 등)을 심고 주변에 작은 식물을 심은 후 굵은 자갈이나 색모래로 장식을 하여 마무리한다.

(3) 수경재배

수경재배란 흙을 이용하지 않고 물과 수용성 비료만을 공급하여 식물을 키우는 식물재배법이다. 수경재배는 분갈이를 해 주거나 매일 물을 주지 않아도 되기 때문에 손쉽게 할 수 있다. 수경재배가 가능한 식물로는 고구마, 무순, 콩나물, 숙주, 토마토, 미나리 등 대부분의 채소와 히아신스, 아이리스, 수선화, 튤립 등의 뿌리식물, 그리고 다양한 관엽식물이 있다. 수경재배를 위한 용액은 시판되고 있는 제품을 이용하는 것이 편리한데, 용액을 희석하여 물 대신 사용하거나 식물에 분무하는 방법도 있다. 수경재배를 할 때 식물의 뿌리를 빨리 내리게 하려면 어두운 곳에 두거나 검은 수건으로 싸 놓는 것이 좋으며, 뿌리가 2~3cm 이상 나오면 햇빛이 직접 닿지 않는 밝은 장소에 두어야 한다. 물을 보충하거나 갈아 줄 때는 하루 정도 받아 놓은 물을 사용하고 물을 부을 때는 용기의 1/3 정도만 부어 뿌리가 호흡하는 데 지장이 없도록 한다.

콩나물 수경재배를 할 때는 용기의 1/10 정도만큼만 콩을 넣고 검은 수건으로 덮은 다음 수시로 물을 주면 쉽게 키울 수 있다. 미나리 수경재배는 먹고 남은 미나리의 밑부분을 1~2cm 정도 되게 잘라서 수반에 담아 놓고 물을 부어 기르면 되는데, 2주 정도면 20cm 정도까지 자란다. 무순 수경재배를 하기 위해서는 오목한 그릇에 깨끗한 솜을 깔고 물을 축인 다음 무순 종자를 물에 한 번 헹군 다음 젖은 솜 위에 종자가 겹

치지 않도록 깔아 놓는다. 1주일 정도 직사광선을 피할 수 있도록 종이를 덮어 주면 뿌리가 내리는데, 솜이 마르지 않도록 자주 물을 적셔 주되, 여름에는 냄새가 날 수 있으므로 2~3일에 한 번씩 전체 물을 갈아 준다.

(4) 허브재배

바실, 로즈메리 등의 허브는 치매환자의 감각기관을 자극할 뿐 아니라 허브 자체가 지닌 치료 효과를 누릴 수 있다. 가장 간단한 허브 재배방법은 화분에 담긴 허브를 구매하여 조약돌이 3cm 두께로 담겨 있는 받침접시 위에 화분을 놓고 햇빛이 잘 드는 곳에서 기르는 방법이다. 허브재배의 한 방법으로 라벤더 꺾꽂이 번식법을 소개하면 다음과 같다. 먼저 화분에 모래를 채워 물로 충분히 적시고 이쑤시개 등을 이용해 구멍을 뚫은 다음 라벤더 가지를 7~10cm 정도 자르고 아랫부분의 잎은 떼어 낸다. 그 다음 모래에 가지를 꽂고 꾹 눌러 준 후 투명한 유리나 플라스틱 병으로 화분을 덮어 가지가 마르지 않도록 해 놓고 한 달 정도 지나서 뿌리가 자라면 일반 화분에 옮겨 심어 기른다. 라벤더 화분을 관리할 때는 봄과 가을에는 물을 충분히 주고 무더운 여름과 추운 겨울에는 다소 적게 주는 것이 좋으며, 잎이 무성해지면 병충해가 발생할 수 있으므로 필요에 따라 가지를 솎아 주도록 한다.

(5) 포푸리 만들기

포푸리(potpourri)는 말린 꽃, 나뭇잎을 섞은 방향제라는 의미를 지니는데, 실내 공기를 정화시키기 위한 방향제의 일종인 향기주머니이다. 포푸리를 만드는 주재료는 향이 좋은 식물, 잎, 과일 껍질 등으로 향기가 오래 유지되도록 꽃 기름 등과 함께 용기에 넣어 숙성시킨 다음 사용한다. 포푸리는 향기를 발산하여 나쁜 냄새를 제거하고 심신안정의 효과를 거둘 수 있으며, 인테리어 장식 효과도 있다. 허브식물인 라벤더를 이용하여 포푸리를 만드는 방법은 우선 주머니 속에 라벤더 한두 스푼을 넣고 솜을 추가로 넣어 주머니가 볼록하게 만든 다음 예쁜 리본으로 묶고 걸 수 있는 고리를 달아 주면 된다. 라벤더는 정신안정, 항염, 살균작용의 기능이 있고, 마음을 진정시켜 숙면을 취하도록 도와주는 효과가 있다.

4) 원예치료의 유의사항

치매환자를 대상으로 한 원예치료를 계획함에 있어서 유의해야 할 사항은 다음과 같다(손기철 외, 2002; 이상훈, 2006; Haller & Kramer, 2010).

- 환자의 증상, 기능수준에 맞는 프로그램을 계획하되, 가능한 한 단순한 원예활동을 선택한다.
- 원예활동의 장점을 최대화하면서 치매 증상으로 인해 발생할 수 있는 위험은 최소화하는 프로그램을 계획한다.
- 환자의 능력, 기호가 서로 다를 경우 기대한 효과를 거둘 수 없으므로, 유사한 기능과 흥미를 지닌 환자들로 집단을 구성한다.
- 식물을 선택할 때는 생명력이 강하고 환자의 감각을 자극하고 성장속도가 빠른 것으로 선택하되, 환자에게 익숙한 식물을 선택한다.
- 가시가 있거나, 잎 끝이 뾰족하거나, 독성이 있거나 알레르기를 유발하는 식물은 피한다.
- 환자에게 활동방법에 대해 언어 및 비언어적 의사소통 방법을 사용하여 상세하게 설명하고, 환자의 저하된 기능을 보완할 수 있는 적절한 도움을 제공한다.
- 환자가 식물이나 작업도구를 잘못 다루는 경우에도 비난해서는 안 되며, 수용적 태도로 대한다.
- 원예활동 중에 나타나는 치매환자의 문제행동에 대처할 수 있도록 보조자나 다른 간호인력과 함께 팀으로 지도한다.
- 시설과 장소는 채광이 좋고 원예활동에 충분한 공간으로 확보하고, 휴식공간 또한 확보한다.
- 농약이나 살충제, 비료 등은 치매환자가 마시거나 흡입할 수 있으므로 관리에 유의한다.
- 밧줄, 노끈, 리본, 전선, 비닐 백 등은 타인의 목을 조르거나 질식의 위험이 있으므로 잘 관리한다.

• 삽, 낫, 가위, 칼, 막대기 등은 타인을 공격하는 흉기가 될 수 있으므로 작업도구
를 잘 관리하고, 활동 전과 활동 후에 반드시 개수를 파악한다.

2. 향기치료

1) 향기치료의 이해

최근 들어 특정 질병에 대한 약물치료 중심의 전통적 치료방법에 부작용이 알려지
면서, 많은 사람이 부작용은 없으면서 질병 치료의 효과는 높고 신체와 정신기능을
활성화하는 대체의학 치료방법에 관심을 기울이고 있다. 이러한 대체의학 치료방법
중의 하나가 바로 향기치료이다.

향기치료(aromatherapy)란 몸에 이로운 향기(aroma)와 치료(therapy)라는 말의 합성
어로서, 건강에 도움이 되는 향이 나는 식물인 허브(herb)에서 추출한 기름과 향으로
신체와 정신을 건강하게 하는 요법이다. 즉, 향기치료는 식물이 가진 각종 유효성분
을 이용해 신체와 정신의 항상성을 유지·촉진하며 신체와 정신의 부조화를 개선시
키는 대체의학의 한 치료방법이다(오홍근, 2000).

향기치료는 다양한 신체 및 정신적 질병 치료에 효과가 있는 것으로 알려져 있다.
향기치료가 효과를 지니는 질병으로는 ① 불안증, 우울증, 두통, 스트레스성 장애, 기
억력장애 등의 신경정신과적 질환, ② 근육 및 관절 통증, ③ 소화기 질환, ④ 심혈관,
혈액, 임파선 등의 순환기 질환, ⑤ 감기, 인후염, 기관지염, 비염 등의 호흡기 질환,
⑥ 면역, 내분비 질환, ⑦ 방광염, 생리장애, 폐경기 증상, 산후 질환 등 비뇨기계 질
환, ⑧ 화상 등에 의한 피부 상처, 여드름, 무좀 등의 피부 질환이 있다. 이 외에 미용,
방부 및 방충, 정서적 안정 등에 효과가 크다.

우리나라에서 일반인의 향기치료에 대한 관심은 높아지고 있지만, 치매환자의 치
료나 간호활동에 향기치료를 적극적으로 활용하지는 못하고 있는 실정이다. 그러나
향기치료가 치매환자의 주요 증상인 인지기능 개선에 효과가 있을 뿐만 아니라 정신

적 불안이나 공격성과 행동문제를 경감하고, 치매로 야기될 수 있는 각종 신체질환에도 효과를 발휘하는 것으로 알려진 점(이선영, 2005)을 고려할 때 치매환자의 치료와 간호활동에 적용 가능성이 높을 것으로 판단된다. 그리고 탈취나 공기 청정과 방향 효과가 높음을 감안할 때 노인요양시설이나 병동 특유의 냄새를 제거하는 데도 큰 효과가 있을 것으로 예측된다. 이러한 점을 고려해 볼 때 앞으로 치매환자의 치료와 시설운영에서 향기요법을 직접 적용하고 그 효과성을 검증하기 위한 연구가 필요하다.

2) 향기치료에 사용되는 오일

향기치료에 사용되는 오일은 크게 에센셜오일(essential oil), 캐리어오일(carrier oil), 시너지오일(synergy oil)로 구분된다. 에센셜오일은 향이 나는 식물의 꽃, 잎, 씨앗, 열매, 줄기, 뿌리 또는 과실 등에서 증기법, 압축법, 용제추출법에 의해 고농축으로 추출해 낸 100% 순수 천연오일이다. 이러한 에센셜오일은 특유의 향과 기능을 가지며 높은 농도의 활성 물질을 함유한다. 캐리어오일은 베이스오일(base oil)로도 불리며, 고농축의 에센셜오일 원액의 자극성을 줄이고 에센셜오일의 침투력이나 흡수력을 높이기 위하여 희석할 때 사용하는 순식물성 오일이다. 즉, 캐리어오일은 에센셜오일을 신체 내로 운반하는 매개체로서의 역할을 하는 오일이다. 시너지오일은 각각의 향기와 약리학적 특성 및 치료효과를 가지고 있는 에센셜오일을 2개 이상 혼합하여 또 다른 향과 작용을 만들어 낸 오일이다. 이와 같이 두 가지 이상의 오일 조합에 의해 개개 작용의 합보다 더 큰 상승작용을 얻어 낼 수 있는데, 버가못과 라벤더를 혼합하면 정서 안정, 근심 걱정과 스트레스 완화에 큰 효과가 있고, 버가못과 로즈메리를 혼합하면 피로가 경감되고 기력이 높아지는 상승효과를 거둘 수 있다(오홍근, 2000).

향기는 오일의 종류에 따라 강도가 다른데, 에센셜오일의 용기에 표기된 숫자가 높을수록 향이 강하다. 예를 들면, 진저(ginger)는 향기의 강도가 7이며, 로즈메리는 6, 그리고 라벤더와 솔잎은 5이다. 만약 강도가 7인 향과 5인 향을 섞을 때에는 7의 강도를 가진 향 한 방울에 5의 강도를 가진 향을 세 방울 떨어뜨려 사용한다.

향기오일을 마사지에 사용할 때 1~5% 정도로 희석하여 사용하는데, 향기오일을 희석할 때에는 캐리어오일에 반 정도의 에센셜오일을 사용한다. 예를 들면, 50ml의 캐리어오일에 25방울의 에센셜오일을 넣으면 2.5%로 희석된다. 오일을 희석할 때 그 농도는 성인 사용량을 1이라고 할 때, 12세 이전의 어린이는 0.5로 한다.

향기오일을 용량과 용법에 따라 적절하게 사용하면 안전하지만, 피부가 민감하거나 임신부, 간질환자, 고혈압환자 등의 경우에는 사용 시 특별히 주의해야 한다. 그리고 눈이나 귀 치료를 위해 직접 그 부위에 향기오일을 사용해서는 안 된다.

3) 치매환자에게 효과적인 향과 오일

향기치료에서 사용하는 오일과 향은 허브에서 추출 또는 발산되는 것이다. 허브는 '푸른 풀'을 의미하는 라틴어 'herba'에서 유래된 것으로서, 일반적으로 화분에 심어져 있는 것만 허브라고 생각하기 쉽지만 생활 속에서 자주 이용하는 쑥, 마늘, 양파, 파, 고추, 부추, 생강 등도 이에 속한다. 이러한 허브는 종류에 따라 발삼수지향, 캠퍼향, 감귤향, 침엽수향, 흙향, 분향, 꽃향, 과일향, 약초향, 민트향, 유분향, 페퍼향, 스파이시향, 나무향 등을 발산하는데, 전 세계에 약 2,500여 종 이상이 있다. 이러한 허브에서 발산되는 향이나 정제해 낸 오일 중에서 치매환자의 치료와 간호에 도움이 될 수 있는 향과 오일을 정리하여 제시하면 〈표 6-2〉와 같다.

표 6-2 치매환자에게 효과적인 향과 오일

구분	효과 내용
갈릭(garlic)	저혈압 완화, 동맥경화 완화
그레이프프루트(grape fruit)	우울증 완화, 신경쇠약 완화, 스트레스 완화
네롤리(neroli)	이완, 만성 우울증 완화, 공포감 완화, 불면증 완화, 스트레스 완화
라벤더(lavender)	불면증 완화, 우울증 및 불안 완화, 정서 완화, 긴장 완화
레몬(lemon)	집중력 강화, 기분 전환, 자신감 부여, 면역력 강화, 고혈압 완화
로즈(rose)	혈액순환 촉진, 긴장 완화, 스트레스 완화
로즈메리(rosemary)	기억력 및 집중력 강화, 신경증 완화

로즈우드(rosewood)	정신피로 완화, 스트레스 완화
마조람(majoram)	불면증 완화, 비애감 완화, 진정, 고혈압 완화
만다린(mandarin)	심신 안정, 스트레스 완화
멜리사(melissa)	정서 안정, 우울증 완화
바질(basil)	정신 고양, 집중력 완화
발레리안(valerian)	정서 안정, 공포증 완화
버가못(bergamot)	긴장 및 우울증 완화, 이완, 불안 해소
사이프러스(cypress)	분노 및 비애감 완화, 불면 완화, 집중력 강화
시나몬(cinnamon)	우울증 완화, 무기력 개선
시더우드(cedarwood)	진정과 조화, 신경계 조직 강화
오렌지(orange)	불면증 완화, 기분 전환
유칼립투스(eucalyptus)	집중력 및 기억력 향상, 무기력 및 무감동 탈피
유향(frankincense)	정서 안정, 과거집착 탈피
자스민(jasmin)	행복감 강화, 초조 및 긴장감 완화, 우울증 완화, 무기력 개선
제라늄(geranium)	불면증 완화, 분노감 완화, 우울증 완화, 부정적 기분 완화
진저(ginger)	신경증 완화, 기억력 강화
주니퍼베리(juniper berry)	신경자극 완화, 정신 안정
파인(pine)	혈액순환 촉진
파출리(patchouli)	우울증 완화
페퍼민트(peppermint)	정신피로 완화, 집중력 강화, 안정과 이완
프티그레인(petitgrain)	긴장 완화, 불면증 완화, 스트레스 완화
펜넬(fennel)	분노 완화, 불면 및 비애감 완화, 집중력 강화
프랑킨센스(frankincense)	정서적 고양, 우울증 완화, 과거집착 탈피
카모마일(chamomile)	불안 진정, 긴장 완화, 근심 및 분노 해소, 우울증 완화
클라리세이지(clary sage)	우울증 완화, 공포증 완화, 스트레스 완화, 혈압 강하, 집중력 강화
클로브버드(clove bud)	기억력 강화, 적극적 사고 강화, 정서 고양
코리앤더(coriander)	무기력 완화, 신경쇠약 완화
콘트로넬라(contronella)	긴장 완화, 정신 고양, 스트레스 완화, 행복감 강화

4) 향기치료의 방법

향기치료를 실시하는 방법은 ① 방향법, ② 마사지, ③ 흡입법, ④ 습포법, ⑤ 목욕법이 있는데, 이에 대해 살펴보면 다음과 같다.

먼저 방향법은 향기오일을 공기 중에 방향(芳香)시켜 코로 흡입할 수 있도록 하는 방법으로 가장 일반적으로 사용되는 방법이다. 방향법은 정제된 향기오일(essential oil)의 향 입자가 두뇌를 자극하여 감정의 변화를 조절하고 심신의 균형을 잡아 준다. 이 방법은 ① 분사기(diffuser)에 향기오일 3~6방울을 떨어뜨리고 용기를 데워 향이 발산되도록 하거나, ② 컵, 세면대 등에 뜨거운 물을 받아 향기오일 1~2방울을 떨어뜨려 향이 나도록 하거나, ③ 포푸리, 향초 등에 향기오일 1~2방울을 떨어뜨려 방향이 되도록 하는 방법으로 실시할 수 있다.

마사지법은 향기오일을 캐리어오일(carrier oil 또는 base oil)에 희석하여 마사지를 하는 방법으로 두통, 진통, 스트레스, 긴장 등을 완화시키는 데 효과가 좋다. 마사지법의 장점은 신진대사를 증진시켜 노폐물을 제거하고, 혈액 순환과 림프액을 증진시켜 치료효과를 촉진하고, 정신적·신체적 고통과 피로를 풀어 주고, 신경조직을 안정시키고, 긴장과 불안, 초조, 스트레스를 풀어 준다. 다만 민감성 피부, 알레르기 체질인 사람은 사용을 피하는 것이 좋으며, 순환기 계통 질환, 심장병 수술 직후, 골절, 당뇨병, 감기, 천식, 간질, 혈압 이상, 급성 고열 등의 증상이 있거나 통증 또는 염증이 생긴 부위는 마사지를 하지 말아야 한다.

마사지법의 가장 기본은 어루만지기로서 양 손바닥을 피부에 밀착시켜 조금씩 힘을 주면서 미끄러뜨리고 마지막에 힘을 빼는 느낌으로 해 준다. 비비기 방법은 엄지손가락이나 손바닥, 네 손가락으로 근육을 비비는 방법이다. 강하게 두드리기는 양 손바닥을 피부에 밀착시켜 강하게 두드리는 방법이며, 두드리기는 양손을 교대로 사용하되 리듬감 있게 관절을 부드럽게 사용해 두드려야 좋다.

흡입법은 후각을 통해 향기오일을 직접 흡입하는 방법으로, 심신의 안정 및 기분전환, 정신집중 등에 효과적이며 편리하고 단시간 안에 빠른 효과를 주는 방법이다. 수건, 티슈 등에 정제오일 1~2방울을 떨어뜨려 흡입하거나 세면대의 미지근한 물에

5~10방울을 혼합하여 타월에 적셔 얼굴에 덮고 몇 분간 흡입하는 방법으로 매일 간편하게 사용할 수 있다. 이러한 흡입법은 호흡기 질환, 인후부 감염, 코막힘, 콧물, 감기를 호전시키고, 심신의 피로를 경감시킨다. 그리고 신경계통의 진정효과와 긴장, 불안, 스트레스 해소에 도움이 된다.

습포법은 온수나 냉수가 담긴 세면대에 정제된 오일 4~6방울을 떨어뜨린 후 수건, 거즈 등에 물을 적셔서 재빨리 짜낸 뒤 환부에 대거나 증상에 맞는 오일 1~2방울을 넣은 물 또는 수면에 떠 있는 기름막을 타월에 흡수시켜 적시고 타월을 가볍게 짜서 환부에 대는 방법이다. 습포법은 근육통이나 멍든 데, 피부에 관한 문제를 치료할 때에 일시적인 효과를 가지며, 피로를 줄여 주고, 혈액순환을 개선하고, 통증을 완화하고, 임파관을 풀어 주고, 충혈된 분비물을 제거하고, 몸의 열을 낮춰 주고, 염증치료를 하는 데 효과가 있다.

그 외에 욕조에 물을 가득 받아 놓고 에센셜오일 8~15방울을 떨어뜨려 섞은 후 10~15분 동안 몸을 담그는 목욕법, 세면대에 뜨거운 물을 받아 놓고 에센셜오일 2~3방울을 떨어뜨린 후 3~5분 동안 스팀을 쬐는 스팀법, 에센셜오일 1~2방울을 물컵에 섞은 뒤 입안을 헹구는 가글링법 등이 있다.

3. 회상치료

1) 회상치료의 이해

노인을 대상으로 한 치료적 개입방법으로 사용되는 회상(reminiscence)과 생애회고(life review)는 Butler(1963)가 세미나 논문 제목으로 두 용어를 사용하면서 활용되기 시작하였다. 회상은 의미 있는 과거 경험을 고찰하는 것이며(McMahon & Rhudick, 1964), 역사적으로 자신을 반영(reflection)함으로써 기억하게 되는 정상적인 생애 회고과정이며, 보편적이고 발전적이며 무의식적이고, 비선택적으로 각자의 인생을 되돌아보는 내적 경험 또는 정신과정(Butler, 1963)으로서, 생애회고와 상호 교환적으로 사용된다. 회상과 회고는 과거에 대한 기억을 활용하고, 구조화되거나 혹은 자유로운 진행을 하며, 기쁘거나 슬프고, 노인에게 주로 적용하고, 치료적 기능을 갖는다는 공통점을 지닌다. 그러나 회상치료가 집단치료라면 생애회고는 개별치료에서 주로 쓰이며, 회고가 자연발생적으로 일어나는 개인적 과정이라면 회상은 최소한 치료적 경청자와 같이 다른 한 사람 이상이 참여한 가운데 이루어지는 계획 또는 의도된 과정이라는 점에서 차이가 있다.

회상치료를 실시하는 목적은 환자의 자아존중감을 유지해 주고, 사고를 자극시키고, 자연치유 과정의 강화 및 지지를 해 줌으로써 환자가 인생의 의미와 가치를 깨닫고 수용하도록 하는 것이다. 치료유형에 따라 다르긴 하지만, 소외감은 감소시키고, 사회화, 의식의 명료성, 대인관계상의 접촉은 증가시킨다. 그리고 자신에 대한 이해와 타인과의 연계성을 증가시킨다. 또한 삶에 대한 새로운 이해와 성취감을 가지게 되며, 자아실현을 촉진할 수 있다.

회상치료의 유형은 다양하다. 즉, 개인치료 또는 집단치료, 구조화된 치료 또는 비구조화된 치료, 언어적 표현 또는 비언어적 표현 방법의 사용, 아무런 통제도 받지 않는 스토리텔링(story-telling) 형태의 자유연상형 또는 특정 주제나 표현방식에서 통제를 받는 선택형에 이르기까지 회상치료의 유형은 매우 다양하다. 개인 회상치료는 치료사와 치매환자 사이에 친밀감과 신뢰가 형성되었을 경우에 개방적인 표현이 가능하고 형식에 크게 구애받지 않는 장점이 있다. 특히 내성적이고 다른 사람 앞에서 자신의 이야기를 하는 것을 꺼리는 경우에는 집단보다는 개인 회상치료가 적당하다.

2) 회상치료의 주제

회상치료에서 활용할 수 있는 주제로는 출생(출생지, 태몽), 고향, 어린 시절 하던 놀이, 어린 시절 성장한 집, 어린 시절 친구, 청소년기와 학창시절, 짝사랑, 첫사랑, 군대생활, 결혼, 자녀출산과 양육, 첫 직장생활과 평생 직업, 부모의 생애, 절기와 농사일, 가장 행복했던 순간, 인생의 특별한 사건, 주로 이용한 교통수단, 가장 좋아하는 사람, 즐겨먹는 음식, 좋아하는 색상, 즐겨 입었던 의상과 스타일, 반려동물, 기억에 남는 여행, 애창곡, 명절이나 생일 또는 집안행사 등 매우 다양하다. 즉, 노인이 살아오면서 경험한 모든 것이 회상의 주제가 될 수 있다. 다만 치매환자의 경우 우울 증상이나 불안 등의 정신 증상을 호소하는 경우가 많으므로, 죽음이나 상실 같은 슬픈 경험보다는 즐거움과 행복감을 느낄 수 있는 주제를 선택하도록 한다.

3) 회상치료의 방법

집단 회상치료는 집단성원 간의 상호작용을 촉진하고, 환자의 욕구에 관한 정확한 정보를 얻을 수 있으며, 긍정적인 자아개념을 형성할 수 있도록 촉진하고, 개인에게 과거 경험에 대하여 회고할 수 있는 기회를 제공한다. 집단 회상치료는 여가활동 기회가 부족하거나, 장기입원이나 우울증 등으로 인하여 치료적 참여 기회와 동기가 낮거나, 사회적 기술과 사회적 교류가 부족한 환자를 대상으로 주로 시행된다.

집단 내에서의 회상은 언어적 의사소통 방법으로 주로 이루어지며, 집단구성의 적정 인원은 7~8명 내외이다. 집단구성원의 선정에서는 모든 치매환자를 대상으로 할 수 있으나, 언어적 표현이 중요하다는 점을 고려한다면 경도인지장애나 초기 치매환자에게 적절하다.

집단회상의 시간구성은 1시간 정도로 하되, 모든 구성원이 충분히 말할 수 있도록 해야 한다. 그러나 너무 장황한 이야기는 되도록 금지하고, 기억 및 상호작용을 자극하는 다양한 주제를 소개하며 회상 집단을 이끌어 나가야 한다. 일반적인 집단 회상치료는 '유도(프로그램으로의 초대) → 집합(마중, 명찰 부착) → 개시(인사, 약속사항) → 자기소개, 언어적 의사소통에 의한 회상으로의 진입과 이미지 전개 → 재료나 도구의 자극에 의한 회상의 전개 → 종결(인사, 차기 약속)'의 순서로 진행된다.

집단회상에서 활용 가능한 기법으로는 자서전 쓰기, 일기쓰기, 친지나 고향 방문, 환자의 일생을 상기시키는 문학작품, 사진첩, 음악을 읽고 보고 들으며 토론하는 방법 등이 있다. 그리고 미술치료, 음악치료, 원예치료, 향기치료 등과도 함께 활용 가능하다.

회상치료에서 사용할 수 있는 기법으로 생애도표 기법이 있는데, 이 기법은 과거

글상자 6-1 생애도표 기법

(1) 다음 글을 읽어 주면서 잠시 명상에 잠기도록 한다.

> "태어나서 이 자리에 오기까지 지난 순간순간을 애쓰면서 기쁜 일, 슬픈 일, 고통스러운 일 모두에서 최선을 다해 살아왔습니다. 힘들었을 때 누군가가 건네준 말 한마디, 고통스러웠을 때 누군가가 내민 손이 얼마나 힘이 되었는지, 내가 슬퍼할 때 같이 해 준 친구 등 모든 이들을 잊을 수 없습니다. 이렇게 크고 작은 일 속에서 만났던 사람들을 생각하면서 인생살이를 10년 단위로 나누어, 그 각각의 10년 세월 속에 머물러 보십시오."

(2) 다음 그림에 지나온 세월을 10년 단위로 구분해서 일직선상에 점을 찍어 표시한다.

> 먼저 현재 자신의 나이에 해당하는 칸에 성공과 실패의 정도를 고려하여 적당한 지점을 표시하고, 출생부터 지금까지 살아온 인생을 10년 단위로 구분하여 성공과 실패 정도를 점으로 표시한 후, 각각의 연령대에 찍은 점을 연결하여 그래프로 그린다.

	출생	10대	20대	30대	40대	50대	60대	70대	80대
성공									
0									
실패									

(3) 가장 성공했던 시기와 그때의 상황, 가장 힘들고 실패했던 시기와 그때의 상황, 그리고 도움을 준 사람에 대해 자세히 회상하고 기록한다.

(4) 기록한 것을 서로 발표하고, 자신의 생애곡선을 다른 참가자에게 보여 준다.

(5) 도움을 준 사람들을 기억하고 계속 관심을 기울였는지 되돌아보며 반성하고, 앞으로 어떻게 살아갈 것인지에 대해서도 발표한다.

(6) 발표가 끝난 후 서로의 느낌을 나눈다.

의 자신을 그대로 수용하고 이해함으로써 앞으로의 생애를 더욱 알차게 살도록 하기 위한 집단상담 기법이다. 이 프로그램을 운영하는 데는 1시간에서 1시간 30분 정도가 소요되며, 필기도구와 16절지, 음악테이프 등의 준비물과 과거를 되돌아볼 수 있는 차분한 분위기 조성이 필요하다. 이 프로그램의 진행절차는 〈글상자 6-1〉과 같다(한국청소년개발원, 1996; 권중돈, 2009).

집단회상의 지도자는 삶의 경험을 근거로 주제를 선택한다. 회상방법은 어린 시절의 기억에서부터 대화를 시작하여 점차 성인 시절로 옮겨 가는 점진적인 시차순 토론 방법이 흔히 사용된다. 그리고 자발적 회상을 촉진하기 위한 도구로서 배경음악 또는 음악감상 기법이 이용되기도 한다.

회상을 시작하기 전에 준비동작으로 풍선을 이용한 배구, 가벼운 손동작 등의 이완 활동을 한다. 그다음 주제를 소개한다. 이때 참가자의 과거 경험이나 집단 내의 이야기를 함께 나누기 위해서 개방질문을 하는 것이 특히 효과적이다. 모임이 진행되는 동안 회상을 계속 재강화하는 것이 중요하다. 참여자는 자신의 회상에 대하여 긍정적 혹은 부정적 느낌을 가질 수 있는데, 치료사는 이런 느낌을 인정하고 감정이입을 하여야 한다. 이때 주의해야 할 점은 현재와 반대되는 과거와 관련된 사실을 왜곡하지 않도록 돕고 환자가 반응할 수 있도록 충분한 시간을 주며, 조용하고 차분한 분위기에서 주제를 논의하는 것이다. 또한 각 주제에 초점을 맞출 뿐만 아니라 분명한 발음과 올바른 표현을 사용하고, 필요시 단서와 조언을 해 주어야 한다.

4) 회상치료의 효과

회상의 긍정적인 결과는 심리내적 갈등의 해결, 가족관계의 재조정, 장기기억의 보존, 긍정적 자기개념 형성 등이다. 치매환자를 대상으로 한 회상요법의 효과에 관한 연구(김경수, 이지아, 2019; 김경화, 2021; 전수영, 2021)에 의하면, 치매노인의 우울증상을 경감해 주고, 인지기능을 향상시키고, 의사소통 능력과 자기효능감 등을 증진시키는 효과가 있는 것으로 나타났다. 이에 반해 회상의 부정적인 결과는 불안, 공포, 죄의식, 우울, 무기력감 등이다. 집단성원이나 지도자의 수용과 지지를 받으면서 회상을 하는 경우에는 긍정적 결과를 얻을 가능성이 높은 반면 아무런 도움도 받지 않고 환자 혼자서 자신의 과거 경험과 인생을 회고할 경우에 부정적 결과가 발생할 위험이 높다. 특히 치매환자의 경우 과거의 해결되지 않은 감정이나 인생사를 회고할 경우 부정적 결과를 초래할 위험이 높으므로, 가급적 부정적 생애사건을 회상의 주제로 선택하지 않도록 한다.

회상은 치료 도구로서뿐만 아니라 치매환자의 사정을 위한 자료수집에서 유용한 도구로 사용될 수 있다. 회상과 관련된 감정의 내용은 환자의 과거 관심사, 해결되지 않은 갈등, 현재의 갈등에 관한 정보를 제공해 주고, 또한 노인 환자와 치료사 사이의 치료 관계를 형성하고 유지하는 데도 도움이 된다. 그러므로 치료사는 환자가 회상을 할 때 능동적으로 경청함으로써 환자와 촉진적 원조관계를 형성할 수 있어야 한다.

4. 문예치료

1) 문예치료의 이해

임상 장면에서 주로 활용하는 매체에 따라 음악치료, 미술치료 등으로 구분하는데, 문예치료의 주된 매체는 문학작품이다. 이러한 문예치료는 문학작품을 활용하는 방법에 따라 크게 작문치료(creative writing)와 독서치료(bibliotheraphy)로 구분할 수 있다(손정표, 2018).

작문치료는 일기, 시, 수필 등을 자유롭게 쓰는 활동을 통하여 정서적인 환기와 카타르시스를 경험함으로써 성취감과 능동성을 제고하는 모든 활동을 의미한다. 독서치료는 질병 치료나 문제행동의 개선을 위해 글읽기를 활용하거나 문제되는 성격·태도 등을 건전한 방향으로 유도하기 위해 글읽기를 치료방법으로 하는 모든 활동을 의미한다. 그리고 문예치료 중에서 시라는 특정 매체의 창작과 낭송, 감상 활동을 동시에 활용하는 시치료(poetry therapy)는 이 두 가지 치료방법을 모두 활용한다.

이러한 문예치료는 문학작품이라는 공통의 매체를 활용함에도 임상 장면에서 독자적으로 활용되어 온 관계로, 하나의 치료방법으로 통합되지 못하여 문예치료에 대한 명확한 개념 합의조차 이루지 못했다. 이러한 한계점 때문에 혹자는 작문치료만을 문예치료로 한정하는 경우가 있으나, 작문치료, 독서치료, 시치료 모두가 문학작품을 읽거나 직접 쓰는 활동을 통하여 질병 치료나 문제행동의 개선 그리고 건전한 성격 및 행동의 발달을 도모하는 공통점이 있기에 문예치료라는 하나의 큰 범주로 통합하여도 큰 무리가 없을 것이다. 따라서 문예치료는 '읽을 수 있는 재료를 통해 기분을 전환하고, 집중력을 증진하고, 상상력을 자극하거나, 시나 수필 등을 자유롭게 쓰는 것을 통해 정서적 환기와 카타르시스를 경험함으로써 성취감과 능동성을 기르도록 하는 치료활동'이라고 정의할 수 있다.

2) 문예치료의 방법

문예치료 중에서 과학적 연구가 체계적으로 이루어지고 있는 분야가 독서치료이며, 치매환자에게 가장 많이 적용되는 치료방법 또한 독서치료이므로 다음에서는 독서치료를 중심으로 실시 방법과 절차를 살펴보고자 한다.

독서치료는 상호작용의 정도와 상황에 따라 다른 유형으로 구분된다. 먼저 상호작용의 정도에 따라서는 반응적 독서치료(reactive bibliotherapy)와 상호작용적 독서치료(interactive bibliotherapy)로 구분된다. 반응적 독서치료는 최소한의 상호작용이 있는 독서치료로, 치매환자로 하여금 직접 읽게 하거나 대신 읽어 주고 그 과정에서 보이는 환자의 반응에 대해 보상이나 긍정적인 반응을 보여 주는 활동이다. 이에 비해 상호작용적 독서치료는 개개인이 문학작품을 읽는 것을 그다지 강조하지는 않으며, 문학작품을 읽은 후 참여자끼리의 상호작용을 조장하고, 성장과 치료를 위한 촉매로서 문학작품을 활용하며 작품을 읽은 후의 반응을 창의적으로 쓰게 한다. 이러한 상호작용 유형에 따른 독서치료 유형 중에서 치매환자의 독해력, 이해력, 판단력, 기억력 등의 인지기능과 정서표현 기술이 제한된 점을 고려한다면, 상호작용적 독서치료보다는 반응적 독서치료의 적용이 더 용이할 것이다.

상황에 따라서는 개인치료와 집단치료로 구분된다. 집단으로 이루어지는 독서치료는 비슷한 정도와 유형의 문제를 가지고 있는 환자가 모여서 시나 수필 등의 글 혹은 시청각자료를 읽거나 들은 후에 토론을 하는 형태이다. 아동이나 성인 정신장애인의 경우에는 집단독서치료의 효과가 더 큰 것으로 알려져 있다. 하지만 치매환자의 경우 인지기능의 제한, 정신 증상, 언어적 제한, 그리고 사회적 기술의 미비 등으로 인하여 집단독서요법을 활용하는 데는 많은 어려움이 따르므로 개인독서요법의 활용도가 더 높을 것이다.

목적에 따라서는 크게 발달적 독서치료와 임상적 독서치료로 구분된다. 발달적 독서치료는 치매환자가 정상적인 일상의 과업에 대처하는 능력을 제고할 목적으로 문학작품을 활용하는 것이다. 이에 비해 임상적 독서치료는 정서나 행동 면에서 심하게 문제를 겪고 있는 사람을 도와주는 개입의 형태로서 특별한 문제에 초점을 두게 된다. 실제 임상 현장에서 발달적 독서치료는 아동이나 청소년을 대상으로, 그리고 임상적 독서치료는 정신장애인을 대상으로 이루어지는 경우가 많은데, 치매환자를 대상으로 할 때는 두 가지 모두가 의미 있는 효과를 거둘 수 있다.

독서치료는 다른 요법보다 더 복잡할 수 있는데 독서치료를 실시하는 치료사는 환자가 직면한 문제에 부합하는 문학작품을 고르는 것과 그것을 치료적인 매체로 사용하는 방법을 잘 알고 있어야 한다. 만약 이 두 과정을 성공적으로 연결시킬 수 있다면 독서치료는 매우 가치 있는 치료적 접근이 될 것이며, 다음과 같은 단계를 거쳐 독서치료를 실시한다면 성공적인 효과를 기대할 수 있다(손정표, 2018).

(1) 준비 단계

이 단계에서의 주된 목표는 치매환자의 생활사를 파악하고 상담관계를 형성하며, 환자가 호소하는 문제의 성격을 파악하는 일이다. 특히 치매환자의 경우 독해력뿐만 아니라 독서치료에 참여할 수 있는 정도의 인지기능을 갖추었는지 평가할 필요가 있는데, 필요하다면 표준화된 검사척도를 사용할 수 있다. 잠재적 참여자가 결정되면 상담과정을 어느 정도 구조화하되, 치매환자의 특성을 고려하여 동일한 장소에서 정기적인 활동을 갖는 방향으로 하여야 한다.

(2) 읽을거리의 선택 단계

독서치료에서 적절한 책을 선정하는 것은 개입의 핵심 부분이다. 먼저 읽을거리는 치매환자의 독서능력에 적합해야 하는데, 너무 어려운 책은 환자가 읽는 것에 흥미를 느끼지 못하고 좌절할 수 있으며, 너무 쉬운 책은 환자가 모욕감을 느끼게 되어 치료적인 관계를 방해할 가능성이 있다.

치매환자의 독서능력과 아울러 인지기능 수준을 고려하여 단시간 내에 읽을 수 있는 책을 선정하여야 한다. 경증 치매환자의 경우에는 일반인과 유사한 정도의 독서활동이 가능하지만, 중등도 이상의 경우에는 새로운 주제나 긴 내용의 읽을거리는 읽고 난 후에 그 내용을 이해하고 기억하는 데 종종 어려움을 호소한다. 따라서 치매 정도에 따라 알맞은 읽을거리를 선정하되, 중등도 이상의 치매환자에게는 짧고 익히 아는 재미있는 책을 선정하도록 한다.

가급적이면 치매환자의 삶의 이력과 연결된 책을 선택하는 것이 좋다. 특히 치매에 이환되기 이전의 밝고 맑았던 시절을 회상시키고 마음속에 그려진 고향에 대한 향수를 느끼게 하는 내용을 소재로 한 도서가 좋다. 그래야만 독서활동에 흥미를 갖고 참여할 것이며, 독서 중간 또는 독서 후에 자신의 인생을 회상하는 활동을 병행할 수 있다.

지나친 과장이나 비현실적 묘사가 많고, 슬픈 내용의 읽을거리는 피하도록 한다. 치매환자는 망상, 우울증, 지남력 상실 등의 증상을 지니고 있는 경우가 많으므로, 가급적이면 현실적 묘사와 가벼운 유머가 담겨 있고, 해피엔딩으로 끝나는 읽을거리를 활용하는 것이 좋다. 그 외에 가족의 애정을 확인할 수 있는 주제, 죽음에 대한 불안을 극복하고 죽음을 자연스러운 과정으로 수용할 수 있는 종교적 주제, 일상생활에서 자주 활용하는 도구를 이해시키는 책이나 카드, 현실의 지남력을 제고할 수 있는 책이나 그림카드 등이 적합한 읽을거리가 될 수 있다.

이상과 같이 치매환자의 능력과 특성 그리고 흥미에 맞는 읽을거리를 선택하였다면 그다음은 읽을거리의 구성을 살펴보아야 한다. 예를 들어, 활자의 크기가 너무 작지 않은가, 그림은 너무 복잡하고 채색이 조잡하지 않은가, 너무 길지 않은가 등을 고려하여야 한다.

(3) 읽고 이해하는 단계

환자가 책을 좋아하고 인지기능이 높은 사람이라면 쉽게 스스로 독서치료를 진행할 수 있지만 그렇지 못한 경우 동기부여과정이 중요하다. 특히 치매환자의 경우에는 집중력과 기억력이 떨어지기 때문에 중등도 이상의 환자에게는 직접 읽게 하는 것보다는 읽어 주는 방법이 적합하다.

책을 읽거나 읽어 주는 과정에서는 중간 중간 지금까지 전개된 이야기 내용을 요약해 주는 것이 꼭 필요하며, 이야기의 전개에 따라 치매환자의 인생사와 관련된 회상을 유도하는 것이 좋다. 책을 다 읽고 난 후에는 전체적인 느낌이나 가장 인상에 남는 대목 또는 장면을 이야기하게 하고, 치매환자가 고쳐 쓰고 싶은 대목을 선택하게 하여 책 내용이 어떻게 고쳐지기를 바라며 그 이유는 무엇인지 등에 대해 이야기를 나누도록 한다.

(4) 마무리 단계

치매환자 자신이 책 속의 등장인물 중 누구와 비슷하며 그 이유는 무엇인지 이야기하게 하거나, 등장인물 중 누가 가장 좋고 나쁜지 그리고 그 이유는 무엇인지에 대해 서로 이야기 나눈다. 그리고 특정인 얼굴 떠올리기 활동, 등장인물−치매환자 자신의 역할 바꾸기 활동, 회상활동, 책 내용을 치매환자가 현실에서 재연하는 활동 등을 통하여 치매환자의 인지기능을 유지시키고, 실생활에서의 적용 가능성을 탐색해 보도록 한다.

(5) 작문치료의 시행과정

일기, 시, 작문 등의 작문요법의 일반적인 실시과정은 다음과 같다.

첫째, 작문치료에 참여하는 환자를 특별히 제한할 필요는 없으며 평소에 언어적 표현이 어려운 환자를 참여시켜 볼 수 있다. 그러나 중증의 치매환자는 작문을 하는 것 자체가 어려우므로 제외시킬 수밖에 없다.

둘째, 작문치료를 실시하는 장소는 조용하고 안정감을 느낄 수 있는 공간이 좋다.

셋째, 치료 횟수와 시간은 1주일에 1회 정도가 적당하고, 1회기의 시간은 1시간을 넘지 않도록 한다.

넷째, 조용한 음악을 들으며 시나 작문, 일기를 쓰되, 주제는 공동이나 개별로 정할 수 있다.

다섯째, 각자 지은 글을 발표하고 자신의 느낌과 생각을 말할 수도 있으며, 다른 사람의 글에 대해 공감하는 부분을 서로 이야기 나눈다.

여섯째, 치료사가 토론 내용을 정리하고 모임을 종결한다.

3) 치매환자를 위한 문예치료 프로그램

치매환자의 특성상 작문치료보다는 독서치료의 적용이 더 용이하며, 독서치료도 스스로 읽기보다는 읽어 주는 방법으로 시행되는 경우가 더 많다. 하지만 가능하다면 치매환자 스스로 쓰고 읽을 수 있도록 자극하고 동기를 부여함으로써 잔존 인지기능을 유지 · 향상시키려는 노력을 해야 할 것이다. 보다 전문적인 문예치료를 실시하기 위해서는 문예치료에 대한 깊이 있는 탐구가 이루어져야 할 것이지만, 문예치료에 대한 전문지식이 없는 가족이나 간호자가 가정이나 시설에서 손쉽게 실시할 수 있는 문예치료 프로그램을 제시하면 〈표 6-3〉과 같다.

표 6-3 치매환자를 위한 문예치료 프로그램(예시)

프로그램	실행방법	준비물
고전 읽어 주기	• 고전(예: 춘향전)을 천천히 읽어 준다. • 착한 일, 나쁜 일을 판단해 보게 한다. • 주인공 이름과 이야기 내용을 이야기해 보게 한다.	고전책 (춘향전, 흥부전)
동화책 읽어 주기	• (동화)책에 대해서 기억나는 대로 이야기하게 한다. • 잘못 기억한 것은 바로 알려 준다. • 그림카드를 순서대로 배열하게 한다.	(동화)책
종교경전 읽기	• 경전을 읽거나 읽어 준다. • 읽은 경전의 내용을 요약하게 하고, 특징적인 장면을 그림으로 그리게 한다. • 자신이 소원하는 것을 기도하게 한다.	종교경전, 종이, 크레파스

오디오책 들려주기	• 짧고 재미있는 내용의 책을 녹음하여 들려준다. • 들은 내용에 대해 이야기해 보게 한다.	녹음기, 테이프
신문 읽어 주기	• 요즘 신문에 실린 특정 기사를 읽어 준다. • 듣고 이야기하게 한다.	신문
옛날이야기 그리기	• 옛날이야기를 들려준다. • 들은 내용 중 기억에 남는 것을 그리게 한다.	옛날이야기 책, 종이, 크레파스
시낭송	• 시를 읽어 준다. • 들은 시에 대해 느낌을 이야기하게 한다.	시
문장 만들기	• 단어를 보여 주고 뜻을 알려 준다. • 단어를 넣어서 문장을 만들게 한다.	단어카드
문장 줄이기	• 문장을 보여 주고 읽어 주며 뜻을 알려 준다. • 문장 안에서 여러 가지 단어를 찾게 한다. • 문장과 단어의 내용에 대해서 이야기한다.	문장
명언 읽어 주기	• 명언을 붙여 놓고 아침마다 읽어 준다. • 저녁 명상을 통하여 명언의 실천 여부에 대해 이야기 하게 한다.	명언집
재미있는 이야기 들려주기	• 재미있고 웃을 수 있는 이야기를 읽어 준다. • 각자 우스운 경험을 이야기하게 한다.	재미있는 이야기가 담긴 책
옛날이야기 들려주기	• 각자 알고 있는 옛날이야기를 하게 한다. • 옛날이야기를 듣고 서로 그 내용을 얘기해 보게 한다.	

자료: 권중돈(2004b). **치매환자를 위한 프로그램의 실제**. 서울: 학현사.

4) 문예치료의 효과

작문치료, 독서치료 등의 문예치료는 주로 정신장애인, 부적응 행동 문제를 지닌 아동이나 청소년, 병원이나 시설의 입원환자 등의 치료와 정서안정을 목적으로 활용되었다. 그러나 문예치료는 모든 연령에 적용 가능하고 효과적이며, 시설이나 입원 환자뿐만 아니라 외래 환자와 개인적인 성장과 발전 수단으로 문학작품을 나누기 원하는 건강한 사람에게도 효과가 있는 것으로 알려져 있다. 특히 문예치료는 치료적 효과와 예방적 효과를 동시에 지니며 남녀노소 어느 계층에도 활용이 가능하다는 장점이 있다.

　이러한 문예치료는 치매환자를 위한 병동이나 시설에서 실제 활용되고 있으며, 사례발표도 이루어지고 있다. 치매환자에 대한 문예치료의 효과성을 체계적으로 검증한 연구는 아직 미미한 상황이지만, 문예치료 중 독서치료에 대한 효과성 검증에서 인지기능 유지, 집중력 제고, 상상력 고양, 억압된 감정의 표현과 정화, 정서적 이완, 개인적 흥미의 유발과 표현, 상황에 대한 판단력 증진 등과 같은 효과가 있다는 점을 근거로 하여 볼 때 치매환자에게도 문예치료는 효과적으로 적용이 가능할 것이다. 특히 치매환자가 이전에 즐겨 읽었던 시, 소설, 희곡 등을 통하여 과거를 회상하는 기회를 갖게 되고, 직접 일기나 시, 수필 등의 작은 작품을 창작하는 기회를 통하여 사고력을 유지할 수 있다는 장점 또한 지니고 있다.

제7장	신체 및 일상생활 간호와 돌봄

치매는 노화로 인하여 신체 기능이나 건강 상태가 약화 되는 노년기에 주로 발생하며, 치매에 수반되는 인지 장애, 정신장애, 언어장애, 행동장애뿐만 아니라 일상생활 수행능력에서도 장애를 초 래하는 신경인지장애이다. 따라서 치매환자의 간호와 돌봄에서는 치매 증상에 대한 간호뿐 아니라 노화로 인한 신체 및 일상생활 동작능력 저하를 보완·해결하기 위한 간호와 돌봄이 동시에 필요하다. 또한 치매 증상이나 일상생활 간호와 돌봄을 적절 히 수행하기 위해서는 치매환자와의 원활한 의사소통이 필수적이다. 이에 다음에서 는 치매환자 간호와 돌봄의 일반적인 원칙, 신체 및 일상생활 간호와 돌봄의 방법, 의 사소통 방법에 대해 살펴보고자 한다.

1. 치매환자 간호와 돌봄의 과정과 원칙

치매환자의 간호와 돌봄에 대한 본격적 논의에 앞서, 치매 간호와 돌봄에 관련된 용어에 대한 논의가 필요하다. 치매환자의 간호와 돌봄에 관련해 사용되는 용어로는 우리말로 '간호'로 번역되는 'nursing'과 '돌봄 또는 요양, 수발' 등으로 번역되는 'care'가 있다. 간호(nursing)의 정의를 살펴보면 "적정 수준의 건강과 기능을 획득, 유지, 회복할 수 있도록 개인, 가족, 지역사회를 원조하는 데 초점을 둔 전문적 활동"이며(http://en.wikipedia.org), 주로 병원이나 요양시설 등에서 전문자격을 소지한 간호인력에 의해 행해지는 전문적 의료서비스의 성격이 강하다. 이에 비해 '케어(care)'는 "질병이나 일상생활의 영위에 장애가 있는 사람의 일상생활을 원조하는 전문적 활동"(한국케어복지협회, 2007)으로서, 전문적 의료서비스보다는 신체 및 수단적 일상생활의 지원이 더욱 강조되며, 전문가뿐 아니라 비전문가인 가족 등에 의해 제공되는 부양서비스까지 포괄한다.

가정에서 생활하는 치매환자의 경우 전문 간호사나 간병인력에 의해 간호를 받는 비율은 10% 내외(보건복지부, 분당서울대병원, 2011; Alzheimer's Association, 2011)에 불과하며, 대다수의 치매환자는 비전문가인 가족 등의 돌봄을 받고 있다. 이러한 점을 고려하여 미국 알츠하이머협회(http://www.alz.org)는 치매환자의 간호 논의에서 'nursing'이라는 용어를 요양시설(nursing home)을 지칭하는 경우를 제외하고는 거의 사용하지 않으며, 'care'라는 용어로 치매환자의 간호와 돌봄을 통칭하고 있다. 이와 같이 치매환자의 간호와 돌봄에 관한 논의에서 '케어'라는 용어를 주로 사용하는 이유는 치매 증상에 대한 전문적 정신간호뿐만 아니라 신체 및 일상생활, 안전, 영양, 환경 등 치매환자의 생활 전반에 관한 돌봄이 요구되기 때문이다. 따라서 이 책의 다음부터는 치매환자의 '간호'라고 할 때는 돌봄, 요양, 수발, 부양 등으로 번역되는 케어를 의미하는 것으로 규정하고자 한다.

치매환자의 간호는 사정 단계, 계획 단계, 실행 단계, 평가 단계라는 일련의 단계를 거쳐 진행되는 과정이다. 먼저 사정 단계에서는 간호가 필요한 치매환자에 대한 정보를 수집하여 조직화하고, 치매환자가 지닌 문제나 욕구를 정확히 규정하여야 한다. 이때 사정에는 신체적 기능 상태나 질병, 장애, 정신기능, 사회적 자원 등에 관한 내용이 포함되어야 한다. 특히 치매환자의 간호사정에는 환자력과 가족력, 신체력, 신경학적 검사, 정신 상태 검사, 투약력의 평가가 포함된다. 그리고 치매 증상의 출현

시기, 진행속도, 경과, 최근의 심한 외상이나 병력, 간장이나 신장 질환 및 당뇨병과 같은 원인질환의 유무 등을 확인하고, 인지장애, 언어장애, 행동장애, 성격변화, 정신병적 증상, 보행장애, 운동이상, 문제행동, 사회적 관계와 적응장애, 영양문제, 일상생활 동작능력, 역할수행 장애 등 치매환자의 기능 상태나 증상에 대한 사정뿐만 아니라 가족의 부양기능과 부담에 대해서도 사정한다.

치매환자의 간호를 위한 계획 단계에서는 간호가 필요한 치매환자의 욕구나 문제에 대한 우선순위를 결정하고, 이에 따라 현실적인 간호 목적과 목표를 설정하며, 구체적인 간호 실천방법에 대한 계획을 수립하여야 한다. 치매환자에 대한 간호계획의 수립에서는 앞서 사정 단계에서 나타난 문제나 욕구를 해결하고 충족시킬 수 있는 실행 가능한 대안을 모색하여야 한다. 따라서 치매로 인한 장애나 문제행동에 대한 대처방안을 수립하고, 치매환자의 독립적 일상생활을 증진시키고, 원활한 의사소통 방법을 모색하고, 치매환자의 안전과 치료적 환경 구축을 위한 계획도 마련해야 한다. 또한 치매환자에 대한 계획뿐 아니라 환자 가족의 부양기능 강화와 부양부담 경감을 위한 간호계획도 동시에 수립해야 한다.

실행 단계에서는 결정된 간호 계획에 따라 실질적인 간호활동을 전개하고, 간호활동에 대한 노인의 반응이나 효과 등에 대해 중간 점검을 실시하여야 하는데, 세부적인 간호방법에 대해서는 다음에서 상세히 논의하고자 한다.

마지막으로 평가 단계에서는 간호목표의 달성 정도, 간호활동의 결과에 대한 평가, 간호과정에 대한 평가 등을 실시하여야 한다.

치매환자의 간호에서는 ① 일상생활의 변화, ② 신체적 질병으로 인한 긴장, ③ 피로, ④ 부적절한 자극, 그리고 ⑤ 과다하고 불필요한 요구라는 다섯 가지 기본적인 자극요인을 제거해 주어야 한다. 중앙치매센터에서는 치매환자를 돌봄에 있어서 따라야 할 10계명을 제시하고 있는데, 이는 다음과 같다(보건복지부, 국립중앙의료원, 중앙치매센터, 2023a). 즉, ① 치매환자가 존중받아야 할 사람임을 잊지 말아야 한다. ② 치매환자를 격려하고, 잔존 기능을 활용할 수 있도록 지지해야 한다. ③ 치매환자의 작은 변화도 가치가 있고 감사해야 한다. ④ 치매환자의 신체적 건강에 대한 세심한 관심으로 적절한 건강관리를 받도록 한다. ⑤ 장기적인 계획을 바탕으로 치매환자를 돌봐야 한다. ⑥ 불의의 사고를 항상 대비하고 예방해야 한다. ⑦ 치매 관련 다양한 자원을 적극 활용한다. ⑧ 치매에 대한 지식을 꾸준히 쌓아 가야 한다. ⑨ 치매는 모든 가족 구성원들이 함께 돌보아야 한다. ⑩ 치매환자를 돌보는 가족은 자신의 건강도 잘 챙겨야 한다.

이러한 간호의 원칙과 함께 간호자가 따라야 할 행동원칙을 살펴보면 다음과 같다(권중돈, 2004b; 이금재, 2006; Alzheimer's Association, 2009a).

- 병원이나 장기요양시설에 입원시키기보다는 가능하면 익숙한 생활환경인 가정에서 간호한다.
- 치매환자의 증상과 이에 대한 간호방법을 학습하여 치매환자의 요구에 적절히 대응한다.
- 환경의 변화를 최소화하고, 환자의 일상생활이나 생활환경은 단순하고 변함없게 유지한다.
- 환자에 대한 불필요한 자극을 피하고, 주변 환경을 안전하고 소란스럽지 않게 유지하고 안정된 분위기를 조성한다.
- 규칙적이고 체계적인 일상생활을 유지하도록 배려한다.
- 치매환자의 간호 방법과 내용을 결정할 때 가능한 범위 내에서 치매환자를 의사결정 과정에 참여시킨다.
- 치매환자가 잔존 기능을 활용하여 혼자서 할 수 있는 것은 혼자 하게 하며, 상실 또는 약화된 기능만을 보완해 준다.
- 치매환자가 감당하기 힘든 복잡한 일이나 선택사항이 너무 많은 일은 피하고, 일을 단순하게 만든다.
- 치매환자와 원활하게 대화할 수 있는 방법을 습득한다.
- 환자의 증상이나 문제행동 때문에 화를 내거나 대립하지 않으며, 말다툼이 생기지 않도록 주의하고, 유머 감각을 잃지 않는다.
- 치매환자의 자존심과 감정을 상하게 해서는 안 되며, 환자의 언행을 있는 그대로 수용한다.

- 치매환자가 자신의 상태에 맞는 적절한 운동을 하게 함으로써 현재의 정신 및 신체적 기능과 건강 상태를 유지하도록 한다.
- 정신병적 증상이 있을 경우에는 정신과 진료를 받는다.
- 치매환자는 정신적 문제뿐 아니라 신체질병도 동시에 갖고 있으므로 합병증의 예방과 치료를 적극적으로 행한다.
- 치매환자의 안전을 고려하여 보호적이고 안전한 환경을 조성하며, 예상치 못한 사고와 위험에 미리 대비한다.
- 치매환자는 쉽게 피로해지므로, 편안하게 휴식을 취할 수 있는 기회를 자주 부여한다.
- 치매환자가 가족, 지인 등과 친밀한 사회적 관계를 맺고 유지할 수 있도록 한다.
- 치매환자의 간호를 담당하거나 보조하는 사람 간의 정기적인 간호회의를 통하여 환자의 변화된 치매 상태나 증상, 욕구를 정확히 파악한다.
- 치매환자의 간호뿐 아니라 간호자의 일상생활과 휴식, 건강관리를 위한 계획까지 간호계획에 포함하며, 가족이 간호에 적극적으로 협조하여 책임을 분담하도록 한다.
- 혼자서 힘든 간호를 전담하기보다는 가족이나 친척, 이웃, 복지기관의 도움을 받으며, 해결하기 어려운 문제가 생기면 전문의나 간호사, 사회복지사, 요양보호사와 상담하여 즉시 푼다.
- 기억장애, 판단장애 등 치매로 인해 장애와 증상이 심화되고 의사결정능력에 제한이 올 것에 대비하여 재정이나 법적 문제에 대한 대비책을 미리 세워 둔다.

2. 신체 및 일상생활 간호와 돌봄

　치매 정도가 심해질수록 치매환자는 신체기능과 일상생활 수행능력이 감퇴하여 타인의 원조가 필요한 경우가 점차 많아진다. 치매 초기에는 대부분의 일상생활 영역에서 약간의 도움만이 필요하지만, 치매가 진행되면서 도움이 필요한 영역이 많아지고, 중증 상태가 되면 치매환자는 타인의 도움 없이는 일상생활이 불가능한 상태에 이른다. 치매환자의 신체 및 일상생활 간호를 위해서는 먼저 치매환자의 일상생활능력, 습관, 생활리듬, 욕구를 정확히 파악하고 이에 맞는 간호계획을 수립하되, 치매환자의 잔존능력을 최대한 활용하면서 제한된 일상생활 동작능력을 보완 또는 대체해 주고, 독립적 일상생활능력을 최대화하는 데 목표를 두도록 한다. 특정 간호방법이 잘 적용되지 않는 경우에는 다른 간호방법을 시도해 보는 융통성을 지녀야 한다(Alzheimer's Association, 2009a). 이러한 기본 원칙하에서 치매환자의 신체기능 및 일상생활 영역에서 발생하는 문제나 욕구에 적절히 대응하기 위한 간호방법을 살펴보면 다음과 같다(권중돈, 1995c, 2002, 2004b, 2022; 김귀분, 1997; 김주희 외, 1998; 김현미, 2006; 보건복지부, 중앙치매센터, 2017a; 유수정, 2006; 이금재, 2006; 이성희, 1995a; 조옥주, 2006; 조유향, 2009; 조현 외, 2001).

1) 조리와 식사

치매환자는 이전과 같이 조리를 하지 못하며, 식사를 한 사실을 잊어버리거나, 식기를 사용하는 방법을 모르는 경우도 있다. 말기에 이르게 되면 씹거나 삼키는 데 어려움을 호소하며 영양불균형이나 영양실조 등의 문제를 경험할 수 있다. 조리 및 식사와 관련된 치매환자의 간호방법을 살펴보면 다음과 같다.

- 치매환자와 함께 장보기, 조리, 설거지를 함으로써 환자가 잔존 기능을 유지하도록 한다.
- 치매환자를 조리과정에 참여시킬 경우 화상, 자상(刺傷) 등과 같은 안전사고를 예방하기 위한 노력을 기울인다.
- 평소에 신체활동을 충분히 하여 환자가 식욕을 잃지 않도록 한다.
- 환자의 식습관을 존중하여 좋아하는 음식을 만들되, 건강에 좋은 음식을 준비한다.
- 식사는 영양상 균형을 이룰 수 있도록 환자가 골고루 먹을 수 있게 준비한다.

- 수분이 부족하기 쉬우므로 우유나 보리차를 많이 마시게 하여 환자가 수분을 충분히 섭취하도록 한다.
- 음식을 잘게 썰거나 으깨거나 주스로 만드는 등 환자가 먹기 쉽게 만들고, 손으로 집어 먹을 수 있는 음식(finger food)을 준비한다.
- 같은 장소에서 일정한 시간에 규칙적으로 식사하는 것이 바람직하며, 가능한 한 환자 스스로 식사를 할 수 있도록 격려한다.
- 식사 때마다 아침, 점심, 저녁, 간식 등을 알려 주어, 환자가 시간지남력을 갖게 한다.
- 식사 때에는 환자가 편안하고 안전한 자세, 특히 쉽게 삼킬 수 있는 자세로 식사하게 하는데, 와상노인의 경우에는 상반신을 높게 하고 방석, 쿠션 등을 등에 대서 편안하게 한다.
- 식기는 환자가 늘 사용하던 것을 사용하는 것이 좋지만, 안전도를 고려한다.
- 식사 때는 사교적 대화를 나눔으로써 환자가 행복한 시간이라는 느낌을 갖게 한다.
- 환자가 수저 사용에 어려움이 있는 경우, 가까이 앉아서 인내심을 가지고 "오늘은 참 잘 드시네요." 등과 같은 격려의 말을 한다.
- 환자가 물을 마시거나 음식을 집어드는 데 어려움이 있는 경우 빨대, 손잡이가 달린 큰 수저, 손에 걸 수 있는 수저 등을 이용한다.
- 환자가 삼키거나 마시는 데 문제가 있는 경우, 마시거나 삼키는 동작과 함께 "꿀꺽"이라는 언어적 표현을 같이 한다.
- 환자가 지저분하게 먹더라도 깨끗하게 먹도록 강요하지 말아야 하며, 음식물을 많이 흘리는 경우에는 식탁에 비닐 종류의 식탁보를 깔고 앞치마를 입힌다.
- 환자는 온도감각이 무디어져 있으므로 뜨거운 음식은 특히 주의한다.
- 환자가 한 번에 조금씩, 서두르지 않고 천천히 먹도록 한다.
- 환자의 시력이 좋지 않은 경우에는 "6시 방향에 김치가 있어요."와 같이 시곗바늘 위치로 안내를 해 주어 스스로 식사하도록 돕는다.
- 환자가 금방 식사를 하고도 다시 식사를 요구할 경우에는 과일이나 열량이 높지

않은 음식을 담아 주고 먹도록 한다.
- 환자에게 간식은 적당한 간격을 두고 주는 것이 좋으며, 아침과 점심 사이에는 과일, 점심과 저녁 사이에는 차나 과자, 저녁부터 취침 사이에는 떡이나 사탕을 준비한다.
- 의심이 많은 환자에게는 갑자기 새로운 음식을 내놓지 않는다.
- 커피와 같은 자극적인 음식은 환자에게 주지 않는다.
- 환자에게 당뇨, 고혈압, 고지혈증 등이 있는 경우 이에 맞는 식이요법을 진행하고, 의사와 상의하여 비타민제와 같은 영양보조제의 사용을 고려한다.
- 환자에게 음식을 떠먹이는 경우에는 조금씩 먹이며, 환자가 음식물을 삼켰는지 확인한 후 다음 음식을 먹인다.
- 환자가 음식이나 음료를 지속적으로 거부하는 경우에는 음식과 음료의 종류를 바꾸어 제시한다.

2) 화장실 이용과 용변

치매환자는 화장실에 가야 할 시간을 알지 못하거나, 화장실이 어디에 있는지, 그리고 그곳에서 무엇을 하는지 몰라서 실금(失禁, incontinence)을 하는 경우가 있고, 변을 가지고 노는 등의 불결행위를 하는 경우도 있다. 환자에게 이러한 대소변 및 화장실 이용에 문제가 있는 경우 다음과 같은 간호방법이 도움이 된다.

- 실금 예방을 위한 괄약근 강화운동을 환자에게 실시한다.
- 변비 예방을 위하여 섬유질이 많은 신선한 야채와 과일, 수분을 환자에게 충분히 섭취시킨다.
- 환자에게 실금 증상이 있다고 무조건 수분 섭취를 줄이는 것은 바람직하지 않으며, 낮시간 동안 충분한 수분(1일 2,000cc 정도)을 섭취시키고 취침 2시간 전에는 수분 섭취를 제한한다.
- 환자에게 실금 증상이 있는 경우 배설 간격을 파악하여 이를 시간표로 작성하

며, 배뇨 또는 배변 의도가 있을 경우에는 변기를 사용하여 배설을 유도한다.

- 기상 직후, 식사 후, 잠자기 전에 환자가 화장실을 다녀오도록 돕고, 나머지 시간에는 매 2시간 간격으로 화장실에 다녀오는 훈련을 반복하여 습관화시킨다.
- 환자가 혼자 할 수 있는 경우, 옷을 벗겨 주거나 지나친 간섭을 하지 않는다.
- 환자가 용변한 후 깨끗하게 씻어 주고, 화장실과 용변 도구를 청결하게 관리한다.
- 환자가 화장실을 이용하지 못하는 경우에는 요강, 간이변기, 이동식 변기, 기저귀 등 다른 용변 도구의 사용을 고려한다.
- 화장실 문에 환자가 알아볼 수 있도록 커다란 글씨나 밝은색을 사용하여 표시해 놓고, 환자의 방을 화장실과 가까운 곳에 배치한다.
- 화장실 문을 열어 놓고, 환자가 쉽게 벗을 수 있는 옷을 입힌다.
- 환자가 실금하였다고 하여 화를 내지 말고, 벽이나 손잡이 등을 잡도록 한 후 등 뒤에서 닦고 옷을 갈아입히며, 뒤처리를 도와준 후에는 아무런 일도 없었던 것처럼 행동한다.
- 환자가 한두 번 실금했다고 해서 바로 기저귀를 채우는 것은 바람직하지 않으며, 방광, 요도, 장기능장애가 있는 경우에는 기저귀를 사용하기로 결정을 하더라도 기저귀 착용 이외의 방법이 없는가를 다시 한 번 숙고하고, 만약 기저귀를 사용하더라도 낮시간에는 가급적 사용하지 않는다.
- 기저귀나 기저귀 커버는 환자의 대퇴부, 복부를 지나치게 압박하지 않도록 채운다.
- 환자에게 실금 증상이 있는 경우 일회용 침구 패드, 요 위에 까는 방수포 등을 간다.
- 환자에게 변비가 있는 경우 관장제나 좌약을 사용한다.
- 적변(손가락을 항문에 넣어 변을 파내는 행위)해야 하는 경우에는 환자를 옆으로 누이고, 얇은 장갑을 끼고 오일을 손끝에 발라 항문에 상처가 나지 않도록 주의하며 실시한다.
- 와상노인의 경우에도 옆으로 눕게 한 다음 기저귀를 등 뒤쪽에서 갈아 준다.

3) 개인위생과 용모단장

치매가 진행되면 개인위생을 스스로 관리하지 못하여 각종 감염이나 질병을 앓을 수 있다. 이러한 개인위생과 관련된 간호방법을 살펴보면 다음과 같다.

- 환자가 아침, 저녁으로 세수를 하고, 세수 후에는 빗으로 머리를 빗도록 한다.
- 환자가 식사 전에는 반드시 손을 씻도록 한다.
- 환자에게 세수나 손씻기 동작을 설명하고 시범을 보여 준다.
- 남성 치매환자는 면도, 여성 치매환자는 화장을 계속할 수 있도록 돕고, 원하는 헤어스타일, 화장품 등을 환자 스스로 선택하게 한다.
- 환자가 전기면도기 등 단순하고 안전한 용모단장 도구를 사용하도록 하여 안전에 유의한다.
- 화장대 등과 같이 용모 단장할 수 있는 편하고 안전한 별도의 공간을 환자에게 마련해 준다.
- 환자의 머리카락은 짧게 하는 것이 좋으며, 머리 감기는 날짜를 정해 놓고 실시하되, 머리를 감기는 중에도 대화를 나눔으로써 환자를 안심시키고 얼굴에 비누나 샴푸 거품이 흐르지 않도록 한다.
- 머리는 감고 난 후 잘 말려야 하는데, 환자가 헤어드라이어를 사용할 때는 반드시 누군가가 함께 있어야 하며, 머리카락 속에 손을 넣어서 잘 말려졌는지 확인해야 한다.
- 빗질, 화장 등의 행동을 옆에 앉아서 시범을 보임으로써 환자가 따라 할 수 있도록 한다.
- 2~3주 간격으로 정기적으로 환자의 손발톱을 점검하여 깎되, 손톱은 둥글게, 발톱은 일(一)자로 깎아 준다.
- 너무 조이거나 헐렁한 양말과 신발은 환자에게 혈액순환과 낙상문제를 일으킬 수 있으므로 주의한다.
- 환자의 귓속도 면봉으로 깨끗이 닦아 내는 것이 좋은데, 귀지가 많아 굳은 경우

올리브유를 면봉에 가득 묻혀서 귀지가 부드러워질 때까지 기다렸다가 파면 잘 떨어진다.

4) 구강위생

적절한 구강위생 관리는 섭식문제를 예방하고, 통증이나 소화문제를 예방하는 데 도움이 된다. 치아와 구강의 청결 상태를 유지하고, 음식물의 저작(詛嚼)과 소화기능을 증진시키기 위해서는 다음과 같은 구강위생 관리방법을 사용할 수 있다.

- 환자에게 양치질이 중요한 이유를 인식시킨다.
- 환자에게 매 식후에 양치질을 하도록 하고, 치아는 물론 혀와 입천장까지 잘 닦도록 한다.
- 환자의 칫솔은 부드러운 것을 사용하여 잇몸과 치아의 출혈을 방지한다.
- 양치도구를 순서대로 놓아두어 환자가 혼자서 칫솔질을 할 수 있도록 하며, 짧고 간단하게 양치동작을 단계별로 지시하거나, 같은 방향으로 옆에 나란히 서서 칫솔질 동작을 보여 준다.
- 틀니는 적어도 하루에 6~8시간 정도는 빼서 환자의 잇몸에 무리가 가지 않도록 하며, 예비 틀니를 준비해 둔다.
- 대개의 치매약물은 침 분비를 감소시키므로 환자가 껌이나 사탕을 물고 있도록 한다.
- 치매가 심하여 환자가 양치를 할 수 없는 경우에는 치실을 이용하거나 압설자(壓舌子: 혓바닥을 누르는 의료기구)나 손가락 끝에 거즈를 감은 후 소금물을 적셔서, 하루 2~3회 잇몸, 입천장, 혀를 깨끗이 닦아 준다.

5) 목욕

치매환자는 실금, 불결행위 등으로 인하여 목욕이 필수이지만, 목욕하는 것을 잊어버리거나 필요성을 느끼지 못하거나, 또는 수치스러워하거나 거부하기도 한다. 이러한 치매환자의 목욕을 원활하게 실시하기 위해서는 다음과 같은 방법이 도움이 된다.

- 환자가 평소에 자주 세수나 목욕을 할 수 있도록 유도하고, 목욕하는 것이 즐거운 일이라는 것을 알려 준다.
- 환자의 몸 상태가 좋고 정서가 안정된 날 목욕을 시도한다.
- 환자의 목욕은 저녁 시간보다는 아침 식사 후부터 오전 시간 사이에 실시한다.
- 환자가 목욕하는 것을 싫어하면, 기분이 좋아졌을 때 다시 한 번 시도해 본다.
- 목욕 방법은 환자가 원하는 방식을 따르도록 하며, 샤워를 싫어하는 환자는 욕조 목욕(tub bath)을 실시한다.
- 욕실 문의 잠금장치는 바깥에서 열 수 있도록 해 놓고, 물의 온도, 깊이 등을 점검하고, 안전손잡이나 미끄럼 방지매트, 샤워 의자 등을 이용하여 안전에 유의한다.
- 목욕을 할 때는 환자에게 목욕 순서를 알려 주고, 어떤 행위를 할 때는 사전에 알려 준다(예: "이번에는 등을 씻겨 드릴게요.").
- 환자에게 세면기나 물에서 갖고 놀 수 있는 장난감을 주어서 목욕 자체를 즐길 수 있도록 한다.
- 환자가 혼자서 닦을 수 있는 부분은 스스로 씻을 수 있도록 하며, 주요 부위는 부분적으로 가려 주어 수치심을 느끼지 않도록 배려한다.
- 환자의 몸을 너무 세게 문지르는 것은 피부에 상처를 남기므로 피하며, 민감한 신체 부위(예: 얼굴과 생식기)는 가장 나중에 씻긴다.
- 간호자가 목욕시키는 것을 환자가 싫어할 경우, 다른 가족성원이 목욕을 시도해 본다.
- 환자가 목욕을 거부하는 이유는 혼자서 할 수 없는 것에 대한 당혹감, 신체 접촉과 노출에 대한 두려움, 실금에 대한 수치심 등이므로 이를 이해하고 배려한다.
- 환자가 옷 벗기나 입욕을 거부하는 경우에는 무리하게 벗기지 말고, 친숙하고 즐거운 분위기가 형성된 이후에 탈의동작을 먼저 보여 주고 욕탕에 같이 들어간다.

- 환자에게 이식 증상이 있는 경우에는 비누, 샴푸, 치약 등을 손이 닿지 않는 곳에 보관한다.
- 환자 혼자 목욕탕에 두지 않도록 주의한다.
- 목욕 중에 환자의 신체 상태에 변화가 있는 경우에는 즉시 목욕을 중지하고, 의사와 상의하는 등 적절하게 대응한다.
- 환자가 혼자서 목욕을 하거나 면도를 하는 경우, 간호자는 다른 일에 신경을 쓰지 말고 상황을 지속적으로 관찰한다.

6) 피부관리와 욕창

오랫동안 같은 자세로 누워 있으면 뼈가 돌출된 부위가 눌려서 궤양이 형성되는데 이를 욕창(pressure sore)이라 한다. 몸의 눌리는 압력이 강하거나 미끄러질 때, 습기가 많을 때 더욱 심해지며, 심하면 피부 속 근육까지 손상을 입게 된다. 이불이나 침대보 위에서 미끄러지는 경우에는 혈관이 찢겨 표피 사이에 물집이 생길 수 있으며, 결과적으로 낮은 압력에도 궤양이 잘 생기게 된다. 실금과 같이 습기에 만성적으로 노출되는 것도 피부를 약하게 만드는 원인이 된다. 영양문제도 중요한 요인이 되는데 혈중 알부민 수치가 낮거나 비타민, 미네랄 결핍 등도 피부 손상과 관련이 있다. 욕창을 예방하기 위해서는 압력을 덜 받는 매트리스가 도움이 되며 실금 관리를 잘하여 피부가 축축하지 않도록 하는 것이 중요하다. 치매환자의 피부 관리와 욕창 예방을 위해서는 다음과 같은 간호방법이 도움이 된다.

- 동일 부위에 지속적인 압박이 가해지는 것을 피하기 위해 1~2시간 주기로 환자의 체위를 변경한다.
- 환자의 침구는 깨끗하고 건조해야 한다.
- 실금환자의 경우 배뇨와 배변 후 깨끗이 씻어 주고 말리며, 시트를 바꿔 준다.
- 적어도 하루 2회 이상 비알코올성 로션이나 흡수분말 등을 이용하여 환자의 욕창이 자주 발생하는 부위를 마사지해 주되, 욕창 부위에 직접 마사지를 하지 않

도록 주의한다.
- 홑이불은 구김살이 없게 펴고, 고무포가 직접 환자 피부에 닿지 않도록 한다.
- 기저귀에 의한 압박과 배설물은 욕창이나 감염을 일으키기 쉬우므로, 기저귀를 교환할 때마다 환자의 생식기와 엉덩이를 청결히 관리하고, 피부에 이상이 있는지 관찰한다.
- 환자에게 반창고나 파스에 의한 자극, 화상, 마찰로 인한 찰과상, 타박상 등이 생기지 않도록 주의한다.
- 파우더를 사용하는 경우에는 가볍게 뿌리고, 미립자가 뭉치지 않도록 털어 준다.
- 표피가 부분적으로 딱딱해지고 상처는 축축하고 분홍색을 띠며 통증을 느끼지만 괴사 조직은 없을 경우, 상처 부위를 생리 식염수로 씻어 내고 소독약을 발라 준다.
- 욕창 부위가 근육과 바로 인접한 피하 조직까지 퍼져 더욱 딱딱해지고 피부가 푹 파이고 썩게 된 단계에는 괴사 조직을 제거하고 필요하면 외과적 처치를 받는다.
- 근육과 뼈까지 괴사되어 통증을 전혀 느끼지 못하고 매우 심각한 감염이 동반된 경우에는 괴사 조직을 제거하고 전문가의 치료를 받는다.

7) 옷 갈아입기

치매환자는 옷을 입는 방법을 잊어버리거나 옷을 갈아입을 필요성을 전혀 느끼지 못하기도 한다. 또한 계절이나 상황에 맞지 않는 옷차림으로 다른 사람을 당황하게 만들기도 하는데, 이에 대처하기 위해서는 다음과 같은 방법을 사용할 수 있다.

- 옷을 억지로 갈아입히려 하지 말고, 옷 갈아입는 의미를 환자가 이해할 수 있도록 노력한다.
- 환자에게 옷 입는 방법을 반복해서 가르쳐 준다.
- 갈아입을 옷을 환자가 스스로 선택하도록 하되, 너무 많은 옷 중에서 선택하게

하면 혼란스러워할 수 있으므로 피한다.
- 단추 잠그기, 바지 올리기 등 환자가 혼자서 할 수 있는 것은 스스로 하게 한다.
- 안전하고 편한 자세로 옷을 갈아입도록 하며, 환자가 서서 옷을 갈아입을 경우 넘어질 수 있으므로 손잡이 등을 잡도록 한다.
- 의복은 갈아입기 편한 것(지퍼가 달리고 단추 수가 적은 것)으로 준비하고, 환자가 혼자서 옷을 입을 수 있도록 순서대로 놓아 주고 시간이 걸려도 기다린다.
- 옷 입는 동작을 간단하고 짧게 지시하여 환자 스스로 입을 수 있도록 하되, 서두르지 말고 충분한 시간을 갖고 옷을 갈아입도록 한다.
- 환자가 혼자서 옷을 갈아입지 못하는 경우, 옆에서 지켜보면서 "바지 입을 때 도와드릴까요?" 등과 같이 의사를 확인한다.
- 와상환자의 옷을 갈아입힐 때, 자세변화가 필요하면 친절하게 설명하고 협조를 요청한다.
- 환자가 옷을 갈아입지 않으려고 하는 경우에는 평소에 좋아하는 색상이나 스타일의 옷을 준비하거나, 나중에 다시 시도해 본다.
- 환자가 관절염으로 인한 통증 때문에 옷 갈아입기를 거부하는 경우에는 통증을 치료한다.

8) 보행과 이동

치매환자는 시간이 지나면서 점차 운동기능에 문제를 나타내며, 관절이 뻣뻣해지고 원하는 동작을 취하기 어려워진다. 때로는 앉기도 어렵고 눕기도 어려우며 구부정한 자세로 곧 쓰러질 듯이 걷기도 한다. 이런 경우에는 간호자가 옆에서 보행과 이동을 보조해 주어야 하는데, 다음과 같은 방법이 도움이 된다.

- 환자의 신발은 얇고 약간 딱딱하며 잘 미끄러지지 않는 것을 신긴다.
- 환자의 보행속도에 맞추어 걷거나 부축한다.
- 환자의 신체 한쪽이 불편하다면 불편한 쪽에서 보조한다.

- 간호자는 환자를 부축할 때 몸을 앞으로 기울이지 말아야 하며, 앞으로 나아갈 때도 몸을 너무 굽히는 자세를 취하지 않도록 주의한다.
- 환자가 몸을 구부려야 하는 경우가 생기면 무릎을 굽히도록 하고, 가능하면 허리를 굽히지 않도록 한다.
- 환자가 간호자의 팔을 잡고 걸을 수 있으면 제일 좋으나, 그렇지 못한 경우는 간호자가 환자의 겨드랑이에 팔을 넣고 떠받치듯 잡는다.
- 간호자가 힘이 들면 무조건 쉬어야 하며, 앞에서 환자를 당기는 것은 피한다.

9) 외출

치매환자의 경우 치매가 진행됨에 따라 보행장애, 장소지남력장애, 기억장애가 심화되어 혼자 힘으로 외출하는 것이 어려워지게 된다. 하지만 정기적 산책이나 외출은 건강과 삶의 질을 유지한다는 측면에서 매우 중요하다. 치매환자의 외출을 보조하기 위한 방법은 다음과 같다.

- 환자의 건강 상태를 고려해서 외출 동행에 대한 의사를 확인한다.
- 외출 전에 날씨, 목적지, 거리, 교통수단, 시간 등을 사전 점검한다.
- 지팡이, 휠체어 등 보조기구를 점검하고 사용법을 숙지한다.
- 환자의 걸음에 맞추어 천천히 걷는다.
- 환자가 힘들어하지 않도록 중간 중간 충분히 쉰다.
- 환자의 신체 중 불편한 부분이 있으면 불편한 쪽에서 부축하며 동행한다.
- 환자와 자연스러운 대화를 하며 편안하고 즐거운 외출이 되도록 한다.
- 음료수를 제공하거나 누워서 쉴 수 있는 자리를 준비하여, 환자가 외출 후 편안하게 쉴 수 있도록 한다.
- 환자가 혼자 외출하는 경우 강도를 당할 위험이 있으므로 귀금속 등의 치장은 하지 않도록 한다.

10) 낙상

치매환자는 보고, 생각하고, 움직이고, 균형을 잡는 데 문제가 있을 수 있으므로 낙상의 위험이 매우 크다. 낙상의 위험요인으로는 낙상의 전력(前歷), 우울, 시력문제, 근력 약화, 복합 약물처방, 실금, 혈압, 피로, 탈수 증상 등이 있다. 환경적 위험요인으로는 혼란한 환경, 미끄럽고 고르지 못한 바닥, 조명문제, 이동통로의 장애물 등이 있다. 낙상은 골절, 뇌진탕, 입원이나 요양시설 입소, 움직이거나 걷는 것에 대한 공포 등을 유발할 수 있다. 그러므로 생활공간 내에서의 낙상 위험요인을 줄이고, 근력을 증진시킬 수 있는 신체적 운동을 지속적으로 하고, 낙상으로 인한 상해를 최소화할 수 있도록 간호하여야 한다. 이때 다음과 같은 방법이 도움이 된다.

- 환자에게 신체건강과 근력 유지를 위한 운동의 중요성을 인식시키고, 일상생활 중에 일어서고 앉고 균형을 유지하는 운동을 꾸준히 하게 한다.
- 보행보조기, 안경, 보청기, 팔걸이가 있는 의자 등과 같은 보조기구를 적절히 활용한다.
- 자연채광과 조명을 밝게 한다.
- 침대, 의자, 변기 등의 높이를 환자의 무릎 높이 정도로 적절히 조절한다.
- 이동통로, 화장실 등에 안전손잡이를 설치하고, 욕실 등에 미끄럼방지 장치를 설치한다.
- 낙상 사고가 일어난 경우에는 상처와 통증을 확인하되, 과도한 반응을 보여 환자를 흥분시키지 않도록 주의하며, 필요한 치료나 응급구호 조치를 신속히 취한다.

11) 운전과 음주 및 흡연

치매환자는 지각 및 판단능력과 반사작용이 매우 느리기 때문에 운전을 하는 것은 매우 위험하며, 소량의 술은 크게 상관이 없으나 약을 복용하는 환자는 금주하는 것이 좋다. 그리고 흡연은 화재를 일으킬 수 있는 위험성이 크고 건강을 해칠 수 있으므로 되도록 삼가는 것이 좋다. 이에 대해서는 다음과 같은 방법이 도움이 된다.

- 환자가 직접 운전하는 것을 금지하고 대중교통을 이용하도록 하되, 항상 동승자가 동행한다.
- 여행 시에는 환자에게 무리가 가지 않도록 운행시간을 제한한다.
- 환자가 담배를 피울 때는 화재 예방을 위하여 지속적으로 관찰하며, 재떨이에 물을 조금 담아 두어 화재를 예방하도록 하되, 아예 금연하도록 유도한다.
- 적당량의 술은 크게 상관이 없으나 약을 복용하는 환자는 의사와 상담하도록 한다.

12) 통증 관리

다른 노인성 질환자와 마찬가지로 치매환자에게서도 통증은 매우 흔하게 나타난다. 이러한 통증은 신체, 정서, 사회 및 영적 경험의 불편으로서 갑자기 발병하여 지속적으로 나타나는 경우가 대부분이다. 그러나 치매환자의 상당수는 자신이 경험하는 통증을 언어적으로 표현하는 데 어려움을 지니며, 문제행동이나 간호의 거부와 같은 비언어적 방법을 사용하여 표현하기도 한다. 치매환자의 통증 관리를 위해 사용할 수 있는 방법은 다음과 같다.

- 환자에게서 나타나는 통증의 원인, 부위, 빈도, 심각성, 생활에 미치는 영향 등을 정확히 파악한다.
- 환자 스스로 통증을 언어적으로 표현하지 못하는 경우에는 일상생활, 문제행동을 관찰하여 통증 상태를 파악한다.
- 단순하게 통증을 개선하는 것에 머물러서는 안 되며, 환자의 신체기능 상태, 정서 상태, 수면과 식욕 등 생활 전반의 개선을 도모하는 데 목표를 둔다.
- 환자가 골절, 궤양, 피부 상처 등을 입지 않도록 주의한다.
- 환자가 한 자리에 너무 오래 앉아 있거나 갑작스럽게 움직이는 것은 피한다.

- 휴식, 신체활동, 오락활동, 냉온 찜질, 자세교환, 보호장구의 사용 등이 환자의 통증에 도움이 된다.
- 일반 처치가 듣지 않는다면, 환자의 통증을 경감할 수 있는 약물이나 의학적 치료를 받는다.
- 통증 경감을 위한 약물복용으로 환자의 기억장애나 수면장애, 변비 증상이 심해지는 부작용이 나타날 수 있으므로, 약물복용 후 지속적으로 관찰한다.
- 말기 치매환자에게 통증 관리를 위해 마약 성분이 든 진통제를 투입할 경우 죽음을 앞당길 수도 있으므로 전문의와 투약에 관해 상담하도록 한다.

13) 의료적 처치와 응급 상황

치매환자는 치매뿐 아니라 만성적 신체질환을 앓고 있는 경우가 많으며, 신체기능의 노화로 인하여 새로운 질병에 이환되거나 응급 상황에 노출될 가능성이 매우 높다. 이러한 의료적 치료와 응급 상황에 대처하기 위한 간호방법은 다음과 같다.

- 발열(체온이 38도를 넘는 경우), 빈맥(맥박이 분당 100회 이상), 얼굴이 붉어지거나 창백해지는 경우, 피부의 탄력이 지나치게 떨어지고 반점 등이 생기는 경우, 입 안이 자꾸 마르거나 잇몸이 창백한 경우, 음식을 거부하거나 구토나 설사를 하는 경우, 두통, 갑작스러운 행동변화, 신음이나 비명을 지를 때, 갑작스러운 경련이나 쓰러짐, 환각 증상, 신체 부위의 부종, 심한 기침·호흡곤란·숨소리가 나쁠 때, 평소 체중의 10% 이상이 감소한 경우에는 의료기관을 방문하여 치료를 받도록 한다.
- 약물복용은 약병이나 약봉지에 지시된 대로 따른다.
- 증상 치료를 위한 약물을 잘못 복용하면 부작용 등이 나타날 수 있으므로, 지속적으로 관찰한다.
- 응급 상황이 발생한 경우에는 환자가 숨을 쉬는지 확인하고 가능한 한 편한 자세를 취하도록 하며, 출혈이 있는 경우에는 깨끗한 붕대, 수건이나 옷 등을 이용

하여 응급지혈한 후, 즉시 119에 신고하여 도움을 요청한다.
- 환자가 체온을 유지할 수 있도록 머리에 베개를 받치거나 담요를 덮어 준다.
- 환자가 목이나 척추를 다친 경우에는 움직이지 못하도록 지지한다.

3. 의사소통

1) 치매환자의 언어장애

의사소통은 상대방에게 의미를 전달하기 위하여 상징을 사용하는 과정이다. 의사소통은 ① 송신자가 개인의 지각, 사고 및 감정을 언어로 부호화(encoding)하고, ② 이러한 상징이나 언어를 전달(transmission)하고, ③ 수신자가 전달된 상징이나 언어를 해독(decoding)하고, ④ 환류(feedback)하는 4단계를 거쳐 이루어진다(권중돈, 2021). 치매환자는 언어장애로 인하여 의사소통 과정에서 많은 방해를 받게 된다.

치매환자의 의사소통 문제를 일으키는 뇌 손상 부위는 전두엽과 측두엽의 손상이다. 먼저 전두엽의 브로카 영역(Broca's area)이 손상된 경우에는 말을 알아듣기는 하지만 발음을 하지 못하거나 적절한 단어를 찾지 못하여, 발음이나 의미가 유사한 단어를 적당히 둘러대기도 한다. 그러나 치매가 진행될수록 언어장애가 심해져 서로가 전달하고자 하는 의미를 전달할 수 없을 정도로 의사소통장애가 심해진다. 뇌혈관 병변이나 두부외상에 의한 치매는 손상 부위에 따라 나타나는 언어장애의 증상이 달라지지만, 간단한 문장과 문법을 사용하는 등 의사소통의 유창성이 감소하는 경우가 일반적이다.

측두엽의 베르니케 영역(Wernicke's area)이 손상된 경우에는 의사소통의 유창성은 유지되지만 전달하는 메시지의 의미가 전혀 통하지 않는 말을 하기도 한다. 또한 자주 사용하던 단어조차 기억하지 못하고, 질문과 전혀 상관없는 답변을 하거나, 무의미한 말을 반복하기도 한다. 이러한 증상은 치매 중기 단계에 이르면 더욱 심해지며, 말기에 이르면 말을 전혀 하지 않거나 한 단어 또는 짧은 구절을 반복하는 동어반복

증상과 구음장애가 나타난다.

치매환자에게서 나타나는 대표적인 언어장애는 ① 같은 말을 계속 반복하는 동어반복, ② 없는 말을 만들어 내는 작화증(作話症), ③ 앞뒤가 맞지 않는 무의미한 말을 혼자서 중얼거리는 혼잣말, ④ 욕설, 험담, 괴성 지르기 등의 폭력적 언어 사용, ⑤ 동문서답하거나, 전하고 싶은 말을 표현하지 못하거나, 말의 두서가 없거나, 단어를 잊어버려 말을 하지 못하는 실어증 등이 있다(권중돈, 2004b). 그리고 치매환자의 언어장애와 의사소통 능력의 제한은 시력이나 청력의 제한이 있는 경우에 더욱 심하며, 의사소통하는 환경이 소란하거나 부적절한 자극이 많은 경우에 더욱 심화되는 경향이 있다.

2) 의사소통의 원칙과 방법

치매환자는 의미 있는 사회적 관계를 형성하고 유지할 필요가 있는데, 사회적 관계 유지의 기본 수단이 의사소통이다. 의사소통에 문제가 있을 경우 치매환자의 사회적 관계가 단절될 가능성이 높다. 치매환자와 간호자는 서로의 의사를 전달할 수 없으므로 좌절하거나 절망하며, 스트레스를 경험하고 상호 간에 갈등이 발생하여 관계가 악화되거나 화를 내다 결국에는 파국행동을 하기도 한다. 그리고 의사소통이 되지 않을 경우 치매환자는 간호자의 간호를 거부하는 것으로 우회적으로 갈등을 표현하기도 한다. 그러므로 치매환자의 일상생활을 원조하고 치매 증상과 문제행동에 적절히 대처하기 위해서는 우선적으로 치매환자와 원활한 의사소통을 할 수 있어야 한다. 치매환자의 경우 인지기능의 저하뿐 아니라 언어장애까지 동반되므로 일반인과는 다른 의사소통 방법을 활용해야 하는데, 치매환자와의 의사소통 방법을 소개하면 다음과 같다(권중돈, 1995c, 2004b; 김영숙, 1997; Alzheimer's Association, 2009a).

- 환자에게 의사소통 능력에 제한이 발생할 경우 먼저 청력이나 시력이 떨어지지 않았는지 검사하고, 필요한 경우 보조기구를 착용시킨다.
- 환자가 혼자 있게 내버려 두지 말고 자주 대화를 나누되, 환자의 속도에 맞춘다.

- 대화에 방해가 되는 소음이나 자극이 많고, 소란하고 산만한 분위기에서는 가급적 대화를 하지 않는다.
- 환자의 주의를 집중시킨 후에 대화를 시작하고, 자신의 이름을 소개하고 치매환자의 이름이나 존칭을 부름으로써 대화를 시작한다.
- 환자를 어린아이 취급해서는 안 되며, 환자의 이야기를 끝까지 들어 주고 공감해 주고, 적극적으로 관심을 보이며 존중한다.
- 환자가 이야기를 듣고 있는지, 내용을 이해하는지 확인한다.
- 환자의 얼굴을 마주 보고 눈맞춤(eye contact)을 유지하며, 언어 이외에 문자, 그림, 사진 등의 상징을 이용하거나 피부접촉을 통하여 의사를 전달한다.
- 발병 이전에 환자가 자주 사용하던 용어를 사용하고, 환자가 쉽게 알아들을 수 있는 말을 사용한다.
- 대화의 내용과 사실보다는 감정에 초점을 둔다. 즉, 환자의 대화 내용이 사실과 다르더라도 환자가 표현한 감정을 수용하고 중시한다.
- 환자의 감정과 생각이 잘못된 것이라도 긍정적으로 반응하고, 거부하는 태도를 보이지 않도록 주의한다.
- 환자에게 공격성이 없는 경우에는 1m 이내의 가까운 거리에서 대화를 한다.
- "저를 알겠어요?"와 같이 기억력 테스트를 하는 듯한 대화는 피한다.
- 환자에게 과거를 회상하도록 하되, 시간, 장소 등 기본적인 현실 상황을 인식시킨다.
- 환자가 배고픔, 배변이나 배뇨 욕구 등 기본적인 생활상의 욕구가 충족되지 않아 불안해하는지를 관찰하여 이를 충족시켜 준다.
- 짧고 분명하며 익숙한 단어를 사용하고, 정보는 간단한 문장으로 전달한다.
- 한 번에 한 가지씩 질문하거나 지시하며, 환자에게 질문을 한 경우에는 대답을 기다리고, 반응이 없을 경우에 다시 반복하여 질문한다.
- 천천히 그리고 낮은 목소리로 부드럽게 이야기하며, 명령조는 피한다.
- 환자가 이야기하는 도중에 끼어들어 방해하지 말아야 한다. 반대로 환자가 대화 중간에 끼어드는 경우에는 허용한다.

- "하지 마세요."나 "그건 안 돼요."와 같은 부정형의 문장보다는 긍정형의 문장을 사용한다.
- 환자와 다투거나 대립하기보다는 먼저 인정하고 받아들인다. 즉, 환자가 어떤 실수나 문제행동을 했을 때 화를 내거나 말다툼을 하기보다는 가벼운 웃음으로 넘긴다.
- 환자가 위축되어 있거나 초조한 징후를 보이면 대화를 중단한다.
- 한 가지 문제를 두고 계속 흥분하면, 의사소통 상황이나 대화의 내용을 전환한다.
- 천천히 움직이고, 환자의 주의를 집중시키기 위하여 얼굴표정이나 손동작을 활용한다.
- 환자에게 얘기할 수 있는 충분한 시간을 주고, 환자와 간호자가 교대로 이야기한다.
- 환자가 적합한 단어를 생각해 내지 못하는 경우에는 비슷한 말을 하거나 관련된 단서를 제공한다.
- 좋은 행동을 했을 때는 칭찬하고, 나쁜 행동을 했을 때는 위험한 행동이 아니라면 못 본 척한다.
- 환자와의 약속은 꼭 지켜야 하며, 혹시 잊어버렸을 경우에는 사과한다.

와상 상태에 이른 치매환자와는 다음과 같은 방법으로 대화를 하는 것이 좋다.

- 신체적 와상 상태에 있다고 하여 의사소통이 불가능하다고 단정해서는 안 되며, 언어와 비언어적 의사소통을 지속적으로 시도한다.
- 아침마다 환자에게 먼저 인사한다.
- 정해진 시간에 환자와 대화한다.
- 환자가 혼자 있지 않게 하며, 자리에서 몸을 일으키도록 권한다.
- 자리에서 몸을 일으키는 경험이 환자에게 불쾌감을 주거나 부담이 되지 않도록 한다.
- 환자가 자리에서 몸을 일으키는 것에 대해 거부감을 보이면 무리하게 일으키지

않는다.

• 환자가 자리에서 몸을 일으켰을 때는 칭찬해 준다.

3) 비언어적 의사소통의 방법

인간의 의사소통은 언어적 의사소통보다는 비언어적 의사소통이 차지하는 비중이 더 크며, 의사소통 능력이 제한된 치매환자와의 의사소통에서는 비언어적 의사소통의 중요성이 더욱 커진다. 치매환자는 언어적 의사소통 능력이 제한되더라도 비언어적인 방법을 활용하여 충분히 의사소통을 할 수 있으므로, 치매환자와의 비언어적 의사소통 방법을 알아 두는 것이 간호에 도움이 된다. 치매환자와의 의사소통에 도움이 되는 비언어적 의사소통 방법은 다음과 같다.

• 언어적 의사소통과 비언어적 의사소통 방법을 동시에 사용한다. 예를 들면, 세수했는지를 물어볼 때 세수하는 몸동작을 하면서 물어본다.
• 청력에 문제가 있는 환자에게는 신체언어(body language)로 말하고, 시력에 문제가 있는 환자에게는 말과 함께 소리로 표현해 준다. 예를 들면, "물 마시고 싶으세요?"하고 물을 경우, 말과 동시에 수도를 틀어 컵에 물이 쏟아지는 소리가 들리도록 한다.
• 환자와 눈을 맞추고, 미소를 지으며 가까이 다가앉거나, 손이나 어깨를 감싸고 포옹하는 등의 신체접촉을 사용한다. 그 밖에 부드럽고 따뜻하게 손을 잡아 주거나 눈맞춤, 고개를 끄덕이는 행동을 통하여 환자의 기분을 이해하고 있음을 표현한다. 그러나 치매환자가 신체접촉을 싫어하는 경우에는 이를 피한다.
• 환자가 표현하는 모든 비언어적인 표현방법(얼굴표정, 신체 움직임, 눈빛, 손과 발의 움직임 등)을 관찰하고, 그 속에 포함된 감정을 이해하려고 노력한다.
• 말을 걸어도 알아듣지 못하는 경우에는 글씨나 사진 등을 사용하여 의사소통을 해야 하는데, 글씨로 의사소통할 경우에는 요점을 명확하고 간결하게 쓴다.
• 손가락으로 물건을 가리키거나, 신체접촉이나 환자의 손을 이끌어 알려 주는 방

법, 환자에게 행동으로 먼저 보여 주고 따라 하도록 하는 등의 비언어적 의사소통을 적극 활용한다.

• 환자의 행동을 복잡하게 해석하지 않는다. 환자의 뇌 기능은 정보를 제대로 이용하지 못할 뿐만 아니라 그것을 활용할 만한 능력도 거의 없으므로, 환자가 이해하는 것은 간호자가 이해하는 것과 다를 수 있음을 기억한다.

제8장 치매 증상과 문제행동 관리

치매환자는 초기에 기억장애와 주의력장애를 보이며 우울, 불안 등의 부정적 정서를 경험한다. 치매가 진행되면 수면장애, 공격적 행동, 편집증, 망상이나 환각 등의 다양한 증상과 문제행동을 보이게 된다. 이러한 치매환자의 문제행동은 다른 어떤 증상보다도 간호가 어렵고, 간호자의 부담을 가중시킨다. 따라서 치매환자의 간호자는 치매에 수반되는 증상과 문제행동에 대한 이해를 갖추고, 이에 대처하는 데 필요한 간호방법과 기술을 익혀야 한다.

1. 문제행동의 개념과 유형

문제행동이란 부적응 행동 또는 이상행동으로 불리기도 하며, 통계적 기준에서 벗어나는 행동, 사회적 규범에 어긋나는 행동, 이상적 인간행동 유형에서 벗어난 행동, 개인의 병리나 심리적 갈등에 의해 유발되는 행동 등을 포함하는 개념이다(권중돈,

2021). 따라서 대부분의 치매 증상은 문제행동에 포함된다. 일반적으로 치매의 증상 중 인지 증상(cognitive symptom)과 구분되는 증상을 행동 증상(behavioral symptom) 또는 문제행동(problem behavior)이라 한다. 알츠하이머협회(http://www.alz.org)에서는 ① 기억, 인식, 언어, 판단, 계획수립 및 실행능력 및 기타 사고과정에 영향을 미치는 증상을 인지 증상이라 하며, ② 성격변화, 분노, 불안, 우울, 수면장애, 배회, 흥분 및 공격적 행동, 환각, 망상 등을 행동 증상으로 구분하고 있다(Alzheimer's Association, 2010b). 우리나라의 노인장기요양보험제도의 장기요양인정조사에서도 인지기능 영역과 행동변화 영역으로 구분하여 인정조사를 실시하고 있다(http://longremcare. or.kr). 즉, 장기요양인정조사에서 ① 단기기억장애, 시공간지남력장애, 장기기억장애, 지시 이해능력장애, 판단력장애, 의사소통장애는 인지기능 영역으로, ② 망상, 환각, 우울증, 수면장애, 거부증, 불안·초조, 배회, 공격성, 파괴적 행동, 부적절한 행동, 물건 감추기, 옷입기 장애, 불결행위, 식사거부 등은 행동변화 영역으로 구분하고 있다.

이런 점에서 볼 때, 치매로 인한 기억장애, 판단장애, 지남력장애, 계산력장애 등의 인지장애를 제외한 나머지 정서적 문제, 정신병적 증상, 부적절한 행동 증상을 문제행동이라고 규정하는 것이 바람직할 것이다. 이와 같은 문제행동의 개념정의에도 불구하고, 이 책에서는 인지 증상에 대해 2장에서 간략히 논의한 것이 전부이다. 따라서 구체적인 인지 증상의 치료와 간호방법을 제시하지 못한 점을 고려하여, 다음의 문제행동에 관한 논의에서 행동 증상을 중심으로 기술하되 부가적으로 인지 증상의 치료와 간호방법에 대한 논의도 병행하고자 한다.

문제행동이 발생하는 원인은 ① 인지기능(기억력, 지남력, 계산력, 이해력, 판단력 등)의 저하뿐만 아니라, ② 자극이 심한 부적절한 환경, ③ 생활환경의 변화, ④ 복잡한 과제수행에 대한 지나친 요구, ⑤ 의사소통의 제한과 대인관계상의 갈등, ⑥ 신체질병과 증상, ⑦ 약물의 부작용 등이다. 이러한 문제행동의 발생원인 중에서 단 하나의 원인에 의해 문제행동이 발생할 수도 있지만, 여러 가지 원인이 복합적으로 작용하여 일어나기도 한다.

이와 같은 원인에 의해 발생하는 치매환자의 문제행동은 치매의 진행단계에 따라 다르게 나타난다. 치매의 초기 단계에서는 치매 증상이 매우 모호하여 정상적 노화 현상으로 잘못 아는 경우가 많다. 그리고 치매라고 하여 다 같은 증상을 보이는 것도 아니며, 원인에 따라 어떤 사람은 기억력 저하로 시작하지만 또 어떤 사람은 언어장애나 성격변화로 시작할 수도 있다. 그러나 일반적으로 기억력, 특히 최근 사건을 정확하게 기억하지 못하는 문제가 처음으로 발견된다. 그 외에 지남력장애, 언어장애, 정신장애 및 정서장애, 성격의 부정적 변화, 일상생활 능력의 저하 등의 증상을 보이며, 타인이 공감하거나 이해하기 힘든 문제행동을 보인다.

　이러한 치매의 주요 증상과 문제행동을 ① 인지장애, ② 정신장애, ③ 언어장애, ④ 행동장애, ⑤ 일상생활 수행장애, ⑥ 신체 · 감각기능장애의 범주로 나누어, 그 특징적인 증상과 행동을 제시하면 〈표 8-1〉과 같다(권중돈, 2004b).

표 8-1 치매의 주요 증상과 문제행동

장애	세부 장애	세부적 증상 및 문제행동
인지장애	기억장애	• 방금 했던 말을 기억하지 못한다. • 새로운 것을 기억하지 못한다. • 남의 말을 잘 전하지 못한다. • 많은 것을 물어보면 어쩔 줄 모른다. • 자기 물건을 놓아둔 곳을 잊어버린다. • 자기 집 주소를 모른다. • 자기 나이를 모른다. • 가족의 이름을 모른다. • 과거를 현재처럼 이야기한다. • 고인(故人)이 살아 있는 것처럼 이야기한다.
	지남력 장애	• 가족이나 친지를 잘 모른다. • 아들을 남편이라고 한다. • 며느리에게 아주머니라고 한다. • 오늘이 몇 월 며칠인지 모른다. • 계절에 맞지 않는 옷을 입는다. • 현재 계절을 모른다.

인지장애	지남력 장애	• 지금이 몇 시인지 모른다. • 자신이 있는 곳을 모른다. • 길을 잃어 헤맨다. • 남의 집 초인종을 누른다.
	판단장애	• 내 것과 남의 것을 구별하지 못한다. • 급하게 서두르면 혼란스러워한다. • 더러워진 옷을 벗지 않는다. • 자신이 잘못한 것을 모른다. • 시장을 혼자 보러 가지 못한다. • 일을 신속하게 처리하지 못한다. • 상황에 맞지 않는 행동을 한다. • 이웃 사람과 친하게 지내지 못한다. • 사회적인 일에 무관심하다. • 발병 전 취미에 흥미가 없다. • 관혼상제 의식을 제대로 모른다. • 내 집을 남의 집으로 생각한다. • TV 내용을 현실로 착각한다. • 거울을 보고 이야기한다.
	계산능력 장애	• 돈 관리를 하지 못한다. • 물건을 구매하지 못한다. • 간단한 계산을 하지 못한다.
정신장애	망상	• 주위 사람을 의심한다. • 물건을 도둑맞았다고 소동을 피운다. • 자신의 재산, 돈을 속여서 가져갔다고 주장한다. • 자신이 가족으로부터 피해를 받는다고 생각한다. • 먹는 음식에 독을 넣었다고 한다. • 약을 주면 죽이려 한다며 먹지 않으려 한다. • 배우자나 며느리가 바람을 피운다고 주장한다. • 가족이 자신을 버릴 것이라고 생각한다. • TV 속의 인물을 집에서 찾는다.

정신장애	불안	• 어쩔 줄 몰라 하며 서성댄다. • 정서가 불안정하다. • 불안해서 아무 일도 하지 못한다. • 식사할 때 안정하지 못한다. • 수시로 집에 가야 한다고 말한다. • 집 밖을 무서워하여 아무도 집 밖에 나가지 못하도록 한다. • 보따리를 싸서 가지고 다닌다. • 몸이 떨린다고 말한다. • 항상 지나치게 긴장되어 있다. • 신경이 예민해서 숨이 차거나 가슴이 두근거린다고 하며, 속이 불편하다 하거나, 한숨을 자주 쉰다.
	우울	• 늘 잠만 자려 한다. • 무엇이든 하려는 의욕이 없다. • 죽겠다(자살하겠다)고 이야기한다. • 자신이 쓸데없는 사람이라고 생각한다. • 몸이 아프다고 항상 호소한다. • 낮에 멍하게 있다. • 낯선 사람을 만나기를 거부한다.
	조증	• 평소와 달리 지나치게 기분이 좋아 보인다. • 재미없어 보이는 것도 재미있다고 웃는다. • 꼬집거나 물건을 빼앗는 등 유치한 장난을 한다.
	환각	• 아무것도 안 들리는데 사람의 목소리나 소리가 들린다고 한다. • 보이지 않는 사람, 동물, 물건이 보인다고 한다. • 누가 왔다 갔다고 이야기한다. • 귀신이 붙었다며 물건을 밖으로 던진다. • 아무 냄새도 나지 않는데 냄새가 난다고 한다. • 야간에 헛것을 본다. • 피부에 무엇이 있거나, 기어다닌다고 말한다.
	섬망	• 야간에 갑자기 큰 소리를 지르고 소동을 피운다. • 흥분하여 밖으로 뛰쳐나가려 한다. • 공포감에 사로잡혀 가족을 깨운다.

정신장애	성적 이상행동	• 집 안에서 옷을 벗은 채 다닌다. • 성기를 노출시키거나 이성의 보호자에게 만지라고 한다. • 배우자가 아닌 이성의 몸을 만지거나 성행위를 하자고 한다. • 목욕하는 것을 훔쳐본다. • 자위행위를 한다.
	무감동	• 대화를 먼저 시작하지 않는다. • 예전에 비해 다정다감한 면이 줄어든다. • 감정표현이 매우 부족하다. • 친구나 가족 등 친밀한 것에 관심이 전혀 없다.
언어장애	동어반복	• 반복해서 같은 말을 물어본다. • 계속 먹을 것을 달라고 이야기한다.
	작화증	• 없는 말을 만들어 한다. • 가족이 밥을 주지 않는다고 얘기하고 다닌다. • 다른 사람에게 가족이 자신을 학대한다고 말한다.
	혼잣말	• 앞뒤가 맞지 않는 무의미한 말을 혼자 중얼거린다.
	폭력적 언어	• 가족에게 욕설을 한다. • 특정한 사람을 험담한다. • 고함을 지르며 악을 쓴다.
	실어증	• 말의 의미를 이해하지 못하고 엉뚱한 대답을 한다. • 전하고 싶은 말을 제대로 표현하지 못한다. • 말하는 것이 두서가 없다. • 언어를 잊어버려 말을 하지 못하고 소리만 낸다.
행동장애	배회	• 돌보는 사람이 없으면 밖에 나가 배회한다. • 옛날 집을 찾아가겠다며 나가서 길을 잃는다. • 하루 종일 서성거린다.
	수면장애	• 밤에 일어나 무슨 일을 하려고 한다. • 밤중에 몇 번이고 눈을 뜬다. • 밤과 낮이 바뀐다. • 좀처럼 잠들지 못한다. • 밤에 일어나 가족을 깨우고 소란스럽게 한다. • 며칠씩 잠을 자지 않는다. • 깊이 잠들지 않고 잠깐씩 깜박깜박 존다.

행동장애	흥분 · 폭력	• 문을 세게 닫고 물건을 집어던지기도 한다 • 타인에게 폭력을 휘두른다. • 참을성이 없다. • 아무 때나 폭력을 휘두른다. • 가족에게 폭력을 쓴다. • 칼이나 예리한 물건을 휘두른다. • 돌보는 사람을 꼬집고 깨문다.
	수집벽	• 밖에서 쓰레기를 주워 온다. • 집 안의 물건을 자기 방에 감춰 둔다. • 먹을 것을 구석에 숨긴다. • 돈만 보면 숨긴다.
	반복행동	• 하루 종일 스위치를 켰다 껐다 한다. • 손을 가만히 두지 않고 늘 무엇인가를 만진다. • 옷을 자르고 다시 꿰매기를 반복한다. • 수시로 화장실을 들락거린다.
	거부행동	• 돌보는 사람에게 화를 낸다. • 돌보는 사람을 의심한다. • 병원에 가기를 거부한다. • 약 복용을 거부한다. • 목욕하기를 거부한다.
일상생활 수행장애	세탁	• 이불을 펴지 못한다. • 빨래를 널지 못한다. • 세탁기 사용방법을 모른다. • 세탁을 하지 못한다. • 마른 빨래를 구별하지 못한다. • 다리미를 사용하지 못한다.
	옷입기	• 옷을 입을 때 도와주어야 하고, 혼자 입지 못한다. • 잠을 잘 때 잠옷으로 갈아입지 않는다. • 아침이 되어도 잠옷을 벗지 않으려 한다. • 옷의 안과 밖을 구별하지 못한다.

일상생활 수행장애	세수 · 목욕 · 용모단장	• 더러워도 씻으려 하지 않는다. • 세수를 하지 못한다. • 혼자 목욕을 하지 못한다. • 혼자서 목욕할 때 일부만 씻는다. • 머리를 혼자 감지 못한다. • 기본적인 용모단장을 하지 못한다.
	청소	• 걸레를 잘 짜지 못한다. • 방 청소를 하지 못한다. • 방을 정리정돈하지 못한다.
	이동 · 수단적 일상생활	• 문을 잘 잠그고 열지 못한다. • 버스나 전철을 혼자 타지 못한다. • 글씨를 쓰지 못한다. • 교통신호를 분간하지 못한다. • 전화를 잘 받지 못한다. • 필요한 물건을 구매하지 못한다. • 손자를 돌보지 못한다.
	식사	• 늘 먹을 것만 찾는다. • 수시로 부엌을 드나들고 냉장고 문을 연다. • 먹어서는 안 될 물건을 먹는다. • 변을 먹는다. • 편식을 한다. • 음식을 먹지 않으려 한다. • 음식을 삼키는 데 어려움이 있다. • 남의 그릇에 손을 넣는다. • 식사할 때 도움이 필요하다. • 음식을 손으로 집어먹는다.
	조리	• 가스레인지를 끄지 않고 켜 놓는다. • 수돗물을 쓰고 잠그지 않는다. • 식기를 닦지 못한다. • 조리도구 사용방법을 모른다. • 밥을 짓지 못한다.

일상생활 수행장애	화장실 이용	• 용변 후 휴지를 사용하지 않는다. • 팬티를 벗지 않은 채 용변을 본다. • 화장실에서 사용했던 휴지를 아무 데나 버린다. • 용변 후 물을 내리지 않는다. • 대변과 소변을 구별하지 못한다. • 화장실 이외의 장소에서 용변을 본다. • 화장실을 모른다. • 화장실에 도달하기 전에 용변을 본다.
신체 · 감각기능 장애	보행	• 구부정한 자세로 종종걸음을 친다. • 걸을 때 무엇이건 붙잡고 의지하려 한다. • 걸을 때 중심을 잡지 못하고 한쪽으로 기울어진다. • 하체에 힘이 없어 팔로 짚고 엉덩이로 밀고 다닌다. • 걷기보다는 기어다닌다. • 대부분 누워 지낸다.
	편마비	• 한쪽 손발을 사용하는 데 불편을 느낀다. • 보행이나 이동 시 보조기나 타인의 도움이 필요하다.
	시력	• 백내장이 있을 수 있다. • 녹내장이 있을 수 있다.
	청력	• 청력이 약하다. • 청력 이상으로 실제로 들리지 않는 소리를 들었다고 한다. • 상대방의 말을 제대로 알아듣지 못하고 자기 마음대로 판단하여 반응한다. • 청력이 약하여 매우 큰 소리로 말한다.

2. 문제행동 관리의 원칙

치매환자가 보이는 다양한 증상과 문제행동에 적절하게 대처하는 것은 쉽지 않다. 일반적으로 치매환자의 증상과 문제행동에 적절하게 대처하기 위해서는 ① 치매환자의 문제행동을 조사, 분석하고, ② 가능한 해결 및 대처방법을 찾아보고, ③ 사용한 대처방법이 적절히 적용하지 않을 때는 다른 대처방법을 적용해 보는 세 단계 접근방법을 사용한다(Alzheimer's Association, 2010b).

치매환자의 문제행동에 대처하기 위해 약물치료를 시행하기도 하지만, 환각이나 망상 등의 일부 정신 증상을 제외하고는 큰 효과를 기대하기 어렵다. 그러므로 증상이나 문제행동에 대한 의료적 치료도 필요하지만, 증상이나 문제행동을 일으키는 환경적 요인이나 비의료적 원인에 대한 면밀한 사정과 이에 따른 적절한 대처가 필요하다(Alzheimer's Association, 2009a). 따라서 치매환자의 증상과 문제행동에 적절히 대처하기 위해서는 우선 치매로 인한 증상과 문제행동을 확인하고 그 증상을 일으키는 원인을 사정하여, 의료적 원인을 제거하기 위한 치료와 함께 환경과 간호방법을 변화시켜 적용해 보고, 대처노력이 적절했는지를 점검해 보아야 한다. 만약 치매환자의 증상과 문제행동에 대한 비의료적 간호방법이 적절하지 않다면, 의료적 치료를 적극적으로 검토해야 한다. 그러나 의료적 처치가 비의료적 간호와 적절히 결합되었을 때 가장 효과적이라는 점을 인식하고, 어느 한 가지 방법에만 의존하지 않도록 한다(Alzheimer's Association, 2009a).

이와 같이 치매환자의 증상과 문제행동에 적절히 대처하고 관리하기 위해서는 의

표 8-2 치매환자의 문제행동에 대처하기 위한 열 가지 원칙
① 인내심을 갖고, 침착하면서도 융통성 있게 대처한다.
② 행동이 아닌 정서에 반응한다.
③ 논쟁을 하거나 설득시키려고 하지 않는다.
④ 기억력 유지에 도움이 되는 도구를 사용한다.
⑤ 요구사항을 인정해 주고 적절히 반응한다.
⑥ 행동 뒤에 숨겨진 이유를 찾는다.
⑦ 약물치료나 질병의 원인을 찾기 위해 의사와 상담한다.
⑧ 여러 가지 대처방안을 찾아본다.
⑨ 문제행동이 간호자 개인을 두고 한 행동이라고 보지 않는다.
⑩ 다른 사람과 문제행동에 관한 경험을 공유한다.

자료: Alzheimer's Association (2010b). *Behaviors*.

료적 대처방법과 비의료적 대처방법을 적절히 혼합하여 활용하는 것이 바람직한데, 미국알츠하이머협회에서 제시한 문제행동에 대처하는 열 가지 원칙을 살펴보면 〈표 8-2〉와 같다.

3. 문제행동의 관리와 대처 방법

치매환자의 간호자가 환자가 보이는 다양한 증상과 문제행동을 관리하고 그에 적절히 대처하기 위해서는 증상이나 문제행동에 따른 대처방법을 숙지하고 있어야 한다. 다음에서는 치매환자의 증상과 문제행동에 따른 대처방안에 대해 논의하고자 한다[권중돈, 2004b; 이성희, 1995a; 이성희, 2001; 중앙치매센터(www.nid.or.kr); Alzheimer's Association, 2010b].

1) 기억장애

치매의 대표적인 증상인 기억장애에 적절히 대처하고 장애가 더 심해지는 것을 방지하는 데는 다음과 같은 대처방법이 도움이 된다.

• 환자와 자주 대화를 나눔으로써 언어적 자극을 주고, 남아 있는 기억력을 유지하도록 한다.
• 옛노래 부르기 등을 통하여 환자가 과거를 회상할 수 있는 기회를 준다. 그러나 이때 "요즈음이라면 ~텐데." 또는 "나라면 이렇게 했을 텐데."라고 하여 화제를 현재 시점으로 돌리지 않도록 주의해야 하며, "잘하셨어요." 등의 표현을 사용하여 환자의 말에 공감해 준다.
• 일상활동 중 잊기 쉬운 행동을 환자가 규칙적으로 반복하여 수행하도록 한다.
• 달력이나 기타 메모판에 환자가 꼭 기억해야 할 것을 표시해 두거나 큰 글씨로 써 둔다.

- 환자에게 색칠하기, 물감 불기, 종이접기 등의 미술활동을 하도록 한다.
- 환자가 과거에 경험한 일을 회상하여 장기기억을 보존할 수 있도록 한다.
- 환자에게 퍼즐 맞추기, 블록 쌓기, 지퍼 올리기, 콩 고르기 등의 작업치료를 실시한다.
- 환자에게 문예치료, 원예치료 등을 실시한다.
- 방금 했던 말을 기억하지 못하는 경우에는 환자가 기억하지 못한다는 사실을 그대로 수용하고 넘어간다.
- 환자에게 복잡한 내용을 질문하거나 요구하면 혼란스러워하므로, 지시사항은 짧고 간단하게 표현한다.
- 물건을 놓아둔 곳을 잊어버리는 경우, 물건을 자주 두는 곳을 기억하여 환자가 자기 물건을 찾을 때 함께 찾아본다.
- 환자에게 시간지남력장애와 장기기억장애가 나타나는 경우, 일정 시간을 정해 지속적으로 지남력 훈련을 실시한다.
- 환자가 가족을 알아보지 못하는 경우 가족사진에 이름을 크게 써서 붙여 잘 보이는 곳에 두고 가끔씩 가족의 이름을 하나하나 회상시켜 본다.
- 환자가 과거를 현재처럼 이야기하는 경우, 일단 수용하고 대화내용을 즐거웠을 때나 자랑스러웠던 시기에 초점을 맞추며, 환자의 이야기를 경청하고 공감하고 지지해 준다.
- 아들을 남편이라고 하거나 며느리를 다른 사람으로 생각하는 등 인물오인 증상을 보일 경우에는 과거 기억 속에서 살고 있는 환자의 심경을 이해하고 따뜻한 말과 적당한 신체접촉으로 안정을 찾도록 유도한다.

2) 지남력장애

치매가 진행되면 시간, 공간, 계절 등과 관련된 지남력장애(disorientation)가 나타나는데, 이에 대처하는 데는 다음과 같은 방법이 도움이 된다.

- 대화 중에 환자에게 항상 현실 상황을 알려 준다. 예를 들면, "7시예요. 일어나세요." "12시니까 점심 드세요." 등과 같은 대화를 통해 현실감각을 일깨워 준다.
- 달력이나 날짜 표시 밴드를 사용하여 환자에게 날짜를 확인시킨다.
- 계절에 맞게 옷장 정리를 하고 갈아입을 옷을 미리 챙겨 두는 것이 좋지만, 환자가 입고 싶은 옷을 스스로 선택하게 한다.
- 사계절 풍경 사진이 있는 달력을 비치해 두고 계절을 대표하는 화초로 방을 장식하거나 과일을 대접하여 환자가 현재 계절을 느끼도록 해 주거나, 외출이나 산책을 하면서 계절을 직접 확인하도록 한다.
- 시간을 알리는 자명종을 두거나 눈에 잘 띄는 곳에 시계를 걸어 두어, 환자가 자주 시계를 볼 수 있게 한다.
- 환자가 장소를 모르는 경우, 인내심을 가지고 장소를 정확하고 친절하게 알려 준다.
- 환자가 남의 집 초인종을 잘못 알고 누르는 경우, 반상회 등의 모임에 참석하여 집안에 치매환자가 있음을 알리고 도움을 요청한다.

3) 우울증

치매 초기에 환자가 기억력 쇠퇴와 능력 저하를 자각하면 우울해질 수 있으며, 이로 인하여 일상적인 기능이 더욱 위축되는 경우도 있다. 치매환자는 비애감, 무감동, 수면장애, 죄책감, 절망감, 자살충동, 식욕 저하 등의 우울 증상을 보일 수 있는데, 이러한 우울 증상에 대처하는 데는 다음과 같은 방법이 도움이 된다.

- 환자를 위축시키고 슬프게 만드는 상황을 관찰한다.
- 환자가 좋아하고 즐거워하는 활동에 참여하도록 한다.
- 환자에게 어떤 활동에 참여할 것을 강요하기보다는 환자와 같이 있으면서 인간적 교류를 한다.
- 환자의 자존심이 상하지 않도록 일상생활을 세심하게 도와야 한다.

- 환자가 편안하게 느끼는 사람과 접촉할 수 있도록 해 준다.
- 환자를 질책하기보다는 "좋아질 테니까 힘을 내세요." 등의 격려의 말을 하되, 지나친 위로의 말은 하지 않는다.
- 환자의 과거 기억을 되살려 주는 예전에 쓰던 물건을 가져다 놓는다.
- 잔잔한 음악을 틀거나, 환자가 할 수 있는 활동에 참여하도록 한다.
- 환자에게 쉽게 완성할 수 있는 일을 맡겨 성취감을 맛보게 하거나, 간단한 집안일을 결정하도록 요청하여 자아존중감을 회복하도록 돕는다.
- 환자의 우울 증상을 치매로 오인하지 말고, 정확한 진단을 받는다.
- 환자의 우울증 정도에 따라 휴식, 가벼운 산책이나 운동, 약물치료를 실시하되, 항우울제의 투약과 관련해서는 의사와 상담한다.
- 환자는 심한 우울증으로 인하여 자살을 시도할 수도 있으므로, 주변에 있는 위험한 물건은 치우고 자주 관찰한다.

4) 불안 · 초조

치매환자는 자신이 가치가 있다고 생각하는 신체, 생명, 명예, 소유물 등이 위협을 받는다고 느낄 때, 불안하고 초조한 반응을 보인다. 이러한 불안과 초조한 감정에 대처하는 데는 다음과 같은 방법이 도움이 된다.

- 불안의 원인을 파악하여 제거한다.
- 환자의 감정을 이해하고 있음을 언어와 비언어적 방법으로 전달한다.
- 환자가 운동이나 취미활동에 참여하여 기분전환을 하도록 돕는다.
- 환자의 이야기를 들어 주고, 불안한 감정을 수용해 준다.
- 스킨십을 자주 하고 사랑한다고 말하여 사랑받고 있음을 느끼게 한다.
- 가급적 혼자 있는 시간을 줄인다.
- 중증환자의 경우는 약물치료를 받는다.
- 카페인이 든 음료수(예: 커피, 홍차, 콜라, 초콜릿 등)를 금한다.

5) 망상

치매환자는 기억력이 약화되어 자신의 물건을 간수하지 못하고, 놓아둔 곳을 잊어 버리는 경우가 많다. 이와 같은 기억력장애를 스스로 받아들이지 못할 때, 환자는 그 원인을 외부로 투사함으로써 타인을 의심하거나 도둑망상, 피해망상, 질투망상, 빈곤 망상 등의 다양한 망상 증상을 보이게 된다. 하지만 치매가 진행될수록 이러한 증상 은 점차 감소하는데, 망상 증상에 대처하는 데는 다음과 같은 방법이 도움이 된다.

- 환자가 말하는 것을 부정하지 말고 또한 그것을 설득하려 하지 않아야 환자의 불신감을 줄이고 거부반응을 막을 수 있다.
- 환자가 의심하더라도 항상 부드럽게 대한다.
- 잃어버렸다는 환자의 말을 일단 받아들이고 같이 찾아보되, 찾더라도 환자의 물 품에 손을 대지 않는다.
- 잃어버린 물건을 다시 찾았을 때 환자에게 훈계를 하여서는 안 되며, 불안에 떨 고 있는 경우에는 조용히 얘기를 나누거나 부드럽게 환자의 손을 잡아 주어 안 심시킨다.
- 귀중품이나 환자가 소중하게 생각하는 것은 환자가 믿는 사람에게 보관하게 하 고, 지갑은 몸에 지니고 있게 한다.
- 환자가 물건을 자주 숨기는 장소가 있으므로, 잘 관찰해 둔다.
- 환자가 자주 잃어버렸다고 말하는 물품은 대체품을 준비해 둔다.
- 중요한 물건(열쇠, 귀중품 등)은 보이지 않는 곳에 치워 두고, 쓰레기통을 비우기 전에 다시 확인한다.
- 환자에게 배우자가 있다면 될 수 있는 한 같이 있으면서 어려움을 도와주도록 한다.
- 환자에게 폭력이나 흥분 상태가 지속될 경우에는 전문의와 상담하여 약물치료 를 하도록 한다.

6) 환각

환각이란 실제로는 존재하지 않는 대상을 있다고 보는 것을 말하며, 환청, 환시, 환취(幻臭), 체감 환각(뇌가 녹아 흘러내린다, 몸에 벌레가 기어다닌다 등의 기묘한 체감) 등이 있다. 이러한 치매환자의 환각은 대다수가 의식장애에 의해 일어나며, 대부분 단편적이고 일상적인 내용의 것이 많은데, 환각 증상에 대처하는 데는 다음과 같은 방법이 도움이 된다.

- 환자의 시각이나 청각에 이상이 없는지 검사한다.
- 환자가 불안으로 떨고 있으면, 조용히 얘기를 나누거나 부드럽게 손을 잡아 주어 안심시킨다.
- 환자가 보고 들은 것에 대해 아니라고 부정하거나 다투지 않는다.
- 환자의 환각에 따른 감정을 인정해 준다.
- 환자가 다른 곳에 신경을 쓰도록 유도한다.
- 환자가 좋아하는 노래를 함께 부르거나 환자의 기분에 따라 좋아하는 음악을 적당하게 틀어 놓는다.
- 환자에게 매일 규칙적으로 TV나 신문을 보도록 하여 외부 세계의 정보를 얻을 수 있게 하고, 시간과 장소를 알려 주어 현실감을 유지하도록 한다.
- 환자를 간호하는 데 지장을 줄 정도로 상태가 심할 경우에는 약물투여를 고려한다.
- 야간 조명이 어둡거나 지나치게 밝은 경우 환자가 환각을 일으킬 수 있으므로, 조명을 적절히 조절한다.
- 환자가 잠이 덜 깬 채 꿈을 꾸는 상태에서 일어나는 경우 환시 증상을 보일 수 있으므로, 이런 경우에는 방의 조명을 그대로 켜 두고 잠들게 한다.

7) 배회

어떤 치매환자는 가만히 앉아 있으려 하지 않고 계속 돌아다니며, 피곤해도 쉬지 않는다. 이와 같이 치매환자가 배회하는 것은 신체적 통증 때문이거나, 현재 환경이 참을 수 없는 것이거나, 현재의 상실감을 보상하기 위하여 익숙한 환경을 찾거나, 과거의 행복했던 상황으로 되돌아가기 위해서이거나, 충족되지 않은 욕구가 있거나, 사회적으로 고립되어 사회적 상호작용을 갖기 위해서 등이다. 그러므로 배회 증상은 반드시 중지되어야 하는 증상행동은 아니며, 오히려 움직이는 것이 환자의 건강유지에 도움이 되는 이점도 있다. 그러나 배회는 낙상이나 상처, 정서적 흥분, 탈수 증상과 같은 건강상의 문제를 일으킬 위험이 높다. 그러므로 배회의 원인을 사정하고 미충족 욕구를 파악하고, 위험한 배회행동을 줄일 수 있는 효과적인 개입방법을 찾아야 한다. 이러한 배회 증상에 대처하는 데는 다음과 같은 방법이 도움이 된다.

- 정기적으로 외출하고, 환자에게 규칙적으로 시간과 장소를 알려 줌으로써 현실 지남력을 갖도록 한다.
- 환자와 고향이나 가족에 대한 대화를 나눔으로써, 정서적인 불안에 의한 배회를 예방한다.
- 환자를 신체활동, 집단 여가활동, 사교적 모임에 참여시키는 것이 배회 예방에 도움이 된다.
- 낮시간이나 저녁시간 전에 정기적으로 산책을 하거나 환자에게 소일거리를 주어, 야간배회 증상이 발생하지 않도록 예방한다.
- TV나 라디오를 크게 틀어 놓지 않으며, 조명을 밝게 유지한다.
- 환자가 배가 고픈지, 배변을 하고 싶은지, 특별한 요구 사항이 있는지를 점검하여 배회의 물리적 원인을 제거한다.
- 환자가 안전하게 배회할 수 있는 공간을 마련한다. 즉, 미끄러질 위험이 있거나, 문턱이나 전기코드 등의 걸려 넘어질 만한 것이 있거나, 가구 모서리 등 부딪혀 다칠 수 있는 위험한 요소는 모두 제거한다.
- 환자의 배회를 억지로 중단시키는 것은 바람직하지 않으며, 안전한 배회공간을 확보하였다면 주의하여 지켜보는 것만으로 충분하다. 때때로 말을 걸어서 쉬게 하거나, 음료나 다과를 권유하여 체력소모를 막는다.

- 배회로 인한 환자의 탈수를 예방하기 위하여 수분과 음식을 충분히 섭취하도록 하며, 심한 경우 약물을 사용한다.
- 환자를 막는 등 무리하게 대처하기보다는 "차라도 마시고 나가 보시지요."라든가 "식사를 차려 드릴 테니 드시고 나가세요."라고 말하여 나가려고 했던 것을 잊어버리게 한다.
- 출입문에 소리가 나는 물건을 달아 놓음으로써 환자가 나가는 것을 알 수 있도록 하고, 환자의 사진을 미리 준비하여 잃어버렸을 때 즉시 경찰에 신고한다.
- 환자의 최근 사진, 특히 일상적인 모습을 찍어 둔다.
- 환자의 몸에 집주소, 전화번호 등을 명기한 팔찌나 배회 팔찌를 착용시킨다.
- 환자가 어느 때 집을 나가고 싶어 하는지를 미리 알아 둔다.
- 환자가 어디로 가는지 뒤쫓아 가 본다. 특히 환자가 배회하는 것을 막거나 억지로 집으로 끌고 오는 것은 환자의 공격적 행동을 유발할 수 있으므로, 같이 길을 걸으면서 집이 있는 방향으로 유도한다.
- 환자가 계속해서 걸으려고 할 때는 쉬자고 말하면서 의자나 앉을 수 있는 자리로 안내한다.
- 환자를 찾았을 경우에는 화내지 말고, 조용히 집으로 데리고 온다.

8) 수집벽

치매환자는 자신이 무엇인가를 잃어버렸다고 생각하고, 이것을 찾기 위하여 남의 물건을 뒤지거나 훔치거나 자기 것으로 여기고 가져다 쌓아 놓는 경우가 많다. 그리고 자신의 물건과 남의 물건을 구별할 수 있는 판단력이 없기 때문에, 자신의 것이라고 우기기도 하며 다른 사람을 도둑으로 몰기도 한다. 이러한 증상에 대처하는 데는 다음과 같은 방법이 도움이 된다.

- 환자에게 물건이 담긴 서랍을 주고 만지도록 하여 바쁘게 한다.
- 환자의 행동에 대해 훈계를 하거나 합리적 설명을 하려고 하지 않는다.

- 남의 방에 들어가 있는 경우 환자가 원하는 것을 들게 하고, 산보 등의 외출을 하
  자고 유도하면서 조용히 그 물건을 내려놓게 한다.
- 환자는 같은 장소에 물건을 숨기거나 쌓아 놓기 때문에, 물건을 숨겨 놓는 장소
  를 미리 알아 둔다.
- 환자가 방에 물건을 감출 만한 수납공간을 가능한 한 줄인다.
- 환자가 가져온 물건은 가급적이면 환자가 모르게 주인에게 돌려준다.
- 동네 가게에서 생각 없이 물건을 집어 올 수도 있으므로 환자의 증상에 대해 미
  리 알리고, 추후에 돈을 지불할 것이니 환자를 나무라지 말라고 부탁한다.

9) 공격적 행동 · 파국적 행동

치매환자가 공격적 행동을 하는 데는 다양한 이유가 있지만 가장 주된 이유는 자존
심에 상처를 받았을 때이다. 특히 환자를 무시하는 언행이나 행동을 하였을 때 공격
적 행동이 발생한다. 치매환자는 의사표현능력이 제한되어 상대방의 말이나 행동을
정확히 이해하지 못하고 또 자신의 생각을 표현하지 못하여 공격적 행동을 하게 된
다. 그 외에도 욕구불만, 공포, 망상, 과거의 기억 중에 싫었던 일, 괴로웠던 일이 있
었던 상태로 돌아갔을 때 공격적 행동이 일어나기도 하며, 심지어는 다른 사람이나
간호자의 주의를 끌기 위해서 하는 경우도 있다. 이러한 문제행동에 대처하는 데는
다음과 같은 방법이 도움이 된다.

- 환자가 공격적 행동을 하는 이유를 관찰하여, 같은 일이 일어나지 않도록 사전
  에 주의한다.
- 환자가 평상시보다 흥분하거나 불안정이 심하면, 신체적으로 불편한 곳이 있는
  지 살펴본다.
- 환자에게 복잡한 동작, 행동, 과업을 요구하지 않는다.
- TV나 라디오를 크게 틀지 않으며, TV와 라디오 등을 동시에 틀어 놓지 않는다.
- 환자가 TV의 장면을 현실로 착각하여 폭력을 행사할 수 있으므로, 폭력적이고

자극적인 TV 프로그램의 시청은 피한다.

- 환자가 공격적 행동을 할 때, 말다툼을 하거나 화를 내는 등 대립하지 말고 안정될 때까지 기다린다.
- 환자에게 지나치게 빨리 다가갈 경우, 환자는 자신을 공격하는 것으로 오해할 수 있으므로 서두르지 않는다.
- 환자가 실수했을 때는 지적하거나 비난하지 말고, 그대로 모른 척 내버려둔 후 실수를 미리 줄일 수 있는 환경을 마련한다.
- 환자가 할 수 없는 것을 요구하거나, 알아듣지 못하는 것을 강요하거나, 좌절감을 경험하지 않도록 한다.
- 환자가 어린아이 취급을 당하여 자존심이 상할 수 있는 상황은 미연에 방지한다.
- 환자의 행동에 겁내거나 놀라지 말고, 부드러운 음성으로 얘기를 걸어 안정시킨다.
- 환자의 주의를 점진적으로 다른 곳으로 돌려서, 환자가 조용한 일을 할 수 있도록 유도한다.
- 환자에게 소음이 적고 넓은 공간을 제공해 주며, 조명을 너무 어둡거나 밝게 하지 않는다.
- 환자에게 인형을 안겨 주거나, 기분이 좋아지는 다른 활동에 관심을 가지도록 유도한다.
- 칼이나 흉기로 이용될 우려가 있는 물건은 치워 둔다.
- 환자가 이유 없이 사소한 일에도 화내는 일이 빈번한 경우, 운동 부족 가능성이 있기 때문에 적절한 운동을 시킨다.
- 환자의 증상이 심한 경우에는 의사와 상담하여 정신안정제의 투약을 고려한다.

10) 석양(일몰)증후군

치매환자는 해질녘이 되면 더욱 혼란해지고, 불안정해지고, 요구사항이 많아지고, 흥분 상태가 되거나 의심 성향이 증가하는 경우가 많다. 이러한 증상은 어두워진 후의 감각 자극의 결여를 보충하기 위하여 환자가 친밀감이나 안정감을 찾으려고 노력하는 과정에서 야기되는 것으로, 다음과 같은 방법이 도움이 된다.

- 환자가 오전에 활발하게 움직이게 하고, 점심 이후에는 편안히 쉬도록 한다.
- 환자에게 신체적인 제재를 가하지 않는다.
- 해질녘에는 간호자가 충분한 시간을 갖고 환자의 곁에 있을 수 있도록, 모든 생활일정을 조정한다.
- 환자에게 도움을 주기 위해 조명을 밝게 하거나 TV를 켜 놓는다.
- 따뜻한 음료를 마시게 하거나, 샤워를 하거나, 잔잔한 음악을 틀어 주는 것 등이 환자의 심리적 안정을 촉진하는 데 도움이 된다.
- 동물인형이나 반려동물과 함께 있게 하거나, 환자가 좋아하는 소일거리를 계속할 수 있도록 한다.
- 환자를 밖으로 데리고 나가서 산책을 하는 것도 좋다.

11) 수면장애

치매환자는 잠들기가 힘들고, 중간에 잠에서 자주 깨거나 깊은 잠을 자지 못하여, 밤에 가족을 깨우는 등 가족의 정상적 생활을 방해하는 경우가 많다. 이러한 문제행동에 대처하는 데는 다음과 같은 방법이 도움이 된다.

- 가급적 환자가 낮잠을 자지 않게 하고, 낮에 산책을 하거나 신체적인 활동을 하게 함으로써 야간에 충분한 수면을 취하도록 하는 등 각성과 수면 리듬을 습관화시킨다.
- 환자의 생리적 욕구를 채워 줌으로써 잠을 잘 자도록 한다.
- 잠들기 전에 환자가 흥분 상태를 가라앉히고 안정하도록 옆에서 도우며, 하체를 따뜻하게 해 준다.
- 때에 따라서는 미지근한 우유나 조용한 음악이 환자의 수면에 도움이 된다.
- 저녁식사 후에 수분섭취를 제한하여 환자가 밤에 잦은 배뇨로 인해 깨지 않도록

한다.

- 환자 방의 가구는 가능하면 간단하게 배치하며, 옷걸이를 둔다거나 벽에 옷을 걸어 두지 않는다.
- 환자의 수면을 위해 빛을 차단하여 방을 어둡게 유지한다.
- 화장실 전등을 켜 놓거나, 마루나 복도에 작은 전등을 켜 놓는 것이 좋으며, 벽을 따라 야광테이프를 붙여 놓아 환자가 길잡이로 사용하도록 한다.
- 환자가 침대를 사용하는 경우에는 침대의 높이를 낮게 하여 떨어지거나 부딪혀서 다치는 것을 예방한다.
- 환자의 잠옷은 느슨하고 편안한 것으로 준비하고, 주변 환경은 조용하게 조성한다.
- 취침 약 3시간 전에는 환자가 식사를 끝내도록 한다.
- 취침 전에 환자에게 시간과 장소를 알려 주어 현실감을 유지하도록 한다.
- 잠에서 갑자기 깨어나면 잠시 동안 당황해할 수 있으며, 혼자 자는 것을 무서워하는 경우 친근한 사람이 함께 있어 준다.
- 환자가 밤에 일어나 돌아다니면 가족은 조용하고 부드럽게 자신을 환자에게 인식시키고, 불편한 것이 무엇인지 알아본 후 다시 수면을 권유한다.
- 환자가 통증을 느끼는 경우에는 해열진통제를 투여한다.
- 환자가 밤에 깨어서 외출하려고 할 경우에는 같이 나가서 진정될 때까지 함께 걷는다.
- 환자는 뇌손상으로 인하여 수면 양상의 변화가 일어나 밤에 자주 깨거나 꿈과 현실을 구별하지 못하는 경우가 많은데, 이러한 상황에서 환자를 조롱하거나 타이르는 언행은 피한다.
- 야간에 깨어서 바깥에 나가려 할 수 있으므로, 출입문에 알람장치를 해 둔다.
- 수면장애가 심하거나 우울증으로 인한 수면장애의 경우는 약물치료를 고려한다.

12) 이상행동

치매환자는 상대방을 모욕하는 언행을 하거나, 음식을 놓고 다투거나, 자신이 학대받는다고 호소하거나, 다른 사람의 뒤를 따라다니거나, 어떤 사람을 하루 종일 기다리거나, 이불에 배변을 하고 비벼 대는 등의 행동을 한다. 이러한 문제행동에 대처하는 데는 다음과 같은 방법이 도움이 된다.

- 환자의 이상행동에 대해 과민반응하기보다는 주변에서 이러한 일이 일어나지 않도록 사전에 예방한다.
- 화를 내거나 야단치지 말고, 환자의 감정을 이해하고 따뜻한 마음으로 포용한다.
- 환자의 모욕적 언행을 귀담아듣지 않는다.
- 환자가 간호자가 시야에서 사라지는 것이 두려워서 간호자의 뒤를 계속해서 따라다니는 경우, 관심을 끌 만한 물건을 주고, 장소를 이동하면 미리 알려 주며, 다른 사람이 대신 돌볼 수 있는 시간을 마련하여 간호자의 사생활을 갖는다.
- 주변 환경을 청결하게 하고, 쓰레기통은 뚜껑을 덮거나 눈에 잘 뜨이지 않는 곳에 옮겨 놓는다.
- 배변으로 이상행위를 하는 경우에는 환자를 나무라기보다는 깨끗이 씻어 주고 화장품을 발라 준다.

13) 성적 문제행동

치매환자의 경우 성충동을 제어하는 뇌 영역에 손상을 입게 되면, 부부간에 지나친 성관계를 요구하거나, 반대로 성에 대한 관심을 잊어버리는 경우가 있다. 아무 곳에서나 옷을 벗고, 자신의 성기를 만지거나 다른 사람을 만지는 행동을 한다. 이러한 행동은 뇌의 병변과 인지기능의 장애로 나타나는 증상으로, 공공장소라는 사실 자체를 잊어버린 채 옷 자체가 불편하여 벗으려 하거나, 화장실에 가고 싶은 욕구의 표현인 경우도 있다. 이러한 성적 문제행동에 대처하기 위해서는 다음과 같은 방법이 도움이 된다.

- 환자는 병 때문에 문제행동을 하는 것이므로 과민반응하기보다는 다른 활동에

집중할 수 있도록 유도하거나 포옹을 해 주거나 무엇인가 꼭 껴안을 수 있는 것을 준다.

- 놀라거나 당황하지 말고 환자가 옷을 입도록 도와주고, 화장실에 가서 대소변을 볼 수 있도록 하거나 편안한 옷으로 바꿔 입도록 도와준다.
- 산책할 때 손을 잡거나 등을 문질러 주는 등의 가벼운 스킨십을 해 준다.
- 환자에게 인형을 안겨 주는 등 다른 활동에 관심을 돌리도록 돕는다.
- 환자가 성적으로 지나친 관심을 보이는 경우에는 공공장소에 가거나 이성과의 만남을 제한한다.
- 환자가 성적 이상행동을 하는 경우에는 과민반응을 보이기보다는 의사와 상담하여 약물복용을 고려한다.

14) 섭식장애

치매환자는 식사한 사실을 잊어버리고 다시 음식을 요구하는 과식, 아무것이나 입에 집어넣고 삼키는 이식, 그리고 먹는 것을 거부하는 증상을 보이는 경우가 있다. 이러한 섭식장애에 대처하는 데는 다음과 같은 방법이 도움이 된다.

- 환자에게 화를 내거나 대립하지 않는다.
- 환자가 금방 먹고 나서 다시 먹을 것을 요구하는 경우에는 주의를 다른 데로 돌리거나, 먹고 난 식기를 그대로 놓아둠으로써 금방 식사를 한 것을 알 수 있게 하거나, 열량이 적은 간식을 준비해 둔다.
- 환자가 무엇이든지 입에 집어넣으려고 하는 경우에는 약, 동전, 장난감, 비누, 액체 세척제, 건전지 등 위험물을 가급적 환자의 눈에 띄지 않는 곳에 넣어 둔다.
- 환자가 아무것도 먹으려고 하지 않는 경우에는 식사하기 전에 환자의 기분을 상하게 하지 않도록 주의하며, 환자가 즐겁게 식사할 수 있는 분위기를 만든다.
- 환자가 음식을 입에 넣지 않으려고 하는 경우, 숟가락으로 아랫입술을 가볍게 두세 번 톡톡 쳐서 입을 열도록 한다.

• 환자가 음식이나 음료를 지속적으로 거부하는 경우에는 음식과 음료의 종류를
　바꾸어 제시한다.

15) 반복행동

　반복행동은 심한 기억력 손상으로 자신이 활동을 끝냈다는 사실을 기억하지 못하
거나, 질문에 금방 대답했던 것을 기억하지 못해 나타날 수 있다. 특정인을 찾으며 어
디에 있느냐고 계속 질문하거나 가족을 계속 따라다니는 경우가 있는데, 이런 경우에
는 다음과 같은 방법이 도움이 된다.

• 환자가 걱정이 있거나 불안하여 사람을 따라다닐 수 있으므로, 이런 감정의 원
　인을 우선 파악하여 안심시키도록 한다.
• 환자의 반복적인 행동이 위험하지 않은 경우, 반복행동을 제한하지 않는다.
• 과거에 있었던 즐거웠던 일(예: 결혼, 득남)로 대화를 유도하거나, 단순하게 할 수
　있는 일거리(예: 빨랫감 손질하기, 콩 고르기, 나물 다듬기, 정리정돈)를 주어 환자가
　반복질문이나 반복행동으로부터 관심을 다른 것으로 돌리도록 한다.
• 환자가 똑같은 질문을 해도 짜증 내지 말고 대답해 주되, 원인을 파악하여 안심
　할 수 있도록 한다.
• 환자가 걱정을 많이 하는 경우에는 선의의 거짓말도 한다.
• 환자가 자주 물어보는 질문에 대해서는 답을 미리 생각해 둔다.

16) 거부 또는 저항

　치매환자는 인지기능 저하로 자신을 돌봐 주는 사람의 요구나 돌봄행동을 이해하
지 못하거나, 일상적 생활의 리듬이 달라지는 경우 타인의 요구나 돌봄행동 자체를
거부하거나 저항하는 경우가 있다. 이런 경우에는 다음과 같은 방법이 도움이 된다.

① 식사를 거부하는 경우에는 입안에 염증이나 통증이 있는지 살피고, 억지로 먹이려고 하기보다는 기분을 살펴 다음에 다시 식사를 권유하고, 식사 중에 꾸짖거나 잔소리를 하지 않으며, 어떤 일에 몰두하고 있는 경우에는 들고 다니면서 먹을 수 있는 음식을 준비한다.

② 약물복용을 거부하는 경우에는 환자가 좋아하는 음식(요구르트, 아이스크림 등)에 약을 섞어서 약을 먹이는 것이 도움이 되며, 약 먹기를 심하게 거부하는 경우에는 의사와 상의하여 약물형태, 투약방법이나 순서를 바꾸어 본다.

③ 요양보호사의 방문을 거부하고 무시하는 경우에는, 거절당하더라도 약속한 날에 반드시 방문하도록 요청하고, 먼저 말을 걸고 주변 사람들의 관심을 전달하여 모두가 걱정하고 있다는 것을 알려 주며, 돌봄서비스를 하기 전에 충분히 설명하여 이해를 시키는 것이 필요하다.

제9장	영양과 안전 관리

치매환자는 인지장애, 문제행동, 언어장애뿐 아니라 이 식(異食), 폭식, 거식(拒食), 연하장애 등의 다양한 섭식 장애를 보이기도 하며, 낙상, 화상, 자상(刺傷) 등과 같은 다양한 안전문제를 일으키 기도 한다. 따라서 간호자는 치매환자의 영양문제와 섭식장애를 이해하고 효과적으 로 대처할 수 있어야 하며, 안전사고의 예방과 대처를 위한 방법을 숙지하여야 한다.

1. 영양관리

1) 치매환자의 영양문제

노년기에는 감각 기능의 저하와 소화기계의 기능 저하 그리고 식품의 구입, 조리 등의 곤란으로 인하여 여러 가지 영양문제가 초래될 수 있으며, 이로 인해 건강문제 가 야기되는 경우가 많다. 노년기에는 타액 분비와 미각돌기가 감소하고 후각이 둔화되어 식욕이 저하되므로, 식사를 거르거나 일상생활에 필요한 에너지 요구량이나 영양분을 충분히 섭취하지 못하는 문제가 발생할 수 있다. 치아결손으로 인한 음식물 저작 불편, 소화기계의 기능 저하로 인한 소화력과 흡수력의 저하로 소화장애를 일으키기 쉽다. 뿐만 아니라 신체기능과 일상생활 동작능력의 감퇴, 경제적 빈곤 등으로 인하여 음식재료의 구입과 조리가 어려워지는 경우가 많고, 혼자서 생활하거나 가족이 노인의 영양문제에 관심을 기울이지 않는 경우, 결식 등으로 인하여 영양문제를 일으킬 수 있다(권중돈, 2022).

치매환자는 이러한 노년기의 영양문제와 아울러 치매 증상으로 야기되는 다양한 영양문제를 경험한다. 이러한 치매환자에게서 나타날 수 있는 영양문제를 종합해 보면 다음과 같다(손숙미, 1997; 이성희, 1995b).

- 기억장애와 판단력 저하로 인하여 음식재료를 구입하지 못하고, 조리능력을 점차 상실한다.
- 식사한 것을 잊고, 금방 다시 먹을 것을 요구한다.
- 자기 음식은 놓아두고 다른 사람의 음식을 먹으려 한다.
- 음식이라는 생각을 하지 못하여, 손을 대지 않거나 버리려 한다.
- 음식을 가지고 놀거나 장난을 친다.
- 건강을 위협할 정도로 매우 소량의 음식을 섭취한다.
- 치매가 심해지면, 혼자서 식사하는 데 어려움을 겪어 다른 사람의 도움이 필요하다.
- 음식 섭취 자체를 거부하는 거식(拒食) 증상을 보인다.
- 수저 등으로 음식을 먹일 때, 입을 벌리거나 삼키는 것을 거부한다.
- 먹을 수 있는 것과 먹을 수 없는 것을 구별하지 못하여, 아무것이나 먹는 이식(異食) 증상을 보인다.
- 아무리 먹어도 포만감을 느끼지 못하여 계속 먹는다.
- 대량의 음식을 단숨에 먹어 치우는 폭식 증상을 보인다.
- 식사를 할 때, 어린아이와 같이 주위를 지저분하게 하거나 더럽힌다.
- 음식을 씹는 데 문제가 생기며, 씹은 음식을 삼키지 못하는 연하장애가 나타난다.

- 음식을 먹다가 사레들리기 쉬우며, 심한 경우는 기도가 막혀 호흡곤란으로 사망에 이른다.

이러한 치매환자의 식사 및 영양문제는 치매의 진행 단계에 따라 다르게 나타난다. 초기 단계에서는 치매로 인한 기억장애와 판단장애로 식품을 구매하고 저장하는 일이 어렵게 되며, 식사하는 것 자체를 잊어버리거나, 방금 식사한 것을 잊고 다시 식사를 하기도 하며, 때로는 상한 음식을 먹거나, 갑작스러운 기분변화로 인하여 음식을 숨기고 던지기도 한다. 그리고 식욕을 조절하는 뇌의 장애와 감각기관의 변화로 인해서 냄새를 감지하거나 인식하기가 어렵게 되며, 단 음식이나 짠 음식 혹은 좋아하는 음식만 먹는다.

중기 단계에서는 치매 증상으로 인한 활동이 증가하면서 식욕이 좋아질 수도 있으나, 필요한 열량을 채우지 못하여 영양불균형이 야기된다. 어떤 환자는 음식을 삼키지 않고 입에 물고만 있는 경우도 있으며, 삼키기 전에 충분히 씹지 않은 채 삼킴으로써 사레들거나 질식 위험에 노출되기도 한다. 또 수저 등을 사용하지 않고 손가락으로 음식을 집어먹기도 한다.

말기 단계에서는 치매환자의 영양문제가 심각하게 나타난다. 어떤 환자는 음식을 음식이라고 지각하지 못하는 경우도 있으며, 숟가락으로 받아먹던 환자가 먹기를 거부하거나 입을 벌리지 않기도 한다. 와상노인의 경우에는 코를 통해 관(tube)으로 영양분을 공급하게 된다.

2) 치매 예방을 위한 식생활과 영양소

(1) 식생활 지침

치매 중에서 혈관성 치매는 고혈압, 당뇨병, 동맥경화, 고지혈증 등을 유발하는 식품섭취를 제한하는 등의 식이요법이 예방에 도움이 되지만, 치매의 발생과 영양문제의 관계는 명확하게 밝혀지지 않고 있다. 그리고 완전한 영양소를 갖춘 식품은 어디에도 존재하지 않으며, 건강에 도움이 되는 효능이 있다고 하여 특정 식품을 많이 섭취하는 것 또한 바람직하지 않다. 따라서 치매를 예방하기 위해서도 균형 있는 식단과 고른 영양섭취가 중요한데, 치매 예방에 도움이 되는 식생활 지침을 소개하면 다음과 같다(이성희, 1995b).

- 주식에는 잡곡을 섞어 먹는다.
- 부식에는 육류는 물론 생선, 두부, 콩류를 골고루 이용하여, 비타민 E와 콜린, 무기질 등의 공급을 충분히 한다.
- 비타민과 무기질의 공급을 위해 채소와 과일류는 한 끼 식사에 2~3종 이상 충분히 먹는다.
- 지방은 조리할 때 사용하되 식물성 기름 또는 견과류를 이용한다.
- 간식으로는 매일 과일 1~2종과 우유 1~2컵을 먹는다.
- 변비를 예방하고 탈수를 막기 위하여 매일 충분한 수분을 취한다.
- 짠 음식은 피하고, 가능한 한 싱겁게 먹는다.
- 카페인이 들어간 음식은 피한다.
- 균형 있는 식사로 적정 체중을 유지하기 위해 식사량은 위 용적의 80% 정도만 채우고 과식하지 않는다.
- 하루에 한 끼 이상 된장 등의 장류로 식사한다.
- 항암작용, 지방분해 작용 등이 있는 녹차를 매일 마신다.
- 부드러운 음식으로만 식사를 하면 소화 기능이 떨어지므로 콩자반, 현미 등의 질기고 단단한 음식도 소화에 무리가 없는 한 섭취한다.
- 금연하고 절주한다.
- 새로운 음식에도 도전하며, 식사를 천천히 즐긴다.

(2) 치매 예방에 도움이 되는 영양소

치매와 영양소 간의 관계가 명확하게 밝혀지지는 않았지만, 다음과 같은 영양소는 치매 예방에 도움이 되는 것으로 알려져 있다(이성희, 1995b).

레시틴(lecithin)은 그리스어로 '계란 노른자'를 뜻하는데, 화학적으로는 인지질의 일종에 속하며, 계란 노른자, 콩 등에 풍부하게 들어 있다. 레시틴은 콜레스테롤을 용해하고 동맥경화증 예방에 효과가 있으며, 뇌 기능을 활성화시킨다. 레시틴 속의 아세틸콜린은 기억력 증진에 도움이 되며, 노폐물 배설을 촉진하고 사고를 활성화시키는 효능이 있다.

비타민 E는 혈전 및 고지혈증을 개선함으로써 뇌졸중 예방에 효과가 있으며, 일부 연구에서는 알츠하이머병 예방에도 긍정적 효과를 지니는 것으로 나타났다. 비타민 E는 호두나 땅콩, 잣과 같은 견과류, 식물성 기름, 계란, 두유 등에 많이 함유되어 있으며, 과잉 섭취하게 될 경우에는 출혈성 뇌졸중의 위험을 높이기 때문에 의사의 처방 없이 과잉 섭취하는 것은 위험하다.

비타민 B_{12}는 육류, 가금류, 어패류 등 동물성 식품에 풍부하므로 채식을 위주로 하거나 노인이라면, 특히 위산분비가 감소되거나 위장병을 치료하기 위해 제산제를 오래 복용할 경우 흡수 부족으로 인해 결핍이 올 수 있다. 이 영양소가 결핍되면 신경증이 발생하고 사지의 감각이상, 운동실조증이 나타나며 기억력이 떨어진다. 치매환자의 30%에서 혈청에서의 비타민 B_{12}의 수준이 낮았다고 알려졌으나, 이 환자들에게 비타민 B_{12}를 주었을 때 인지기능이 향상되었는가는 명확하게 연구결과가 나오지 않았다.

엽산(folic acid)은 진한 푸른잎 채소, 간, 오렌지주스, 콩 등에 많이 함유되어 있는데, 노년기에는 엽산이 충분하지 않은 식사를 하는 경우가 많고, 알코올은 엽산의 흡수를 방해하므로 술을 자주 마시는 사람은 엽산 부족이 되기 쉽다. 치매환자 중에 낮은 엽산 수준을 가진 사람이 많다고 알려져 있으며, 혈청 엽산의 수준이 낮을 때는 엽산을 처방해야 한다.

비타민 B_1은 우리나라 사람처럼 곡류에 의존하고 탄수화물 섭취가 높은 사람의 대사를 위해 꼭 필요한 비타민이다. 비타민 B_1은 돼지고기와 전곡, 콩류 등의 씨 종류에 많이 함유되어 있으며, 비타민 B_1이 결핍되면 허약감, 신경의 퇴화, 초조, 신경전달 기능의 장애, 기억력의 손상을 가져온다. 그러나 비타민 B_1의 결핍이 기억력 손상만을 초래하고 다른 인지능력에는 영향을 미치지 않으므로, 비타민 B_1의 결핍으로 인해 치매가 온다고는 할 수 없다.

아연(zinc)의 결핍은 혀의 맛봉우리[味蕾]를 변화시켜 미각의 감퇴를 촉진시키므로,

굴, 명태류, 견과류 등과 같은 아연이 함유된 식품을 적절히 공급함으로써 미각의 감퇴를 예방할 수 있다. 또한 아연은 정상적인 뇌의 기능을 유지하는 데 필요한 것으로 알려져 있다.

비타민 C는 노화로 인하여 몸속에 산화물이 많이 생겨나면서 그 필요량이 많아지지만, 노인의 경우 비타민 C 섭취량이 오히려 줄어드는 경우가 많다. 특히 철분은 비타민 C와 결합해야 흡수가 빨라지는데, 비타민 C가 부족하면 철분이 잘 흡수되지 않아 철분 결핍으로 인한 빈혈이 생긴다. 치매의 원인이 되기도 하는 노인성 빈혈도 그 원인의 하나는 비타민 C 부족에 있다.

이 외에 한국인의 식생활에서 많이 이용되는 마늘과 양파가 뇌의 신경전달 물질인 아세틸콜린을 증가시키며 노화를 억제한다는 연구결과가 있다. 또한 비타민과 무기질을 비롯하여 기능성 성분을 많이 포함하고 있는 토마토, 브로콜리 등의 야채와 대두와 같은 두류, 호두나 잣 등의 견과류, 그리고 녹차 등도 항산화 효과가 있으므로 권할 만하다.

하지만 치매 예방을 위해서나 치매환자인 경우에는 염분, 포화지방산과 콜레스테롤, 알루미늄의 섭취를 제한하여야 한다. 먼저 염분(나트륨)이 많은 식사는 혈압을 상승시켜 뇌졸중의 위험이 증가되며, 뇌졸중의 발생은 혈관성 치매를 유발하거나 악화시키므로 고혈압 환자는 염분을 제한해야 한다. 식사로 섭취하는 나트륨의 대부분은 조리 시 사용하는 양념(소금, 간장, 된장, 고추장 등), 염장식품(김치, 젓갈류 등), 가공식품 등이다. 우리나라의 식생활은 국, 김치, 젓갈류 등 염분이 많은 식품을 기본으로 하고 있어 저염식을 실천하는 일이 쉽지 않다. 국이나 김치는 싱겁게 하거나 조금 섭취하여 염분을 효과적으로 제한할 수 있다.

노화로 인하여 혈관의 탄력성과 직경이 줄어든 상태에서 포화지방산과 콜레스테롤 등의 과도한 섭취는 동맥경화를 포함한 뇌혈관장애를 일으키고, 이는 치매의 원인이 될 수 있다. 따라서 포화지방산과 콜레스테롤이 많이 함유된 동물성 지방의 섭취는 제한한다. 육류를 섭취할 때는 지방이 적은 부위를 선택하고, 육류보다는 생선을 섭취하도록 한다.

치매의 원인이 정확히 밝혀지지 않았으나 알츠하이머병 치매의 경우 뇌에 알루미늄이 정상인에 비해 10~30배 정도 침착되어 있는 것으로 보고되어, 알루미늄의 과다 섭취가 원인 중의 하나인 것으로 추정된다. 알루미늄은 각종 식품의 포장재료, 조리 용기, 의약품, 기계부품 등의 팽창제와 유화제, 항응고제, 착색료 등에 사용되며, 또 한 식수 처리 시에 필요한 침전제와 제산제, 진통제, 항궤양성 약물 등에 광범위하게 사용되어 현대인은 알루미늄에 과도하게 노출될 가능성이 증가하고 있다.

3) 치매환자의 식생활과 영양관리

(1) 노년기의 영양관리와 식사지침

치매환자의 대부분이 노년기에 속해 있으므로, 치매환자의 영양관리 역시 일반 적인 노년기의 영양관리 원칙을 따르되 치매환자의 특성에 맞는 차별화된 영양관리 를 해야 한다. 먼저 일반적인 노년기의 영양섭취 기준을 살펴보면, 노화가 진행되면 서 활동량이 감소하고 기초에너지 대사가 줄어듦에 따라 노인의 1일 영양섭취 기준 은 젊은이에 비해 상대적으로 낮아지기 때문에, 남성노인(65~74세 기준)은 하루 평 균 2,000kcal, 여성노인(체중 50.2kg)은 1,600kcal를 섭취하는 것이 적절하다(보건복 지부, 한국영양학회, 2020). 이러한 필요에너지의 섭취에서 탄수화물은 필요에너지의 55~60%, 지방은 15~30%, 그리고 단백질은 7~20%를 섭취할 것을 권장하고 있다. 이와 같은 노년기의 적절한 영양관리를 위한 바람직한 식사지침을 소개하면 다음과 같다(권중돈, 2022).

- 하루에 30종 이상의 식품을 골고루 섭취한다.
- 규칙적 생활, 적절한 운동과 식사(정량의 80%)를 통해 정상체중을 유지한다.
- 저염식을 통해 고혈압과 위암을 예방한다.
- 지방과 콜레스테롤을 적게 섭취한다.
- 생야채, 녹황색 채소를 매일 섭취한다.
- 칼슘을 충분히 섭취하여 골질환을 예방한다.
- 철분(콩, 녹색채소, 고기)을 충분히 섭취한다.

- 채소, 해조류 등에 많은 식물성 섬유를 충분히 섭취하여 변비, 대장암을 예방한다.
- 비타민, 무기질을 충분히 섭취한다.
- 당분을 적게 섭취하여 비만을 예방한다.
- 금연과 절주를 한다.

(2) 치매환자의 식사지침

치매환자의 건강관리와 생명유지를 위하여 식사는 가장 중요한 사항이므로, 다음과 같은 원칙을 따른다(손숙미, 1997; 이성희, 1995b).

① 균형 있는 영양 섭취

식사를 통해 섭취하는 영양소는 건강과 밀접한 관계가 있다. 평소 환자의 식습관을 고려하여 식사를 준비하되, 식품은 곡류, 어패류 등 가능한 한 다양한 종류를 섭취하도록 준비하고, 영양소의 균형을 맞춘다. 단백질 섭취량은 늘리고 지방 섭취량은 줄이며, 또한 음식은 싱겁게 조리하고 가공식품이나 저장식품 등 염분 함유량이 많은 음식물의 섭취는 줄여 저염식 식사를 하도록 한다. 어느 한쪽으로만 치우친 메뉴가 되지 않도록 주의한다.

② 충분한 수분 공급

노년기에는 신체 구성성분 중 수분이 차지하는 비중이 줄어들기 때문에, 탈수의 가능성이 높고 변비가 발생할 가능성이 높다. 그러므로 식사 때 채소와 과일, 국과 물을 함께 제공하고, 식사 중간에 정기적으로 음료를 제공하여 탈수를 예방한다. 장염이나 약 복용으로 인한 탈수 증세를 면밀히 관찰하고, 개인의 선호도, 계절적 요인을 고려하여 적절한 음료를 제공한다.

③ 조리 참여와 먹기 쉬운 음식

치매환자가 더 이상 조리를 할 수 없을 것이라고 생각하고, 음식 만드는 일에서 무조건 배제하는 것은 바람직하지 않다. 치매환자의 경우 잔존 능력을 보존하는 것이 중요하므로, 치매환자의 능력이 남아 있다면 장보기, 음식재료 다듬기, 조리하기 및 설거지 등의 과정에 참여할 수 있도록 배려한다. 다만 조리과정에서 발생할 수 있는 안전사고에 대해서는 철저히 대비한다. 매 끼니마다 치매환자의 식습관을 고려하여 균형식(곡류군, 어육류군, 채소군, 과일군, 우유군, 지방군 포함)이 되도록 다양한 음식을 준비하되, 환자가 앓고 있는 신체질환을 악화시키지 않는 음식으로 준비하고, 음식은 환자가 먹기 쉽게 작은 크기로 조리하며, 소량의 음식을 자주 섭취하도록 한다. 치매환자는 촉각 및 통각 기능이 저하될 수 있으므로 음식의 온도가 너무 뜨겁거나 차갑지 않도록 신경을 쓰고, 치매환자가 섭식장애가 있는 경우에는 앞 장의 문제행동 관리방법에서와 같은 간호방법을 활용한다.

④ 규칙적인 식사

치매환자는 기억장애와 함께 섭식장애를 보이는 경우가 있으므로, 섭식행동을 습관화해 주어야 한다. 따라서 식사는 정해진 시간에 동일한 장소에서 하도록 한다. 즐겁고 안정된 식사환경에서 환자 스스로 식사를 하도록 하고, 빠른 시간 내에 식사를 하도록 종용하지 않는다.

⑤ 안정된 식사환경 조성

치매환자는 식사환경이 부적절할 경우 식사시간에 공격적 행동을 하는 경우가 많다. 안정된 식사 분위기 조성을 위해서는 주변의 소음을 줄이고, 낯선 인물의 출입을 금하는 것이 도움이 된다. 식탁 의자는 다리가 길고 편안하게 등을 받쳐 줄 수 있는 것이 좋다. 식기는 환자가 평소에 사용하던 식기를 사용하되, 유리 식기와 같이 파손의 위험이 높거나 포크나 나이프 같은 위험한 물건은 사용에 주의한다. 저녁시간 무렵에는 환자가 석양증후군 등으로 인하여 치매 증상이 심화되는 경우가 많아 적절한 음식섭취가 어려울 수 있으므로, 저녁보다는 점심 식사에 좀 더 비중을 두도록 한다.

(3) 치매환자의 하루 식단

치매예방과 치매환자에게 도움이 되는 영양소, 치매환자의 식사지침 등을 종합적

표 9-1 남성 치매환자를 위한 하루 식단(예시)

구분	음식	섭취량	열량(Kcal)	비고
아침	진밥	1공기	300	고구마순은 푹 익힌다
	호박두부된장국	2/3 대접	70	
	삼치구이	1토막	50	
	고구마순 나물	1접시	30	
	배추 물김치	1보시기	20	
소계			470	
간식	저지방 우유	1잔	100	
점심	고기덮밥		600	살로만 소량, 돼지고기로 대체 가능
	밥	1공기		
	쇠고기			
	오이 · 당근 · 양파			채소는 잘게 썬다.
	기름			기름은 콩기름으로 소량만 쓴다.
	배추 물김치	1보시기	20	
소계			620	
오후 간식	계란 반숙해서 흰자만	1개	40	
저녁	흰밥	1공기	300	닭, 감자, 당근, 양파
	무다시마국	2/3 대접	70	
	닭조림	1접시	120	
	통두부맛찜	1접시(작은 것)	150	
	비름나물	1접시	30	
	무 물김치	1보시기	20	
소계			690	
저녁 간식	과일	1쪽	50	
총계			1,970	

주: 환자가 활동량이 많은 경우 하루에 300~500kcal를 더 제공한다.

표 9-2 여성 치매환자를 위한 하루 식단(예시)

구분	음식	섭취량	열량(Kcal)	비고
아침	진밥	2/3 공기	200	
	미역국	2/3 대접	60	
	삼치구이	1토막	70	
	호박나물	1접시	30	
	배추 물김치	1보시기	20	
	소계		380	
간식	저지방 우유	1잔	100	
점심	고기덮밥		500	
	밥	2/3 공기		
	쇠고기			살로만 소량, 돼지고기로 대체 가능
	오이 · 당근 · 양파			
	기름			기름은 콩기름으로 소량
	배추 물김치	1보시기	20	
	소계		520	
오후 간식	계란 반숙해서 흰자만	1개	40	
저녁	흰밥	2/3 공기	200	
	무다시마국	2/3 대접	70	
	닭찜	1접시	120	닭, 감자, 당근 , 양파
	부추전	1접시(작은것)	120	
	비름나물	1접시	30	
	무 물김치	1보시기	20	
	소계		560	
저녁 간식	과일	1쪽	50	
	총계		1,650	

주: 환자가 활동량이 많은 경우 하루에 300~500kcal를 더 제공한다.

으로 고려하여 치매환자 성별에 따른 하루 식단을 예시하면, 〈표 9-1〉과 〈표 9-2〉에서 보는 바와 같다(이성희, 1999b).

4) 치매환자의 섭식문제 관리

치매환자를 위한 일반적인 조리 및 식사 돌봄방법은 이 책의 제7장에서 제시하였으므로, 다음에서는 치매환자가 보이는 다양한 섭식문제에 대처하기 위한 돌봄방법에 대해서 살펴본다.

- 편마비 등으로 인하여 혼자 식사를 하기 어려운 경우에는 빨대, 손잡이가 달린 큰 수저, 손에 걸 수 있는 수저 등과 같은 식사 보조기구를 활용하여 스스로 식사하도록 돕는다.
- 파손되기 쉽거나 위험한 식기류의 사용은 피하고, 안전한 식사도구를 사용한다.
- 식사를 보조할 때 "무엇을 먹어라." 또는 "이것부터 먹어라."와 같이 간섭하지 않아야 하고, 식사를 빨리 하도록 강요하거나 재촉하여 환자가 불쾌감을 느끼거나 자존심이 상하지 않도록 하며, 환자 가까이에 앉아서 인내심을 가지고 "오늘은 참 잘 드시네요." 등과 같은 격려의 말을 한다.
- 식사섭취량이 적거나 편식 등으로 인하여 영양불균형이 생기지 않도록, 고열량 음식이나 영양제 등을 섭취하도록 한다.
- 식사량이 급격하게 변화하고 체중변화가 두드러진 경우에는 신체 및 정신적 문제가 없는지를 살피고 의사와 상의한다.
- 식탁에 너무 많은 음식이 차려져 있을 경우, 치매환자는 무엇을 먼저 먹어야 할지 매우 혼란스러워하거나 음식물로 장난을 치는 경우가 있으므로, 한두 가지 음식을 소량으로 내놓고 필요하면 더 내놓는다.
- 배회 증상이 있는 경우에는 들고 다니며 먹을 수 있는 음식을 준비한다.
- 식사한 사실을 기억하지 못하고 다시 음식을 달라고 하는 경우에는 매 끼니마다 달력에 표시를 하거나, 식탁을 치우지 않고 있다가 먹은 사실을 확인시켜 주는

방법이 도움이 된다.

- 과식, 폭식 등의 섭식장애가 있는 경우에는 소량의 음식이나 소화가 잘되는 열량이 낮은 간식을 제공한다.
- 이식(異食) 증상이 있는 경우에는 유독성 물질뿐 아니라 동전, 단추, 약, 가정용 세제 등 먹는 것 이외의 물건을 주변에 놓아두지 않는다.
- 이물질을 이미 먹었을 경우에는 말을 시켜 본 후, 말을 하지 못하면 즉시 응급처치를 한다.
- 음식 섭취를 거부하거나 영양문제를 일으킬 수 있는 지속적 소량 섭취 문제가 있는 경우에는 원인이 되는 신체적 문제가 있는지를 관찰한 후 우선적으로 제거한다.
- 음식 섭취를 거부할 경우에는 환자가 좋아하는 음식을 준비하고, 조용하고 안정된 식사환경을 조성하고, 다른 활동을 한 후에 다시 식사를 권유하거나 음식과 음료의 종류를 바꾸어 제시한다.
- 지저분하게 음식을 먹는 경우에는 음식물을 흘려도 바닥에 떨어지지 않도록 큰 주머니가 달린 앞치마를 입히거나, 식탁에 비닐보를 깔거나, 손으로 집어먹을 수 있는 음식을 제공한다.
- 음식을 먹여 주는 경우에는 수저에 소량을 담아서 환자의 입에 넣어 주고, 환자가 다 먹었는지 확인한 다음 떠먹이며, 환자가 음식을 받아먹기 위해 입을 벌리지 않으면 환자에게 '아' 소리를 내게 하거나, 하품을 하게 하여 입을 벌리게 유도한다.
- 와상노인의 식사를 보조하는 경우에는 상반신을 높게 하고 방석, 쿠션 등을 등에 대서 편안한 자세를 취하게 한다.
- 의심이 많은 환자에게는 갑자기 새로운 음식을 내놓지 않는다.
- 사레를 유발하는 작고 단단한 견과류나 찹쌀떡 등은 피하고, 갈거나 다져서 조리한 부드러운 음식을 제공한다.
- 음식물이 호흡기로 들어가는 문제가 있는 경우에는 입안에 음식물이 있는 상태에서는 액체를 마시게 하지 말고, 반드시 입안의 음식을 모두 삼킨 후 액체를 마

시게 하되, 서두르지 말고 충분한 시간을 가지고 천천히 조금씩 먹고 마시도록
한다.

- 생선은 비늘과 **뼈**를 발라서 주고, 씨 있는 과일은 씨를 빼고 준다.
- 국물과 건더기가 함께 있는 국은 사레들리기 쉽기 때문에, 걸쭉하게 갈아서 국
  대접 대신 머그잔에 담아서 마시도록 한다.
- 음식물 섭취 후 숨이 막혀 컥컥거리면, 재빨리 응급처치를 취한다.
- 음식물을 씹는 데 어려움이 있는 경우에는 음식을 다지거나 갈아서 작게 만들
  고, 부드럽고 걸쭉한 액상 형태로 만들거나, 점도가 있고 촉촉하고 질감이 고른
  음식을 준비하고, 두부, 생선, 고기, 달걀 등의 단백질 섭취를 높인다.
- 음식물을 삼키는 데 어려움이 있는 환자의 경우에는 의자에 앉을 때 뒤쪽에 엉
  덩이를 바짝 붙여 90° 각도가 되도록 허리를 펴고 똑바로 앉게 하고, 머리는 중앙
  에, 턱은 약간 아래로 향하게 하며 발은 바닥에 평평하게 놓고서 바른 자세로 식
  사하도록 한다.
- 환자가 삼키거나 마시는 데 문제가 있는 경우에는 자극적 음식은 제한하고, 마
  시거나 삼키는 동작과 함께 "꿀꺽"이라는 언어적 표현을 같이 한다.
- 당뇨병, 고혈압, 고지혈증 등이 있는 경우에는 이에 맞는 식이요법을 진행하고,
  의사와 상의하여 영양보조제 복용을 고려한다.
- 변비에 걸리기 쉬우므로 채소나 과일을 충분히 섭취하게 하며, 하루 8컵 정도의
  충분한 수분을 공급한다.
- 환자는 온도감각이 무디어져 있으므로 뜨거운 음식은 특히 주의한다.
- 환자의 시력이 좋지 않은 경우에는 "6시 방향에 김치가 있어요."와 같이 시곗바
  늘 위치로 안내하여 스스로 식사하도록 돕는다.
- 식탁보, 식기, 음식의 색깔은 뚜렷하게 대비가 되는 것으로 준비하여, 환자가 잘
  구분할 수 있게 배려한다.

2. 안전관리

1) 안전사고 예방 조치 및 환경조성

치매환자는 사고장애, 판단기능의 손상과 같은 인지장애로 인하여 여러 가지 사고를 당할 위험이 있으므로, 치매환자의 간호자는 환자의 안전관리를 철저히 해야 한다. 예를 들면, 중증의 치매환자는 시각과 감각 기능의 상실로 인하여 부패한 음식을 먹기도 하며, 담뱃불이나 가스불을 제대로 관리하지 못하여 화상을 입거나 화재를 일으키기도 한다. 또한 길을 잃거나, 탈수 혹은 영양실조에 걸리기도 하며, 낙상하여 골절상을 당하기도 한다. 따라서 치매환자의 안전사고를 방지하기 위한 환경의 구축과 안전사고를 미연에 방지하기 위한 조치가 필수적이다. 치매환자의 안전사고를 줄이고 예방하기 위한 환경 구축과 대처방법은 다음과 같다(권중돈, 2004b; 이성희, 1995c).

- 환자를 흥분시키는 상황이나 급성질환에 이환되는 것을 사전에 예방한다.
- 실내환경을 단순화하고, 청결하게 잘 정돈하며, 환자의 혼란을 줄일 수 있도록 환경변화를 최소화한다.
- 환자에게 위험을 초래할 수 있는 물리적 환경(각진 모서리, 높은 계단 등)은 제거한다.
- 계단에는 잡기 쉬운 안전 손잡이나 난간을 만든다.
- 정원에는 앉을 자리나 걸을 수 있는 공간을 마련해 둔다.
- 층계 끝이나 모서리 부분이 잘 보이도록 색 테이프를 붙여 둔다.
- 반려동물은 키우지 않는다.
- 환자가 들어가서 숨을 수 있는 구석진 곳을 없앤다.
- 집 안 벽지는 무늬 없는 밝은색으로 한다.
- 사고 위험이 있는 곳에 경고 문구(가스 조심, 담뱃불 조심 등)를 써서 붙인다.
- 작업치료나 기타 활동을 할 때는 환자가 먹어도 괜찮은 재료를 활용한다.

- 성냥, 동전, 작은 액세서리 등은 환자가 삼킬 수 있으므로 치운다.
- 환자의 방을 부양자의 방과 가까운 곳에 배치하고, 하루 종일 환자 혼자서 지내지 않도록 한다.
- 우편물, 예금통장, 보험증서 등의 중요한 서류나 물건은 튼튼한 상자나 캐비닛에 넣고 자물쇠로 잠가 둔다.
- 미끄러져 넘어지는 것을 방지하기 위해서는 미끄럼 방지장치가 된 신발 또는 양말을 착용하거나 욕실에 미끄럼 방지장치를 하고, 베란다에서의 추락을 방지하기 위해서는 문에 소리 나는 장치를 달아 둔다.
- 방문이 안에서 잠기는 사고를 방지하기 위해서는 미리 열쇠를 준비해 두고, 환자를 혼자 집 안에 두고 나갈 때 환자가 안에서 자물쇠를 잠글 수 있으므로 비상열쇠를 가지고 외출한다.
- 화재 예방을 위해서는 모든 화기를 환자의 손이 닿지 않는 곳에 두고, 경고 문구를 써 붙인다. 담배를 피울 경우에는 옆에서 지켜보고 재떨이에 약간의 물을 담아 두며, 가스불은 수시로 점검한다.
- 수돗물이 넘쳐흐르는 것을 방지하기 위해서는 경고 문구를 써 붙이거나, 수도꼭지를 수시로 점검한다.
- 보온물통, 헤어드라이기 등 수시로 사용하는 전기제품은 가급적 환자의 눈에 띄지 않는 곳에 치워 둔다.
- 유리컵, 도자기와 골동품, 꽃병 등과 같은 깨지기 쉬운 물건은 치워 둔다.
- 칼, 가위, 유리 식기 등이 보관된 주방설비는 열쇠로 잠가 두며, 공구, 가위, 바늘, 핀, 재봉용품 등도 감춰 둔다.
- 유독 식물과 꽃, 식기, 의류, 세제, 살충제, 약물, 구강세정제, 방취제, 화장품, 향수, 요리양념, 페인트 재료 등과 같이 먹거나 마실 수 있는 것은 반드시 치워 둔다.
- 화상이나 화재를 일으킬 수 있는 끓는 물, 뜨거운 기름, 난로, 성냥, 라이터 등은 모두 치워 둔다.
- 카펫의 끝 부분, 보조탁자, 재떨이, 문턱, 신문꽂이, 전기배선, 발판 등 낙상 사고의 위험이 있는 것은 모두 치운다.

- 시각적 혼란이 있으면 증상이 악화될 수 있으므로, 항상 같은 장소에 같은 가구를 배치하고, 가구를 간단히 해 수납공간을 줄인다.
- 환각 증상이 있는 경우에는 환각을 일으키는 사진과 초상화, 거울 등을 치워 두고, TV 속 인물을 실존 인물로 착각하는 경우에는 TV 시청을 금한다.
- 환자가 너무 많은 현금이나 보석류를 소지하고 외출하지 않도록 하여 강도당할 위험을 사전에 방지한다.
- 비닐봉지를 얼굴에 쓰면 질식할 수 있으므로 손에 닿지 않는 곳에 치운다.
- 환자가 그림자를 보고 당황할 수 있으므로 적당한 조명을 유지하며, 너무 밝거나 어둡지 않게 유지한다.
- 거울에 비친 자신의 모습을 보고 무서워하거나 놀랄 수 있으므로, 거울은 치워 둔다.
- 공간의 기능(거실, 방, 식당 등)에 따라 시각적 대비를 활용한다.
- 환자가 감시당한다는 느낌이 들지 않도록 하면서 계속해서 관찰한다.
- 환자가 위험한 행동을 하려고 할 때는 천천히 그리고 조용히 접근하여 관심을 다른 곳으로 돌리도록 한 후, 위험한 물건을 제거한다.
- 가까운 소방서, 병원 등의 긴급 연락처를 잘 보이는 곳에 붙여 둔다.

2) 안전한 가정 생활공간의 구축

치매환자의 건강유지와 독립적 생활을 돕고, 가정 내에서의 안전사고를 예방하기 위하여 안전한 가정환경의 구축이 필수적이다. 치매환자가 생활하는 가정의 공간별 안전환경 구축방법을 살펴보면 〈표 9-3〉에서 보는 바와 같다(김정희, 2006; 보건복지부, 중앙치매센터, 2018; 이성희, 1991, 1995c; 하양숙, 1997; 한국케어복지협회, 2007; Cohen & Weisman, 1991).

표 9–3 생활공간별 안전한 가정환경 구축방법

생활공간	안전한 환경 구축방법
욕실과 화장실	• 욕실 바닥은 미끄럽지 않게 한다. 타일일 경우는 미끄럼 방지용이 아니라면 그 위에 고무로 된 깔개를 깔아서 미끄러지지 않도록 한다. 고무시트는 낙상 시에도 충격을 줄여 준다. • 욕실 앞에 야간용 보조등을 설치하면 야간에 환자가 쉽게 인식할 수 있어 좋고, 갈색의 변기는 변이 눈에 잘 띄지 않아 환자의 불결 행위를 줄이는 데 효과가 있다. • 욕실 내 감전 사고를 방지하기 위해 전기 콘센트가 눈에 띄지 않도록 하고, 필요하면 욕실장을 콘센트 위에 설치하고 안쪽으로 그 부분을 도려내어 사용한다. • 비누, 샴푸, 세제 및 각종 청소 용액 등은 먹거나 과다 사용하면 위험할 수 있으므로, 잠금장치가 부착된 수납장에 보관한다. • 선반, 세면대 모서리가 모가 난 경우에는 플라스틱과 스펀지 등의 부드러운 재료로 감싸 준다. • 욕실과 샤워실 문을 안전유리와 플라스틱제 또는 커튼으로 바꾼다. • 문을 밖에서 간단히 열 수 있도록 잠금장치를 제거하거나, 반대로 달아 둔다. • 출입, 앉고 서기를 안전하게 할 수 있도록 변기, 욕조 옆의 적절한 장소에 단단한 손잡이를 설치한다. • 온도자동조절장치가 부착된 수도꼭지로 교환하거나, 온도조절 손잡이를 적당한 온도가 되는 지점에 맞춰 둔다. • 자동으로 단수되는 밸브를 사용한다. • 이동식 변기를 사용하거나, 화장실 변기 옆에 손잡이를 설치한다. • 좌변기에 앉았을 때에 안정감을 가질 수 있도록 앉는 부분이 탄력적이고 촉감이 부드러운 것을 이용한다. • 욕조와 쓰레기통에 용변을 볼 수 있으므로, 쓰레기통을 보이지 않는 곳에 치운다. • 세면대 주위 그리고 욕조와 쓰레기통 등 용변을 볼만한 장소에 소변을 흡수하는 낡은 타월을 놓아둔다. • 화장실 휴지는 잘 보이고 손이 닿기 쉬운 곳에 설치한다. • 긴급한 경우에 도움을 요청할 수 있도록 욕실과 화장실에는 비상용 벨을 설치한다.

부엌	• 음식물을 잘 보관하여, 환자가 마음대로 음식을 먹지 못하도록 한다. • 칼과 같이 날카롭고 위험한 물건은 보이지 않는 곳에 보관한다. • 미끄러지기 쉬운 매트는 깔지 않는다. • 일정 시간만 자동으로 물이 나오는 수도꼭지로 교체하거나, 수도의 안전밸브를 잠가 둔다. • 가스레인지 옆에는 휘발성 가연 물질을 두지 않는다. • 가스관과 가스레인지의 안전밸브를 잠근다. • 하수구에 귀중품을 버리는 경우가 있으므로, 배수관에 망을 씌워 둔다. • 위험물에 접근하지 못하도록 찬장이나 선반에 자물쇠를 채운다. • 식기를 부수는 것이 걱정된다면, 플라스틱 접시나 컵을 사용한다. • 부엌을 출입할 수 없도록 문짝을 설치하여 안전을 확보한다. • 가스레인지 자체에 조작손잡이가 움직이지 않게 안전잠금장치가 부착된 제품을 설치한다. • 가스레인지를 불연성 재질의 덮개로 덮어 두면, 환자의 눈에 띄지 않고 요리 직후에 열기가 남은 렌지를 만져 화상을 입는 것도 예방할 수 있다. 다만 덮개에는 불연성 방지시트 등을 사용한다. • 냉장고를 자물쇠로 채우거나, 냉동고 문의 손잡이를 없애고, 끈을 사용하여 열고 그 끈은 눈에 띄지 않도록 냉장고 위에 숨겨 둔다. • 냉장고에 부착하는 각종 모양의 자석은 노인이 먹는 것으로 착각할 수 있으므로 붙이지 않는다. • 커피메이커, 토스터, 믹서 등의 가전제품 콘센트는 뽑아 두거나 감춰 둔다. • 찬장과 선반에 자물쇠를 채운다. • 세제, 살충제 등의 독성이 있는 것은 손이 닿지 않는 곳에 보관한다. • 드레싱, 조미료, 샐러드 오일 등과 같이 대량으로 입에 넣으면 위험한 음식 혹은 유통기한이 지난 것은 냉장고에 넣어 두지 않는다. • 부엌에 쓰레기를 놓아두면 만지거나 먹을 수 있으므로 바로 치운다.
세탁실	• 세탁기가 있는 곳은 될 수 있는 대로 자물쇠로 잠가 둔다. • 모든 세제는 보관함에 넣어 잠가 둔다. • 세탁기나 건조기 속에 환자가 들어가거나 다른 물건을 넣지 못하도록 덮어 두거나 보이지 않도록 문을 설치한다.

현관과 출입문	• 현관 앞의 매트는 미끄러지기 쉬우므로 없앤다. • 배회 증상이 있는 경우, 출입문에 두 개의 자물쇠를 상하부에 설치하고, 경보장치도 설치한다. • 자물쇠가 딸린 문을 설치하는 것이 어렵지만 출입을 제한할 필요가 있는 경우에는 간이식 목책 등을 설치한다. • 치매환자의 이동이 쉽게 하기 위해 출입구를 개조한다. • 계단과 위험한 장소에는 안전손잡이를 설치한다. • 계단이나 모서리는 형광 테이프를 붙이거나 페인트로 색을 칠하여 눈에 잘 띄도록 한다. • 계단의 단차(段差)를 줄이고, 휠체어의 이동을 위해서는 단차를 없애거나 경사로를 만든다.
거실과 베란다	• 보행이 불편한 경우는 안전손잡이를 설치하고, 휠체어 환자의 경우는 가능한 한 문턱을 없애고 카펫 등 바퀴에 걸릴 수 있는 것은 제거한다. • 배회가 심한 경우, 가구 모서리나 위험한 물건에 걸리지 않도록 전깃줄 등 낙상시 부상을 가져올 만한 물건은 제거한다. • 출입구를 분별하지 못하는 경우는 베란다에서 추락할 위험성이 있으므로, 베란다 창틀에 문이 10cm 이상 열리지 않게 고무 패드를 설치하거나 열쇠 잠금장치를 한다. • 환자가 외부에 잘 나갈 수 없는 경우에 베란다에 높이 1.8m 이상의 안전장치를 설치하여, 환자가 일광욕을 하거나 외부 공기를 마실 수 있도록 한다. • 문의 유리 부분이나 거실 창에는 눈높이에 맞춰 유리라는 것을 알 수 있도록 그림 등을 붙여 놓는다. • 거실바닥은 청결유지나 악취 제거가 쉬운 마루 재질이 좋으나, 낙상 시 충격 예방을 위해서 카펫을 깔 경우에는 조각으로 분리하여 세탁이 가능한 카펫을 선택한다. • 바깥 공기가 노인에 직접 닿지 않도록 1시간에 1~2분씩 두 번 정도 환기한다.
침실과 가구	• 환자의 침실은 1층에 있는 화장실과 욕실 옆으로 옮긴다. • 침대의 높이는 걸터앉았을 때 발이 바닥에 확실히 닿는 정도로 한다. • 침대에서 떨어지지 않도록 침대는 벽에 부착시키고, 지지대를 설치하고, 침대 주변의 바닥에는 이불이나 매트리스를 깔아 놓는다. • 지남력장애가 있는 경우, 방마다 색채나 분위기를 다양하게 조성하여 쉽게 구별이 가도록 하되, 색상은 너무 자극적인 색보다는 따뜻한 느낌을 주면서 대비가 되는 색으로 선택한다.

침실과 가구	• 벽은 부드럽고 따뜻한 색상의 벽지, 커튼을 사용하고, 2중 커튼으로 온도, 채광, 소음을 관리한다. • 방 안에 난방기구를 켜 놓았을 때는 환자 혼자 두지 않는다. • 적절한 실내온도(겨울 19~24℃, 여름 20~24℃, 습도 60~70g/m³)를 유지하고, 여름철의 실내온도는 외부 기온보다 5℃ 정도 낮춘다. • 직사광선은 피하고, 간접조명을 이용한다. • 침실에는 야간조명을 설치하고, 밝기가 충분하지 않은 생활공간이나 시야가 나빠서 사고 위험이 있는 장소에는 조명을 추가한다. • 환자가 한밤중에 배회하거나 일어나 화장실로 가는 경우에는 통로에 발밑을 비추는 조명기구를 설치한다. • 가구는 짚었을 때 기울어지거나 바퀴가 달려서 쉽게 굴러가지 않는 것으로 둔다. • 딱딱한 의자, 푹신한 의자, 등받이가 높은 의자 등 상황에 맞는 의자를 선택하고, 의자나 휠체어에서 미끄러져 떨어지는 것을 방지하기 위해 안전벨트를 사용한다. • 서랍장은 열기 쉬우면서도 서랍이 쉽게 이탈되지 않아야 한다. • 옷장은 안정감이 있어서 이용자가 상당한 힘을 주어도 앞으로 쓰러지지 않는 것을 선택하고 옷장 바닥은 벽돌 등 무게가 나가는 것으로 지지한다. • 옷 입는 순서를 모르거나 옷을 고르는 데 어려움이 있는 환자가 있는 경우, 옷장의 일부는 잠가 두고, 그날 입을 옷을 순서대로 옷걸이에 걸어서 그 순서대로 입도록 배려하면, 어느 정도 자립적으로 자신이 옷을 입을 수 있다.

제3부 치매환자와 가족의 복지

제10장 | 치매환자와 가족을 위한 복지정책

치매환자와 가족을 위한 정책과 서비스는 다양한 분야에서 접근이 가능하다. 즉, 치매환자의 치료와 간호방법을 중심으로 한 정책과 서비스는 보건의료 분야에서, 치매환자의 생활지원과 장기요양서비스는 노인복지 분야에서, 부양가족 지원서비스는 가족복지 분야에서 접근이 가능하다. 어떤 분야에서 어떤 관점을 갖고 접근하는가에 따라 치매환자와 가족을 위한 정책과 서비스는 기본방향과 서비스의 내용이 달라질 수 있다. 하지만 현재 우리나라 치매환자를 위한 정책은 노인복지정책의 틀 속에서 주로 논의되고 있으므로, 다음에서는 노인복지적 관점에서 치매환자와 가족을 위한 현행 정책의 방향과 내용을 논의해 보고자 한다.

1. 치매정책의 목표와 방향

1) 노인복지와 정책의 이해

현재 치매환자와 가족을 위한 정책과 서비스를 논의하기 위해서는 노인복지에 대한 이해가 선행되어야 한다. 복지(福祉)라는 용어는 '밭에서 나는 곡식이 높이 쌓이게 해 달라고 제사를 지낸다'는 의미의 복(福)과 '마음의 염려를 떨쳐 버리고 마음의 안정을 찾을 수 있도록 기도한다'는 의미를 지닌 지(祉)가 합쳐진 용어로서, '사람들과 어울려 살면서(社會) 물질적으로 풍요롭고(福), 정신적으로 안정된 생활을 할 수 있도록(祉) 기원한다'는 의미를 지니고 있다(권중돈 외, 2022). 따라서 노인복지는 "모든 노인이 최저 수준 이상의 생활을 유지하고, 사회적 욕구 충족과 생활상의 문제를 예방·해결하며, 노후생활에 대한 적응과 사회통합을 이루는 데 필요한 급여와 서비스를 제공하는 공공과 민간 부문의 조직적이고 전문적인 제반 활동"이라고 정의할 수 있다(권중돈, 2022).

노인복지는 「헌법」에 명시된 노인의 권리인 인간다운 노후생활을 영위할 수 있도록 돕는 데 목적을 두고 있으며, 노인의 안정된 생활 유지, 자아실현을 위한 욕구충족, 사회통합의 유지라는 목표를 달성하고자 한다. 국가는 독립(independence), 참여(participation), 보호(care), 자아실현(self-fulfillment), 존엄(dignity)이라는 원칙(보건복지부, 2000)을 준수하면서, 이러한 목표달성을 위한 정책을 추진하게 된다. 사회복지정책의 하위범주에 속하는 노인복지정책은 '노인의 사회적 욕구 충족과 문제해결을 위한 정부나 공공기관의 행동원칙과 계획'으로 정의할 수 있다.

노인복지정책을 '무엇이 이루어져야 하는가?'라는 당위성이나 가치, 목적, 행동원칙이라고 한다면, 이러한 정책이 정책대상인 노인에게 전달되기 위해서는 정책집행 단계에서 프로그램이나 서비스로 변형되어야 한다. 이와 같이 정책을 구체적인 프로그램이나 서비스로 전환하는 데는 몇 가지 가치선택이 필요하다. Gilbert와 Terrell(2013)는 정책을 프로그램이나 서비스로 전환하기 위해서 배분(allocation), 급여(benefit), 전달(delivery), 재정(finance)이라는 네 가지 영역과 관련한 가치선택이 필요하다고 하였다. 이러한 가치선택의 영역을 살펴보면, 배분은 급여나 서비스를 받을 수 있는 자격요건을 결정할 때 작동하는 가치선택의 영역이며, 급여는 급여 대상에게 어떤 형태의 급여를 줄 것인가와 관련된 가치선택의 영역이다. 또한 전달은 급여나 서비스를 어떤 방법으로 수급권자에게 전달한 것인가와 관련된 가치선택 영역이며, 마지막으로 재정은 급여나 서비스를 제공하는 데 필요한 재원을 어떻게 마련할 것인가와 관련된 가치선택 영역이다.

2) 노인복지정책의 기본방향

노인복지정책의 접근방법은 노인인구를 특수한 인구집단으로 따로 분리하여 접근하는 방법과 노인이 지닌 문제를 중심으로 접근하는 방법이 있다(최성재, 장인협, 2010). 이러한 두 가지 접근방법은 상반되기보다는 상호보완적인 개념이다. 먼저 우리나라에서는 노인인구 중심 접근방법에서 「노인복지법」에 근거하여 노인만을 대상으로 한 급여와 서비스를 제공하고 있으며, 문제중심별 접근방법에서는 노년기의 4고(四苦)라 일컬어지는 빈곤, 질병, 고독과 소외, 무위의 문제를 중심으로 하여 급여와 서비스를 공급하고 있다. 현재 우리나라의 노인복지정책에서는 ① 의식주 등 기본생계를 해결하는 데 어려움이 있는 빈곤문제는 소득보장과 주거보장, ② 질병과 보호부양의 애로 등과 같은 건강문제는 건강보장, ③ 고독과 소외, 무위의 문제는 고용보장과 사회적 서비스를 통하여 해결하려 하고 있다.

현행 노인복지정책의 기본방향은 「저출산고령사회기본법」에 의거하여 수립된 저출산고령사회기본계획에 잘 나타나 있다. '제4차 저출산·고령사회 기본계획 (2021~2025): 함께 일하고 함께 돌보는 사회'에서는 '모든 세대가 함께 행복한 지속가능 사회'라는 비전을 설정하고, '건강하고 능동적인 고령사회 구축'을 핵심 추진전략으로 제시하고 있고 있는데, 이는 바로 노인복지 부문의 정책목표이다. 이러한 정책목표를 달성하기 위하여 ① 소득 공백 없는 노후생활 보장 체계, ② 예방적 보건의료서비스 확충, ③ 지역사회 계속 거주를 위한 통합적 돌봄, ④ 고령친화적 주거환경

| 비전 | 모든 세대가 함께 행복한 지속 가능 사회 |
| 목표 | 건강하고 능동적인 고령사회 구축 |

핵심과제	세부 추진과제
소득 공백 없는 노후생활 보장 체계	• 노인 빈곤 완화를 위한 국가책임 강화 • 공·사적연금의 다층노후소득보장 강화 • 고령친화 금융환경 구축
예방적 보건의료 서비스 확충	• 사전 예방적 건강관리 • 방문형 건강관리·의료서비스 활성화 • 치매노인 종합적 관리·지원
지역사회 계속 거주를 위한 통합적 돌봄	• 지역사회 통합돌봄체계 구축 및 지역사회 복귀 지원 • 노인장기요양보험 보장성 강화 및 서비스 질 제고 • 의료−요양 기능 조정 및 적정 이용 유도
고령친화적 주거환경 조성	• 고령친화적 주택 공급 및 교통복지기반 구축 • 고령친화 커뮤니티 확산
존엄한 삶의 마무리 지원	• 질 높은 호스피스·완화의료 제공 • 생애 말기 자기결정권 강화를 위한 지원체계 정비

[그림 10-1] 제4차 저출산 고령사회 기본계획의 고령사회 부문 정책목표와 과제

출처: 대한민국 정부(2020). 제4차 저출산·고령사회 기본계획.

조성, ⑤ 존엄한 삶의 마무리 지원이라는 다섯 가지 핵심과제를 제시하고 있다([그림 10-1] 참조).

소득 공백 없는 노후생활 보장 체계를 구축하기 위해서 노인 빈곤 완화를 위한 국가책임 강화, 공적 및 사적 연금의 다층노후소득보장 강화, 고령친화 금융환경 구축이라는 세부 정책과제를 제시하고 있다. 예방적 보건의료서비스 확충을 위해서는 사전 예방적 건강관리, 방문형 건강관리·의료서비스 활성화, 치매노인 종합적 관리·지원이라는 과제를 제시하고 있다. 그리고 지역사회 계속 거주를 위한 통합적 돌봄

체계의 구축을 위해서는 지역사회 통합돌봄체계 구축 및 지역사회 복귀 지원, 노인장기요양보험 보장성 강화 및 서비스 질 제고, 의료-요양 기능 조정 및 적정 이용 유도라는 세부 과제를, 고령친화적 주거환경 조성을 위해서는 고령친화적 주택 공급 및 교통복지기반 구축과 고령친화 커뮤니티 확산이라는 세부 과제를, 존엄한 삶의 마무리 지원을 위해서는 질 높은 호스피스·완화의료 제공, 생애 말기 자기결정권 강화를 위한 지원체계 정비라는 세부 과제를 추진하려는 계획을 제시하고 있다.

이러한 정책방향에 의해 추진되는 구체적인 급여와 서비스에 대한 논의는 본서의 범위를 넘어서기 때문에 이에 대한 논의는 생략하고자 한다. 다만, 치매환자와 가족을 위한 정책과 서비스는 예방적 보건의료서비스 확충이라는 정책과제 중 치매노인 종합적 관리 지원이라는 세부 추진과제와 직접적 관련성을 지니고 있으며, 지역사회 계속 거주를 위한 통합적 돌봄체계와 존엄한 삶의 마무리 지원을 위한 세부 추진과제들과도 관련성을 지니고 있다.

3) 현행 치매정책의 목표와 기본방향

우리나라에서 치매에 대해 관심을 기울이기 시작한 것은 1990년대 초반부터이며, 최초의 공식적 치매환자 보호대책은 1996년 3월 말에 발표된 '삶의 질 세계화를 위한 노인·장애인복지 종합대책'이다(보건복지부, 1996). 여기에서는 "치매노인 10년 대책"을 추진할 것을 천명하면서 치매전문요양시설 건립, 치매병원의 건립, 치매 진단과 치료기법의 연구, 치매전문인력의 양성, 치매원격정보통신망을 이용한 원격진료의 확대 등을 제시하고 있다. 즉, 우리나라 최초의 치매환자 보호대책은 치매 진단과 치료에 필요한 연구와 인력개발, 치매 전문 병원 및 요양시설의 건립과 같은 기본적 인프라를 갖추는 데 주안점을 두고 있다. 이러한 치매노인 보호대책은 보건복지부에서 1999년 발표한 노인복지 중장기 발전계획, 2002년에 발표한 '고령사회에 대비한 노인보건복지 종합대책'을 거치면서 더욱 강화되었다. 이후 2005년 「저출산고령사회기본법」이 제정되어 국가가 매 5년마다 저출산고령사회기본계획을 수립하여 집행하도록 규정하면서, 네 차례의 저출산고령사회기본계획에서도 치매관리체계 구축은 핵심적 정책과제로 제시되었다.

　보건복지부에서는 치매환자의 급증에 따른 사회적 부담의 증가, 치매가족의 부양능력 약화, 치매환자 의료비 증가, 치매에 대한 부정적 인식의 만연에 대응하기 위해서 2008년 9월에 발표한 소위 '치매와의 전쟁'으로 불리는 '제1차 치매 종합관리대책 (2008~2012)'을 수립하여 발표하였다. 치매종합관리대책에서는 '노인의 편안하고 인격적인 삶 보장'이라는 목적을 달성하기 위한 정책목표로 ① 치매조기검진률 제고, ② 치매의료관리 향상, ③ 치매전문인력 양성이라는 세 가지로 설정하고, 구체적인 목표치를 제시하고 있다. 이러한 정책목표를 달성하기 위한 정책 기본방향을 ① 건강증진사업과의 연계 추진, ② 치매유형별 맞춤형 관리, ③ 종합적 · 체계적 치매 관리체계의 구축이라는 세 가지로 제시하고 있다.

　2011년 8월 「치매관리법」의 공포는 보다 체계화되고 종합적인 치매대책이 마련될 수 있는 기반이 되었다. 「치매관리법」 제6조에서는 매 5년마다 치매의 예방과 관리를 위한 정책 방향, 치매검진사업의 추진계획과 방법, 치매환자의 치료 · 보호 및 관리, 치매에 관한 홍보 · 교육, 치매관리에 필요한 전문인력의 육성 등의 내용을 담은 치매관리 종합대책을 수립하여 실행하도록 규정하고 있다. 이에 따라 이전까지 단편적으로 추진되어 오던 치매정책은 정책목표나 방향에서는 큰 변화가 없지만, 세부적인 정책내용과 추진전략에 있어서는 보다 구체화되고 체계화되는 변화가 나타나게 되었다.

　「치매관리법」 시행 이후 처음으로 제시된 '제2차 국가 치매관리 종합계획'(2013~2015)(보건복지부, 2012)에서는 치매 예방-발견-치료-보호를 위한 체계적 기반 구축, 치매환자와 가족의 삶의 질 향상 및 노년의 불안감 해소, 치매에 대한 올바른 이해 및 사회적 관심 제고라는 세 가지 정책목표를 성취하기 위한 세부 정책과제를 제시하고 있다. 즉, ① 치매 검진 내실화 및 진단율 제고, 치매 발생 위험요인 사전 관리 강화를 통한 조기발견 및 예방 강화, ② 치료 지원 강화, 장기요양 대상자 확대, 가족의 돌봄 지원, 치매 거점 병원 지정 및 운영을 통한 맞춤형 치료 및 보호 강화, ③ 치매 관리 전달체계 확립, 치매환자 종합 데이터베이스 고도화, 치매전문인력 양성, 치매 연구 · 개발 강화를 통한 인프라 확충 그리고 ④ 치매 케어 상담 등 가족 지원 강화, 치매 인식 개선 및 정보 제공을 통한 가족 지원 및 사회적 소통 확대를 추진하고자 하였다.

　'제3차 치매관리종합계획(2016~2020년)'(보건복지부, 2015)에서는 '치매환자와 가족이 지역사회에서 편안하고 안전하게 살아갈 수 있는 사회 구현'이라는 비전하에 '지역사회 중심의 치매 중증도별 치매치료 · 돌봄'과 치매환자의 권리 · 안전 보호와 가족 부담경감 중심의 지원체계 마련을 정책목표로 설정하고 있다. 이러한 정책목표를 성취하기 위해서 ① 생활 속 치매 예방 실천 지원, 치매에 대한 부정적 인식 개선 및 치매 친화적 환경 조성, 3대 치매 고위험군 관리 및 지속적 치매 조기발견 등을 통한 지역사회 중심의 치매 예방 및 관리, ② 지역사회 중심의 치매 치료, 관리체계 확립 및 전문성 제고, 치매환자 재가 및 시설 돌봄 지원, 중증 · 생애 말기 치매환자 권리보호 및 학대 방지 등 지원체계 마련을 통한 편안하고 안전한 치매환자 진단, 치료, 돌봄서비스 제공, ③ 치매환자를 돌보는 가족을 위한 상담, 교육, 자조모임 등 지원, 치매환자 가족의 간병 부담 경감을 위한 사회적 지원 확대, 치매환자 가족의 간병 부담 경감을 위한 경제적 지원 확대를 통한 치매환자 가족의 부양 부담 경감 그리고 ④ 연구 · 통계 및 기술을 통한 인프라 확충이라는 핵심 정책과제를 제시하고 있다.

　2017년 9월부터 치매 국가책임제가 시행됨에따라, 우리나라 치매정책은 획기적 전환이 이루어지게 되었는데, 치매 국가책임제의 주요 내용은 다음 〈표 10-1〉과 같다(보건복지부, 2017).

　치매 국가책임제 시행 후 3년 뒤에 발표된 '제4차 치매관리종합계획(2021~2025)'(보건복지부, 2020)은 치매 국가책임제의 완성과 치매환자와 가족, 지역사회가 함께

표 10-1　치매 국가책임제의 주요 내용

주요 내용	세부 추진 과제
1. 맞춤형 사례관리	−전국 시 · 군 · 구 보건소에 치매 안심센터 설치 　• 치매노인과 가족 대상 1:1 맞춤형 상담, 검진, 관리, 서비스 연결까지 통합적인 지원 −치매 핫라인 구축 　• 치매상담콜센터 1899-9988을 이용하여 24시간 상담 　• 보건복지콜센터(129)와의 연계 강화

2.
장기요양
서비스 확대
	−치매 진단을 받으면 신체 기능과 상관없이 장기요양보험서비스를 받을 수 있게 등급체계 확대
	−치매환자에게 특화된 치매안심형 시설 확충
	  • 치매안심형 주야간보호시설(경중 치매), 치매안심형 입소시설 단계적 확충
	−서비스 질 관리와 종사자 전문성 강화
	  • 장기요양시설 지정 갱신제 도입, 장기요양 종사자 처우 개선

3.
치매환자
의료 지원 강화
	−이상행동증상(BPSD)이 심한 중증환자는 치매안심요양병원에서 단기 집중 치료
	  • 치매안심요양병원: 공립요양병원에 치매전문병동 시범 설치 · 지정 · 운영한 다음 단계적 확대
	−치매 통합 진료 수가 신설
	  • 치매 이외 내 · 외과적 질환이나 치과 질환 등이 동반된 진료

4. **치매 의료비 및** **요양비 부담 완화**	−중증 치매환자의 의료비 본인부담률 경감 −치매진단검사의 건강보험 적용: 종합 신경인지검사, 자기공명영상검사 −장기요양 본인부담금 경감 혜택 대상 확대 추진 −식재료비와 기저귀 등 복지용구도 장기요양급여 지원 추진
5. **치매 예방 및** **치매 친화적** **환경 조성**	−노인복지관에서 치매 예방을 위한 프로그램 제공 −66세 대상 국가건강검진의 인지기능 검사 정밀화, 검사 주기 단축 −치매 가족 휴가제, 치매 어르신 실종 예방 사업, 치매안심마을 조성 사업, 치매 파트너즈 양성 사업 등 −치매노인 공공후견제도

6.
치매 연구 · 개발
	−치매에 대한 체계적인 연구 계획 수립
	  • 국가 치매 연구 · 개발 10개년 계획(국가치매연구개발위원회)
	−기술과 연구 지원
	  • 조기 진단과 원인 규명, 예측, 예방 등 치매 예방 및 관리
	  • 치매의 근본적 해결을 위한 중 · 장기 연구(예: 치매치료제)

7. **치매정책** **행정체계 정비**	−중앙: 치매정책 전담 부서 신설(보건복지부 치매정책과) −지자체: 국고 재정 투입하여 지역 특화 사업 추진 여건 조성

출처: 보건복지부(2017). 치매 국가책임제 추진계획.

비전	치매환자와 가족, 지역사회가 함께하는 행복한 치매안심사회 실현

목표	살던 곳에서 안심하고 지낼 수 있도록 지원 치매안심센터의 치매환자 등록 · 관리율: 60%('21년) → 80%('25년)

수요자 관점 생애주기별 치매 관리 강화

전문화된 치매 관리와 돌봄	1. 선제적 치매 예방 · 관리	1) 치매고위험군 집중관리 및 치매 조기발견 지원 2) 인지건강증진 프로그램 개발 및 확산
	2. 치매환자 치료의 초기 집중 투입	1) 치매환자의 치료 · 관리 전문성 강화 2) 초기 집중 관리로 치매 악화 지연
	3. 치매돌봄의 지역사회 관리 역량 강화	1) 지역거주 치매환자 지원 서비스 다양화 2) 유관자원 연계를 통한 지원체계 강화
	4. 치매환자 가족의 부담 경감을 위한 지원 확대	1) 지역 기반 치매환자 가족 지원 서비스 강화 2) 치매환자 가족의 돌봄역량 강화 지원

치매 관련 인프라의 연계체계 마련, 제도개선을 통한 기반 구축

치매 관련 정책 기반 강화	1. 치매관리 전달체계 효율화	1) 치매관리 주요 수행기관의 기능 정립 및 강화 2) 유관기관 연계와 협력을 통한 치매 전달체계 개선
	2. 치매관리 공급인프라 확대 및 전문화	1) 치매 의료 · 요양기관의 서비스 전문화 2) 의료 · 요양 제공기관 확충 및 지원체계 개선
	3. 초고령사회에 대응한 치매 연구 및 기술개발 지원 확대	1) 치매 관련 통계와 연구 지원체계 마련 2) 치료와 돌봄을 지원하는 과학기술(technology) 활용
	4. 치매환자도 함께 살기 좋은 환경 조성	1) 치매 인식개선을 위한 교육과 홍보 2) 치매환자와 더불어 사는 사회적 환경 조성

[그림 10-2] 제4차 치매관리종합계획의 비전, 목표 및 추진과제

자료: 보건복지부(2020). 제4차 치매관리종합계획(2021~2025년).

하는 행복한 치매안심사회(safe from dementia) 구현을 비전으로 설정하고, 치매환자가 살던 곳에서 안심하고 지낼 수 있도록 지원하는 데 정책목표를 두고, 전문화된 치매관리와 돌봄과 관련하여 46개 과제, 그리고 치매 관련 정책 기반 강화와 관련된 41개 과제 등 총 87개 정책과제를 제시하고 있다. 이러한 제4차 치매관리종합계획의 비전, 목표, 추진과제는 [그림 10-2]에서 보는 바와 같다.

4) 현행 치매정책의 구성체계

치매정책이 개발·집행되기 위해서는 정책의 목적과 목표, 방법, 법적 근거, 재정, 전달체계 등과 같은 구성체계가 갖추어져야 한다. 치매정책의 목적과 목표에 대해서는 앞서 다루었으므로, 여기에서는 치매정책의 구성체계 중에서 법적 근거, 재정, 전달체계에 대해서 살펴보고자 한다.

치매정책은 「노인복지법」, 「지역보건법」, 「노인장기요양보험법」 등의 관련 법률에 근거하여 추진되어 왔으나, 2011년 8월 「치매관리법」이 공포됨에 따라 독자적인 법적 근거를 갖추게 되었다. 「치매관리법」에서는 중앙과 지방 정부의 치매관리사업에 대한 책임을 명기하고, 보건복지부 차관을 위원장으로 하는 국가치매관리위원회를 구성하여 치매관리에 관한 주요 사항을 심의할 것을 규정하고 있다. 또한 매 5년마다 치매관리종합계획을 수립·시행하고, 매년 9월 21일을 '치매극복의 날'로 지정하여 치매에 관한 교육과 홍보를 강화하며, 치매검진사업, 치매환자 의료비 지원사업, 치매 역학조사와 연구사업, 치매등록통계사업, 중앙치매센터와 치매상담센터의 설립운영 등을 규정하고 있다. 이에 소요되는 재정은 중앙과 지방 정부가 전액 또는 일부 지원하도록 하고 있다.

치매정책에 투입되는 재정은 치매국가책임제 시행 이후 큰 폭으로 증액되었으나, 아직도 다른 노인복지 예산에서 차지하는 비중은 크지 않다. 우리나라의 총 사회복지지출은 2000년 국내총생산(GDP)의 5.5%에서 2019년 12.2%로 증가하였지만, 프랑스의 30.9%, 핀란드의 29.1%, 덴마크의 28.3%에 비해 그 수준이 매우 낮은 편이다. 그러나 노인복지 예산만큼은 꾸준히 증가하고 있는데, 「노인복지법」 제정 이후 첫해

인 1982년 중앙정부의 노인복지 예산액은 7억여 원에 불과하였으나, 1990년 378억여 원, 2000년 2,808억여 원 그리고 2010년 3조 5,000억여 원, 2020년 16조 4,003억여 원으로 지난 40여 년 동안 매우 큰 폭으로 증가하였으며, 노인복지예산이 우리나라 전체 정부예산의 4.9%를 차지하고 있다(보건복지부, 2023c).

치매노인을 위한 정책예산은 노인복지 본예산이 아닌 국민건강증진기금이라는 특별회계에 포함되어 있다. 치매 국가책임제가 시행되기 이전인 2017년 치매정책에 투입된 예산은 154억 500만 원이었으나 2023년에는 1,898억 원으로, 불과 6년 사이에 12.3배 증가하였다. 국민건강증진기금의 치매관리체계 구축 예산으로 편성된 치매정책 예산은 치매안심센터, 중앙·광역치매센터 및 치매상담콜센터 운영, 공립요양병원 기능보강 사업 등을 통하여 치매환자 및 가족에 대한 치매관리서비스 제공에 투입되는데, 전체 노인복지 예산에서 차지하는 비중은 8.1%이다.

2023년 치매정책 예산의 주요 내용을 보면, 국가치매관리사업 운영 41억 원, 치매상담콜센터 운영 15억 원, 광역치매센터 운영(17개소) 76억 원, 치매안심센터 운영(256개소) 1,636억 원, 치매안심센터 시스템 고도화 11억 원, 공립요양병원 BTL 정부지급금(6개소) 35억 원, 공립요양병원 기능보강 15억 원, 공립요양병원 기술지원 및 성과관리 3억 원, 공립요양병원(79개소) 공공사업 지원 40억 원, 치매공공후견지원 10억 원, 치매실태조사 사전연구 16억 원으로, 치매안심센터 운영 예산이 전체 예산의 86.2%를 차지하고 있다(보건복지부, 2023c). 이 외에 노인복지 본예산에 포함된 치매전담형 노인요양시설 확충 예산(327억 원)과 노인건강관리 예산으로 편성된 치매관리사업 예산(11억 원) 그리고 국민건강보험제도의 치매진단비 및 중증 치매환자 산정특례 비용 그리고 노인장기요양보험의 치매환자를 위한 시설 및 재가급여에 지출되는 보험료를 더하면 전체 치매환자 및 가족 지원을 위한 재정규모는 더욱 커질 것이다.

현재 치매환자와 가족을 위한 서비스를 전담하고 있는 중앙부처는 보건복지부 인구정책실 노인정책관 산하의 노인건강과이며, ① 치매 종합대책의 수립·조정에 관한 사항, ② 치매노인 실태조사에 관한 사항, ③ 치매 등 노인건강 관련 법령에 관한 사항, ④ 치매환자 및 그 가족 지원에 관한 사항, ⑤ 치매의 예방 및 관리 등 노인건강 증진에 관한 사항, ⑥ 치매관리를 위한 전달체계의 구축 및 운영에 관한 사항, ⑦ 공립치매병원의 확충 및 지원에 관한 사항, ⑧ 치매상담전화센터의 운영 및 관리에 관한 사항, ⑨ 치매극복의 날 행사 지원, ⑩ 치매 등 노인건강 관련 연구 · 조사 및 교육 · 홍보에 관한 사항, ⑪ 노인 건강 · 돌봄 연계 기획에 관한 사항을 다루고 있다. 광역자치단체에서는 노인복지과 등에서 치매정책을 담당하며, ① 치매관리에 관한 시행계획 수립 · 시행 및 평가, ② 지역치매관리사업 총괄 및 관리 · 지원, ③ 광역치매센터 설치 및 운영, ④ 광역치매센터 · 치매안심센터 행정적 · 재정적 관리 · 지원 등의 업무를 담당한다. 기초자치단체에서는 ① 치매관리에 관한 시행계획 수립 · 시행, ② 시 · 군 · 구 보건소의 치매안심센터 설치 및 운영, ③ 치매안심센터 행정적 · 재정적 관리 · 지원 업무를 담당하고 있다.

이러한 중앙 및 지방정부의 공공행정 전달체계와 별도로 중앙치매센터-광역치매센터-치매안심센터의 전달체계를 통하여 치매환자와 가족이 필요로 하는 서비스를 제공하고 있다(보건복지부, 2023a). 중앙치매센터에서는 ① 치매관리종합계획 수립 및 시행계획 추진실적 평가 지원, ② 국가치매관리사업 기획 및 연구, ③ 치매관리사업 수행기관 기술 지원 및 평가 지원, ④ 치매관리사업 운영지침 개발 및 보급, ⑤ 광역치매센터 · 치매안심센터 종사자 표준 교육과정 및 교재 개발, ⑥ 치매정보시스템 구축 · 운영 및 치매등록통계사업 지원, ⑦ 치매안심센터 업무 지원 등의 역할을 담당하고 있다. 광역치매센터는 ① 광역지자체의 치매관리시행계획 수립 및 시행 지원, ② 지역치매관리사업 기획 및 연구, ③ 치매안심센터 및 노인복지시설 등의 사업수행을 위한 기술 지원, ④ 치매안심센터 수행 지원, ⑤ 치매전문인력 종사자 교육, ⑥ 지자체 내 치매 예방 · 치료 관련 기관 연계체계 구축 등의 사업을 실시한다.

기초자치단체 단위로 설치 운영되는 치매안심센터는 치매환자와 그 가족들에게 직접적 서비스를 제공하는 최일선 기관으로서, 치매 관련 상담 및 조기검진, 치매환자의 등록 · 관리, 치매환자 사례관리(케어플랜), 자원연계 계획 수립 및 실시, 치매환자쉼터 운영, 치매환자 가족지원사업, 치매공공후견사업, 치매 예방 · 인식개선 교육 및 홍보와 관련된 사업을 담당하고 있다. 2023년 현재 치매관리사업 수행기관은 중앙치매센터 1개소, 광역치매센터 17개소, 치매안심센터 256개소, 치매안심병원 10개소 및 공립요양병원 77개소가 설치 운영되고 있다. 이와 같은 치매관리 정책의 전달

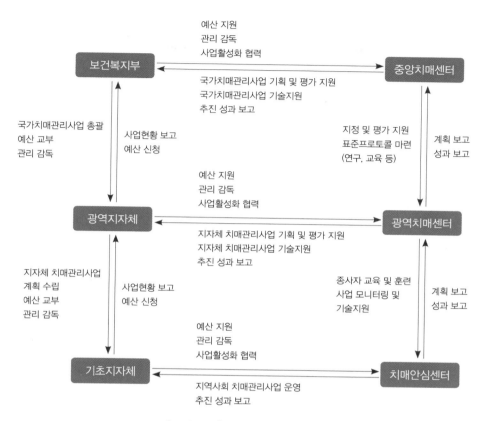

[그림 10-3] 치매관리 전달체계

자료: 보건복지부(2023a), 2023년 치매정책 사업안내.

체계는 [그림 10-3]과 같다.

2. 치매환자와 가족을 위한 서비스

「치매관리법」 제1조에는 치매관리 정책의 목표가 명확히 제시되어 있다. 즉, 치매관리정책은 '치매의 예방, 치매환자에 대한 보호와 지원 및 치매퇴치를 위한 연구 등에 관한 정책을 종합적으로 수립·시행함으로써, 치매로 인한 개인적 고통과 피해 및 사회적 부담을 줄이고 국민건강증진에 이바지하는 데 목적을 두고 있다. 이러한 목적을 달성하기 위하여 치매 국가책임제와 치매관리종합계획을 기반으로 하여, 치매환자와 가족에게 다양한 급여와 서비스를 제공하고 있다. 현행 치매관리 정책의 주요 사업과 서비스는 중앙 및 광역치매센터 운영, 치매안심센터 운영, 치매안심병원 및 공립요양병원 사업, 실종노인의 발생예방 및 찾기 사업 그리고 치매공공후견 사업으로 구성되어 있다(보건복지부, 2023a).[1] 중앙 및 광역치매센터의 업무에 대해서는 앞의 치매관리 전달체계에서 상술하였으므로, 이를 제외한 나머지 치매관리 사업에 대해서만 논의해 보고자 한다.

1) 치매안심센터의 조직과 운영

치매안심센터는 2017년 9월 치매 국가책임제의 시행과 함께 1997년부터 운영되어 오던 치매상담센터의 변경된 명칭이다. 치매안심센터는 치매 예방, 상담, 조기진단, 보건 · 복지 자원 연계 및 교육 등 유기적인 치매 통합관리서비스 제공으로 치매 중증화 억제 및 사회적 비용을 경감, 궁극적으로는 치매환자와 그 가족, 일반시민의 삶의 질 향상에 기여하는 데 목적을 두고 있다. 이러한 치매안심센터는 〈표 10-2〉의 네 가지 유형 중에서 지방자치단체가 그 유형을 자율적으로 선택하여 보건소에 전담조직을 설치하고 지방자치단체에서 직영한다.

치매안심센터 본소(本所)와 지리적 접근성이 떨어지거나 노인인구 수가 많은 읍면동 단위에 분소를 설치함으로써 지역 간 격차를 완화하고, 건강 불평등 및 치매관리 사각지대 해소할 목적에서 제4차 치매관리종합계획에 의거하여 치매안심센터의 분소를 설치 · 운영하도록 허용하고 있다. 치매안심센터 분소는 상근형과 비상근형으로 구분된다. 상근형 분소는 별도의 고정 장소에서 본소와 동일하게 하루 8시간, 주 5일 운영하며, 치매전담 상근인력 1명 이상 배치하여 기본사업(상담 및 등록관리, 조기검진,

---

1) 치매정책의 세부 내용과 서비스 이용현황은 보건복지부에서 매년 초에 발행하는 '치매정책 사업안내'와 보건복지부와 중앙치매센터에서 매년 발행하는 '대한민국 치매현황'을 참조하기 바란다.

표 10-2 치매안심센터의 운영 모델

구분			통합형	거점형	방문형	소규모형
주요 서비스		공통	등록관리, 조기검진, 예방 관리, 인식개선 및 홍보			
	쉼터	개소	1~2	2~4	1(소규모)	별도 설치 또는 기존 유관시설 연계·활용(노인복지관 등)
		설치	별도설치 외 기존 자원 이용 가능	별도설치 외 기존 자원 이용 가능	지역사회 거점공간 방문 활용(경로당, 마을회관 등)	
	카페	개소	1	1	1(소규모)	별도 설치 또는 기존 유관시설 활용
		기능	가족교실, 치매가족 자조모임, 돌봄부담 분석, 정보교환 등			
시설		구성	사무실, 교육·상담실, 검진실, 쉼터 및 가족카페			
		면적	500m^2	800m^2	350m^2	350m^2
적합 지역		규모	광역시, 대도시	중소도시	농어촌	도서지역, 소도시
	특성	면적	좁음	넓음	넓음	좁음
		노인인구	보통	높음	높음	다양
		접근성	높음(교통 편리)	낮음	낮음	다양
		유관자원	많음	보통	적음	보통

출처: 보건복지부(2023a). 2023년 치매정책 사업안내.

치매환자 지원서비스)을 중점 운영한다. 비상근형 분소는 별도의 고정 장소에 비상근인
력을 배치하여 주 3일 하루 4시간 이상 일부 사업을 탄력적으로 운영하고 있다.

치매안심센터의 조직 구성을 살펴보면, 센터장은 보건소장이 겸직하며, 간호사,
사회복지사(1급), 임상심리사 자격 소지자로 노인 관련 복지 또는 보건·의료 분야
5년 이상 경력자를 부센터장으로 하고, 간호사(상담, 등록, 진단검사, 사례관리), 임상
심리사(진단검사), 사회복지사(상담, 등록, 사례관리)와 기타 센터 운영에 필요한 운영
모델에 따라 배치하도록 하고 있다. 이러한 치매안심센터의 조직 구성의 예는 [그림
10-4]에서 보는 바와 같다.

치매안심센터는 치매 관련 상담 및 조기검진, 치매환자의 등록·관리, 치매환자

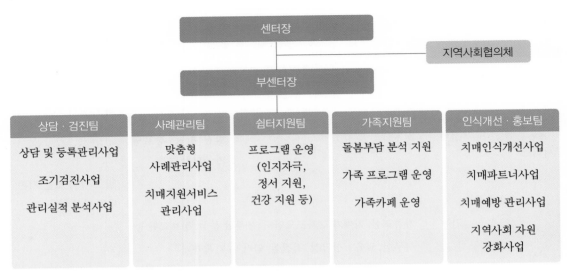

주: 지자체 여건에 맞게 탄력적으로 운영하되, 최소 3개 팀 이상으로 구성한다.

[그림 10-4] 치매안심센터의 조직 구성(예시)

자료: 보건복지부(2023a). 2023년 치매정책 사업안내.

사례관리(케어플랜), 자원연계 계획 수립 및 실시, 치매환자 쉼터 운영, 치매환자 가족
지원사업, 치매공공후견사업, 치매 예방·인식개선 교육 및 홍보와 관련된 기능을 수
행한다. 치매안심센터는 지역주민의 인지건강 상태에 따라 요구되는 다양한 서비스
를 맞춤형으로 제공하거나 외부 기관이나 자원에 서비스를 연계하는데, 이러한 치매
안심센터의 주요사업 추진과정은 [그림 10-5]에서 보는 바와 같다.

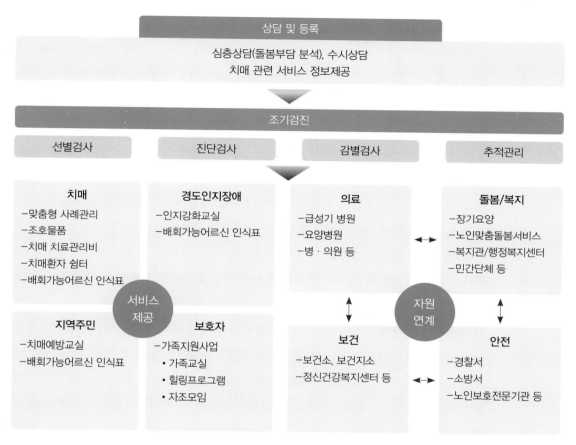

[그림 10-5] 치매안심센터의 주요사업 추진 흐름도

자료: 보건복지부(2023a). 2023년 치매정책 사업안내.

2) 치매안심센터의 사업과 서비스

치매환자와 그 가족들에게 직접적 서비스를 제공하는 치매관리사업의 최일선 기관인 치매안심센터의 주요사업과 서비스에는 ① 상담 및 등록관리사업, ② 치매조기검진, ③ 치매환자 맞춤형 사례관리, ④ 치매예방 관리사업, ⑤ 치매환자 쉼터, ⑥ 치매지원서비스 관리사업, ⑦ 치매가족 및 보호자 지원사업, ⑧ 치매인식개선사업, ⑨ 치매파트너사업, ⑩ 치매안심마을 운영 및 지역사회 지원강화사업이 있다.

(1) 상담 및 등록관리사업

치매상담센터를 이용하려는 치매환자와 보호자는 먼저 등록해야 한다. 치매환자와 치매고위험군, 정상, 치매진단을 받은 적이 없는 자도 대상자로 등록할 수 있으며, 치매환자 및 경도인지장애로 진단받은 자의 가족, 후견인, 친구, 이웃, 간병인 등은 보호자로 등록하여야 한다. 치매안심센터에 신규로 등록하려는 자는 개인정보 수집 및 이용·제공 동의서와 정확한 진단정보 제공을 위해 질병분류코드, 진단명, 중증도, 치료 약제 등을 확인할 수 있는 진단서, 소견서, 처방전 등을 제출하여야 한다. 센터의 등록업무 담당자는 신분증과 주민등록주소지를 확인하고 심층상담을 통해 주요 정보를 파악하여 치매안심통합관리시스템에 등록한다.

등록한 치매환자와 가족을 대상으로 내방상담이나 가정방문을 통해 1:1 대면상담, 전화상담 또는 인터넷 상담의 방법을 활용하여 심층상담을 진행한다. 치매환자를 대상으로는 치매안심센터의 치매지원서비스, 국가 또는 지역사회지원서비스, 맞춤형 사례관리 대상자 선정 및 관리 등의 치매 관련 정책에 대해 안내한다. 치매 고위험군에게는 치매선별검사 또는 진단검사(1년 주기), 치매안심센터 내 인지강화프로그램 등에 대해 안내하며, 진단을 받지 않았거나 인지기능에 문제가 없는 등록자에 대해서는 치매선별검사, 치매조기검진, 치매예방프로그램, 인지기능강화프로그램 등에 대해 안내한다. 치매환자 가족 등의 보호자에 대해서도 치매환자와 동일한 내용을 안내하고, 돌봄부담 분석과 추적관리에 관한 사항도 안내한다.

(2) 치매 조기검진

치매조기검진사업은 치매 또는 경도인지장애로 진단받지 않은 모든 주민을 대상으로 하여, 1차적으로 인지선별검사(CIST)(제3장 〈표 3-5〉 참조)를 실시하고, 그 결과 인지저하자와 인지저하 의심자에 대하여 2단계 진단검사를 실시한다. 치매로 판정된 자는 감별검사를 의뢰하고, 경도인지장애는 1년마다 진단검사를 실시한다. 3단계 감별검사는 치매로 진단된 경우 치매 원인규명을 위해 협약병원에서 진단의학검사, 뇌영상 촬영, 전문의 진찰 등을 실시한다. 이러한 치매조기검진의 절차는 [그림 10-6]에서 보는 바와 같다.

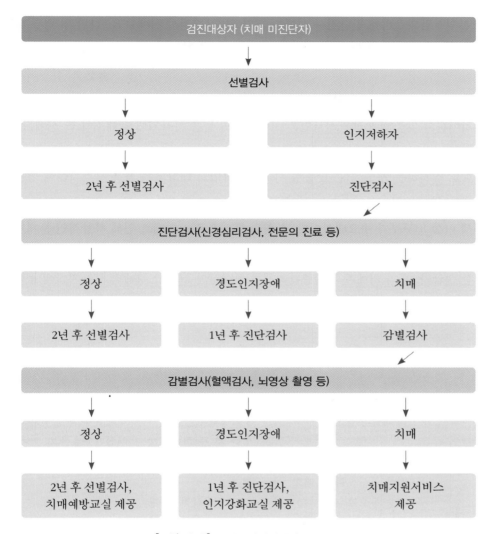

[그림 10-6] 치매조기검진사업의 흐름도

출처: 보건복지부(2023a). 2023년 치매정책 사업안내.

　선별검사에서 인지저하 또는 경도인지장애로 판정된 경우 고위험군 대상자로 지정하고, 당해연도 75세 진입자에 대해서는 집중검진 대상자로 지정하여 조기검진을 주기적으로 실시한다. 이러한 치매조기검진사업에서 협약병원에서 2~3단계의 진단검사와 감별검사를 받는 경우 60세 이상 기준 중위소득 120% 이하의 노인에 대해서는 본인부담의료비를 진단검사 시에는 15만 원, 감별검사 시에는 8~11만 원 범위 내에서 지원한다.

(3) 치매환자 맞춤형 사례관리사업

치매환자 맞춤형 사례관리사업은 치매환자의 돌봄 사각지대를 해소하고, 신체, 심리, 사회, 환경적 요구와 관련된 문제에 집중 개입함으로써 삶의 질 향상을 도모할 목적으로 실시하는 사업이다. 맞춤형 사례관리사업의 대상자는 돌봄 사각지대에 있는 치매환자로서, 인구학적으로는 독거 치매환자, 부부 치매환자, 치매환자를 포함한 만 75세 이상 노부부가 주요대상이다. 상황적 특성으로는 치매로 인해 복합적인 문제가 동반된 자, 돌봄의 사각지대에 있는 자, 긴급복지 지원이 필요하다고 판단된 자, 기초생활 수급자, 초기 치매환자 집중관리서비스 대상자 그리고 경제적 사각지대에 놓여 있는 자와 장기요양기관에서 퇴소하여 가정으로 복귀하는 자, 기타 공공기관에서 사

표 10-3 치매환자 맞춤형 사례관리 대상 구분

구분		응급	집중	일반
대상		-응급상황에 처하여 단시일 내 개입이 필요한 자 [응급상황 예시] -심한 망상·환각, 배회, 이식증 등으로 자해·타해의 위험이 큰 자 -학대로 인해 자해·타해 위험이 큰 자 -신체기능 저하로 허약성 수준이 매우 높은 자 -의식주 해결이 시급한 자	-초기평가 결과, 최소 3개 영역에서 문제가 있는 자 중 치매사례관리위원회 심의를 거친 자 -그 외 인구학적·상황적 특성으로 집중관리가 필요하여 치매사례관리 위원회 심의를 거친 자	-인구학적·상황적 특성에 속한 자 중 정기적 개입이 필요한 자
개입횟수		월 2회 이상 권고	월 1회 이상 권고	2개월 1회 이상 권고 (필요시 전화 상담)

출처: 보건복지부(2023a). 2023년 치매정책 사업안내.

례관리가 필요하다고 판단되어 의뢰된 자들이 주로 해당한다. 치매환자맞춤형 사례관리 대상은 〈표 10-3〉에서 보는 바와 같이 응급, 집중, 일반관리 대상자로 구분된다.

　치매환자 맞춤형 사례관리서비스의 제공기간은 5년이며, 제공되는 사례관리서비스의 주요 내용은 〈표 10-4〉에서 보는 바와 같다. 치매환자 맞춤형 사례관리서비스의 서비스 제공절차 등의 상세한 내용에 대해서는 이 책의 제11장을 참조하기 바란다.

표 10-4 치매환자 맞춤형 사례관리서비스의 주요 내용

구분	센터 내 서비스	센터 외 서비스
건강관리	• 인지기능 증진을 위한 서비스 　-치매 약물 치료 관리 　-치료 관리비 지원 　-센터로 방문이 가능한 경우 쉼터 이용 독려 　-효과적인 의사소통 여부 확인 및 기본 요령 설명 　-가족 교육 및 지원 등 • 정신행동증상 관리를 위한 서비스 　-정신행동증상 관련 복용 약물 파악 및 관련 정보 제공 　-정신행동증상 여부 확인 및 대처요령 교육(센터별 특화된 프로그램 적용 가능, 예: 서울시 희망메신저) 　-배회 및 실종방지 교육 및 중재 등 • 신체건강 증진을 위한 서비스 　-동반 질병 파악 및 상담 실시 　-현재 복용 중인 기타 약물 파악 및 관련 정보 제공 　-치매 및 동반 질병에 대해 의료진과 효과적인 의사소통을 하는지 확인 및 요령 설명 　-구강관리, 삼킴장애 등 식사기능 유지·증진 위한 관리 서비스 제공 　-가족 교육 및 지원 　-알짜정보 내비게이션을 통한 맞춤형 치매지원서비스 연계 등	-동 행정복지센터 및 보건소 방문간호서비스 연계 -지역사회 복지·의료서비스 연계 -지역사회 자원을 활용한 건강관리 지원 -그 외 공식적·비공식적 자원연계

일상생활 관리	−치매로 인해 일상생활 및 자가돌봄의 어려움 여부 확인 및 기본 자가돌봄 기술 교육 −목욕에 대한 지도·관리·교육 −의미 있는 사회활동 여부 확인 및 격려 −조호물품 제공 −치매 자원봉사자 1:1 결연서비스 연계 등	−식사배달서비스 −세탁서비스 −목욕서비스 −노인맞춤돌봄서비스 생활지원사 연계 −지역사회 자원을 활용한 일상생활, 사회생활 지원 −그 외 공식적·비공식적 자원연계
가정 내 안전관리	−낙상과 사고방지 교육 등(화장실 안전수칙, 약물 안전수칙, 부엌과 식당에서의 안전수칙)	−낙상 예방을 위한 보조기구 지원 −가스 안전 차단기 설치 지원 −지역사회 자원을 활용한 가정 내 안전관리 지원 −지역사회 자원을 동원한 주거환경 개선 −그 외 공식적·비공식적 자원연계
가족 지원	−치매 및 동반질환 치료 관련 가족 상담 −치매지원서비스에 대한 안내 및 연계 −의사소통 및 치매 관련 증상관리 기술 교육 −가족교실 및 자조모임 관련 정보 제공 및 연계 등	−센터 방문이 어려운 경우 지역사회 가족지지 프로그램 제공기관 연계 −그 외 공식적·비공식적 자원연계
기타		−그 외 공식적·비공식적 자원연계

출처: 보건복지부(2023). 2023년 치매정책 사업안내.

(4) 치매예방 관리사업

치매안심센터의 치매예방 관리사업은 지역주민 및 치매 고위험군에게 치매 발생 위험요인을 파악하여, 치매 예방 실천 행동 강령을 제시하고 인지 훈련 프로그램을 제공하여, 치매 발병 가능성을 감소시키고 발병 시기를 늦추는 데 목적을 둔 사업이다. 이 사업에는 치매예방 콘텐츠 확산(치매예방수칙 3−3−3, 치매예방운동, 치매체크 앱, 치매위험도 확인 등), 치매안심센터에 등록된 일반 주민을 대상으로 한 치매예방 교실(주 1회 회당 60분 이상, 최소 8회기 이상, 최대 2년), 치매 고위험군을 대상으로 한 인지 강화교실(주 1회 회당 60분 이상, 최소 8회기 이상, 최대 2년) 등이 포함된다.

(5) 치매환자 쉼터

치매환자 쉼터는 치매환자의 치매 악화를 방지하기 위해 전문적인 인지자극 프로그램과 돌봄서비스, 치매환자의 사회적 교류 증진, 그리고 낮 시간 동안 경증 치매환자를 보호하여 가족의 부양부담을 경감할 목적에서 운영된다. 치매안심센터에 등록된 경증 치매환자(장기요양서비스 미신청자 및 미이용자, 인지지원 등급 판정자)를 대상으로 하며, 저소득노인, 독거 및 부부 가구의 치매환자를 우선 대상으로 참여시킨다. 쉼터에서 제공하는 프로그램은 효과가 검증된 인지자극 프로그램 등으로 구성되어 있으며, 주 2회 이상 종일반 또는 최소 3시간 이상 운영한다. 치매환자 쉼터의 이용 권고 기간은 1년으로 되어 있으나, 치매사례관리위원회 심의를 통해 3개월 단위로 연장 가능하다.

(6) 치매지원서비스 관리사업

치매지원서비스 관리사업은 배회가능어르신 인식표 보급사업, 치매 치료관리비 지원사업 그리고 조호물품 제공사업으로 구성되어 있다. 먼저 배회가능어르신 인식표 보급사업은 배회 증상으로 실종이 염려되는 치매환자와 노인에게 실종예방 인식표를 보급하여 실종 시 치매환자와 노인의 조속한 발견과 복귀를 지원함으로써, 치매환자와 노인을 안전하게 보호하고 치매환자 가족의 복지를 증진하는 데 목적을 둔 사업이다. 이 사업의 대상은 실종 위험이 있는 치매환자 및 만 60세 이상 노인이며, 회당 인식표 1박스(인식표 80매)와 보호자용 실종대응카드 1개를 제공하고, 치매안심통합관리시스템에 신청 정보를 등록하여 관리한다.

치매 치료관리비 지원사업은 치매를 조기에 지속적으로 치료·관리함으로써 효과적으로 치매 증상을 호전시키거나 증상 심화를 방지하여, 노후 삶의 질 제고 및 사회경제적 비용 절감에 기여하는 데 목적을 둔 사업이다. 치료관리비 지원 대상은 초로기 치매환자를 포함하여 만 60세 이상이면서 전국 가구 평균소득 120% 이하의 치매환자이며, 월 3만 원(연간 36만 원) 한도 내에서 치매약제비 본인부담금과 약 처방 당일의 진료비 본인부담금을 지원하며 비급여 항목은 지원에서 제외된다.

조호물품 제공사업은 치매환자의 상태에 따라 돌봄에 필요한 조호물품을 무상공급하여 치매환자 및 가족의 경제적 부담을 경감하는 데 목적을 둔 사업으로, 치매안심센터에 등록된 치매환자를 대상으로 실시한다. 제공하는 조호물품으로는 인지강화·인지재활 용품, 미끄럼방지 용품(매트 및 양말, 테이프), 약달력 및 약보관함, 보호대(고관절, 무릎, 허리), 기저귀, 요실금 팬티, 물티슈, 위생매트, 방수매트, 식사용 에이프런, 욕창예방용품(쿠션, 방석, 크림), 노린스샴푸, 간이변기 등 총 13품목 내에서 지자체가 상황에 맞게 선택하여 제공하도록 하고 있다.

(7) 치매가족 및 보호자 지원사업

치매가족 및 보호자 지원사업은 치매환자 가족 및 보호자의 치매환자 돌봄에 대한 이해와 돌봄 역량을 향상하고, 스트레스를 해소하고 정서적 교류와 심리적 부담을 경

표 10-5 치매 가족교실(헤아림교실)의 교과과정

구분	회기	주제	제목
치매 알기	1	치매에 대한 바른 이해	1. 기억이 희미해지고 있어요. 나이 탓이겠죠? 2. 일상생활을 잘하면 괜찮은 거죠?
	2	정신행동 증상 치매 종류별 초기 증상 위험요인	3. 엉뚱한 행동을 해야 치매 아닙니까? 4. 기억력이 괜찮은 치매도 있나요? 5. 치매 잘 걸리는 사람이 따로 있나요?
	3	치매 진단 및 치료와 관리	6. 치매 진단은 어떻게 하는 건가요? 7. 완치가 안 된다던데, 치료가 무슨 소용인가요? 8. 치매, 인생의 끝인가요?
돌보는 지혜	4	마음 이해하기	1. 치매어르신의 심정은 어떨까요? 2. 가족들의 심정은 어떨까요?
	5	부정적 태도 극복하기	3. 이렇게 모시면 되는 걸까요?
	6	의사소통 방법 학습 응용	4. 이렇게 대화해 보세요.
	7	남아 있는 능력 찾기	5. 치매어르신도 할 수 있는 것이 많고, 하고 싶은 것도 많아요.
	8	가족의 자기 돌보기	6. 가족들도 병나겠어요. 이렇게 헤쳐 나가요.

출처: 보건복지부(2023a). 2023년 치매정책 사업안내.

감하며, 정서 및 정보 교류 지원을 통해 심리적 부담 경감과 사회적 고립을 방지할 목
적에서 실시하는 사업이다. 치매가족 및 보호자지원사업은 가족교실(헤아림교실), 자
조모임, 치매가족 힐링프로그램, 동반치매환자 보호서비스로 구성되어 있다.

치매가족교실 즉, 헤아림교실은 치매환자와 경도인지장애 진단을 받은 집단별 10명
이내의 가족과 보호자를 대상으로 치매에 대한 이해와 돌봄방법에 대한 교육을 실시한
다. 헤아림교실은 주 1회 2개월 혹은 주 2회 1개월 과정의 8회기로 구성되어 있으며, 회
기당 2시간씩 총 16시간의 교육과정으로 구성되어 있다(〈표 10-5〉 참조).

치매가족 자조모임은 치매환자나 경도인지장애 진단을 받은 환자와 그 가족 및 보
호자를 대상으로, 오프라인(치매안심센터)과 온라인(중앙치매센터 홈페이지 우리동네 자
조모임)의 형태로 진행된다. 치매에 대한 의학적 이해, 치매의 치료와 간호방법, 가족
스트레스 관리방안 등을 중심으로 4명 이상의 집단으로 진행되며, 2023년 현재 전국
치매안심센터에서 2,432개의 치매가족 자조모임이 운영되고 있다.

치매가족 힐링프로그램은 치매환자나 경도인지장애 진단을 받은 환자와 그 가족
및 보호자를 대상으로, 미술, 운동, 원예, 나들이 등 치매안심센터 특성에 맞게 진행
하는 사업이다. 그리고 동반치매환자보호서비스는 가족 및 보호자가 가족교실을 수
강하는 동안 보호가 필요한 치매환자를 보호해 주는 서비스이다.

(8) 치매인식개선사업

치매인식개선사업은 일반 대중의 치매에 대한 경각심을 고취하고 치매에 대한 편
견을 불식시켜, 치매와 더불어 살아갈 수 있는 사회적 공감대 형성 및 치매 친화적 환
경을 조성할 목적에서 실시하는 사업이다. 세부 사업으로는 한마음 치매극복 전국걷
기행사, 치매극복의 날(9월 21일) 및 치매극복 주간행사, 치매인식개선 홍보 및 캠페
인, 치매안심센터 홈페이지 관리 등이 있다.

(9) 치매파트너사업

치매파트너사업은 치매인식개선, 건전한 돌봄 문화 확산 및 치매 친화적 지역사회
조성, 지역사회 내 촘촘한 치매안전망 체계 구축을 목적으로 한 사업이다. 치매환자

와 가족을 이해하고 배려하는 따뜻한 동반자인 치매파트너와 치매파트너 플러스 양
성 및 활동, 치매극복선도단체 지정 및 관리, 치매안심가맹점 지정 및 관리 등의 사업
이 포함된다.

(10) 치매안심마을 운영사업과 지역사회 지원강화사업

치매안심마을 운영사업은 치매환자와 가족들이 일상생활을 안전하고 독립적으로
영위하며, 원하는 사회활동에 자유롭게 참여하는 마을을 만드는 데 목적을 두고 있다.
센터당 2개 마을 이상을 지정하여, 지역 여건 및 특성에 맞춰 교육사업, 홍보사업, 사회
활동 지원 사업 등을 자율적이며 탄력적으로 사업을 수행할 수 있도록 지원하고 있다.

지역사회 지원강화사업은 산발적이고 분산되어 있는 지역사회 자원을 조사하고
연계함으로써, 치매환자, 가족, 지역주민에게 적절한 의료ㆍ복지 서비스를 제공하는
데 목적을 두고 있다. 세부 사업으로는 지역사회협의체 구성 및 운영, 치매 관련 민관
협력체계 구축, 지역사회 자원 조사 및 발굴, 지역사회 자원연계 등이 포함된다.

3) 치매안심병원 및 공립요양병원 사업

치매안심병원은 「치매관리법」 제16조의 4에 따라 치매의 진단과 치료ㆍ요양 등 치
매 관련 의료서비스를 전문적이고 체계적으로 제공하기 위하여 필요한 인력ㆍ시설
및 장비를 갖추었거나 갖출 능력이 있다고 인정하여 보건복지부 장관이 지정한 기관
을 말한다. 치매안심병동에는 입원실, 공용거실, 프로그램실, 간호사실, 상담실, 목
욕실을 갖추어야 하며, 병원 내에 다목적 프로그램실을 각각 1개 이상 설치하여야 하
며, 「의료법」에서 정한 장비를 갖추어야 한다. 그리고 치매안심병동의 모든 병상, 목
욕실 및 화장실에 간호사실로 연락할 수 있는 통신장치 또는 간호사 호출장치를 설치
하고, 복도ㆍ계단ㆍ화장실 및 목욕실마다 안전손잡이를 설치하여야 하며, 휠체어, 보
행보조기 등을 보관할 수 있는 공간을 확보해야 한다.

신경과 전문의, 신경외과 전문의, 정신건강의학과 전문의 또는 한방신경정신과 전
문의를 1명 이상 배치해야 하며, 정신건강간호사, 노인전문간호사 또는 보건복지부

장관이 인정하는 치매전문교육 과정을 이수(2013년 12월 이후)한 간호사를 1명 이상 그리고 작업치료사 1명 이상, 임상 심리사 또는 정신건강사회복지사를 1명 이상 배치하여야 한다.

치매안심병동의 우선 입원 대상은 급성으로 치매 증상이 악화되어 의학적 평가가 필요한 치매환자, 행동심리 증상이 악화되어 전문적 약물 및 비약물적 치료가 필요한 치매환자, 섬망이 동반된 치매환자이다. 치매안심병동에서는 환자 증상의 종합적 평가에 근거하여 필요한 전문적이고 체계적인 의료서비스를 제공하여야 한다. 치매진단 및 정밀검사 외에 인지기능, 행동심리 증상, 신경징후, 일상생활 수행능력에 대한 전문적·종합적 평가를 토대로, 맞춤형 치료전략을 수립하고 행동심리 증상 치료 및 문제행동 개선을 위한 전문적 약물적·비약물적 개입을 실시한다. 입원 후 개인과 집단형태의 다양한 전문치료 프로그램과 가족을 위한 치매 대한 정보 제공 및 프로그램을 시행하고, 치매환자의 치료·보호 및 관리와 관련된 기관·법인·단체와의 협력 및 연계사업을 실시한다. 2023년 현재 치매안심병원 10개소가 운영되고 있다.

「노인복지법」 개정으로 노인전문병원이 폐지됨에 따라, 「치매관리법」에 의거하여 치매환자 및 가족 지원 확대를 위하여 공립요양병원의 공공보건의료 기능을 재정립하였다. 공립요양병원은 민간사업자가 자금조달하여 사회기반시설을 건설(Build)한 후, 국가 또는 지방자치단체로 소유권을 이전(Transfer)하고, 국가와 지방자치단체 등에 시설의 임대서비스를 제공(Lease)하여 투자비를 회수하는 사업방식(BTL)으로 설립 운영되며, 의료법인 등 민간단체에 위탁운영할 수 있다. 2023년 현재 공립요양병원 77개소가 운영되고 있다. 이러한 공립요양병원에 전문적 치매환자 치료를 위한 시설·장비를 보강하여 치매안심병원 지정·운영을 위한 치매안심병동 설치를 목적으로 하여, 국비 50%(15억 원)와 지방비 50%로 시설보강과 장비보강을 지원하고 있다.

공립요양병원의 치매 관련 지역사회 주요 의료기관으로서의 역할을 강화하기 위하여, 공립요양병원 공공사업(치매환자 지원 프로그램)을 실시하고 있다. 이 사업에서는 퇴원 치매환자 일상생활 복귀 지원, 병원 내 치매환자 가족지원, 치매 친화적 환경 조성, 치매 인식 개선, 지역 내 연계·협력사업을 실시하고 있으며, 이를 위해 국비 50%(39.5억 원), 지방비 50%의 재정을 투입하고 있다. 그리고 공립요양병원에 대해서

매 2년마다 운영평가를 실시하고 있다.

4) 실종노인의 발생예방 및 찾기 사업

실종노인의 발생 예방 및 찾기 사업은 실종노인의 발생을 예방하고 조속한 발견과 복귀를 지원함으로써, 노인을 안전하게 보호하고 가족의 복지 증진에 이바지하는 데 목적을 두고 있다. 이 사업에서는 실종 위험이 있는 치매환자 및 만 60세 이상 노인을 대상으로 회당 인식표 1박스(인식표 80매)와 보호자용 실종대응카드 1개를 제공하고, 치매안심통합관리시스템에 신청 정보를 등록하여 관리한다. 또한 경찰청 시스템에 치매환자의 지문, 사진 및 보호자 연락처 등 신상 정보를 사전에 등록하는 제도를 운영하고 있으며, 손목시계형 배회감지기를 치매환자와 인지저하자에게 무상으로 보급하는 행복GPS 사업을 운영하고 있다. 그리고 국민건강보험공단 노인장기요양보험수급자에게 GPS형이나 매트형의 배회감지기를 대여하는 제도를 운영하고 있다. 뿐만 아니라, 치매체크 앱을 무료 다운로드하여 배회감지서비스를 이용할 수 있는 방법도 있으며, 실종노인에 대하여 온·오프라인 홍보, 홍보물 무료 제작 등을 통하여 실종노인 찾기 지원 서비스를 제공하고 있다. 그리고 국립과학수사연구원에 등록된 보호시설 및 정신의료기관의 보호자가 확인되지 않은 치매환자 유전정보와 실종 치매환자 가족의 유전정보를 대조하여 장기 실종 치매환자와 가족을 찾기 위한 서비스를 제공하고 있다. 중앙치매센터에서 매년 무연고노인 신상카드 정보와 경찰청 실종 치매환자 정보를 대조하여, 무연고 치매노인의 가족 찾기를 지원하고 있다.

5) 치매공공후견사업

치매공공후견사업은 의사결정능력 저하로 어려움을 겪고 있는 치매환자에게 성년후견제도를 이용할 수 있도록 지원함으로써 인간으로서의 존엄성을 보장하는 데 목적이 있다. 이러한 치매공공후견사업은 「치매관리법」 제12조의 3에 근거를 두고 있으며, 수행주체는 지방자치단체장이며 후견심판청구 및 공공후견인활동 지원을 주

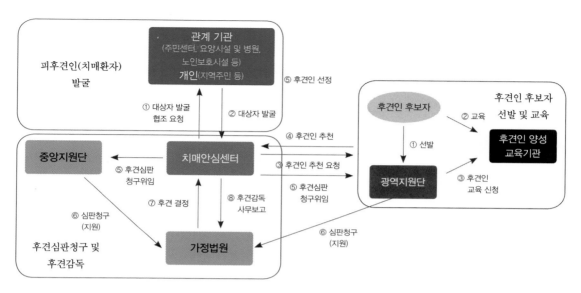

[그림 10-7] 치매공공후견사업의 업무 흐름도

자료: 보건복지부(2023a). 2023년 치매정책 사업안내.

요 내용으로 한다. 이러한 치매공공후견사업의 업무추진체계는 [그림 10-7]에서 보
는 바와 같으며, 주요 사업내용은 〈표 10-6〉과 같다.

표 10-6 치매공공후견사업의 주요 내용

구분		주요 내용
사업대상	피후견인 (후견대상자)	• 치매환자(치매진단을 받은 자) • 가족이 없는 경우(가족이 있어도 실질적 지원이 없는 경우) • 소득수준(기초생활수급자, 차상위자, 기초연금수급자 우선 지원), 학대 · 방임 · 자기방임 개연성 등을 고려할 때 후견 서비스가 필요하다고 지방자치단체장이 인정하는 자
	공공후견인	• 미성년자, 전과자, 행방이 불분명한 사람 등 「민법」 제937조 에 따른 결격 사유가 없는 사람으로서, 보건복지부에서 정 한 공공후견인 후보자 양성교육을 받은 사람

지원비용	시·군·구 (치매안심 센터)	• 후견심판청구비 등: 실비(1인당 연간 최대 50만 원) * 후견대상자 발굴, 사례회의, 자문수당, 회의 다과비, 사회조사보고서(1건당 최대 10만 원), 법원 인지송달료 등 후견심판청구를 위한 과정에서 소요되는 비용 지출 • 공공후견인 활동: 담당 피후견인 수에 따라 활동비 지급(1인 담당 시 월 20만 원, 2인 담당 시 월 30만 원, 3인 담당 시 월 40만 원 지급) • 후견인 후보자 양성교육: 필요시 광역지원단과 협의 후 교육비 지원 가능
	광역지원단 (광역치매 센터)	• 공공후견인 후보자 양성교육: 교육비 지원(교통비 실비 지급) * 교육비 외 식비 및 숙박비 등에 대해 교육생 자부담 발생 시 지출내역별 한도 내에서 실비 지급 가능(광역지원단별 예산 상황 등을 고려한 자체 규정 마련)
피후견인 발굴 (치매안심센터)		• 시·군·구(치매안심센터)에 이미 확보된 치매환자 정보, 독거노인 정보, 지역 내 노인돌봄서비스 수행기관, 시설 및 병원 등에 의뢰하여 추천받은 치매환자 정보 등을 활용하여 대상자 발굴 • 치매여부, 소득수준, 가족관계, 치매환자 주변 환경 등을 확인 후 사례회의를 거쳐 선정
후견인 후보자 선발 및 교육 (광역지원단)		• (모집) 공고 등을 통한 공개모집, 지역 내 치매안심센터의 후보자 추천 등 • (선발) 자체 선발기준에 의한 심사를 통해 후견인 후보자 최종 선정 * 광역지원단(광역치매센터)별 후견인 후보자 선발 계획 및 기준에 따라 선정 • (보수교육) 활동 대기 중인 후견인 후보자 역량 유지·강화를 위한 교육 실시
후견인 후보자 교육 (보건복지부)		• (양성교육) 광역지원단에서 선발한 후견인 후보자에 대한 법정 양성교육 실시
후견심판청구 지원 (중앙지원단)		• 후견심판청구 대리 및 법률자문 등 제공 ※ 변호사 등 전문인력을 확보하고 시·도 및 관할 치매안심센터 등 관계기관과 협의하여 후견심판청구 지원계획을 수립한 시·도 광역지원단에서는 자체 후견심판청구 지원 가능(필요시 중앙지원단과 후견심판청구 지원계획안 협의 진행) * 중앙지원단에 후견심판청구 진행 상황 및 결과 보고 필수

후견 유형	• 특정후견을 원칙으로 하되, 한정후견도 제한적으로 인정 * (한정후견) 치매상태가 심하여 광범위한 의사결정 지원이 필요한 경우 예외적으로 인정
후견인 관리 · 감독 (치매안심센터)	• 후견인 활동 보고서 점검 • 후견인 결정 후 활동 개시한 이후부터 월 1회 이상 후견 사례회의 등 개최

출처: 보건복지부(2023a). 2023년 치매정책 사업안내.

6) 치매상담콜센터 및 웹기반 서비스

치매상담콜센터는 보건복지부의 위탁을 받아 중앙치매센터가 운영하는 치매전문 상담서비스이다. 치매환자와 가족, 치매 전문기관 종사자와 국민 누구나 ☎ 1899-9988(18세 기억을 99세까지, 99세까지 88하게)로 전화하거나, 모바일 앱 '치매체크'에서 치매상담전화 혹은 마이페이지 고객센터(치매상담콜센터 ☎ 1899-9988)을 클릭하면 바로 연결된다. 상담원은 치매 관련 의료기관이나 사회복지기관에서 다년간 현장 경험을 쌓고 치매전문교육을 수료한 치매전문상담사이며, 돌봄상담(일상생활 돌봄기술, 정신행동 증상별 대처상담, 치매환자 가족의 돌봄 부담 및 스트레스 관리, 정서적 상담 등)과 정보상담(치매 원인 질병, 치매 증상, 치매검사, 치매치료, 치매예방법, 맞춤형 치매관리 서비스, 국가치매관리정책제도 등)을 제공한다.

치매상담콜센터 특화사업인 '언택트 기억e음교실 프로그램'은 치매안심센터 이용자 중에서 60세 이상 초기(경중) 치매환자, 경도인지장애, 고위험군 노인을 대상으로 치매전문상담사를 직접 대면하지 않고 익숙한 환경에서 전화를 이용해서 참여하는 비대면 인지회상훈련(Untact Reminiscence Therapy) 프로그램이다. 이 프로그램은 3개월 동안 매주 1회 30~50분 정도의 12회기로 진행된다. 헤아림 자조모임 지지사업은 치매상담콜센터 전담 상담사와 치매파트너가 치매가족 자조모임 참여 가족을 응원하고 가족의 정기적인 상담, 치매정보 제공, 사례관리로 가족의 부양부담을 경감하고 삶의 질을 향상시킬 수 있도록 지원하는 사업이다. 집중사례관리사업은 복합적 어려움을 가진 치매환자 및 보호자에 대하여 담당 상담원을 지정하여 연속적인 지지 상담을 제공하며, 지속적인 모니터링을 통하여 위기 상황 파악 및 조호 부담을 완화할 수 있도록 지원하고 있다. 지역사회 자원연계 사업은 보건복지 자원에 대한 정보를 제공하고, 지역사회의 공공 및 민간의 다양한 자원을 연계함으로써 내담자가 안정적인 생활을 영위할 수 있도록 지원하는 사업이다.

치매상담콜센터 이외에 중앙치매센터와 광역치매센터 그리고 치매안심센터의 홈페이지에서는 치매의 원인과 증상, 치매 치료 및 간호와 돌봄 방법, 치매관련 복지 및 시설 정보, 가족 자조모임 및 정신건강 관리, 치매 전문교육 등에 대한 유익한 정보를 제공하고 있다.

7) 국민건강보험 중증 치매 산정특례제도

국민건강보험 중증치매 산정특례제도는 병의원에서 중증치매로 판정받은 치매환자 중 선정기준에 해당하는 자에게 산정특례를 적용하여 국민건강보험의 본인부담금 경감 혜택을 부여하는 제도로서, 2017년 10월부터 시행되고 있다. 이 제도 실시 이전에는 중증 치매의 의료 본인부담률이 입원의 경우 20%, 외래의 경우 최대 60% 정도였으나, 산정특례제도 운용으로 외래와 입원 모두 본인부담금이 10%로 경감된다. 치매라고 해서 모두 산정특례를 적용받을 수 있는 것은 아니며, 희귀난치성격의 치매질환(조발성 알츠하이머병 치매, 루이소체를 동반한 치매 등 14개 질환)으로 확진되면, 진료받고 있는 신경과나 정신과에 등록 후 5년간 진료일수에 제한 없이 산정특례 적용을 받을 수 있다. 중등도 이상의 치매이면서 환자의 상태에 따라 중증의 의료적 필요가 발생하는 치매(만발성 알츠하이머병 치매, 피질하혈관성 치매 등 19개 질환)로서 치매 및 치매와 직접 관련되어 중증의 의료적 필요가 발생하여 입원 및 외래진료가 필요한 경우 등에 해당되는 경우, 등록 후 5년간 연간 최대 120일간 산정특례를 적용한다.

치매안심센터의 치매치료관리비 지원사업은 치매증상의 중증도와는 상관이 없이 지원을 받을 수 있으므로 경도의 치매환자도 활용할 수 있지만, 소득이 중위소득

120% 이하이어야 하고 모든 치료약물의 약값을 지원하지 않으며 금액도 3만 원으로 제한되어 있다. 반면 중증 치매 산정특례제도는 소득수준에 상관없으며, 모든 약물에 대해 지원이 이루어지고, 지원액의 상한선도 없다는 차이점이 있다. 물론 소득기준과 치매 유형과 중증도 기준을 모두 충족하는 경우에는 두가지 제도를 모두 활용할 수 있다.

3. 노인장기요양보험제도

1) 개념

치매환자의 증가와 가족의 부양부담 가중은 노인장기요양보험제도 개발과 도입의 가장 중요한 배경요인이었으며, 현행 치매환자와 가족을 위한 급여와 서비스 중에서 매우 중요한 위치를 차지하고 있다. 노인장기요양보험제도는 치매환자 등의 노인성 질환으로 일상생활의 영위가 어려운 중증환자를 위한 장기요양서비스를 제공할 목적으로 실시된 제도로서, 2007년 4월 「노인장기요양보험법」을 제정하여 2008년 7월부터 본격적으로 시행되고 있다.

노인장기요양보험제도는 국민연금, 건강보험, 산재보험, 고용보험에 이은 다섯 번째 사회보험으로서, '고령이나 노인성 질환 등의 사유로 일상생활을 혼자서 수행하기 어려운 노인 등에게 신체활동, 가사지원 등의 요양서비스를 가정이나 요양시설에서 제공하여, 노후의 건강증진 및 생활안정을 도모하고 부양가족의 부양부담을 경감하여 국민의 삶의 질을 향상시키고자 하는 사회보험제도'이다. 즉, 노인장기요양보험제도는 질병의 치료(cure)보다는 고령이나 치매 등의 노인성 질환으로 일상생활에 어려움을 겪는 노인에게 요양서비스(care)를 제공하는 제도이며, 노인의 건강증진과 생활안정 도모, 부양가족의 부담 경감을 통한 국민의 삶의 질 향상에 목적을 둔 제도이다(권중돈, 2022). 그러므로 병의원, 요양병원, 약국 등에서 질병, 부상에 대한 치료 위주의 서비스를 제공하는 국민건강보험제도와는 달리 노인장기요양보험제도는 노인요양시설과 재가복지시설에서 요양서비스와 급여를 제공한다. 만약 노인이 질병의 치료를 위한 진료와 투약이 필요할 경우에는 국민건강보험제도의 급여와 노인장기요양보험제도의 급여를 동시에 받을 수 있다.

2) 대상 및 수급권자

노인장기요양보험의 적용 대상은 전 국민으로 노인장기요양보험 가입자(국민건강보험 가입자와 동일함)와 의료급여 대상자가 포함된다. 장기요양보험료를 납부해야 하는 대상자는 국민건강보험료 납부대상자이다. 하지만 장기요양보험에 가입하였다고 하여 모두가 노인장기요양급여를 받을 수 있는 것은 아니며, 노인성 질환으로 6개월 이상의 기간 동안 혼자서 일상생활을 영위하기 어렵다고 장기요양등급판정위원회에서 1~5등급 또는 인지지원등급 판정을 받은 65세 이상 노인 또는 노인성 질환을 가진 64세 이하의 자이다. 이때 「노인장기요양보험법」 제2조에서 정한 노인성 질환에 포함되는 질환은 알츠하이머병 치매, 혈관성 치매, 달리 분류된 기타 질환에서의 치매, 상세불명의 치매, 알츠하이머병, 지주막하출혈, 뇌내출혈, 기타 비외상성 두개내출혈, 뇌경색증, 출혈 또는 경색증으로 명시되지 않은 뇌졸중, 대뇌경색증을 유발하지 않은 뇌전동맥의 폐쇄 및 협착, 뇌경색증을 유발하지 않은 대뇌동맥의 폐쇄 및 협

표 10-7 노인장기요양보험제도의 대상과 수급권자

구분	적용 대상자 범위
적용 대상자	• 전 국민(장기요양보험 가입자+의료급여 적용 대상자)
보험료 부담 대상자	• 장기요양보험 가입자(국민건강보험료 납부 대상자)
장기요양인정 신청대상자	• 65세 이상 노인 또는 노인성 질환을 가진 65세 미만의 자
장기요양급여 수급권자	• 장기요양등급판정위원회에서 장기요양 인정(1~5등급 또는 인지지원등급)을 받은 65세 이상 노인 또는 노인성 질환을 가진 65세 미만의 자

출처: 노인장기요양보험제도(https://longtermcare.or.kr).

착, 기타 뇌혈관질환, 달리 분류된 질환에서의 뇌혈관장애, 뇌혈관질환의 후유증, 파킨슨병, 이차성 파킨슨증, 달리 분류된 질환에서의 파킨슨증, 기저핵의 기타 퇴행성 질환, 중풍후유증(中風後遺症), 진전(振顫)이라는 21개 질환이다.

2008년 제도 시행부터 2023년 6월말까지 장기요양 인정 신청자는 3,186,572명이며, 이 중 사망자 1,793,007명을 제외한 1,393,565명 중 1등급이 52,853명, 2등급이 97,317명, 3등급이 291,007명, 4등급이 477,752명, 5등급이 118,366명, 인지지원등급이 24,106명이며, 등급 외 A, B, C는 140,149명으로, 장기요양 인정률은 88.3%인 것으로 나타났다(www.longtermcare.or.kr). 또한 장기요양 인정자 중에서 치매환자는 2021년 말 현재 382,155명으로 전체 장기요양등급 인정자의 31% 정도를 차지하고 있는 것으로 나타났다(국민건강보험공단, 2022a).

3) 장기요양 인정 및 이용절차

노인장기요양보험 급여를 받기 위해서는 노인 본인, 가족이나 대리인 등이 국민건강보험공단 지사(장기요양보험 운영센터)에 장기요양 인정 신청서, 의사소견서를 제출하여 장기요양 인정 신청을 하여야 한다. 장기요양 인정 신청을 받은 국민건강보험공단은 신청자의 가정이나 시설을 방문하여 방문조사를 실시하는데, 이때 장기요양 인정 조사항목은 〈표 10-8〉에서 보는 바와 같이 신체 기능(ADL) 12개 항목, 인지기능 7개 항목, 행동변화 14개 항목, 간호처치 9개 항목, 재활욕구 10개 항목 등 총 52개 항목으로 구성되어 있다(국민건강보험공단, 2023). 장기요양 인정 조사항목 중에서 치매와 직접적 관련성을 지닌 영역은 인지기능과 행동변화 영역인데, 인지기능 영역의 7개 조사항목 모두는 인정점수 산정에 반영이 되며, 행동변화 영역은 22개 항목을 조사하여 〈표 10-8〉에서 보는 바와 같이 14개 항목의 점수만을 인정점수 산정에 반영한다.

장기요양 인정을 위한 등급판정절차는 두 단계에 걸쳐 이루어진다. 1단계에서는 국민건강보험공단의 방문조사원이 장기요양 인정 조사 결과를 컴퓨터에 입력하여 1차적으로 장기요양 인정 점수를 구하여 장기요양 인정 여부와 등급을 제시한다. 2단계

표 10-8 장기요양 인정 조사항목

영역	항목
신체 기능 (기본적 일상 생활 기능) (12개 항목)	• 옷 벗고 입기 • 세수하기 • 양치질하기 • 식사하기 • 목욕하기 • 체위 변경하기 • 일어나 앉기 • 옮겨 앉기 • 방 밖으로 나가기 • 화장실 사용하기 • 대변 조절하기 • 소변 조절하기
인지기능 (7개 항목)	• 단기기억장애 • 지시 불인지 • 날짜 불인지 • 상황판단력장애 • 장소 불인지 • 의사소통장애 • 나이, 생년월일 불인지
행동변화 (14개 항목)	• 망상 • 환각, 환청 • 슬픈 상태, 울기도 함 • 불규칙 수면, 주야혼돈 • 도움에 저항 • 서성거림, 안절부절못함 • 길을 잃음 • 폭언, 위험행동 • 밖으로 나가려 함 • 물건 망가트리기 • 의미 없거나 부적절한 행동 • 돈이나 물건 감추기 • 부적절한 옷 입기 • 대소변 불결행위
간호처치 (9개 항목)	• 기관지 절개관 간호 • 경관 영양 • 도뇨관리 • 흡인 • 욕창간호 • 장루간호 • 산소요법 • 암성통증 간호 • 투석간호
재활 (10개 항목)	• 운동장애(4개 항목: 좌측 상지, 우측 상지, 좌측 하지, 우측 하지) • 관절제한(6개 항목: 어깨관절, 팔꿈치관절, 손목 및 수지관절, 고관절, 무릎관절, 발목관절)

출처: 국민건강보험공단(2023). 2023년도 노인장기요양보험 민원상담 사례집.

에서는 의사, 사회복지사, 소속 공무원 등으로 구성된 등급판정위원회에서 방문조사 내용, 의사소견서 등을 바탕으로 신청인의 개별적 심신 상황을 고려하여 장기요양 인정 점수를 조정, 최종 결정한다. 장기요양 등급별 장기요양 인정 점수와 기능상태는 〈표 10-9〉와 같다.

표 10-9 장기요양 등급별 인정 점수와 기능 수준

장기요양등급	심신의 기능상태
1등급	심신의 기능상태 장애로 일상생활에서 전적으로 다른 사람의 도움이 필요한 장기요양인정 점수 95점 이상인 자
2등급	심신의 기능상태 장애로 일상생활에서 상당부분 다른 사람의 도움이 필요한 장기요양 인정 점수 75점 이상 95점 미만인 자
3등급	심신의 기능상태 장애로 일상생활에서 부분적으로 다른 사람의 도움이 필요한 장기요양 인정 점수 60점 이상 75점 미만인 자
4등급	심신의 기능상태 장애로 일상생활에서 일정 부분 다른 사람의 도움이 필요한 장기요양 인정 점수 51점 60점 미만인 자
5등급(치매등급)	치매환자로서(「노인장기요양보험법 시행령」 제2조에 따른 노인성 질환으로 한정) 장기요양 인정 점수 45점 이상 51점 미만인 자
인지지원등급	치매환자로서(「노인장기요양보험법 시행령」 제2조에 따른 노인성 질환으로 한정) 장기요양 인정 점수가 45점 미만인 자

출처: 국민건강보험공단(2023). 2023년도 노인장기요양보험 민원상담 사례집.

　장기요양 등급판정은 신청인이 신청한 날로부터 30일 이내에 이루어져야 하며, 장기요양등급 1~5등급 및 인지지원등급으로 결정된 수급권자에게 〈표 10-10〉에서 보는 바와 같은 표준장기요양이용계획서를 동봉하여 통지하게 되고, 장기요양인정서가 도달한 날부터 장기요양급여를 받을 수 있다. 장기요양등급 1~5등급 및 인지지원등급을 판정받은 자는 장기요양서비스를 제공하는 시설에 서비스 신청을 하고 계약을 통하여 서비스를 이용할 수 있는데, 1~2등급은 받은 자는 시설급여와 재가급여를 모두 이용할 수 있으며, 3~5등급을 받은 자는 재가급여만을 이용할 수 있다. 인지지원등급을 받은 자는 주야간보호시설을 1일 8시간 월 12회까지 이용할 수 있으며, 복지용구 대여 및 구매, 치매가족휴가제의 단기보호서비스를 6일 이용 가능하다(보건복지부, 국민건강보험공단, 2023a). 다만, 배회, 공격적 행동, 야간불면 등과 같은 가족이 간호하기 어려운 행동문제를 보이는 치매환자의 경우 시설급여 신청을 하여 장기요양등급판정위원회의 인정을 받으면 시설 입소가 가능하다. 이러한 노인장기요양보험제도의 이용절차는 [그림 10-8]과 같다.

표 10-10 표준장기요양이용계획서(예시)

표준장기요양이용계획서

장기요양인정관리번호: L0010274***-0**

본 서식은 본인(가족의 희망에 따라 자율적으로 장기요양기관과 계약하여 적절한 장기요양 급여를 원활히 이용할 수 있도록 하기 위한 급여이용 계획서입니다.

성명		권○○	주민등록번호		300114-2*****
장기요양등급		1등급	발급일		2023. 7. 25.
재가급여(월한도액)		1월당 1,885,600원	본인 일부 부담률	재가급여	15%
시설 급여	노인요양시설	1일당 75,840원		시설급여	20%
	치매전담실	1일당 89,540원			
	노인요양공동생활가정	1일당 63,820원			

장기요양 필요영역 및 주요 기능 상태	장기요양 목표
• 신체 기능 및 재활욕구: 중풍에 의한 좌측 편마비와 우측 하지 운동장애와 척추협착증에 의한 거동 불가 상태로 현재 완전 와상 상태로서, 옷 벗고 입기, 세수하기 등 대부분의 일상생활 기능에 타인의 도움이 대부분 필요하며, 관절 제한은 양측 상지, 고관절, 발목관절의 제한이 있고, 좌측 관절(팔꿈치, 손목, 무릎)의 제한이 있음 • 의사소통: 조사자의 질문에 아들 이름과 딸 이름을 반복적으로 혼잣말을 하는 등 정상적인 의사소통이 어려운 상태임 • 인지기능 및 행동 변화: 가족 중 아들과 딸은 인지하나, 단기기억, 장기기억, 시간 및 장소지남력, 상황판단력 등 대부분의 인지기능은 현저하게 저하되어 장애가 있고, 환시, 환청, 불면증, 부적절한 행동, 불결행위 등 행동 변화가 있음 • 대변조절 및 요실금: 전혀 변의(便意)와 요의(尿意)를 느끼지 못함	• 신체 기능 상태 악화 방지 및 합병증 예방 • 가족수발 부담 경감 • 사회적 고립감 감소 • 인지능력의 향상 • 행동 변화에 대한 적절한 대처

장기요양 필요 내용	• 신체활동 지원 • 정서 지원 • 개인활동 지원 • 기능 평가 및 훈련
수급자 희망급여	노인요양시설
유의사항	본인 일부 부담률 등 본 서식에 작성된 내용은 발급일 기준으로 작성된 내용입니다. 시설에 입소할 경우 비급여항목(식사재료비, 이미용비 등)이 추가로 발생되므로 계약 전 장기요양기관에 상세히 문의하여 상담을 받아야 합니다.

표준장기요양 이용계획 및 비용			
급여 종류	횟수	장기요양급여 비용	본인부담금
노인요양시설	월 31회(노인요양시설 등급 1(1일당))	2,351,040원	470,208원
		원	원
		원	원
	합계	2,351,040원	470,208원
복지용구			

☎ 02-3456-****   ○○○ 지사   담당자

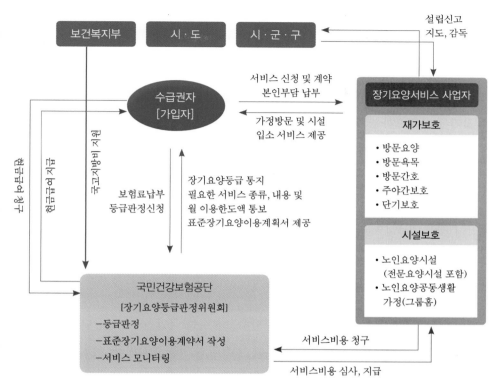

[그림 10-8] 노인장기요양보험 이용절차 및 관리운영체계

자료: 보건복지부(2023b). 노인보건복지사업안내.

4) 급여[2]

　노인장기요양보험제도의 등급판정에서 1~5등급 판정을 받은 치매환자가 받을 수 있는 장기요양급여는 시설급여, 재가급여, 특별현금급여라는 세 종류인데, 각각의 급

---

[2] 노인장기요양보험제도의 시설 및 재가급여의 비용은 보건복지부 홈페이지(www.mw.go.kr)의 '정보 (법령자료)' 메뉴 또는 노인장기요양보험 홈페이지(www.longtermcare.or.kr)의 '자료마당(법령자료실)' 메뉴에 매년 12월 말경에 게시되는 '장기요양급여 제공기준 및 급여비용 산정방법 등에 관한 고시'를 참조하면 차기년도 급여비용에 관한 정보를 얻을 수 있다.

여에 대해 살펴보면 다음과 같다.

(1) 시설급여

치매환자가 노인장기요양보험제도의 적용을 받는 노인요양시설과 노인요양공동생활가정에 입소하는 경우 인두제(人頭制) 방식에 의해 결정된 장기요양 비용을 납부해야 한다. 시설급여의 급여액은 치매환자의 장기요양 등급과 노인요양시설의 요양보호사의 담당 치매환자의 수에 따라 차이가 있는데, 2023년 노인요양시설과 노인요양공동생활가정의 시설급여 기준은 〈표 10-11〉과 같다. 특히 노인요양시설의 치매전담실을 이용할 경우에는 장기요양 등급에 따라 1일 74,300원에서 89,540원, 노인요양공동생활가정의 치매전담실을 이용할 경우에는 72,940원 또는 79,110원의 20%를 본인이 부담해야 한다.

노인장기요양보험의 시설급여의 총 급여 비용은 등급별 1일당 수가에 사용일수를 곱하여 산출하며 이 중 20%는 본인이 부담하고 80%는 국민건강보험공단에서 시설로 지급한다. 그러나 식사재료비, 1～2인실의 상급 침실 이용 추가비용, 이·미용비 등은 전액 본인이 부담하여야 하는데, 비급여 항목별 비용은 상한선 이내에서 시설에서 자율 결정하게 되어 있다. 그리고 원거리 외출을 위해 택시나 버스 등의 다른 교통수단을 이용하는 데 드는 비용, 수급자의 요청에 의한 개별적인 물품 및 용역의 구입에 따른 비

표 10-11 노인요양시설 및 노인요양공동생활가정 시설급여(2023년 기준)   (단위: 원/일)

분류		일반실		치매전담실	
		2～3명 이상	2～3명 미만	가형	나형
노인요양시설	장기요양 1～2등급	75,840	72,600	89,540	80,590
	장기요양 3～5등급	71,620	66,950	82,570	74,300
노인요양 공동생활가정	장기요양 1～2등급	63,820		79,110	
	장기요양 3～5등급	58,830		72,940	

출처: 보건복지부(2022). 장기요양급여 제공기준 및 급여비용 산정방법 등에 관한 고시; 보건복지부, 국민건강보험공단(2023b). 치매전담형 장기요양기관운영 매뉴얼.

용, 개인적 희망에 의해 외부 서비스 제공자가 개인을 대상으로 제공하는 프로그램 및 서비스 이용 비용에 대해서는 수급자가 실비를 부담하여야 한다(보건복지부, 2023b).

(2) 재가급여

재가급여는 방문요양, 주야간보호, 단기보호, 방문목욕, 방문간호, 기타 재가급여 (복지용구 급여)가 있다. 방문요양서비스는 장기요양요원(요양보호사)이 수급자의 가 정 등을 방문하여 신체활동 및 가사활동 등을 지원하는 장기요양급여이다. 방문요양 서비스는 신체활동지원서비스와 가사활동지원서비스로 나뉜다. 신체활동지원서비 스는 수급자에게 세면도움, 목욕도움, 구강관리 등의 위생관리, 영양섭취를 위한 식 사관리, 배설과 관련된 생리적 욕구를 도와주는 배설관리, 일상생활에 기본적인 이동 을 지원하는 서비스이다. 가사활동지원서비스는 수급자의 가정을 방문하여 취사, 청 소, 세탁 등 급여대상자와 직접적으로 관련된 기본적인 가사노동을 지원함으로써 생 활하는 데 불편을 최소화하도록 도움을 주는 서비스이다. 2023년도 방문요양 수가는 시간에 따라 다르게 책정되어 있는데, 30분을 이용한 경우에는 회당 1만 6,190원이며 4시간 이상을 이용하였을 경우 6만 5,000원이다.

주야간보호서비스는 수급자를 하루 중 일정한 시간 동안 장기요양기관에 보호하 여 신체활동 지원 및 심신기능의 유지 · 향상을 위한 교육 · 훈련 등을 제공하는 장 기요양급여이다. 주야간보호의 서비스 내용은 송영서비스, 목욕서비스, 급식서비 스, 실내에서의 간호서비스, 기능회복훈련서비스, 치매관리지원서비스 등이다. 주야 간보호 수가는 등급과 시간에 따라 달라지는데, 2023년도를 기준으로 3등급 치매환 자가 치매전담실을 3~6시간 미만의 서비스를 이용한 경우에는 1일 4만 1,520원 그 리고 1등급 치매환자가 치매전담실을 13시간 이상 이용한 경우에는 8만 8,640원의 15%를 본인이 부담해야 한다.

단기보호서비스는 수급자를 일정 기간 동안 장기요양기관에 보호하여 신체활동 지 원 및 심신기능의 유지 · 향상을 위한 교육 · 훈련 등을 제공하는 장기요양급여를 말 한다. 구체적인 서비스 내용으로는 목욕서비스, 급식서비스, 실내에서의 간호서비스, 프로그램서비스 등이 있으며, 단기보호 급여를 받을 수 있는 기간은 월 9일 이내로 한다. 다만, 치매가족휴가제의 경우에는 연간 9일 이내에서 단기보호급여를 이용하거나 방문요양급여를 1회당 12시간 동안 이용할 수 있다. 단기보호서비스의 2023년 수가는 1등급이 1일 6만 3,250원, 2등급이 5만 8,570원, 3등급이 5만 4,110원, 4등급이 52,680원, 5등급이 51,240원이다.

방문목욕서비스는 장기요양요원이 수급자의 가정을 방문하여 목욕서비스를 제공하는 급여다. 방문목욕은 목욕설비를 갖춘 차량을 이용하거나, 목욕차량에 부속되지 않은 이동식 욕조 등 장비를 가지고 수급자의 가정을 방문하여 목욕서비스를 제공할 수 있다. 방문목욕서비스의 2023년도 수가는 차량을 이용하여 차량 내에서 목욕을 한 경우 1회당 8만 2,160원, 차량을 이용하여 가정 내 목욕을 한 경우는 7만 4,070원 그리고 차량을 이용하지 않을 경우에는 4만 6,250원이다.

방문간호서비스는 장기요양요원인 간호사, 간호조무사, 치과위생사 등이 의사, 한의사 또는 치과의사의 방문간호 지시서에 따라 수급자의 가정 등을 방문하여 간호, 진료의 보조, 요양에 관한 상담 또는 구강위생 등을 제공하는 서비스이다. 방문간호서비스에는 의사·한의사의 방문간호지시서에 따른 기본간호, 치료적 간호, 투약관리 지도 등의 서비스와 치과의사의 방문간호 지시서에 따른 구강위생, 잇몸상처 관리 등이 포함되어 있다. 2023년 방문간호의 수가는 30분 미만의 경우 1회당 3만 9,440원, 30~60분 미만인 경우에는 4만 9,460원, 60분 이상은 5만 9,500원으로 책정되어 있다.

기타 재가급여에 해당하는 복지용구급여는 수급자의 일상생활 또는 신체활동 지원에 필요한 용구를 제공 또는 대여해 주는 급여로서 구입방식과 대여방식이 있다. 구입방식은 구입전용품목과 구입·대여품목에 대해 본인부담금을 부담하고 구입하는 방식이며, 대여방식은 구입·대여품목을 일정 기간 대여하여 당해 제품의 대여가

표 10-12 재가급여 월 한도액   (단위: 원/월)

등급	1등급	2등급	3등급	4등급	5등급	인지지원등급
월 한도액	1,885,000	1,690,000	1,417,200	1,306,200	1,121,100	624,600

자료: 보건복지부(2022). 장기요양급여 제공기준 및 급여비용 산정방법 등에 관한 고시.

격에서 본인부담금을 부담하는 방식이다. 2023년 복지욕구 구입 또는 대여는 연간 160만 원 범위 내에서만 가능하다.

　방문요양, 주야간보호, 단기보호, 방문목욕, 방문간호서비스 등의 재가급여는 무한정 이용할 수 있는 것은 아니며 장기요양등급별 월 한도액 범위 내에서만 급여가 가능하다. 2023년도의 재가급여 월 한도액은 〈표 10-12〉에서 보는 바와 같다. 다만, 치매환자인 수급자가 주야간보호센터 내 치매전담실을 월 15일(1일 8시간 이상) 이상 이용한 경우 등급별 월 한도액 50% 범위 내에서 추가 산정할 수 있으며, 인지지원등급 수급자가 주야간보호센터 내 치매전담실을 월 9일(1일 8시간 이상) 이상 이용한 경우 월 한도액의 30% 범위 내에서 추가 산정할 수 있다.

(3) 특별현금급여

　「노인장기요양보험법」제23조에는 특별현금급여의 종류로 가족요양비, 특례요양비, 요양병원간병비가 규정되어 있으나, 현재 시행되는 특별현금급여는 가족요양비 1종이며, 2023년 월 급여액은 22만 3,000원이다. 가족요양비는 가족이 노인의 요양을 담당하고 있다고 하여 모두 받을 수 있는 것은 아니며, 장기요양기관이 현저히 부족한 지역(도서·벽지)에 거주하는 자, 천재지변 등으로 장기요양기관이 실시하는 장기요양급여를 이용이 어렵다고 인정된 자, 신체·정신·성격 등의 사유로 가족 등의 장기요양을 받아야 하는 자에게만 지급된다.

5) 재정 및 전달체계

(1) 재정

　노인장기요양보험제도의 급여와 운영에 소요되는 재원은 장기요양보험료와 국가부담금 그리고 수급권자의 본인부담금으로 마련된다. 노인장기요양보험료는 보건복지부 장관 소속의 장기요양위원회에서 결정하게 되는데, 이 위원회는 위원장 1인, 부위원장 1인을 포함한 16인 이상 22인 이하의 위원으로 구성되며, 근로자단체, 사용자단체, 시민단체, 노인단체, 농어업인단체, 자영자단체, 장기요양시설 또는 의료계, 학계 및 연구계, 고위공무원단 소속 공무원 등으로 구성되어 있다. 2023년의 노인장기요양보험료는 건강보험료액에 장기요양보험료율 12.81%를 곱하여 산출하게 되며, 장기요양보험료 경감자에게는 경감액만큼 감해 준다. 개인별로 결정된 노인장기요양보험료는 건강보험료와 같은 고지서에 통합하여 부과하며, 납부 시 자동적으로 같이 계산되어 납부된다.

국가는 장기요양보험료 예상 수입액의 20%에 상당하는 금액을 지원하되, 의료급여 수급권자의 장기요양급여 비용, 의사소견서 발급 비용, 방문간호지시서 발급 비용 중 공단이 부담하여야 할 비용 및 관리운영비 전액을 부담하여야 한다. 수급자의 본인부담금은 재가급여를 이용할 경우에는 장기요양급여 비용의 15%, 시설급여를 이용할 경우에는 장기요양급여 비용의 20%를 부담하여야 한다. 다만「국민기초생활보장법」에 의한 수급자는 본인부담금이 면제되며, 의료급여 수급권자, 천재지변 등으로 보건복지부 장관이 인정하는 자는 본인부담금의 50%를 경감받는다. 그리고 시설급여 이용자는 식사재료비, 이 · 미용비, 상급 침실 이용 추가비용은 장기요양급여가 적용되지 않는 비급여 항목으로 본인이 전액 부담하여야 한다.

(2) 전달체계

노인장기요양보험제도는 중앙 및 지방정부, 국민건강보험공단, 장기요양기관이 각각 역할을 분담하게 되며, 전달체계는 앞서 제시한 [그림 10-8]에서 보는 바와 같다. 이 중에서 장기요양기관은 재가급여나 시설급여를 제공할 수 있는 기관으로서, 「노인장기요양보험법」에 의하여 소재지를 관할 구역으로 하는 시장 · 군수 · 구청장으로부터 지정을 받아야 한다. 기존에「노인복지법」에 의거하여 설치 신고된 재가노인복지시설과 노인의료복지시설은 시장 · 군수 · 구청장에게 장기요양기관 지정 신청을 하여 지정을 받아야 하며,「노인장기요양보험법」에 의하여 설치된 재가장기요양기관은 별도의 지정절차가 필요하지 않다. 장기요양기관으로 지정받지 않으면 장기요양보험제도의 기관이 아니기 때문에 장기요양급여를 제공할 수 없고, 서비스를 제공한다고 해도 공단에 장기요양급여비용을 청구할 수 없다.

장기요양기관 및 재가장기요양기관이 폐업 또는 휴업을 하려는 경우에는 폐업 또는 휴업 예정일 30일 전까지 공단에 '장기요양기관 폐업·휴업 신고서' 등의 서류를 첨부하여 시장·군수·구청장에게 제출하여야 한다. 그리고 시·군·구청장은 ① 거짓이나 그 밖의 부정한 방법으로 장기요양기관 지정을 받은 경우, ② 지정 기준에 적합하지 아니한 경우, ③ 장기요양급여를 거부한 경우, ④ 거짓이나 그 밖의 부정한 방법으로 재가 및 시설 급여 비용을 청구한 경우, ⑤ 질문·검사 및 자료의 제출 요구를 거부·방해하거나 거짓으로 보고하거나 거짓 자료를 제출한 경우, ⑥ 장기요양기관

표 10-13 노인의료복지시설 장기요양기관의 인력배치 기준

직종별 \ 시설별		시설장	사무국장	사회복지사	의사(계약)의사	간호(조무)사	물리치료사 또는 작업치료사	요양보호사	사무원	영양사	조리원	위생원	관리인
노인요양시설	입소자 30명 이상	1명	1명	1명	1명 이상	입소자 25명당 1명	1명	입소자 2, 3명당 1명 (치매전담실은 2명당 1명)	1명 (입소자 50명 이상인 경우로 한정함)	1명 (1회 급식 인원이 50명 이상인 경우로 한정함)	입소자 25명당 1명	1명 (입소자 100명 초과할 때마다 1명 추가)	1명 (입소자 50명 이상인 경우로 한정함)
	입소자 30명 미만 10명 이상	1명		1명	1명	1명		입소자 2, 3명당 1명			1명		
노인요양공동생활가정		1명				1명		입소자 3명당 1명(치매전담실은 2.5명당 1명)					

주: 1. 사무국장은 입소자 50명 이상인 경우에 한해서 배치(50명 미만 시설 배치 불요)
　　2. 사회복지사, 물리치료사는 기본 1명 배치하고, 입소자 100명 초과 시마다 1명 추가
　　3. 영양사는 입소자 50명 이상인 경우에 한해서 배치(50명 미만 시설 배치 불요)
　　4. 간호(조무)사는 "입소자 30명 이상 시설"인 경우 입소자가 없더라도 기본 1명 배치
　　5. 요양보호사는 입소자가 없더라도 기본 1명 배치
　　6. 협약의료기관 제도 도입에 따라 촉탁의를 두거나 의료기관과 협약을 체결하여야 함
출처: 보건복지부(2023b). 노인보건복지사업안내.

의 종사자 등이 신체적 학대, 성폭행 또는 성희롱, 방임 행위 등을 한 경우에는 경고, 영업정지, 폐쇄명령, 지정취소 등의 조치를 취할 수 있다.

장기요양기관에서 노인에게 요양서비스를 제공하기 위해서 적정 수준의 전문인력을 배치하여야 한다. 「노인복지법」상 노인의료복지시설에 해당하는 장기요양기관은 〈표 10-13〉에서 규정한 인력배치 기준에 근거하여 적정 인력을 배치해야 한다. 이러한 인력배치 기준에 더하여 치매전담형 장기요양기관의 경우에는 치매전문교육을 이수한 시설장과 프로그램관리자를 반드시 갖추어야 한다. 그리고 노인요양시설의 치매전담실은 치매환자 2명당 1명의 치매전문교육을 이수한 치매전문요양보호사를 배치해야 하며, 노인요양공동생활가정의 경우는 치매환자 2.5명당 1명, 그리고 주야간보호서비스의 경우에는 치매환자 4명당 1명을 배치해야 한다(보건복지부, 국민건강보험공단, 2023a).

재가장기요양기관의 관리책임자는 사회복지사, 의료인 또는 5년 이상의 실무경력을 갖춘 요양보호사 1급으로서 상근하는 자여야 하며, 「농어촌주민의 보건복지 증진을 위한 특별법」에 의한 농어촌 지역은 요양보호사를 최소 5명 이상 배치, 그 외 지역은 요양보호사를 최소 15명 이상 배치해야 하며, 그중 20% 이상은 1일 8시간 월 20일 이상 근무하는 요양보호사로서 상근직이어야 한다(보건복지부, 2023b).

시설 및 재가 장기요양기관에서 노인에게 직접적 서비스를 제공하는 인력을 장기요양요원이라 한다. 장기요양요원은 요양보호사, 간호사, 간호조무사 및 치과위생사 등을 말하며, 자격이 없는 장기요양요원은 서비스를 제공할 수 없다. 장기요양요원 중 요양보호사 자격을 갖추기 위해서는 〈표 10-14〉에서 정한 교육과정을 이수하고 시·도지사가 주관하는 자격시험에서 필기시험과 실기시험에서 각 60% 이상 득점을 하여 합격해야 한다. 다만, 간호사 자격 소지자는 이론 26시간, 실기 6시간, 현장실습 8시간 등 총 40시간의 교육을 받아야 하며, 사회복지사는 이론 32시간, 실기 10시간, 실습 8시간 등 총 50시간 그리고 간호조무사, 물리치료사, 작업치료사는 이론 31시간, 실시 11시간, 현장실습 8시간 등 총 50시간을 이수하면 자격시험 응시자격이 주어진다.

치매전담형 장기요양기관에 근무하고자 하는 자는 요양보호사 자격취득에 더하여 별도의 치매전문교육과정을 이수해야 한다. 시설장으로 근무하기 위해서는 시설 치매수급자에 맞춘 인지자극, 신체활동, 일상생활 지원 등에 관한 치매전문교육 그리고 프로그램 관리자로 근무하기 위해서는 치매환자 개인별 급여 및 프로그램 계획수립 등에 대한 치매전문교육을 각각 9차시(이론 5차시, 실기 및 시험 4시간) 이수하여야 한다. 치매전문요양보호사로 근무하려는 자는 치매 특성 이해, 의사소통과 관계형성 등의 돌봄기술, 영양관리 등에 관한 치매전문교육 27차시(이론 23차시, 실기 3시간)를 이수하여야 한다(보건복지부, 국민건강보험공단, 2023a).

표 10-14 요양보호사 1급 교육과정
(단위: 시간)

	과목	교육내용	이론	실기
이론 실기 (160시간)	요양보호개론	• 요양보호 관련 제도 및 서비스 • 요양보호 업무의 목적 및 기능 • 요양보호사의 직업윤리와 자세 • 요양보호 대상자 이해	17	6
	요양보호 관련 기초지식	• 의학, 간호학적 기초지식	12	3
	기본요양보호각론	• 기본요양보호기술(섭취, 배설, 개인위생, 환경, 체위변경, 이동, 안전 및 감염 관련 요양보호) • 가사 및 일상생활 지원 • 의사소통 및 여가 지원 • 서비스 이용 지원 • 요양보호 업무 기록 및 보고	38	56
	특수요양보호각론	• 치매 요양보호 기술 • 임종 및 호스피스 요양보호 기술 • 응급처치 기술	13	15
	소계		80	80
현장실습 (80시간)		• 노인요양시설 실습	40	
		• 재가요양서비스 실습	40	
		소계	80	

자료: 「노인복지법 시행규칙」 제29조 2(국가법령정보센터(www.law.go.kr).

6) 치매전담형 장기요양기관의 시설 기준

치매전담형 장기요양기관으로 지정받기 위해서 노인요양시설과 노인요양공동생활가정은 〈표 10-15〉에서 보는 바와 같은 시설 기준을 갖추어야 하며, 노인요양시설은 생활노인 1인당 23.6m², 노인요양공동생활가정은 20.5m²에 해당하는 시설면적을 확보해야 한다.

노인요양시설 내 치매전담실의 경우에는 별도의 출입문을 설치하여 공간을 구분해야 하며, 치매전담실 1실당 정원은 16명 이하로 하되 치매전담실의 개수 제한은 없으며, 전체 입소정원 1명당 23.6m² 이상의 공간을 확보해야 한다. 치매전담실 가형의 경우에는 침실 시설면적이 1인실 9.9m² 이상, 2인실 16.5m² 이상, 3인실 23.1m² 이상, 4인실 9.7m² 이상이 되어야 하며, 나형은 1인실 9.9m² 이상 그리고 다인실의 경우에는 입소자 1명당 6.6m² 이상이 되어야 한다. 그리고 침실에는 치매환자가 과거 기억을 회상하는 데 도움이 되는 개인물품 등을 위한 수납 공간을 충분히 확보해야 한다. 생활노인이 공동으로 활용할 수 있는 1명당 1.65m² 이상의 공동거실을 확보하여야 하며, 공동으로 사용할 수 있는 화장실, 간이욕실(세면대 포함)을 갖추어야 한다.

치매전담형 노인요양공동생활가정의 경우에는 1층에 치매전담실을 설치하고, 침

표 10-15 노인요양시설 및 노인요양공동생활가정 시설 기준

구분		침실	사무실	요양보호사실	자원봉사자실	의료 및 간호사실	물리(작업)치료실	프로그램실	식당 및 조리실	비상재해대피시설	화장실	세면장 및 목욕실	세탁장 및 세탁물 건조장
노인요양시설	입소자 30명 이상	○	○	○	○	○	○	○	○	○	○	○	○
	입소자 30명 미만 10명 이상	○		○		○			○	○	○	○	
노인요양 공동생활가정		○		○			○		○	○		○	

자료: 보건복지부(2023b). 노인보건복지사업안내.

표 10-16 주야간보호서비스 치매전담실 시설 기준

구분		생활실	사무실	의료 및 간호사실	프로 그램실	물리 (작업) 치료실	식당 및 조리실	화장실	세면장 및 목욕실	세탁장 및 건조장
주야간 보호	이용자 10명 이상	○	○		○		○	○	○	
	이용자 10명 미만	○	○		○		○		○	

주: 사무실과 의료 및 간호사실, 프로그램실과 물리(작업)치료실은 공간을 함께 사용할 수 있으나, 각각의 시설에
　대한 기능은 모두 갖추어야 함
　－ (치매전담실 1실만 운영) 위 표의 기준 충족하면 됨
　－ (치매전담실 · 일반실 병행) 치매전담실에 프로그램실 별도 설치하고, 생활실 · 프로그램실 제외한 기타
　　시설은 일반실과 공동활용
　－ (치매전담실만 다수 운영) 각 치매전담실에 프로그램실 별도 설치하고, 생활실 · 프로그램실 제외한 기타
　　시설은 공동활용
출처: 보건복지부, 국민건강보험공단(2023b). 치매전담형 장기요양기관운영 매뉴얼.

실 면적 기준은 1인당 6.6m² 이상이어야 하고, 1실당 정원은 4명 이하여야 한다. 생활노인이 공동으로 활용할 수 있는 1명당 1.65m² 이상의 공동거실을 확보하여야 하며, 옥외공간은 자율 선택 사항이며 마을공원 등을 활용하여 치매 전문 프로그램을 운영할 수 있다.

　주야간보호서비스 내 치매전담실 입구에도 출입문을 두어 공간을 구분하여야 하며, 치매전담실 1실당 이용 정원은 25명 이하로 하되, 생활노인 5명을 기준으로 생활실을 포함하여 시설 연면적은 90m² 이상이 되어야 하며, 5명 초과 시 1명당 6.6m² 이상의 생활실 공간을 추가 확보해야 한다. 주야간보호 치매전담실의 경우 〈표 10-16〉의 일반 주야간보호시설 기준을 갖춘 후에, 치매전담실 운영형태에 따라 별도의 생활실과 프로그램실을 갖추어야 한다.

4. 치매환자와 가족 지원을 위한 관련 체계의 역할

　치매환자를 위한 노인복지서비스 조직은 크게 공공조직, 비영리조직(NPO), 영리

조직의 세 부문으로 나뉘며, 각 부문은 각기 다른 역할을 담당하게 된다. 이 세 가지 서비스 조직에 서비스 수급자이자 공급자인 개인과 가족까지를 포함하면, 치매노인 보호서비스는 크게 네 부문이 관여한다고 할 수 있다(Giordano & Rich, 2001). 이에 다음에서는 치매환자 보호와 가족 지원을 위한 체계적인 서비스 체계 구축을 위해서 각 부문에서 담당해야 할 역할에 대해 논의해 보고자 한다.

1) 개인 및 가족의 역할

치매에 대한 가장 적극적인 대책은 치매의 예방이며, 치매예방의 1차적 책임은 개인에게 있다. 따라서 개인은 성인기 이후의 정기적 건강검진과 성인병 예방과 관리를 통해 개인적 차원의 치매예방 조치를 적극적으로 취해야 할 것이며, 개인보험 등을 통하여 노년기의 의료비 부담을 위한 대비책을 세워 두어야 할 것이다.

대부분의 노인성 질환이 그렇듯이 치매 역시 치료(cure)보다는 케어(care)가 필요하며, 장기입원이나 보호시설에 입소시키기보다는 지역사회와 가정에서 보호하는 것이 바람직하므로(권중돈, 2022), 치매환자의 보호에서 가족의 역할이 매우 중요하다. 치매가족의 역할은 질병의 단계에 따라 다른데, 무병기(無病期)와 전병기(前病期)에는 가족의 건강 유지와 치매 예방을 위한 적절한 조치를 취하여야 하며, 증병기(證病期)에는 치매의 조기발견과 조기치료를 위해서 노력하여야 하며, 진병기(進病期)에는 치매의 치료와 증상관리, 잔존 기능의 유지를 위한 간호와 수발의 역할을 이행해야 하며, 정병기(停病期)에는 치매환자에 대한 임종간호와 가족의 심리적 회복을 위한 역할을 중점적으로 수행하여야 한다.

하지만 치매가족의 주된 역할은 환자의 간호와 돌봄이라 할 수 있다. 그러므로 치매가족은 치매에 대한 임상적 이해를 가져야 하며, 각각의 증상과 문제행동에 맞는 간호방법과 기술, 환자의 일상생활 동작능력의 저하에 따르는 신변처리나 신체간호 방법 등에 대한 기술을 학습하여야 한다. 그리고 한 명의 가족성원 특히 여성에게 부양부담이 집중되는 것을 방지하기 위해서는 가족성원 간의 역할 재조정을 통한 부양협조체계를 구축해 나가야 한다. 그리고 부양자의 건강관리와 부양부담 경감을 위한 가족 자체 노력이 이루어져야 한다. 또한 치매환자의 치매 정도와 가족의 부양 기능을 면밀히 평가하여 치매환자의 시설보호 여부와 입소 시점을 신중하게 판단해야 한다. 그리고 치매환자가 사망한 이후에는 다른 치매가족의 봉사자로 참여하여, 치매환자 부양과정에서 체득한 치매 간호방법의 노하우를 다른 가족과 공유하고 치매가족을 위한 정책의제 개발에 참여하는 것이 필요하다.

그리고 치매가족은 한국치매가족협회 등을 통하여 전국적으로 치매가족 네트워크를 조직화하고, 이를 바탕으로 자신들의 복지권을 되찾기 위한 사회운동을 합법적으로 전개해 나가는 것도 필요하다. 그리고 한국치매가족협회에서는 치매환자와 가족을 위한 전문상담, 전문간호교육, 전문인력 양성교육, 가족모임, 시설 정보제공 등의 다양한 서비스를 제공하여 치매가족의 부양 기능을 유지·보완하고, 더 나아가 우리나라 치매환자 보호문제를 완화시키는 데 기여하여야 할 것이다.

2) 중앙 및 지방 정부의 역할

치매국가책임제가 시행되기 이전의 치매정책은 정책 대상에서 제외된 넓은 사각지대의 존재, 맞춤형 사례관리서비스의 미흡, 치매가족을 위한 직접적 서비스의 부족, 보건복지서비스에 대한 낮은 접근성 등의 한계를 지니고 있었다(권중돈, 2018). 치매국가책임제 시행 이후 이러한 정책문제의 상당 부분이 개선되었지만, 그럼에도 불구하고 중앙과 지방정부의 치매정책 개선 과제는 여전히 존재한다.

치매정책과 관련하여 중앙정부가 가장 먼저 해야 할 일은 치매환자 보호정책과 가족지원 정책 간의 균형을 유지하는 것이다. 이러한 정책방향하에서 치매전문 의료시설과 복지시설의 증설, 재가서비스의 확대를 추진해 나가야 할 것이다. 이와 아울러 치매 예방과 조기발견 그리고 경도인지장애 환자를 위한 돌봄서비스를 강화해 나가고, 기존의 치매환자 간호 및 돌봄서비스의 양적 확대뿐 아니라 질적 수준 제고도 함께 도모해 나가야 할 것이다. 특히 독거노인 가구가 증가하고 있는 점을 고려하여 지역사회에 숨겨진 치매환자를 찾아내기 위한 조기발견 체계를 강화해야 할 것이며, 맞춤형 사례관리서비스의 대상을 대폭 확대하고 서비스의 질적 수준을 제고해 나가야 한다. 그리고 보건-복지 전달체계 간의 연계 강화, 가족의 부양부담 경감을 위한 서비스의 확대, 국민건강보험과 노인장기요양보험제도의 치매환자와 가족에 대한 보장성 강화 등을 추진해 나가야 한다. 또한 국민건강증진기금에 의한 특별회계 예산뿐 아니라 일반회계 예산에서의 치매정책 예산을 신설 및 증액하기 위한 노력을 경주하여 특별히 농어산촌 지역의 부족한 치매인프라를 확충하는 데 집중적 재정투입을 해나가야 한다. 그리고 치매의 발병 기전을 찾아내고 이를 바탕으로 치매 치료물질을 개발하는 뇌과학 및 치매치료제 개발을 위한 연구개발을 적극적으로 지원해야 한다.

지방정부에서는 치매환자 보호에 직접 관여하는 기초자치단체, 의료기관, 보건소, 노인복지시설 등 지역시설 간의 유기적 협조를 도모할 수 있는 방안을 적극적으로 강구해 나가야 할 것이다. 또한 중앙정부에서 추진하는 치매 관련사업에 대한 재원을 분담하고 집행하는 역할뿐만 아니라 지역특수성을 반영한 특화된 치매프로그램과 사업을 적극적으로 개발·추진해 나가는 데 관심을 기울여야 한다.

3) 민간 비영리조직의 역할

우리나라에서 치매환자와 가족을 위한 서비스에 참여하고 있는 대표적인 비영리조직은 노인복지 시설과 기관, 사회복지기관, 치매 관련 협회 등이 있다. 먼저 노인복지시설 중 노인요양시설에서는 치매환자에 대하여 전문적인 서비스를 제공하기 위한 노력을 경주해 나가야 한다. 개별 시설에서는 치매 전문인력의 확보 노력과 종사자에 대한 현임훈련을 통하여 인적 자원의 전문화를 도모하고, 보다 전문적인 치료 및 간호서비스와 일상생활 지원서비스의 제공을 위해서 노력해야 한다.

노인복지관, 노인돌봄서비스 기관, 재가노인지원센터에서는 경도인지장애와 치매환자를 위한 전문프로그램이나 사업을 개발하여 실시하고, 지역의 치매가족을 위한 재가서비스를 강화해 나가야 한다. 그리고 사회복지관 등의 지역복지기관에서도 지역주민에 대한 치매예방교육, 치매환자를 위한 돌봄프로그램, 치매가족에 대한 자원봉사자 파견 등을 적극적으로 전개해야 한다. 또한 치매 관련 협회인 한국치매협회, 한국치매가족협회 등은 지역조직과 연계하여 치매 관련 시설 생활노인과 종사자의 권익 증진, 치매가족에 대한 지원을 더욱 강화해 나가야 한다. 더 나아가 교회, 사찰 등의 종교단체도 성도뿐만 아니라 지역의 치매환자를 위한 각종 사업을 전개해 나가는 것이 필요하다.

4) 영리조직의 역할

치매환자에게 서비스를 제공하고 영리를 추구하는 기관은 다양한데, 그중 가장 대표적인 조직은 제약업체, 의료기업체 등이다. 제약업체는 치매환자로 인하여 영리를 취하는 만큼 치매연구, 치매교육, 치매상담, 치매시설 설치 등을 위한 각종 치매 관련 사업에 재정적 지원을 함으로써 이익의 일정 부분을 사회에 환원하는 ESG 경영을 강화해 나가야 한다. 또한 영리기업은 운영이 용이한 건강한 노인이나 신체질환이 있는 노인을 보호하는 시설보다는 의료시설을 겸비한 전문치매보호시설의 설치에 적극적으로 참여함으로써 복지의 세 책임주체로서의 지위에 걸맞은 역할을 이행해 나가야 한다. 그리고 전자·통신업체는 첨단정보통신기술을 활용하여 치매환자의 치료와 간호를 지원하는 인공지능 로봇과 시스템 개발에 적극 참여하는 것이 바람직할 것이다.

제11장 | **치매환자 사례관리**

치매는 인지기능의 저하뿐 아니라 삶을 꾸려 가는 데 필요한 다양한 기능 영역의 문제를 초래하는 복합적 임상증후군으로서, 치매환자는 치매의 치료와 돌봄은 물론이고 일상생활을 영위하는 데 필요한 다양한 서비스를 이용해야 한다. 치매환자를 부양하는 가족 역시 숨겨진 환자(hidden patient)로서 치매로 인하여 야기되는 문제해결뿐 아니라 부양부담과 스트레스 경감 그리고 가족생활문제 해결을 위해 다양한 서비스를 필요로 한다. 치매 국가책임제 이후 지역마다 치매안심센터가 설치되고 치매환자와 가족을 위한 서비스가 대폭 확충됨으로써, 치매 관련 서비스에 대한 접근도와 이용도는 많이 향상되었다. 하지만 치매로 인해 나타나는 다른 영역의 삶의 문제를 해결하기 위해서는 여전히 노인복지제도의 분절성(分節性)과 전문직 간의 연계 및 협력 부족으로 인하여, 치매환자와 가족은 자신이 직면한 삶의 문제를 해결하기 위해서 여러 기관을 찾아다녀야 한다. 치매환자와 가족은 노인복지서비스에 대한 정보와 지식이 없거나 부족할 수밖에 없으므로, 서비스 이용에 많은 불편을 겪거나 이용하지 못하는 경우가 많다. 더구나 치매환자는 지속적으로 증가하는 데 반해 우리나라 노인의 가족구조는 독거

노인과 고령 노부부가구 중심으로 변화되고 있는 관계로, 앞으로 치매서비스의 사각지대가 더욱 늘어날 위험성이 내재해 있다. 이러한 치매환자와 가족이 직면한 복합적 문제를 해결하고 삶의 질을 향상시키기 위해서는 사례관리라는 다학제적이고 통합적인 접근이 요구된다. 이에 다음에서는 치매환자와 가족을 위한 사례관리의 필요성, 대상과 목적, 모형, 실천과정 그리고 실천원칙에 대해 논의해 보고자 한다.

1. 사례관리의 개념

사례관리(case management)라는 용어는 임상적 개입의 의미가 강한 사례(case)와 행정적 의미가 강한 관리(management)가 합쳐진 용어로서, 통합적 사회복지실천의 성격이 강하다. 이러한 사례관리는 요양보호(managed care), 케어관리(care management), 보호조정(care coordination), 서비스 조정(service coordination) 등의 용어와 혼용되고 있다. 그리고 미국의 경우에는 사례관리가 정신장애인의 치료를 중심으로 발전한 반면 영국에서는 노인이나 장애인에 대한 대인서비스나 케어(care)를 중심으로 발전한 관계로, 미국의 경우에는 사례관리(case management) 그리고 영국의 경우에는 케어관리(care management)라는 용어를 사용하고 있다. 우리나라에서는 치매환자 등의 정신장애인을 대상으로 하는 경우는 사례관리라는 용어를, 노인과 장애인 등을 대상으로 하는 경우는 케어관리라는 용어를 사용하고 있다(권중돈, 2005). 치매환자의 대부분이 노인이라는 점을 감안하면 케어관리라는 용어를 사용하여도 문제가 없지만, 치매의 정신장애로서의 특성을 더욱 강조하여 사례관리라는 용어를 공식적으로 사용하고 있다(보건복지부, 2010, 2023a).

이러한 사례관리와 관련하여 학자마다 다른 정의를 제시하고 있다. O'Connor(1988)는 사례관리를 행정·관리적 차원(지역자원의 조직, 조정)과 직접적 개입(지속적 보호, 상담, 치료)의 차원에서 클라이언트의 욕구를 충족시키는 활동이라고 정의한다. Moxley(1989)는 사례관리를 복합적인 욕구를 가진 사람들의 복지와 기능을 최대화하기 위해 공적·사적 지원과 활동의 망(網)을 조직, 조정, 유지하는 것이라고 정의한다. Rothman(1991)은 노인, 아동, 장애인을 포함한 다양한 클라이언트에게 지역사회에서 지속적이고 폭넓은 서비스를 제공하는 하나의 전략이자 방법으로, 지역사회 내에 거주하는 클라이언트에 대한 개별화된 조언, 상담 및 치료를 제공하는 기능과 함께 서비스 및 지지가 필요한 클라이언트와 지역사회 기관 및 비공식적 지지망을 연결하는 기능을 수행하는 것을 사례관리라고 정의한다.

이러한 기존 학자들의 정의를 종합하여 볼 때, 사례관리는 복합적 문제나 욕구를 가진 사람들의 기능과 복리를 최대화시키기 위하여 공식적 및 비공식적 지지망과의 활동을 조직하고 서비스를 연결, 조정, 평가하는 서비스 전달방법이라고 정의할 수 있다(권중돈, 2022). 따라서 치매환자의 사례관리란 '만성적이고 퇴행적인 경과를 보이는 치매환자의 기능과 복리를 최대화시키기 위해 종합적이면서 객관적인 평가에 기초하여 치매환자와 가족의 요구에 부합하는 개인별 맞춤형 개입 계획을 수립하여 필요한 서비스를 직접 제공하거나 공식 및 비공식적 지지망을 연계, 조정, 점검 및 평가하는 서비스 전달방법'이라고 정의할 수 있다.

2. 사례관리의 등장배경과 필요성

영국의 경우 1970년대에 대인서비스(personal social service)를 강화하는 방향으로의 정책변화로 복지와 보건 서비스 간의 연계와 조정에 관심을 기울이면서, 케어(care)에 중점을 둔 사례관리가 등장하게 되었다. 그리고 미국의 경우에는 1970년대 정신장애인의 퇴원 후 지역사회서비스의 연계, 조정, 지속관리에 목적을 둔 사례관리를 의무 적용함으로써 사례관리가 등장하게 되었다. 이러한 서구 국가에서의 사례관리의 발달과정에 근거하여 볼 때, 사례관리의 등장배경은 ① 탈시설화, ② 클라이언트의 증가와 그들의 욕구의 다양화와 복합화, ③ 사회복지서비스 공급주체의 다양화, ④ 사회복지서비스의 지방분권화, ⑤ 대인서비스의 단편성과 불연속성, ⑥ 사회복지 비용의 삭감, ⑦ 사회관계망에 대한 관심의 증가, ⑧ 대인서비스 비용의 절감이라는 여덟 가지 요인을 들 수 있다(이근홍, 1998; 권중돈, 2022; Moxley, 1989).

이러한 사례관리의 등장배경 요인은 전체 클라이언트 집단과 사회복지제도의 변화에 기인한 것이며, 특정 클라이언트 집단을 대상으로 한 사례관리의 필요성은 구체적으로 적시되지 않고 있다. 이에 다음에서는 치매환자와 가족의 특성 그리고 우리나라의 치매환자 보호정책의 현황을 바탕으로 하여, 치매환자에 대한 사례관리 실천의 필요성을 살펴보고자 한다(권중돈, 2005).

1) 치매환자의 특성과 사례관리의 필요성

치매환자는 기억장애 등의 인지장애뿐만 아니라 망상, 환각, 불안, 조울증, 무감동, 성적 이상행동 등의 정서 또는 정신장애를 보인다. 또한 배회, 수면장애, 흥분과 공격성, 수집벽, 상동증, 거부행위 등의 행동장애, 세수 · 목욕, 식사 등의 기본적 일상생활수행능력의 장애, 그리고 보행, 편마비 등의 신체적 장애와 합병증을 앓는 등 타인에 대한 의존도가 매우 높고, 복합적 문제와 욕구를 지닌 장기보호가 필요한 클라이언트 집단이라 할 수 있다. 더구나 치매에 대한 효과적인 치료방법이 개발되지 않고 있어 일단 치매에 이환되게 되면 대부분의 치매환자는 시간이 경과함에 따라 치매 증상이 더욱 악화되고, 주변 서비스의 이용 제한은 물론 기본적인 일상생활의 영위조차도 어렵게 될 가능성이 높다. 이와 같은 치매환자의 신체 · 심리 · 사회적 삶의 황폐화를 최대한 억제하여 최저한도 이상의 삶의 질을 보장하기 위해서는 특정 증상이나 문제를 해결하기 위한 단편적 서비스가 아니라 보건, 의료, 간호, 복지 등의 통합적 서비스가 제공되어야 하며, 이를 위해서는 사례관리 접근법의 활용이 더욱 요구된다.

2) 치매가족의 특성과 사례관리의 필요성

치매가족은 숨겨진 환자(hidden patient)로서 당연히 서비스 대상이 되어야 하지만 실상은 서비스 소비자로서의 권리를 제대로 누리지 못하고 있다. 즉, 현재 치매가족을 지원하기 위한 정책이 실시되고 있지만, 서비스의 종류와 양은 여전히 제한되어 있어 대부분의 치매가족은 서비스 대상에서 제외되어 있다. 치매가족이 느끼는 욕구를 충족시킬 수 있을 만큼의 서비스가 개발되어 있지 않을 뿐만 아니라 서비스를 이용하고자 하여도 서비스의 분리와 낮은 접근도로 인하여 어려움을 경험하고 있다.

치매가족은 치매환자의 증상이나 다양한 돌봄욕구를 적절히 충족시키지 못하고 있으며, 보호부양에 많은 어려움을 겪고 있다. 그리고 가족의 부양 기능은 약화되는 반면 전통적인 노인부양의 위계적 보상속성과 성차별적 가정 내 역할분담 구조는 그대로 유지되고 있어, 가족 내의 특정 성원 특히 여성 배우자와 며느리 등이 치매환자의 부양을 전담하게 됨으로써 부양자는 치매가족의 희생양이 되고 있는 실정이다.

따라서 치매가족의 부양자는 ① 사회적 활동 제한, ② 재정 및 경제적 부담, ③ 심리적 부담, ④ 건강상의 부담, ⑤ 노인과의 관계 악화, ⑥ 가족관계의 부정적 변화와 같은 부양부담을 경험하고 있다(권중돈, 1994a). 이러한 부양부담을 경감하고 치매환자의 부양의 질을 제고하며, 부양자의 삶의 질을 보장하기 위해서는 공식 및 비공식적 서비스에 대한 정보 제공과 연계, 조정이 이루어져야 함은 물론 부족한 가족서비스의 강화를 도모할 수 있는 옹호활동이 필수적이다. 따라서 치매가족의 입장에서도 사례관리는 그 필요성이 매우 높다고 하겠다.

3) 치매정책의 현실과 사례관리의 필요성

치매국가책임제와 치매관리종합계획의 지속적 추진으로 인하여 기초자치단체마다 치매안심센터가 설치되고 치매환자와 가족을 위한 서비스가 대폭 확충되었다. 그럼에도 독거노인과 고령 노부부가구의 치매환자를 충분히 돌볼 수 있는 안전망으로서의 기능은 미비하며, 치료-간호-돌봄체계의 연계와 통합서비스 기능이 아직 미성숙하며, 치매환자가 살던 곳에서 지속적으로 생활(aging in place)하기에는 서비스의 종류와 양이 충분하지 않으며, 치매가족을 위한 지원과 서비스는 여전히 불충분하며, 노인장기요양기관에서의 개인별 맞춤형 사례관리서비스는 아직 질적으로 성숙하지 못한 실정이다.

이러한 상황과 앞으로의 치매환자 증가, 노인가구구조의 변화추이 등을 고려해 볼 때 국가의 치매관리비용과 복지재정 부담은 더욱 커질 것으로 전망된다. 그러므로 국가의 치매관리비용과 복지비용 경감의 차원에서라도 시설보호가 아닌 재가보호 기능을 강화하기 위한 치매전문기관과 시설, 보건의료기관, 사회복지기관을 포함한 다양한 지역자원 간의 서비스 연계와 조정이 필수적이다. 이런 서비스의 연계가 이루어지지 않을 경우 특정 전문직 위주의 분리된 서비스는 지속될 수밖에 없으며, 이를 지원하는 정책은 목적 달성에 많은 한계를 보일 수밖에 없을 것이다. 따라서 정책적인 측면에서도 시급히 사례관리 방법의 적극적 시행이 요구되고 있다고 할 수 있다.

3. 사례관리의 대상, 목적과 기능

1) 사례관리의 대상

사례관리의 기본적 대상은 다양하고 복합적인 욕구를 가진 장기보호가 필요한 클라이언트이다(권중돈, 2022). 치매환자는 유형과 정도에 따라서 다르긴 하지만, 생활 전반에 걸쳐 타인의 원조 없이는 기본적 생활의 영위가 어려운 복합적 욕구를 지닌 계층이며, 만성적 경과를 보인다는 측면에서 사례관리의 가장 적합한 대상이라 할 수 있다. 그러나 여기서 유념해야 할 것은 치매의 또 다른 환자인 가족이다. 가족은 치매환자의 보호로 인하여 다양한 가족생활 영역에서 어려움을 경험하고 있으며, 개인의 성장발달과 안정된 가족생활에 필요한 욕구를 충족시키지 못하는 경우가 많다. 따라서 치매환자를 위한 사례관리의 대상은 치매환자뿐만 아니라 노인을 부양하는 가족까지 기본적인 대상이 되어야 한다.

2) 사례관리의 목적

보건복지부(2010, 2023a)에서는 치매환자의 사례관리 목적을 ① 치매환자의 기능 및 삶의 질 향상, ② 치매가족의 케어(care) 능력 향상 및 부담 경감, 그리고 ③ 효율적 치매 관리 시스템 구축을 통한 사회적 부담 경감, ④ 치매환자 돌봄 사각지대 해소라고 제시하고 있다. 그러나 일반적인 사례관리의 기본 목적은 ① 보호의 연속성 보장, ② 통합적 서비스의 제공, ③ 서비스 접근성과 책임성의 증진, ④ 1차집단의 보호능력 향상 또는 재가보호 기회의 증대, ⑤ 클라이언트의 사회적 기능과 복지 향상, 그리고 ⑥ 자원의 개발·동원·효율적 이용(권중돈, 2022)이므로, 다음에서는 이를 근거로 하여 치매환자 사례관리의 목적에 대해 논의해 보고자 한다.

첫째, 보호의 연속성 보장이라는 사례관리의 목적은 치매환자와 가족에게 필요한 부분이다. 치매의 경우 치료의 가능성이 매우 낮을 뿐만 아니라 점진적 악화의 과정을 거치며 그에 따라 보호욕구 또한 지속적으로 상승하기 때문에, 지속적인 서비스가 보장되어야 한다. 만약 서비스가 중도에 단절되거나 중단되었을 경우 자기돌봄 능력을 결여한 치매환자의 기본적 생활유지가 어려울 뿐만 아니라 치매 증상의 악화가 가속화되고 가족의 부양부담이 가중될 가능성이 있으므로, 서비스의 점검, 재사정, 평가 등을 통하여 계속적인 복합적 서비스나 보호가 제공되어야 한다.

둘째, 통합적 서비스의 제공이라는 사례관리의 목적은 치매환자와 가족에게 필요한 부분이다. 치매의 경우 보건, 의료, 재활, 간호, 복지, 건축, 예술 등 다양한 전문 분야의 서비스가 통합될 때만이 치매환자의 증상과 사회적 기능의 개선과 유지가 가능하기 때문에, 통합적 서비스의 제공이 필수적이다. 그리고 치매가족의 입장에서도 치매환자에 관한 서비스뿐만 아니라 가족생활, 교육, 건강, 사회활동 등의 다양한 영역의 서비스 욕구를 지니고 있으므로, 이러한 서비스를 통합적으로 제공해야만 이들의 부양부담을 경감하고 건강한 가족기능을 유지해 나갈 수 있다.

셋째, 서비스 접근성 및 책임성의 증진이라는 사례관리의 목적은 치매환자와 가족에게 필요한 부분이다. 현재 치매환자와 가족을 위한 서비스가 많이 확충되었으나 치매가족은 서비스에 대한 정보와 인식이 부족하고 이용방법을 몰라서 서비스에 접근하지 못하는 경우가 많다. 그러므로 치매환자와 가족에 대한 방문원조, 안내 및 의뢰 등과 같은 보다 적극적인 서비스 방식을 채택하여 치매환자와 가족의 서비스 접근도를 높여 나가야 할 것이다. 그리고 서비스 제공에 대한 조정과 점검을 통하여 치매환자와 가족이 적절한 서비스를 받을 수 있도록 보장하고, 질 높은 서비스가 유지될 수 있도록 서비스 제공자가 책임지게 함으로써, 서비스에 대한 책임성을 제고해 나가야 한다.

넷째, 1차 집단(primary group)의 보호능력 향상이라는 사례관리의 목적은 치매환자와 가족에게 필요한 부분이다. 치매환자를 보호하기에 가장 적합한 장소는 가정이므로, 가족의 치매환자 치료, 간호 및 돌봄에 필요한 지식과 기술을 교육하고 가족의 제한된 자원과 부양기능을 보완해 나감으로써, 치매환자가 안정되고 우호적인 분위기의 가정에서 지속적으로 보호받을 수 있도록 가족의 보호능력을 향상시켜야 한다. 또한 치매환자의 부양부담으로 인한 가족갈등과 이에 따른 가족해체를 예방하기 위해서도 가족의 부양능력을 향상시켜 나가야 한다.

다섯째, 클라이언트의 사회적 기능과 복지 향상이라는 사례관리의 목적은 치매환자와 가족에게 있어서 필요한 부분이다. 치매환자의 경우 초기단계부터 지속적으로 적극적인 치료와 간호, 기타의 서비스를 제공하면 증상 악화를 지연시킬 수 있으며, 이를 통하여 최저 수준 이상의 사회적 기능과 복지 수준을 유지할 수 있게 된다. 또한 가족의 경우에도 치매환자 부양과 관련된 문제해결능력의 향상, 공식 및 비공식 관계망의 서비스 접근과 활용 등을 통하여 가족 기능을 유지하고 가족성원의 안녕 상태를 유지해 나갈 수 있다.

여섯째, 자원의 개발, 동원 및 효율적 이용이라는 사례관리의 목적은 치매환자와 가족에게 필요한 부분이다. 치매환자를 보호하기 위해서는 가족은 물론 공공행정기관, 의료기관, 사회복지기관, 각종 사회단체 및 조직, 민간기업, 친구, 이웃, 자원봉사자, 치매가족 자조집단 등의 다양한 사회자원의 개발과 동원 그리고 제한된 자원의 효율적 이용이 필수적이다.

3) 사례관리의 기능

사례관리의 기본적인 기능은 ① 클라이언트와 서비스의 연결, ② 비공식 보호체계와 클라이언트 간의 상호작용 촉진, ③ 사례관리기관 간의 조정, ④ 상담, ⑤ 문제해결, ⑥ 옹호이다. 치매환자와 가족을 위한 사례관리에서는 먼저 사례관리자가 치매환자와 가족에게 유용한 현존 자원과 서비스를 적극적으로 연결·의뢰하여야 하며,

서비스 연결 또는 의뢰과정에서 장애가 되는 요인을 제거해 주어야 한다.

둘째, 사례관리자는 치매환자와 가족을 위한 공식적 서비스의 제공과 아울러 가족, 친척, 친구, 이웃, 자원봉사자, 그리고 같은 치매가족 자조집단과의 상호작용을 촉진하고 이들 비공식적 지원망을 체계화해 나가야 한다. 특히 치매가족이 지니고 있는 내적 자원과 장점을 최대화하여 가족의 기능을 강화해 나가면서, 주변의 이용 가능한 비공식적 관계망의 지지를 최대한 활용할 수 있도록 치매가족을 도와야 한다.

셋째, 현재 치매환자와 가족에게 서비스를 제공하는 기관은 공공행정기관, 보건의료기관, 사회복지기관, 비영리 봉사단체가 있지만, 이들 간의 교류나 협력은 여전히 제한적이다. 따라서 사례관리자는 이들 기관 간의 정보교류, 상호의뢰, 시설 공유, 서비스의 조정과 연계를 촉진하여 치매환자와 가족이 필요한 서비스를 받을 수 있도록 해야 한다.

넷째, 치매환자와 가족에게 유용한 서비스에 접근할 수 있도록 정보를 제공하며, 그들의 욕구와 문제에 대한 이해를 증진시키고, 서비스 제공기관과의 접촉을 향상시킬 수 있는 상담은 필수적이다. 따라서 치매환자와 가족에 대해서 문제해결, 현실검증, 치매 관련 지식과 기술의 교육, 서비스에 대한 정보 제공, 가족 및 치매환자의 자기돌봄 능력 향상, 가족관계의 개선 등에 목적을 둔 상담이 활발히 이루어져야 한다.

다섯째, 치매환자와 가족을 위한 사례관리에서는 문제를 정확히 인식하고 문제해결을 위한 동기화를 촉진하고, 문제해결에 필요한 기회와 자원에 접근하도록 함으로써, 문제해결능력을 강화하는 직접서비스가 마련되어야 한다. 그리고 이 과정에서 사례관리자는 치매환자와 가족이 일상생활에서 직접 활용할 수 있는 문제해결기술을 가르침으로써, 가족의 자발적 문제해결능력을 제고해 나가야 한다.

여섯째, 현재 우리나라의 치매환자 보호정책은 치매환자와 가족의 욕구와 문제에 기초한 정책보다는 정치적 영향과 복지재정에 기초한 정책결정이 이루어지는 경향이 남아 있다. 이는 치매가족이 높은 수준의 부양부담을 호소하고 있음에도 이들을 지원하기 위한 정책적 배려가 많지 않다는 점에서도 잘 나타난다. 따라서 사례관리자는 치매가족과 전문가 집단을 조직화하고, 이들을 대신하여 정부나 서비스 제공기관에 이들의 욕구와 권리를 주장 · 교섭 · 협상하는 등 치매환자와 가족의 권리를 옹호하는 활동을 적극적으로 수행해야 한다.

4. 사례관리의 구성요소와 모형

1) 사례관리의 구성요소

일반적인 사례관리의 구성요소는 ① 다양하고 복합적인 욕구를 지닌 클라이언트, ② 사례관리를 실천하는 사례관리자, ③ 클라이언트에게 보호를 제공하는 사회자원, 그리고 ④ 사례관리의 과정으로 나눌 수 있다(이근홍, 1998).

치매환자를 위한 사례관리의 클라이언트 집단에는 치매 증상을 보이고 자기돌봄 능력을 상실한 치매환자는 물론이며, 노인의 주된 부양책임을 맡은 주 부양자, 동거가족, 노인과 별거하는 가족이 모두 포함되어야 한다. 이 중에서 별거가족이나 부양책임을 맡지 않은 동거가족은 클라이언트인 동시에 비공식적 지원체계에도 속할 수 있다.

치매환자를 위한 사례관리에서의 사례관리자는 방문원조자, 사정자, 계획자, 중재자, 조정자, 상담자, 문제해결자, 자원개발자, 점검자, 평가자, 교사, 지도감독자, 행정가, 옹호자 등의 역할을 수행하며, 욕구를 사정하고, 서비스와 클라이언트를 연결시키고, 서비스를 점검한다. 이러한 사례관리자는 사회복지사, 의사, 간호사, 임상심리사 등의 다양한 전문가가 될 수 있지만, 미국의 경우 3/4 정도가 사회복지사가 사례관리자 또는 사례관리팀의 핵심워커(key worker)를 담당하고 있다. 일반적으로 사례관리자는 20~30명을 담당하지만, 치매환자와 가족을 1명의 사례관리자가 담당하는 경우에는 10명을 넘기가 어렵다. 그러나 다분야의 전문가가 참여하는 팀 접근으로 사례관리를 하고 직접 개입보다는 서비스 조정과 점검 등의 간접 개입을 위주로 할 경우에는 20~30명의 치매환자와 가족도 담당할 수 있는 여지가 충분히 있다(권중돈, 2005).

치매환자와 가족의 다양하고 복합적인 욕구를 충족시킬 수 있는 사회자원에는 시설, 설비, 자금이나 물자 또는 개인이나 집단의 지식과 기능 등이 모두 포함된다. 이

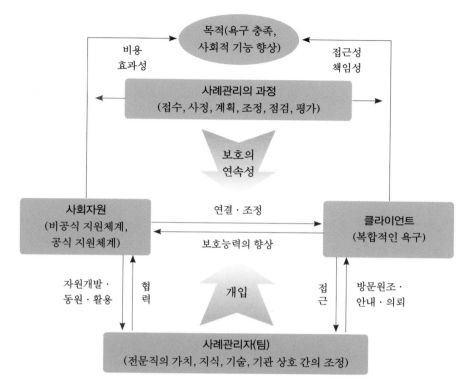

[그림 11-1] 사례관리의 구성요소

자료: 이근홍(1998). 케이스 매니지먼트. 서울: 대학출판사.

러한 사회자원에는 개인이나 가족의 내 · 외적 자원, 공식 및 비공식 자원, 실제적 자원과 잠재적 자원 등이 있을 수 있다. 치매환자를 위한 사례관리에서는 치매환자의 내적 자원은 지극히 제한되어 있는 경우가 많으므로 가족, 친척, 이웃, 자조집단, 자원봉사자 등의 비공식적 자원의 정서적 지지, 정보 제공, 구체적 서비스 등을 적극적으로 활용할 수밖에 없다. 비공식적 자원 이외에 공공행정기관, 사회복지기관이나 의료기관, 사회단체나 협회 등의 공식적 자원과 서비스, 급여를 적극적으로 개발 · 이용하는 것이 바람직하다. 특히 현재와 같이 치매환자와 가족이 이용할 수 있는 서비스나 자원이 충분하지 않은 상황에서는 실제로 시행되고 있는 서비스나 자원의 개발과 이용도 중요하지만, 현재는 드러나지 않지만 잠재되어 있는 다양한 자원을 적극적으로 개발하고 동원하는 것도 매우 중요하다.

사례관리의 과정은 학자에 따라 서로 다르게 제시하고 있으나 일반적으로 접수, 사정, 계획, 계획의 실행과 조정, 점검, 평가의 과정을 거치며, 치매환자와 가족을 위한 사례관리의 과정은 다른 클라이언트를 대상으로 한 사례관리의 과정과 동일하다. 이러한 사례관리의 과정에 대해서는 다음 절에서 좀 더 상세히 논의하고자 한다.

2) 사례관리의 모형

사례관리의 모형은 표적인구집단, 사례관리의 주체, 목적, 활동장소, 수행역할 등에 따라 다양하게 나뉘는데, 이에 대해 간략하게 살펴보면 다음과 같다.

(1) 사례관리 제공자에 따른 모형

사례관리의 제공자에 따라서는 ① 전문가 또는 특별히 훈련된 준전문가에 의한 사례관리, ② 클라이언트와 특수한 관계에 있는 비전문가에 의한 사례관리, ③ 종합서비스센터에 의한 사례관리로 구분할 수 있다. 첫째 모형에는 전문가가 1차적 치료사, 서비스 중개자로 활동하는 경우와 다학제 간 팀으로 활동하는 경우가 속하며, 치매환자 치료의 효율성 면에서는 문제가 있을 수 있지만 종합적 서비스 제공을 위해서는 다학제 간 팀 단위의 사례관리가 적절하다. 둘째 모형에는 가족모형, 주민에 의한 지지적 보호모형, 그리고 자원봉사자 모형이 있을 수 있는데, 치매환자 사례관리에서는 이 세 가지 모형 모두가 활용될 수 있지만 가족을 서비스 제공자로 보는 동시에 클라이언트로 보는 시각이 요구된다. 셋째 모형은 시설 또는 기관의 치매전문서비스센터를 활용한 모형으로서, 현재 우리나라에서는 노인요양시설이나 치매안심센터를 활용한 사례관리가 여기에 해당된다고 할 수 있다.

(2) 서비스 제공기관의 형태에 따른 모형

사례관리의 서비스 제공기관의 형태에 따라서는 ① 독자기관모형, ② 직접서비스 기관 내의 특수단위모형, ③ 특수단위시설 또는 복합기능기관모형, ④ 조합모형,

⑤ 보험모형 등이 있다. 우리나라에서는 사례관리만을 시행하는 독자기관은 아직 없으며, 치매안심센터와 노인장기요양기관의 치매전담실과 같은 직접서비스 기관 내의 특정 부서나 특수단위시설과 복합기능기관에서 일부 사례관리를 시행하고 있을 뿐이다. 그리고 다양한 기관이 할당된 관리방식으로 협동적으로 일하는 모형인 조합모형은 현재 일부 지역에서 사업을 구상하고 실행을 준비하고 있는 상태이며, 노인장기요양보험제도를 제외한 보험모형은 아직 활성화되지 못하고 있다.

(3) 사례관리 목적에 따른 모형

사례관리의 목적에 따라서는 ① 재가 클라이언트에 초점을 두고 건강보호보다는 오히려 기초적인 지지서비스를 제공하는 사회적 모형, ② 전통적인 의료모형에 기반을 두고 클라이언트에게 최소한의 보호를 제공하는 1차적 보호모형, ③ 위험에 처한 클라이언트의 시설 입소를 예방하고 지연시킬 수 있도록 필요한 서비스를 제공하는 의료사회적 모형이 있다. 치매환자와 가족에게는 이들 세 가지 모형 모두가 의미가 있으며, 치매의 진단과 치료에서는 1차적 보호모형, 치매환자의 가족보호 기능을 강화하기 위해서는 사회적 모형과 의료사회적 모형이 적합할 것이다.

(4) 사례관리의 포괄성에 따른 모형

사례관리의 포괄성에 따라서는 ① 방문원조, 사정, 보호계획 및 서비스 의뢰 등 사례관리에서 최소한의 서비스를 제공하는 최소모형, ② 최소모형의 서비스 이외에 옹호, 직접서비스, 자원체계의 개발, 재사정 등을 실시하는 조정모형, 그리고 ③ 이상의 두 모형에서 제공하는 서비스 이외에 자원개발에 대한 옹호, 서비스의 질적 점검, 공공교육, 위기개입 서비스를 제공하는 포괄모형의 세 가지로 구분된다. 현재 치매환자에 대해 최소모형과 조정모형의 사례관리가 주로 제공되고 있지만, 기존의 서비스 제공기관의 서비스를 종합하면 치매환자와 가족에게 가장 적절하다고 할 수 있는 포괄모형의 사례관리 실행 가능성이 전혀 없는 것은 아니다.

5. 사례관리의 과정

사례관리의 과정은 학자에 따라 조금씩 차이를 보인다. Steinberg와 Carter(1983)는 사례관리의 과정을 가입, 사정, 목적설정과 서비스 기획, 보호계획의 수행, 그리고 재사정과 종결이라는 5단계로 구분하고 있다. Weil과 Karls(1985)는 클라이언트 확인과 출장원조, 개별 사정과 진단, 서비스 기획과 자원확인, 서비스의 연결, 서비스의 실행과 조정, 서비스 전달의 점검, 옹호, 평가라는 8단계로 구분하고 있다. 그리고 White와 Goldis(1992)는 사례발견, 사정, 보호기획, 계획수행, 사후검토, 재사정이라는 6단계로 구분하고 있다. Moxley(1989)는 사정, 기획, 개입, 점검, 평가라는 5단계로 구분하고 있다. 이러한 기존 학자들의 사례관리의 단계 구분을 바탕으로 하여 이근홍(1998)은 사례관리의 과정을 접수, 사정, 계획, 계획의 실행과 조정, 점검, 평가라는 6단계로 구분하고 있다. 다음에서는 각 단계에서 사례관리자가 수행해야 할 과업에 대해 간략히 논의한 후 보건복지부(2010, 2023a)의 '맞춤형 치매 사례관리 사업'에 제시된 과업 수행방법을 중심으로 논의해 보고자 한다.

1) 접수 단계

사례관리의 첫 단계인 접수 단계는 ① 사례관리에 적절한 사례를 발견하고, ② 사전 적격심사를 통하여 클라이언트를 확인한 후 ③ 서비스를 제공할 것을 약속하고 계약하는 과정이다. 사례관리를 위한 사례발견 전략으로는 가정방문, 의뢰, 정보제공 등이 있지만, 치매환자와 가족의 경우에는 서비스 접근성이 매우 제한되어 있으므로 지역사회에 홍보활동이나 정보제공서비스를 실시한 후 가정방문을 통하여 사례를 발견하는 방법이 가장 적합하며, 다른 서비스를 이용하는 치매환자의 경우에는 의뢰의 방법을 활용할 수 있다. 보건복지부(2010)는 『맞춤형 치매 사례관리 안내』에서 인지장애로 인하여 독립적 일상생활에 어려움이 있거나 행동장애로 치매 진단을 받은 후 간호에 어려움이 있는 경우 치매환자 본인 및 가족이 우편이나 전화를 통해 사례관리 신청을 받을 것을 권장하고 있다. 하지만 치매환자와 가족의 경우 사례관리에 대한 정보가 부족한 경우가 많으므로 치매안심센터, 보건소 방문보건간호사, 지역사회 병의원 의사, 장기요양보험 담당자, 노인요양시설 담당자, 노인맞춤돌봄서비스 생활지원사, 시·군·구청 사회복지 전담공무원, 주민센터, 통장, 부녀회, 지역사회 대표 등을 사례관리 대상자 의뢰원으로 적극 활용할 것을 권장하고 있다.

사례발견을 통하여 서비스를 신청한 치매환자와 가족에 대해서는 서비스 적격성을 판단하여야 한다. 이때 사전적격심사의 기준이 되는 사항은 치매의 유형과 증상, 치매의 정도, 일상생활 동작능력, 시설보호나 서비스에 대한 욕구, 비공식적 지원체계의 불충분한 원조, 기관의 서비스 자격기준, 서비스 제공 가능성, 의무기록, 보호자의 유무와 보호능력 등이다. 보건복지부(2010)는 치매환자 사례관리의 대상자 선정 시 '치매로 진단받고 6개월 이상 인지장애 상태인 환자이면서 지속적 사례관리 필요성에 동의하는 치매환자와 가족'이라는 필수 기준을 준수하도록 요구하고 있다. 그리고 신청이나 의뢰 대상자가 많은 경우에는 ① 치매환자의 문제행동과 신체질병이 심하고 가족의 부담이 심한 사례, ② 장기요양 등급판정에서 등급외 판정을 받은 환자, 저소득층 및 독거 등 열악한 가정환경, 지속적 점검 등 사회적 지원이 매우 필요한 사례, ③ 안정적이지만 지속적 관리와 점검이 필요하거나 장기요양 등급 판정을 받았지만 여러 가지 사유로 자원활용이 제한되어 사회적 지원이 필요한 사례라는 우선순위에 의거하여 사례관리 대상자를 선정하도록 하고 있다.

하지만 보건복지부(2023a)의 치매안심센터 맞춤형 사례관리사업에서는 '① 심한 망상·환각, 배회, 이식증 등으로 자해 또는 타해의 위험이 큰 자, 학대로 인해 자해 또는 타해의 위험이 큰 자, 신체기능 저하로 허약성 수준이 매우 높은 자, 의식주 해결이 시급한 자와 같은 응급사례나 ② 인지기능 등의 문제와 기능저하로 지속적 개입이 필요하다고 치매사례관리위원회의 심의를 거친 자 또는 ③ 독거 치매환자, 부부 치매환자, 치매환자를 포함한 만 75세 이상 노부부 중에서 상황이 어려워 지속적 개입이 필요한 자'를 사례관리의 대상으로 규정하여, 이전보다 사례관리 대상이 축소되었다. 즉, 현재 치매안심센터의 맞춤형 사례관리는 돌봄 사각지대에 놓인 치매환자를 돌보는 데 국한되어 있으므로, 앞으로 사례관리의 대상 자격기준을 보다 완화해

316

나가야 할 필요가 있다.

치매안심센터에서는 치매안심센터 등록과정에서 실시하는 심층상담을 통해 맞춤형 사례관리의 필요성 여부를 판단한다. 치매안심센터의 상담 및 등록관리사업에서 사례관리 필요성을 판단하기 위해 사용하는 심층상담 양식은 〈표 11-1〉과 〈표 11-2〉와 같다. 이러한 평가를 통하여 사례관리의 필요성이 인정되면, 치매환자 본인 또는 가족이나 후견인 그리고 노인요양시설이나 의료기관의 담당자가 사례관리 신청서를 작성하여 제출하여야 한다.

표 11-1 사례관리 필요성 판단을 위한 치매안심센터의 치매환자 심층상담 양식

등록센터명		담당자		상담일자		년 월 일

■ 인적사항(*는 필수 입력사항)

(사진)	성명*		성별		주민등록번호*		–
	실제 나이*	세	주민등록상 나이	세	학력(교육연수)*		년
	읽고 쓰기*	○ 문맹 ○ 읽기만 가능 ○ 읽고 쓰기 가능					
	이메일			연락처*	[휴대전화]		[자택]
	서비스 이용 주소*	[우편번호] [상세주소]		[주소]			
	주민등록주소*	[우편번호] [상세주소]		[주소]			
상담목적 (중복선택 가능)	○ 최초 등록 └ □ 치매조기검진서비스를 받기 위해서 □ 인지강화프로그램을 참여하기 위해서 □ 치매환자지원서비스를 알기 위해서 □ 치매예방프로그램을 참여하기 위해서 □ 가족지원서비스를 알기 위해서 □ 치매관련 정보를 알고 싶어서 □ 기타( ) ○ 정기상담						
상담형태	○ 내소 ○ 전화 ○ 방문 ○ 인터넷 ○ 의뢰(기관명:) ○ 기타( )						
상담장소	○ 치매안심센터 ○ 대상자 집 ○ 의료기관 ○ 복지관 ○ 경로당 ○ 행정복지센터 ○ 기타( )						
거주상태*	○ 집 ○ 기타 ( ) └ ○ 양로시설(양로원) ○ 노인공동생활가정 ○ 노인복지주택 ○ 장기요양시설 ○ 노인보호전문기관(학대피해노인쉼터) ○ 요양병원 ○ 일반병원						
동거형태*	○ 독거 ○ 동거 └ ○ 노인부부 ○ 배우자 및 가족 ○ 기타( )						
의료보장*	○ 건강보험 ○ 의료급여1종 ○ 의료급여2종 ○ 미가입						
소득수준*	○ 기초생활수급자 ○ 차상위계층 ○ 해당 없음						

장기요양 서비스*	등급: ○ 등급없음 ○ 1등급 ○ 2등급 ○ 3등급 ○ 4등급 ○ 5등급 ○ 인지지원등급 ○ 등급외A ○ 등급외B ○ 등급외C ○ 모름
	서비스 이용여부: ○ 이용 ○ 이용 안 함 (사유:)
노인맞춤돌봄 서비스*	서비스 이용여부: ○ 이용 ○ 이용 안 함 (사유:)
보훈대상*	○ 해당 ○ 미해당 ○ 모름
배회정보*	배회경험 : ○ 없음 ○ 있음 : 평균 주 _____회
	실종경험 : ○ 없음 ○ 있음: 발견장소1 (주소) _____ 발견장소2 (주소) _____
지문 등 사전등록제도*	○ 미등록 ○ 등록

▼ 치매진단

	치매검사
치매검사 여부*	○ 받은 적 있음 └ 진단기관: ○ 외부병원: _____ 병원(_____과) 진단의사: _____ ○ 치매조기검진: _____ 보건소 └ 진단결과: ○ 치매 ○ 경도인지장애 ○ 정상 └ 진단일자: _____년 _____월 _____일 └ 치매중증도: CDR_____ / GDS_____ └ 진단코드: _____ / 진단명: _____ ○ 받은 적 없음 ○ 모름
치매진단서류	☐ 진단서 ☐ 소견서 ☐ 처방전(질병코드+약제 이름 함께 기재)
	치료·투약정보(치매진단자에 한함)
치료력	○ 치료받지 않음 ○ 치료 중단함 (사유:) ○ 현재 치료 중
약제복용 여부	○ 복용하지 않음 ○ 복용 중단함 (사유:) ○ 현재 복용 중 └ 복용하는 약: ☐ Donepezil ☐ Galantamine ☐ Rivastigmine ☐ Memantine ☐ Aspirin ☐ Cilostazol ☐ Clopidogrel ☐ Ticlopidine ☐ Triflusal ☐ Warfarin ☐ 기타( ) ☐ 모름 └ 복용시작일: _____년 _____월

▼ 건강상태

신체 계측		키(cm)		체중(kg)		BMI	
		혈압(mmHg)	/	혈당		영양 상태	○ 양호 ○ 불량
		보조기	☐ 지팡이 ☐ 청력보조기 ☐ 의치 ☐ 안경 ☐ 기타 (　　　　　　　)				
질병 상태	질병력	심혈관 질환	☐ 고혈압 ☐ 관상동맥질환 ☐ 만성 심부전 ☐ 부정맥/심방세동 ☐ 고지혈증 ☐ 기타 (　　　)				
		신경정신 질환	☐ 뇌졸중 ☐ 경련성 질환 ☐ 두부외상 ☐ 파킨슨병				
		정신질환	☐ 우울장애 ☐ 정신증(조현병 등) ☐ 수면장애 ☐ 불안장애 ☐ 알코올 사용 장애 ☐ 기타 정신질환				
		악성종양	☐ 위암 ☐ 대장암 ☐ 갑상선암 ☐ 유방암 ☐ 간암 ☐ 폐암 ☐ 전립선암 ☐ 췌장암 ☐ 기타 악성종양				
		감염	☐ 요로감염(지난 30일간) ☐ 폐렴 ☐ 결핵				
		기타 질병	☐ 당뇨병 ☐ 갑상선 기능 항진 ☐ 갑상선 기능 저하 ☐ 비만 ☐ 난청 ☐ 기타(　　　　　　　)				
		치매가족력	○ 없음 ○ 있음				
생활 습관	음주	음주력	○ 평생 마신 적 없음 ○ 현재 마심 ○ 과거 마셨으나 현재 중단				
		기간	평생 동안 술을 마신 기간		만 세 ~ 만 세 (　년)		
		횟수	1주일 평균 음주 횟수			회 / 주	
		현재음주량	1회 음주량(SU*)			SU / 회	
		*1SU(Standard Unit: 알코올 10~12g): 맥주 2잔, 소주 1잔, 양주 1잔, 와인 1잔, 막걸리 2잔 *병당 SU: 맥주(500ml) 2, 소주(360ml) 8, 양주(750ml) 25, 와인(750ml) 8, 막걸리(750ml: 반 되) 5					
	흡연	흡연력	○ 평생 피운 적 없음 ○ 현재 피움 ○ 과거 피웠으나 현재 중단				
		기간	평생 동안 담배를 피운 기간		만 세 ~ 만 세 (　년)		
		현재흡연량	하루 흡연량(개피)			개피/일	
	운동	운동력	현재 꾸준히 하고 있는 운동이나 활동?	○ 없음	○ 있음		
		운동량	가벼운 운동 (천천히 걷기, 산보)			일/1주일	시간/하루
			중간 운동 (빨리 걷기, 맨손체조, 농사일, 집안일 등)			일/1주일	시간/하루
			심한 운동 (달리기, 등산, 에어로빅, 자전거 타기 등)			일/1주일	시간/하루

자료: 보건복지부(2023a). 2023년 치매정책 사업안내.

표 11-2　사례관리 필요성 판단을 위한 치매안심센터의 보호자 심층상담 양식

등록센터명		담당자		상담일자			년　월　일

■ **주요 정보**(*는 필수 입력사항)

(사진)	성명*			성별*		주민등록번호*	
	학력(교육년수)		년	실제 나이	세	호적 나이	세
	읽고 쓰기*	○ 문맹　　○ 읽기만 가능　　○ 읽고 쓰기 가능					
	연락처	[전 화] [휴대폰]					
	서비스 이용 주소*	[우편번호] [주소] [상세주소]					
	주민등록주소*	[우편번호] [주소] [상세주소]					

대상자와의 관계*	○ 배우자　○ 딸　○ 아들　○ 손자　○ 손녀　○ 사위　○ 며느리　○ 형제　○ 부　○ 모 ○ 조부　○ 조모　○ 친인척(　　　　　　)　○ 성년후견인　○ 친구　○ 이웃　○ 간병인 ○ 기타 (　　　　　　　　　　　　　　　)
상담목적 (중복선택 가능)	○ 최초 등록 └ □ 치매환자지원서비스를 알기 위해서　　　　□ 가족지원서비스를 알기 위해서 　□ 치매관련 정보를 알고 싶어서 　□ 기타(　　　　　　　　　　) ○ 정기상담
상담형태	○ 내소　○ 전화　○ 방문　○ 인터넷　○ 의뢰(기관명:　　　　　　　　　　) ○ 기타(　　　　　　　　　)
상담장소	○ 치매안심센터　○ 대상자 집　○ 의료기관　○ 복지관　○ 경로당　○ 행정복지센터 ○ 기타(　　　　　　　　　)
동거여부*	○ 동거 ○ 동거 아님 └ ○ 동거 시 돌봄시간 : _____ 시간/일
접촉빈도	대면: 평균 (　주 /　월 /　년) _____ 회 통화: 평균 (　주 /　월 /　년) _____ 회
돌봄기간	년　　　개월
추가 기록사항 (기타)	

자료: 보건복지부(2023a). 2023년 치매정책 사업안내.

이와 같은 사전적격심사에 의해 사례관리에 적합한 사례로 판정되면, 사례관리 참여에 대한 서면 동의를 구하고 계약을 한다. 이때 클라이언트와 신뢰감을 형성하고, 상호 간의 역할을 명확히 하고, 서비스에 대한 클라이언트의 기대와 기관의 서비스 제공 능력에 대해 협상하는 것이 중요하다.

2) 사정 단계

치매환자 사례관리를 위한 사정(assessment)에서는 그들의 복합적 욕구와 문제, 현재의 기능 상태, 장점과 잠재능력, 공식 및 비공식 지원체계의 보호능력 등에 대한 전반적 자료를 수집하여 종합적으로 분석해야 한다. 이와 같은 치매환자와 가족 그리고 공식 및 비공식 지원체계의 욕구와 자원, 보호능력을 사정하기 위해서는 〈표 11-3〉에 제시한 영역에 대해 사정해야 한다.

표 11-3 치매환자 사례관리의 사정에 포함되어야 할 사항

클라이언트의 욕구	자기 보호능력	전문적 보호능력	상호적 보호능력
소득, 주택, 고용 · 직업, 신체 및 정신건강, 사회 활동과 대인관계, 여가, 일상생활 동작능력 등	신체적 기능, 인지적 기능, 정서적 기능, 행동적 기능	자원목록, 서비스 유용성, 충분성, 적절성, 수용성, 접근성	사회관계망의 구조, 상호작용, 정서적 지지, 수단적 지원, 물질적 지원

이러한 사정의 영역에서 치매환자를 위한 사례관리에서는 치매환자의 증상이나 문제, 욕구뿐만 아니라 가족을 사회관계망보다는 클라이언트로 규정하고 이들의 문제나 욕구, 자기 보호능력, 즉 노인부양기능 수준을 사정하는 것이 매우 중요하다.

그리고 치매환자의 기능수준을 사정하는 데는 인지기능, 정신행동증상, 도구적(수단적) 일상생활 동작, 신체건강 및 활동 수준, 영양 상태, 투약 및 처치 현황, 의료기관 및 돌봄서비스 이용현황, 생활환경 및 안전 위기 정도, 경제 위기도 등을 평가하여야 한다(보건복지부, 2023a), 그리고 부양가족의 부양부담이나 스트레스 등을 객관적으로 평가하여야 한다. 현재 치매안심센터에서 치매환자와 가족을 위한 맞춤형 사례관리

표 11-4   맞춤형 사례관리 초기평가서

사례관리 신청일자	년 월 일	초기평가 평가일자	년 월 일	담당자	

◾ 대상자 추가 정보

유형	
욕구 및 문제	

◾ 보호자 주요 정보

주 보호자 정보	

◾ 초기평가 평가결과

초기평가 항목	해당 여부	항목별 평가도구
영역별 인지기능	● 해당 있음	입력/열람
정신행동증상	● 해당 있음	입력/열람
도구적 일상생활 동작	● 해당 있음	입력/열람
신체 건강	○ 해당 없음 ○ 해당 있음	입력/열람
활동도	○ 해당 없음 ○ 해당 있음	입력/열람
영양 상태	○ 해당 없음 ○ 해당 있음	입력/열람
투약 현황	○ 해당 없음 ○ 해당 있음	입력/열람
처치 현황	○ 해당 없음 ○ 해당 있음	입력/열람
의료기관 이용현황 (지난 3개월 기준)	○ 해당 없음 ○ 해당 있음	입력/열람
돌봄서비스 이용현황 (지난 3개월 기준)	○ 해당 없음 ○ 해당 있음	입력/열람
생활환경 위기도	● 해당 있음	입력/열람
안전 위기도	● 해당 있음	입력/열람
경제 위기도	● 해당 있음	입력/열람
주 부양자 부양부담	○ 해당 없음 ○ 해당 있음	입력/열람
특이사항	○ 해당 없음 ○ 해당 있음	입력/열람

초기평가 항목	해당 여부	항목별 평가도구
영역별 인지장애	● 해당 있음	입력/열람

1	기억력장애	1) 없음		
		1) 있음(시작: 년 전)	2)	
2	지남력장애	1) 없음		
		1) 있음(시작: 년 전)	2) 시간 · 3) 장소 · 4) 사람	
3	언어장애	1) 없음		
		1) 있음(시작: 년 전)	2) 언어표현 장애 · 3) 언어이해 장애	
4	치매중증도	CDR : _____ / GDS : _____	검사 일자	_____ 년 ___월 ___일
5	기타 인지장애			

정신행동증상	● 해당 있음	입력/열람

총점	_____점/36점				
망상	환각	초조/공격성	우울	불안	들뜬 기분
무감동/무관심	탈억제	과민/불안정	이상행동	수면	식욕/식습관

도구적 일상생활 동작	● 해당 있음	입력/열람

총점	_____ /33	'해당 없음' 문항 수	_____ /11
평점: 총점/(11-'해당 없음' 문항 수)			_____

1	시장보기, 쇼핑	
2	교통수단 이용	
3	돈 관리	
4	기구 사용과 집안일 하기	
5	음식준비	
6	전화 사용	
7	약 복용	
8	최근 기억	
9	취미 생활	

10	텔레비전 시청	
11	집안 수리	

신체 건강		○ 해당 없음　○ 해당 있음		입력/열람

1	이환질병			
	자가관리 가능 여부			
2	피부병변	병변 종류		병변 위치	
		특기 사항			
		자가관리 가능 여부			
3	통증	빈도			
		최고강도			예시: 중증
		특기사항			
		적극적 중재 필요 여부			

활동도		○ 해당 없음　○ 해당 있음		입력/열람

1	사회활동					
2	운동	평소보다 숨이 많이 찬 운동		평소보다 숨이 약간 찬 운동		걷기
3	낙상력	지난 3개월간 낙상 횟수	_____ 회	낙상 후유증		

영양 상태		○ 해당 없음　○ 해당 있음		입력/열람

총점	_____점/14점	예시: 영양불량 위험 있음				
음식섭취 감소 여부	체중감소 여부	이동 능력	심리적 스트레스나 급성질환	신경심리학적 요인	BMI (체질량 지수)	CC (종아리둘레)

투약 현황		○ 해당 없음　○ 해당 있음		입력/열람

투약 필요 여부		투약 여부		파악 여부	
투약정보		순응도		기타치료	
투약약품	약품명	단위 용량/제형	회당 투여량	경로	빈도

처치 현황	○ 해당 없음　○ 해당 있음	입력/열람

처치 필요 여부		처치 여부	
처치 종류			

의료기관 이용현황 (지난 3개월 기준)	○ 해당 없음　○ 해당 있음	입력/열람

단골의사		단골기관			
	병원 입원	응급실 방문		외래 방문	일반 의약품 구입
횟수					
총 비용					

돌봄서비스 이용현황 (지난 3개월 기준)	○ 해당 없음　○ 해당 있음	입력/열람

필요돌봄서비스 이용여부						
	1. 요양원 입소	2. 주야간보호	3. 단기보호	4. 가정 방문간호	5. 가사 지원	6. 음식 배달
횟수						
총 비용						
	7. 목욕서비스		8. 간병용품 대여/제공		9. 기타	
횟수						
총 비용						

생활환경 위기도	● 해당 있음	입력/열람

총점 _____ 점/12점	예시: 즉각개입 필요		
1. 생활환경 열악	2. 안전상 문제	3. 신체활동상 어려움	4. 이웃과 갈등

안전 위기도		● 해당 있음		입력/열람

총점	_____점/12점	예시: 즉각개입 필요		
1. 함께 거주하는 가족 구성원이 본인 또는 가족을 위협	2. 본인이 가족을 위협	3. 비동거가족 또는 지인이 본인이나 가족을 위협	4. 응급상황 발생 시 도움 받기 어려움

경제 위기도		● 해당 있음	입력/열람

총점	_____점/9점	예시: 즉각개입 필요	
1. 돈이 없어서 어려움	2. 금전관리에 어려움	3. 빚과 관련된 문제 해결 어려움

주 부양자 부양부담	○ 해당 없음 ○ 해당 있음	입력/열람

총점	_____점/48점	예시: 부양부담 매우 심함

특이사항	○ 해당 없음 ○ 해당 있음	입력/열람

자료: 보건복지부(2023a). 2023년 치매정책 사업안내.

사업에서 활용하는 초기평가(사정) 양식은 〈표 11-4〉와 같다.

치매환자와 가족을 위한 사례관리의 사정에서 유의해야 할 사항은 욕구나 문제의 확인도 중요하지만 치매환자와 가족이 지니고 있는 자원, 장점, 그리고 주변의 활용 가능한 자원이나 서비스를 확인하는 것이다. 치매환자와 가족의 문제와 욕구, 장점 과 자원에 대한 사정이 완료되면 체계적인 서비스 계획을 수립 시 기초자료로 활용할 수 있도록 〈표 11-5〉의 기준에 따라 사정결과를 종합한다.

표 11-5 초기평가에 기반한 사정결과(문제 여부) 평가 기준

초기 평가 영역	문제영역	평가 기준
인지기능	1) 기억력장애	기억력장애가 있는 경우
	2) 지남력장애	시간, 장소, 사람에 대한 지남력장애가 있는 경우
	3) 언어장애	언어장애가 있는 경우
	4) CDR 결과/GDS 결과	CDR 점수가 1점 이상인 항목이 있는 경우 GDS 점수가 5점 이상인 경우
	5) 기타 인지장애	기억, 지남력, 언어능력 이외의 다른 인지기능장애가 있는 경우
정신행동 증상	1) 망상	정신행동증상 평가 12가지 항목에서 2점 이상인 항목이 있는 경우
	2) 환각	
	3) 초조/공격성	
	4) 우울	
	5) 불안	
	6) 들뜬 기분	
	7) 무감동/무관심	
	8) 탈억제	
	9) 과민/불안정	
	10) 이상행동	
	11) 수면	
	12) 식욕/식습관	
도구적 일상생활	1) 시장보기, 쇼핑	평점 0.43점 이상인 경우
	2) 교통수단 이용	
	3) 돈 관리	
	4) 기구 사용과 집안일 하기	
	5) 음식준비	
	6) 전화 사용	
	7) 약 복용	
	8) 최근 기억	

도구적 일상생활	9) 취미 생활	
	10) 텔레비전 시청	
	11) 집안 수리	
신체 건강 평가	1) 이환질병	이환질병이 있으며 스스로 관리가 어려운 경우
	2) 피부병변	피부병변이 있으며 스스로 관리가 어려운 경우
	3) 통증의 빈도와 강도	지난 7일 동안 매일 하루 한 번 이상의 통증이 있는 경우 또는 중등도 이상의 통증이 있는 경우
	4) 특이사항	피부병변 또는 통증과 관련된 내용 중 적극적인 중재가 필요한 경우
활동도 평가	1) 사회활동	지난 7일 동안 사회활동이 전혀 없는 경우
	2) 운동	운동 및 걷기를 하지 않는 경우
	3) 낙상력	지난 3개월간 낙상 과거력이 있거나 낙상으로 인한 후유증이 있는 경우
영양 상태 평가		MNA-SF 측정 결과 11점 이하인 경우(특히, 0~7점의 경우 영양 불량)
투약 현황 평가	1) 투약 여부	투약이 필요함에도 불구하고 약을 복용하지 않는 경우
	2) 투약지시 불이행	약을 지시대로 복용하지 못하는 경우
처치 현황 평가	1) 처치 현황	처치가 필요함에도 불구하고 처치를 받고 있지 않는 경우
	2) 처치 도움 필요성	처치를 받고 있는 처지가 있으며 도움이 필요한 경우
의료기관 이용현황 평가	1) 단골 의사 또는 기관	단골 의사 또는 단골 기관이 없는 경우(주치의가 없는 경우)
	2) 병원 입원	의료기관 방문이 잦은 경우
	3) 응급실 방문	
	4) 외래 방문	
	5) 일반 의약품 구입	

돌봄서비스 이용현황 평가	1) 요양원 입소	필요한 돌봄서비스를 이용하지 않는 경우
	2) 주야간보호	
	3) 단기보호	
	4) 가정 방문간호	
	5) 가사 지원	
	6) 음식 배달	
	7) 목욕서비스	
	8) 복지용구 또는 조호물품 대여/제공	
	9) 기타(가족지지체계 부재 등)	
생활환경 위기도 평가	1) 생활환경	생활환경 위기도 평가 1~3번 문항의 총점이 4점 이상인 경우
	2) 안전상의 문제	
	3) 신체활동상의 어려움	
	4) 내 · 외부 환경으로 인한 갈등	생활환경 위기도 평가 4번 문항이 3점인 경우
안전 위기도 평가	1) 가족구성원의 위협	안전 위기도 평가에서 어느 하나라도 해당할 경우
	2) 본인의 위협	
	3) 비동거인의 위협	
	4) 응급상황	4번 문항의 점수가 1점 이상인 경우
경제 위기도 평가	1) 경제적 위기	1번 문항의 해당사항이 4개 이상이거나 1, 4, 5, 6, 9번에 하나라도 해당하는 경우
	2) 금전관리 어려움	자산관리에 도움을 필요로 하는 경우
	3) 빚 관련 문제	경제 위기도 평가 3번 문항이 2점 이상인 경우
주 부양자 부양부담 평가		주 부양자 부양부담 평가에서 총점이 17점 이상인 경우

자료: 보건복지부(2023a). 2023년 치매정책 사업안내.

3) 계획 단계

계획 단계는 사례관리의 목적을 달성하기 위해 클라이언트에 대한 장단기 목적을 설정하고, 이러한 목적 달성에 가장 적절한 해결방안을 모색하기 위하여 개별적인 보호계획을 수립하는 과정이다. 이러한 계획은 ① 확인된 목적을 바탕으로 구체적인 실천목표 또는 하위목표를 공식화하고, ② 욕구와 문제의 우선순위에 따라 목적의 우선순위를 결정하고, ③ 목적 성취에 필요한 기술, 전략, 개입방안, 즉 보호계획을 수립하며, ④ 구체적인 사례관리서비스 일정을 수립하는 것으로 구성된다. 이러한 일반적 사례관리과정의 계획 단계는 치매환자와 가족에게도 동일하게 적용된다.

보건복지부(2010)는 치매환자와 가족에 대한 사정결과를 바탕으로 사례관리 대상자의 문제를 확인하고 요구도, 긴급성, 해결 가능성, 영향력을 각각 상, 중, 하로 구분하여 각각의 점수를 합산하는 방법으로 사례관리의 우선순위를 결정하되, 동점인 경우는 사례관리자의 판단으로 우선순위를 결정하도록 권장하고 있다. 이와 같이 사례관리 대상자의 우선순위가 정해지면 사례관리 개입이 필요한 문제의 원인을 분석하고 이를 해결하기 위한 개입방법을 선택한 후, 개인별로 맞춤형 성취목표를 결정하여야 한다. 보건복지부(2010)는 치매환자 사례관리의 일반 목표로서 ① 치매환자의 기능 향상, ② 신체건강 증진, ③ 생활습관 교정, ④ 치료관리 순응도 향상, ⑤ 안전 확보, ⑥ 가정간호 능력 향상, ⑦ 사회적 지원 향상, ⑧ 삶의 질 향상, ⑨ 사례관리 만족도 향상, ⑩ 사례관리 타당성 입증이라는 열 가지를 제시하면서, 개인의 문제와 특성에 따라 맞춤형 목표를 수립하도록 요구하고 있다. 개인별 목표 수립을 위해서는 〈표 11-6〉을 참조한다.

보건복지부(2023a)는 ① 응급상황에 처하여 단시일 내 개입이 필요한 자를 응급사례관리 대상자, ② 초기평가 결과 최소 3개 영역에서 문제가 있는 자 중 치매사례관리위원회 심의를 거친 자를 집중사례관리 대상 그리고 ③ 독거 또는 부부 치매환자이거나 고령 치매환자로서 생활상황이 열악한 자를 일반사례관리 대상자로 구분한다. 그리고 이들 대상별로 사례관리 대상자의 욕구 및 문제 해결을 위해 실행 목표를 설정하고 상황별 치매환자 서비스 연계 알고리즘에 따라 구체적인 서비스 계획을 수립하도록 하고 있다. 그리고 치매환자가 가족과 동거하면서 도움을 받을 수 있는지를 근

표 11-6 문제영역별 사례관리 목표 설정(예시)

문제 영역		원인	구체적 목표	개입방법
인지 기능	1) 기억력	질병 자체	대처능력 향상	질병교육
	2) 지남력	치료 미시행	정기적 외래 방문	치료연계, 치료비 지원
	3) 언어 및 의사소통 능력	불안정한 동반질환	동반질환 인정	치료연계
	4) 전반적	불량한 영양	영양 상태 호전	식사 간호 교육
	5) 기타	부족한 자극	인지기능 향상	인지재활
정신 행동 증상	1) 망상 및 환각	질병 자체	대처능력 향상	질병교육
	2) 초조/공격성/과민	치료 미시행	증상 완화	치료연계
	3) 우울/불안/무감동	부족한 활동자극	활동 강화	활동 프로그램
	4) 탈억제/이상운동행동	부적절한 간호기술	대처능력 향상	간호기술 교육
	5) 수면	위험한 환경	위험환경 제거	환경 개선
	6) 식습관	부적절한 생활습관	규칙적 생활	생활습관 교정
도구적 일상생활 동작능력	1) 외출 및 대중교통 이용	질병 자체	대처능력 향상	질병교육
	2) 금전 및 소지품 관리	부족한 활동자극	기능 유지/향상	재활 프로그램
	3) 식사 및 가사 관리	부적절한 간호기술	대처능력 향상	간호기술 교육
	4) 투약 관리	부족한 지원	부담 경감	지원연계
기본적 일상생활 동작능력	1) 개인위생	질병 자체	대처능력 향상	질병교육
	2) 목욕	부족한 활동자극	기능 유지/향상	재활 프로그램
	3) 착탈의	부적절한 간호기술	대처능력 향상	간호기술 교육
	4) 배설	부족한 지원	부담 경감	지원연계
	5) 식사	급성질병	건강 회복	치료연계
	6) 거동	만성 전신상태 불량	건강 개선	영양 개선, 치료연계
신체 건강	1) 시력 및 청력	질병	건강 회복	진단 및 치료 연계
	2) 구강 및 치아	질병	건강 유지	고혈압 관리 프로그램
	3) 피부(궤양)	질병	건강 유지	당뇨 관리 프로그램
	4) 통증	질병	기능 유지	뇌졸중 관리 프로그램
	5) 근력 약화/균형 장애	질병	욕창 치료	욕창 예방 관리 프로그램
	6) 기타 질환:	질병	체중 감소	비만관리 프로그램
	7) 기타 질환:	보조기 미사용	건강 교정	보조기 사용
	8) 기타 질환:	부적절한 보조기	건강 교정	보조기 교정
		운동 부족	체력 향상	운동 프로그램
		건강에 대한 인식 부족	대처능력 향상	질병교육

생활	1) 음주 2) 흡연 3) 사회적 활동도 4) 운동 5) 낙상 6) 영양	동기 및 필요성 부족 지원 프로그램 부족 질병 부적절한 식습관 지원 부족	동기 부여 프로그램 참여 건강 회복 영양 상태 회복 활동도 증가	사례 제시, 교육 금연, 금주, 낙상, 운동 진단 및 치료 연계 영양관리 프로그램 주간보호센터 연계
치료	1) 전반적 건강 2) 치료 현황 3) 관리서비스 이용률	치료 미비 부정확한 지식 주치의 미비 관리정보 미비	건강 회복 건강 지식 향상 주치의와의 신뢰 서비스 이용 증가	치료 연계, 복약지도 질병관리 교육 주치의 연계 격려 정보 제공, 서비스 연계
조호 환경	1) 주 간호자와의 관계 2) 부양 환경문제 3) 신체적 간호 부담 4) 정신적 간호 부담 5) 경제적 간호 부담 6) 가정 내 지원	부정확한 지식 환경문제 방치 주 간호자 건강 불량 질병관리 부족 경제적 어려움 가족 내 협력 부족 사회적 지원 부족	대처능력 향상 위험요인 제거 건강 개선 부담 경감 부담 경감 가족응집력 강화 부담 경감	치매 질병, 간호기술 교육 주거환경 개선 치료 연계 치매 치료 연계 치료비 지원, 간호물품 지원 가족구성원 상담 사회 서비스 연계

자료: 보건복지부(2010). 맞춤형 치매 사례관리 안내.

거로 서비스 유형을 A, B, C군으로 분류하고, 초기상담 결과, 서비스 유형에 따른 관리군, 사례회의 등에서 논의된 내용을 바탕으로 서비스 제공 계획을 수립한 후 대상자 및 가족과 논의하여 최종 확정하도록 권고하고 있다. 치매안심센터에서 활용하고 있는 맞춤형 사례관리 계획표 양식은 〈표 11-7〉과 같다.

표 11-7   맞춤형 사례관리 계획표

초기평가 평가항목	실행목표	실행방안	시작일자	종료일자

자료: 보건복지부(2023a). 2023년 치매정책 사업안내.

4) 실행 및 조정 단계

실행 및 조정 단계는 수립된 보호계획을 실행에 옮기는 단계로서, 이 단계에서는 서비스의 연속성을 보장하며, 단편적이고 다양한 서비스를 통합 · 조정하며, 서비스에 대한 접근 및 서비스 제공과 활용에서의 장애를 극복할 수 있도록 클라이언트를 원조해야 한다. 이를 위해서 사례관리자는 보호계획의 이행자, 교사, 안내자, 협력자, 진행자, 정보제공자, 지원자 등의 직접적 서비스 역할과 서비스 중개자, 서비스 전달의 조정자, 옹호자, 사회관계망 형성자, 자문 등의 간접서비스 역할을 수행해야 한다. 그리고 보호계획을 수행하는 과정에서 클라이언트의 서비스 접근과 이용을 용이하게 하기 위해서 사례관리자는 서비스를 적절히 배열하고 정리하여, 서비스의 효과성과 보호의 연속성을 보장하기 위한 조정노력을 병행해야 한다. 현재 치매안심센터의 맞춤형 사례관리사업에서 제공하는 서비스는 이 책의 제10장 〈표 10-4〉와 같다. 그리고 보건복지부(2023a)는 서비스 실행 기록양식(〈표 11-8〉 참조)을 활용하여 이와 같은 서비스 제공내용을 확인하도록 권고하고 있다.

표 11-8 맞춤형 사례관리 서비스 실행 기록 양식

개입일자	년　월　일	담당자		작성일자	년　월　일

실행 내용

☐ 센터 내 서비스 제공

▼　전화 방문 내소 기타

☐ 센터 외 서비스 제공

기관명	서비스명	담당자명	담당자 연락처	연계일	관리방법 (전화/방문/기타)	관리일

☐ 비고

자료: 보건복지부(2023a). 2023년 치매정책 사업안내.

5) 점검 단계

점검 단계는 클라이언트에게 제공되는 서비스의 적시성, 충분성, 적절성 및 연속성을 보장하기 위해서, 서비스 제공자를 포함한 클라이언트 지원체계의 서비스 전달과 실행을 추적하고 재사정하는 과정이다. 즉, 점검은 보호계획이 적절하게 실행되고 있는지, 클라이언트가 기대하는 서비스를 제공받고 있는지, 클라이언트에게 제공되는 서비스가 필요하고 적절한 것인지, 그리고 클라이언트의 지원체계가 서비스 제공과 지지의 역할을 제대로 수행하고 있는지를 추적하고 감독하는 과정이다. 이러한 점검을 위해서 사례관리자는 클라이언트와 서비스 제공자와 지속적으로 접촉하여야 하며, 서비스 제공자에게 간섭으로 여겨지지 않도록 유의하면서 권위와 영향력을 발휘해야 한다. 그리고 보호계획의 수행 중에 주기적인 재사정을 통하여 보호계획을 수정 · 보완해 나가야 한다.

보건복지부(2023a)에서는 〈표 11-9〉에 의거하여 서비스 단계별로 서비스와 개입 상황을 점검, 서비스 목표 달성 정도를 평가하여 서비스의 지속이나 연계 등 향후 서비스 계획을 조정하도록 권장하고 있다.

표 11-9 맞춤형 사례관리 서비스 주기별 평가서

평가일자	년 월 일		담당자	

초기평가 평가항목	실행 목표	실행 방안	실행 방안 시행 여부	실행 목표별 달성도
			○시행 ○미시행	○달성 ○미달성 _____ 점
			○시행 ○미시행	○달성 ○미달성 _____ 점

※실행 목표별 달성도: 전혀 달성하지 못함(0점)/기대 수준 이하로 달성(1점)/기대한 정도의 목표 달성(2점)/기대 이상의 목표달성(3점) 등 목표별 달성도 기록

평가의견	
평가결과	○ 실행지속
	○ 종결
	○ 목표달성
	○ 사망
	○ 전출
	○ 거부
	○ 시설입소
	○ 장기입원
	○ 타 기관으로 이관(기관명:　　　　　　　　)(이관일:　　　　　　　)
	○ 기타(사유:　　　　　　　　　　　　　　　　　　　　　　　　)

자료: 보건복지부(2023a). 2023년 치매정책 사업안내.

6) 평가 단계

　평가 단계는 클라이언트에게 제공된 서비스, 클라이언트의 진척 상황, 보호계획, 서비스 활동 및 서비스 체계의 효과성과 효율성을 전반적으로 판단하고, 사례관리를 종결하는 과정이다. 이러한 사례관리의 평가를 위해서는 클라이언트에 대한 직접 면접, 전화면접, 사례회의, 전문가 기록에 대한 검토, 시설과 기관의 이용 빈도 등을 활용할 수 있으며, 성과평가와 과정평가를 동시에 실시하는 것이 바람직하다. 그리고 사례의 목표가 달성되었거나, 더 이상 서비스가 필요하지 않거나, 클라이언트의 중대한 변화로 인하여 사례관리를 지속할 수 없는 상황에서는 사례관리의 과정을 종결하되, 종결 이후의 미래계획 수립을 원조하고 지속적인 사후관리를 해야 한다.

　보건복지부(2023a)에서는 응급사례관리 대상은 사례관리 목표를 달성한 경우, 그리고 일반사례관리와 집중사례관리 대상은 목표를 달성하거나 사례관리 신청 후 12개월 시점에 재평가를 실시하여 사례관리의 종결 여부 등을 결정하고 사례관리 대상자에 대한 서비스 만족도를 조사하고, 필요한 경우 치매사례관리위원회의 연장 및 관리군

변경 심의를 받아 사례관리를 연장하거나 사후관리계획을 수립하도록 권장하고 있다.

맞춤형 사례관리의 사후관리서비스는 종결 이후 1~4년간 전화 혹은 방문을 통하여 제공한다. 생활문제의 재발 등으로 인하여 지속적 사례관리가 필요한 경우에는 사례관리를 재신청하여 맞춤형 사례관리서비스를 받을 수 있도록 하며, 사례 선정시점부터 5년 이내에 사례관리서비스를 최종 종결하도록 권장하고 있다. 이 단계에서 사용하는 치매안심센터 맞춤형 사례관리의 1차 및 최종 종결 평가서는 앞서 제시한 〈표 11-9〉와 동일하며, 사후관리서비스에서 사용하는 추적 평가서 양식은 〈표 11-10〉과 같다.

표 11-10 치매안심센터의 맞춤형 사례관리 추적 평가서

_____ 차

평가일자		년 월 일		담당자	

초기평가 평가항목	실행 목표	실행 방안	실행 방안 시행 여부	실행 목표별 달성도
			○시행 ○미시행	○달성 ○미달성 ____ 점
			○시행 ○미시행	○달성 ○미달성 ____ 점
			○시행 ○미시행	○달성 ○미달성 ____ 점

사후관리 계획	
의견	
평가결과	○ 이상 없음 ○ 재개입 필요(사유:)

자료: 보건복지부(2023a). 2023년 치매정책 사업안내.

6. 사례관리의 실천원칙

일반적 사례관리의 실천원칙을 토대로 하여 치매환자의 사례관리에서 따라야 할 실천원칙을 제시해 보면 다음과 같다.

첫째, 사례관리자는 성장과 변화에 대한 신념을 가져야 한다. 특히 치매환자에 대한 치료적 허무주의(therapeutic nihilism)로 인해 이러한 신념을 포기하는 경우가 많은데, 치료 가능한 치매도 있고 적절한 서비스가 이루어진다면 증상의 악화 속도를 지연하고 사망 시까지 잔존 능력을 보존해 나갈 수 있으므로, 치매환자의 성장과 변화에 대한 신념을 포기해서는 안 된다. 그리고 성장과 변화는 아니더라도 치매환자의 기능을 현상 유지시킬 수 있다는 신념은 끝까지 포기하지 않도록 한다.

둘째, 치매환자와 가족의 욕구와 보호를 개별화해야 한다. 치매는 다양한 질병을 포함하는 임상증후군이므로 치매환자의 욕구와 문제는 매우 다양하고, 가족체계의 특성에 따라 가족이 지닌 욕구와 문제 또한 다양하므로 치매환자와 가족에게 가장 적합한 보호계획을 수립하여 이행하기 위해서는 욕구와 보호의 개별화가 필수적이다.

셋째, 장점과 잠재력을 강조하고 개발해야 한다. 치매환자의 경우 점진적으로 삶의 황폐화 과정을 거치긴 하지만 경증일 경우에는 일반인과 다름없는 생활을 할 수 있으며 장점과 잠재력 또한 지니고 있다. 그리고 가족의 경우에도 높은 부양부담을 경험하고 있지만, 효(孝)와 같은 정신적 자원과 원만한 가족관계와 같은 사회자원 그리고 치매환자 부양에 필요한 물질적 또는 물리적 자원을 어느 정도는 보유하고 있으므로, 이러한 장점과 자원을 개발하여 활용하는 것이 필수적이다.

넷째, 클라이언트의 자기결정권을 인정해야 한다. 치매환자의 경우 서비스 선택이나 이용을 결정하는 데 있어 자기결정능력에 많은 한계가 있지만 자기결정을 전혀 할 수 없는 상태가 아니라면 이들의 결정을 존중하도록 한다. 그리고 가족이 클라이언트라는 점을 인식하여 치매환자의 자기결정능력이 제한되어 있는 경우에는 가족이나 법적 대리인이 자기결정권을 대행하여 행사할 수 있도록 해야 한다.

다섯째, 책임성과 보호의 연속성을 보장해야 한다. 사례관리의 중심적 위치를 점유하고 있는 사례관리자는 사례관리의 전체 과정에서 클라이언트에게 가능한 범위 내에서 최상의 서비스를 제공하고 지속적으로 서비스를 제공하기 위한 노력을 경주해야 한다.

여섯째, 포괄적 서비스를 제공해야 한다. 사례관리자는 공식 및 비공식 지원체계의 다양한 서비스를 동원, 연결, 통합, 조정, 점검은 물론 옹호 등을 통하여 클라이언트가 지역사회와 가정에서 적절히 기능할 수 있도록 체계적인 종합서비스를 제공하여야 한다.

일곱째, 지역사회 자원을 적극적으로 개발하고 활용해야 한다. 클라이언트의 다양하고 복합적인 욕구를 수행하기 위해서는 현존 자원의 활용만으로는 불가능하며, 공식 서비스만으로도 불가능한 경우가 많다. 따라서 사례관리자는 지역사회의 자원 확인, 개발, 동원, 활용을 위하여 적극적으로 노력하여야 한다.

여덟째, 클라이언트의 권리와 비밀을 적극적으로 보장해야 한다. 사례관리자는 자기결정권이 제한된 치매환자의 권리를 보장하고 사생활을 존중하기 위한 노력을 게을리해서는 안 되며, 클라이언트나 가족, 법적 대리인의 동의 없이 업무상 취득한 비밀을 외부로 누설해서는 안 된다.

제12장 치매가족의 부양부담과 지원

우리나라에서는 노인을 가족에서 부양하는 것이 전통적인 규범이었으며, 이에 따르는 경제적 · 신체적 · 사회적 · 심리적 부양부담은 가족 스스로 해결하여 왔다. 노인의 가족부양이 전통적 규범이라고 할지라도, 치매환자를 가정에서 부양하는 가족(이하 치매가족)은 매우 큰 스트레스와 부양부담을 경험하게 된다. 치매환자를 부양하는 것은 말기 암환자를 부양하는 것보다 부양부담이 더 큰 것(Clipp & George, 1993)으로 알려져 있다. 이처럼 가족이 치매환자의 부양을 전담하게 될 경우 가족의 고통은 배가될 수밖에 없다.

이러한 치매가족이 처한 상황 때문에 치매가족은 '숨겨진 환자(hidden patient)'로 인식되고 있으며, 이들의 고통스러운 삶의 과정을 Gheorghiu(2002)의 소설 『25시(The 25th Hour)』에 비유하여 '25시를 사는 사람들'이라고 부르기도 한다(Mace & Rabins, 1999). 따라서 치매가족의 부양실태와 부양부담의 내용을 분명히 파악하고 이들을 지원하는 것은 치매환자를 치료하고 적절한 간호 및 사회서비스를 제공하는 것 못지않게 중요한 일이다.

1. 가족의 치매환자 돌봄 실태

노인장기요양보험제도가 시행된 이후 치매환자의 노인요양시설 입소가 늘어나고 있으나, 여전히 다수의 치매환자는 가족과 함께 생활하고 있다. 실제로 2021년 말 현재 노인요양시설에 입소하여 생활하는 치매환자는 133,521명으로 전체 치매환자의 13.8%에 불과하며, 86% 정도의 노인은 가정에서 생활하고 있다. 가족과 함께 생활하는 84만 명 정도의 치매환자 중에서 노인장기요양보험제도의 재가급여를 이용하는 경우는 27만 7천여 명이며, 56만 명 정도는 가족이 돌봄을 전담하고 있다(보건복지부, 국립중앙의료원, 중앙치매센터, 2023b). 그럼에도 불구하고 치매환자를 부양하는 가족에 대한 생활과 돌봄실태가 아직 정확히 파악되지 않고 있으며, 일부 논문과 연구보고서(이성희, 권중돈, 1993; 권중돈, 1994b; 서울대학교병원, 2008)에서 치매가족의 부양실태가 알려지고 있을 뿐이다. 이에 다음에서는 지금으로부터 10여 전에 실시된 연구이긴 하지만, 현시점에서 치매가족의 돌봄에 관한 가장 최근의 전국 단위 표본조사인 보건복지부와 분당서울대병원에서 2011년도에 실시한「치매노인 실태조사」결과를 바탕으로 치매가족의 돌봄실태에 대해 간략히 논의해 보고자 한다.

조사 대상 치매환자 주 부양자의 67% 정도는 여성이고, 평균 연령은 57세 정도이며, 치매환자의 배우자가 33.7%, 아들·며느리가 35.8%, 딸·사위가 27.7%, 기타 친인척 및 간병인이 2.9%이었다. 직업별로는 가정주부가 62% 정도로 3/5 정도를 차지하고 있으며, 월 수입액이 100만 원 미만인 경우가 26.6%, 100~200만 원 이하가 18.6%, 200~300만 원 이하가 17.2%로, 전체의 62% 정도가 월 수입액이 300만 원 이하였다. 주 부양자가 치매환자와 동거하면서 부양하는 경우가 79%였으며, 나머지 21%는 별거하면서 부양을 담당하고 있는 것으로 나타났다. 그리고 치매환자의 주 부양자 중에서 요양보호사 자격을 취득한 경우는 11% 정도였다.

치매환자 주 부양자가 치매발병 이전부터 환자를 부양한 기간은 평균 19년 6개월 정도이지만, 치매 발병 이후 부양을 전담한 기간은 평균 4년 정도였으며, 환자의 부양을 위해 조기퇴직을 선택한 경우도 6% 정도에 이르고 있다. 주 부양자가 치매환자를 부양하는 시간은 하루 평균 5시간 정도이며, 일상생활 지원을 위한 돌봄서비스를 제공하는 시간은 알츠하이머병 치매환자보다 혈관성 치매와 기타 치매를 앓는 치매환자가 더 긴 것으로 나타났다. 그리고 치매의 중증도가 높아질수록 전체 돌봄시간도 증가하여, 중증 치매환자의 경우 하루 8시간 40분 정도의 돌봄서비스를 제공하는 것으로 나타났다.

2. 치매가족의 부양부담과 스트레스

1) 부양부담의 개념과 차원

부양부담을 일상적 부양과업 수행에 따르는 애로라고 규정할 경우에는 부양부담의 차원을 치매환자의 인지기능, 문제행동, 신체 기능, 사회적 기능과 관련된 애로로 구분할 수 있다. 그러나 이러한 부양과업 수행에 따르는 어려움은 Robinson(1983)과 Pearlin 등(1990)이 지적한 바와 같이 치매환자의 기능과 문제행동이라는 1차적 스트레스 유발인자에 의해 야기되는 2차적 스트레스 유발인자이며, Poulshock와 Deimling(1984)이 지적한 바와 같이 부양하는 노인의 기능장애나 문제가 부양자의 생활에 미치는 영향을 증가 또는 억제시키는 중재요인이라고 보는 것이 타당할 것이다.

현재 가장 일반적으로 받아들여지고 있는 부양부담의 개념은 부양의 결과나 영향으로서의 부담이다. 이러한 부양부담의 개념을 따르고 있는 학자 중에서 Zarit 등(1980)은 부담면접척도에서 치매가족의 부양부담을 하위차원으로 분류하지 않고 있지만 부양부담을 부양으로 인한 부양자의 건강, 재정, 사회생활 및 대인관계의 변화와 관련되어 있다고 보고 있다. Novak과 Guest(1989)는 치매가족의 부양부담을 ① 시간적 부담, ② 발달상의 부담, ③ 신체적 부담, ④ 사회적 부담 및 ⑤ 정서적 부담이라는 5개 차원으로 구분하고 있다. Vitaliano 등(1991)은 부양부담의 차원을 ① 노인의 행동, ② 가족 및 사회생활의 제한, ③ 부양자의 정서적 반응과 관련된 영역으로 구분하고 있다.

Kosberg와 Cairl(1986)은 부양의 결과로 지불하게 되는 비용(cost)을 부양부담이라 하여 ① 사회적 활동의 제한, ② 개인적 생활의 제한, ③ 경제적 비용, ④ 보호제공에 대한 가치, ⑤ 노인과의 관계상의 스트레스, ⑥ 정신·신체적 애로라는 여섯 가지 차원으로 구분하고 있다. 그리고 Stommel(1990)은 부양부담의 차원을 ① 재정적 영향, ② 포기감, ③ 생활일정에 대한 영향, ④ 신체적 건강에 대한 영향, ⑤ 구속된 느낌으로 구분하였다. Poulshock와 Deimling(1984)은 부양의 영향을 ① 노인-부양자 관계 및 부양자-가족관계의 부정적 변화와 ② 사회적 활동제한이라는 두 가지 요인으로 구분하고 있다. 서울대학교병원(2008)에서는 ① 심리적 부담, ② 신체적 부담, ③ 경제적 부담으로 구분하고 있다.

이상의 학자들이 제시한 부양부담의 차원을 종합하여 보면, 치매가족의 부양부담은 ① 사회적 활동의 제한, ② 가족관계의 부정적 변화, ③ 심리적 부담, ④ 재정 및 경제활동의 부담, ⑤ 건강의 악화라는 5개 차원으로 구분할 수 있다(권중돈, 1994a).

2) 부양부담의 내용과 수준

(1) 사회적 활동제한

치매환자의 인지기능 저하와 문제행동으로 인하여 부양가족은 노인의 행동에 하루 종일 주의를 집중해야 하므로, 시간에 대한 요구와 압력을 많이 받는다. 따라서 부양자는 사회관계망과의 접촉, 사회역할 수행에 필요한 개인시간과 자유를 가질 수가 없게 됨으로써 사회활동에 많은 제한을 받게 된다. 치매환자 부양자는 친구를 만날 수 있는 시간을 내지 못하고, 치매환자가 의심하는 증상이 있는 경우에는 전화접촉조차도 불가능하기 때문에, 친구관계가 축소·와해되고 친구로부터 소외를 당하게 된다. 우리나라 치매환자 주 부양자 중에서 절반 이상이 친구를 만날 수 있는 시간이 없는 것으로 나타나, 주 부양자의 사회관계망의 축소가 심각한 것으로 나타났다(이성희, 권중돈, 1993).

부양에 대한 과다한 시간의 투여로 인하여 개인시간을 갖지 못하고, 정신질환에 대한 낙인을 두려워하고, 치매환자의 증상이나 문제행동으로 인하여 이웃에 피해를 입힐까 염려를 하게 됨으로써 자연히 이웃과의 접촉기회도 줄어들게 된다. 친구나 이웃과 관계를 맺을 수 있는 기회가 축소되는 것과 아울러 교회활동, 여가활동, 사회적 모임 참석 등에 많은 제한을 받는다. 이와 관련하여 Chenoweth와 Spencer(1986)는 치매환자의 부양으로 인하여 부부동반 모임과 같은 사회클럽활동에 제한을 받는다고 하였다. George와 Gwyther(1986)는 부양으로 인하여 교회 및 클럽에의 참석 빈도가 줄고, 취미생활, 여가생활에 필요한 시간을 갖지 못한다고 하였다. 그리고 Deimling과 Bass(1986)는 부양이 부양자에게 미치는 두 가지 영향요인 중에서 사회적 활동제한에는 친구관계의 축소 이외에 교회활동, 자원봉사활동, 여가활동, 사회적 집단활동 등의 제한이 포함된다고 하였다.

부양자의 사회적 활동제한은 개인시간 부족과 자유의 제한에 기인한다고 하지만, 개인적 시간이 난다고 할지라도 노인부양에 대한 중압감으로 인하여 개인적인 용무나 사회활동에 참여하지 못하는 경향이 있다. 이와 같은 현상이 야기되는 이유는 시간적 여유는 있지만 부양 책임성과 개인적 자유 사이에서 심한 심리적 갈등을 겪게 되므로 사회활동을 할 수 있는 심리적 여유가 없어지기 때문이다. 이러한 현상을 Houlihan(1987)은 역할피로의 한 영역이라고 하였다. 그리고 이러한 역할피로 현상이 가중되면 사회적 접촉이 단절되고, 사회적 역할을 상실하게 됨으로써 부양자 특히 젊은 층의 여성 부양자는 자아상실을 경험하게 된다.

(2) 가족관계의 부정적 변화

가족체계는 부분, 즉 가족성원 간의 상호작용으로 구성된 총체(entity)이다. 따라서 가족체계 한 부분의 변화는 가족의 항상성을 위협하고, 다른 부분의 적응을 요구하게 된다. 노인이 치매에 이환된 사건, 즉 가족체계 일부분의 변화에 적응하기 위하여, 가족체계는 기존에 유지해 오던 상호작용 유형을 변화시켜 새로운 가족항상성을 만들어 내야 하는 요구를 받게 된다. 이러한 가족 상호작용 유형의 변화는 가족성원 간의 대인관계, 즉 세대 간의 관계, 부부관계, 형제관계 등에서 갈등을 초래할 수 있다. 치매로 인하여 가족관계상에 나타나는 부정적 변화는 주로 치매환자-주 부양자의 관계와 전체 가족관계의 변화라는 두 가지 차원으로 구분할 수 있다. 이러한 가족관계

변화에 대한 선행연구의 결과는 다음과 같다.

① 치매환자-부양자 관계의 부정적 변화

치매가족에서 나타날 수 있는 다양한 가족관계의 조합 중에서 치매환자-부양자 관계의 질은 치매발병 이전에 비하여 친밀감이 증진되고, 결속력이 강화되는 등의 긍정적 변화가 일어나는 경우도 있지만, 부정적 방향으로 변화하는 경우가 많다(Farren et al., 1991). 치매가 진행됨에 따라 상호성에 바탕을 두었던 노인-부양자의 관계는 치매환자의 일방적 의존관계로 변해 가는데, 이러한 역할 전환에 따른 관계의 재조정에 어려움을 겪게 되면 역기능적 관계를 형성하게 된다.

Cicirelli(1988)는 치매환자 부양자는 노인을 부양하는 과정에서 부정적인 감정을 경험하는 경우가 많아진다고 하였다. Poulshock와 Deimling(1984)은 부양의 영향으로 부양자는 노인을 대할 때 긴장감, 분노의 감정, 조작당하는 느낌과 같은 부정적 감정을 경험하고, 노인의 지나친 요구와 의존성으로 인하여 불편을 경험하는 등의 부정적 변화를 겪게 된다고 하였다. Zarit 등(1980)도 노인을 부양할 때 화가 나고, 신경이 날카로워지거나 우울해지며, 노인이 원망스럽고, 노인과 같이 있다는 사실이 즐겁지가 않고, 부양에 대해 감사할 줄 모르는 태도에 대해서 불만을 느끼며, 노인에게 조작당하는 느낌을 받는 등의 부정적 변화를 경험한다고 하였다. 그리고 Barusch(1988)는 부양자가 치매환자와의 관계에서 경험하는 부정적 변화로는 말다툼을 하는 경우가 많아지고, 치매환자가 부양에 대한 감사의 표시를 하지 않는 태도에 불만을 느끼고, 필요 이상으로 부양자에게 의존하고 기대를 하며, 치매환자의 행동 때문에 창피를 당하거나 화가 나는 일이 있다고 지적한다.

② 전체 가족관계의 부정적 변화

권중돈(1994a)에 따르면, 우리나라의 치매가족은 치매환자를 부양한 이후로 가족성원 간에 갈등을 일으키는 경우가 많고, 전반적으로 가족 내에 갈등이 심화되었으며, 주 부양자는 가족이 자신의 어려움을 이해해 주지 않고 자신의 부양 노력을 이해해 주지 못할 경우 화가 나며, 다른 가족이 노인을 돌볼 수 있는데도 아무것도 하지 않는 것에 대해 분노를 느끼는 것으로 나타났다.

이와 같이 전체 가족관계가 부정적으로 변화하는 것은 치매가족의 경우 부양책임이 대부분 여성 부양자 한 명에게 집중됨으로써, 노인부양, 가사, 자녀양육 및 교육, 직업활동에 따르는 역할, 배우자나 부모로서의 역할 등 다양한 역할을 수행해야 하는데서 역할가중 현상을 경험하기 때문이다. 부양자에게 여러 가지 역할이 동시에 부여되었을 때, 부양자가 어느 한 가지 역할에 충실하다 보면 다른 역할에 따르는 책임을 적절히 수행하지 못하므로, 두 가지 역할 사이에서 심리적 갈등을 겪게 되고, 이러한 부양자의 갈등이 가족관계상의 갈등으로 연결되는 경우가 많다.

치매환자의 배우자가 부양자인 경우에는 치매환자 부부간에 의사소통이 단절되고, 동반자 의식이 상실되고, 긴장관계가 야기되는 등 노부부의 관계에서 부정적 변화가 나타나며, 성인 자녀와의 관계에서도 갈등을 경험하는 경우가 많다(Strawbrige & Wallhagen, 1991). 부양자가 결혼한 성인 자녀인 경우에는 치매환자의 과도한 보호욕구로 인하여 부부생활에 필요한 시간을 갖지 못하며, 배우자의 기대와 요구에 적절히 부응하지 못하는 것에 대해 심리적 부담을 갖게 되고, 이러한 부담이 부부관계의 질적 저하로 이어지기도 한다. 그리고 부모로서 자녀양육이나 교육에 많은 신경을 쓸수 없기 때문에 자녀의 보호욕구를 충족시켜 주지 못하므로, 부모-자녀 관계에서도 갈등을 경험하기도 한다.

치매환자의 신체 및 정신장애 정도의 판정, 부양자의 부양태도나 부양방법에 대한 의견 차이가 가족갈등을 일으키는 또 다른 요인이 된다. 치매환자의 부양을 담당하지 않는 가족성원은 부양자가 노인에게 적절한 원조를 제공하지 못한다고 보고 부양자의 행동에 대해 불필요한 조언을 하거나, 부양과업을 적절히 수행하지 못한다고 비난 또는 힐책하기도 한다. 이러한 가족성원의 태도에 대해 부양자는 가족성원이 자신의 어려움을 이해해 주지 않는 것에 대해 섭섭한 감정을 갖게 되며, 가족이 노인을 돌볼 수 있는데도 아무것도 하지 않는 것에 대해 화를 내는 등의 부정적 반응을 보이게 된다. 그리고 치매가족의 경우 치매환자의 부양으로 인하여 전체 가족이 함께 모여 대화할 수 있는 기회를 갖기 어려우므로, 가족성원은 상대방에 대한 감정을 표현하지 못하고, 서로의 애로를 이해할 수 있는 계기를 마련하지 못하게 된다. 따라서 가족성원은 상호이해나 협동보다는 상대방의 행동이나 태도에 대해 불만을 갖고 비난을 하는 경우가 많아지는 역기능적 상호작용의 연쇄과정의 형성으로, 결국에는 전체 가족관계가 부정적 방향으로 변화하게 된다.

전체 가족관계가 부정적으로 변화되는 또 다른 이유는 가족 내 역할 재조정의 실패 때문이라 할 수 있다. 가족체계의 부분인 노인과 부양자의 역할변화는 다른 성원의 역할변화를 요구하게 되므로, 가족성원은 역할 재조정을 통하여 부양자가 노인부양으로 인하여 수행할 수 없는 역할을 분담하여야 한다. 하지만 치매가족에서는 가족 규모에 관계없이 한 명 또는 소수의 부양자 특히 여성 가족성원에게 부양책임을 전담시키는 경향이 강한 관계로 가족 내에 적절한 역할 재조정이 이루어지지 않아, 부양자가 감당할 수 없을 정도로 역할이 가중되는 경우가 많다. 동거가족 내부뿐 아니라 별거가족에서도 부양자에 대한 역할기대가 높은 경우가 많다. 특히 별거하는 성인 형제들은 부모를 부양하는 데 있어서 동거하는 형제가 더 많이 기여하기를 원하고 자신의 기여를 늘리는 것은 꺼리므로, 이 과정에서 좌절감, 투사 등의 부정적 감정을 경험하게 되어 결국 갈등적 형제관계를 형성하게 된다(Lerner et al., 1991). 이와 같이 가족 내에서 적절한 역할분담이 이루어지지 않을 경우, 부양자는 자신의 역할수행능력을 초과하는 역할을 동시에 수행하게 됨으로써 역할수행도는 낮아지고, 나머지 가족은 부양자가 수행하지 못한 역할책임에 대해 비난을 하게 됨으로써 가족갈등이 야기된다.

③ 치매가족의 전형적인 역기능적 상호작용 연쇄과정

가족의 상호작용 유형은 가족 내에서 지속적이고 반복적으로 나타나는 상호작용 연쇄과정이 축적되어 형성되며, 전체 가족과 개별 성원의 생활주기, 가족스트레스를 야기하는 가족 내·외적 사건에 의하여 변화가 이루어진다. 치매가족의 경우 치매환자를 부양하는 과정과 그 결과로서 이전과 다른 상호작용의 연쇄과정이 형성되게 된다. 권중돈(1995b)은 치매가족에 대한 비구조화된 면접과 관찰을 통하여, 치매가족에서 특징적으로 나타나는 역기능적 가족 상호작용의 연쇄과정을 [그림 12-1]과 같이 제시하고 있다.

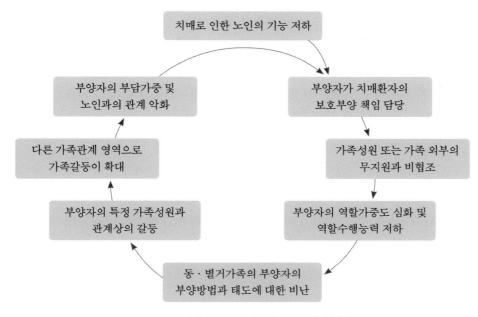

[그림 12-1] 치매가족의 역기능적 상호작용 연쇄과정

　치매가족의 가족관계 변화는 '치매로 인한 노인의 기능저하'에서 1차적으로 유발된다. 즉, 치매환자의 인지장애, 문제행동, 일상생활수행장애, 부정적 성격변화, 대인관계 변화와 같은 기능저하로 인하여 나머지 가족성원은 기존의 상호작용 유형을 그대로 유지할 수 없게 됨으로써, 이를 변화시키기 위한 시도를 시작하는 것으로 나타났다. 이러한 치매환자의 기능저하를 보완하고 노인이 가족 내에서 계속 생활할 수 있도록 하기 위해 가족성원 중 한 명이 부양자의 역할을 담당하게 된다.

　치매환자의 부양책임을 담당한 부양자는 새로운 역할을 맡게 된 관계로 개인적인 노력만으로는 단기간 내에 새로운 역할이 요구하는 기술을 습득할 수 없을 뿐만 아니라 치매환자의 부양과업이 매우 광범위하고, 부양요구가 과도한 관계로 한 명의 부양자가 치매환자의 부양을 전담하기가 매우 어려워진다. 따라서 동거가족, 별거가족 또는 가족 외부의 원조가 필요하게 된다. 이때 적절한 지원과 협조가 이루어지면 역기능적 가족 상호작용의 연쇄과정을 밟지 않게 될 가능성이 높아진다. 그러나 다른 가족성원이나 외부의 지원과 협조가 없거나, 다른 성원이 부양자가 맡고 있던 이전의 역할책임을 보완해 주지 않으면, 부양자는 여러 가지 역할을 동시에 수행하여야 한다. 이러한 역할가중 현상이 지속되면 자신이 맡은 여러 가지 역할 중에서 특정한 몇 가지 역할 특히 노인부양 역할의 수행능력이 떨어지게 된다.

부양자의 노인부양 역할 수행능력이 저하되면, 동거가족과 별거가족 중의 특정 성원이 부양자의 노인부양 방법과 태도에 대해 비난하기 시작한다. 그렇게 되면 부양자와 이 성원 사이에 갈등이 야기되며, 이러한 갈등은 동거가족은 물론 별거가족과의 관계로 확대됨으로써 전체 확대가족이 갈등적 관계를 형성하게 될 가능성이 높아진다. 이와 같이 다른 가족과의 갈등이 야기되면 부양자가 다른 가족성원의 협조를 받기란 거의 불가능해지며, 혼자서 치매환자의 부양을 전담해야 하는 상황에 처하게 된다. 따라서 부양자의 부양부담이 가중되며, 노인이 치매에 걸렸기 때문에 자신이 고생을 한다는 생각이 들고, 노인을 보면 화와 짜증이 나고, 노인을 대하기조차 싫어지는 등 노인과의 관계가 악화된다.

이와 같이 역기능적 가족 상호작용의 연쇄과정이 반복되는 상황에서도 치매환자의 인지 및 일상생활능력은 지속적으로 저하되므로, 부양자는 노인부양 역할을 계속해서 수행해야 하고, 그 결과 전체 가족관계와 노인-주 부양자 관계가 부정적인 방향으로 변화하는 정도가 더욱 심화된다.

(3) 심리적 부담

치매환자를 부양한 결과로 부양자는 심리적 안녕 상태에 부정적인 영향을 받는 경우가 많다. 부양의 결과로 나타난 심리적 부담에는 다양한 변인이 포함되어 있다. 기존 연구(Barusch, 1988; Stephens et al., 1991)에 따르면, 치매환자를 부양한 결과로 인하여 치매환자와의 관계, 부부관계, 부모-자녀 관계, 형제관계 등 전체 가족관계에서 화를 내는 경우가 많아지는 것으로 나타났다. 즉, 치매환자의 부양을 담당한 이후로 아무것도 아닌 일로 다른 사람을 비판하고 신경질을 부리며, 다른 사람에게 친절하게 대하지 못하고, 화가 나면 자신을 통제할 수 없는 경우가 발생하기도 한다. 그리고 치매환자 부양자의 경우 어떤 일을 하고자 하는 의욕이 생기지 않고, 생활에 대한 흥미가 없어지고, 자신이 처한 상황이 아무런 희망도 없는 것처럼 느껴지고, 낙담하거나 우울해하는 경우가 많으며, 자신이 아무 쓸모가 없는 존재라는 생각을 하는 등 우울 증상을 보이는 경우가 많은 것으로 나타났다.

치매환자의 부양역할에 대한 확실한 역할처방이 없기 때문에 부양자는 불안을 경험하게 된다. Cicirelli(1988)는 노인부양 역할에 따르는 불안의 항목으로 노인의 원조방법에 대한 불안, 부양으로 인한 개인적 생활변화에 대한 불안, 자신과 노인의 미래에 대한 불안, 부양으로 인한 자원의 고갈에 대한 두려움과 대처할 수 없는 부양 상황의 발생에 대한 두려움으로 인한 불안 등 모두 14개 항목을 제시한다. 이와 같은 노인부양에 따르는 불안 이외에 치매환자 부양자는 치매의 유전에 대한 불안, 화재와 같은 안전사고에 대한 불안, 노인의 공격적 행동으로 인한 피해를 입을 가능성에 대한 불안 등을 동시에 느낀다.

치매가족이 경험하는 또 다른 심리적 고통은 노인에게 잘해 주지 못하는 것, 과거에 잘못한 것, 노인을 집에서 더 이상 모실 수 없다는 생각을 한 것 등에 대해 느끼는 죄책감이다(Springer & Brubaker, 1984). 그리고 치매의 치료 가능성이 매우 낮아 자신이 아무리 노력하여도 더 이상 노인이 나아질 것 같지 않아 허무한 생각이 들고, 자신이 치매환자의 증상에 효과적으로 대처하지 못하게 됨으로써 무력감을 경험하게 된다(Bergman et al., 1993).

노인의 일상생활 동작능력 저하로 인한 부양애로, 재정적 긴장, 개인시간의 부족, 가사에 대한 부담, 정서적 지지의 변화로 인해 좌절감을 경험하게 된다. 이와 아울러 치매환자의 과도한 요구로 인하여 자아상실을 경험하고, 부양으로 인하여 개인적 자유와 자유시간을 갖지 못함으로써 구속감을 느끼게 된다. 또한 사회관계망과의 접촉이 단절됨으로써 친구나 의지할 만한 사람이 없어지고, 자신을 이해해 주는 사람이 없고, 자신이 다른 사람으로부터 버림을 받았다고 여기는 등 사회적 소외를 경험하게 된다(Oshagan & Allen, 1992).

(4) 재정 및 경제활동의 부담

부양자가 치매환자의 부양을 담당한 이후로 겪게 되는 경제적 부양부담 차원은 다시 재정적 부담과 경제활동의 제약이라는 두 가지 하위차원으로 구분할 수 있다. 치매가족은 치매환자의 치료와 간호에 소요되는 비용에 대한 부담을 느끼거나 이로 인해 가족 내에서 발생하는 다양한 재정적 요구를 충족시킬 수 없는 등의 재정적 부담을 경험한다. 그리고 경제활동과 치매환자의 부양이라는 두 가지 과업 사이에서 갈등을 겪고, 경제활동에 지장을 받기도 하는 것으로 나타난다.

치매가족의 경우 보호부양에 따르는 재정적 지출의 증가로 인하여 재정적 부담을 경험한다. Aneshensel 등(1993)은 이러한 재정적 부담을 노인의 장애나 의존성 증가라는 1차적 스트레스 유발인자에 반응하는 과정에서 나타나는 2차적 스트레스 유발인자라고 본다. 치매가족의 경우 치매환자의 치료와 간호에 대한 비용부담이 증가함으로써 가계에 압박을 받게 된다. 따라서 다른 가족생활 영역에서 발생하는 재정적 요구에 효과적으로 대처하지 못하게 되며, 경제활동을 통한 수입보전에 대한 요구가 증가하게 되는 것이 일반적인 경향이다.

치매가족은 치매환자의 의료비 12만 8,000원을 포함하여 월평균 47만 원의 부양비용을 지출하고 있었으며, 치매 정도가 심해질수록 부양비용에 대한 부담이 높아지는 것으로 나타났다(서울대학교병원, 2008). 또한 소득수준이 낮은 가족의 재정적 부담이 높다는 Cantor(1986)의 연구결과와 마찬가지로, 우리나라 치매가족의 경우에도 월평균 수입의 규모가 작을수록 의료비에 대한 부담이 높으며, 의료비 지출규모가 클수록 재정적 부담이 더 심해지는 경향이 있다.

Scharlach 등(1991)은 경제활동에 참여하는 치매환자의 부양자는 부양과 경제활동에 따르는 요구를 동시에 충족시켜야 하기 때문에 역할긴장을 경험한다는 측면과 경제활동이 부양역할 수행에 따르는 요구를 경감시키는 역할을 한다는 측면을 동시에 지적하였다. 부양이 경제활동에 장애를 초래한다는 연구결과를 종합하여 보면, 부양으로 인하여 경제활동시간이 단축되고, 회의 및 훈련기회를 놓치는 경우가 많으며, 잦은 결근과 외출로 인하여 직장을 떠나 있는 시간이 증가하며, 일할 때 부양에 대한 걱정 등으로 인하여 업무에 방해를 받으며, 직장동료에게 피해를 주지 않을까 염려를 하고, 경제활동을 중단하는 비율이 높고, 승진기회를 놓치는 경우가 많으며, 생산성이 줄어드는 경향이 있다.

경제활동에 참여함으로써 오히려 부양에 대한 부담이 줄어든다는 연구결과(Scharlach et al., 1991)에 따르면 직무가 유연하고 노동압력이 적은 경우에는 두 가지 역할을 충분히 수행할 수 있으므로, 성취감, 유능성, 지배감을 경험할 수 있고, 직장 동료의 지원을 받고, 노인부양에 필요한 재정적 자원을 증가시키고, 부양에 투여하는 에너지를 줄일 수 있어 오히려 부담이 경감되는 것으로 나타난다.

(5) 건강의 악화

노인부양은 신체적 건강 또는 정신건강에 많은 영향을 미치는 것으로 알려져 있으며, 실제로 대부분의 선행연구에서 노인부양은 부양자의 신체 및 정신적 건강에 부정적 영향을 미치는 것으로 나타난다. 특히 치매환자를 포함한 인지기능장애가 있는 노인을 부양하는 부양자의 경우 건강한 노인이나 신체장애 노인의 부양자에 비하여 건강에 더 부정적인 영향을 받는 것으로 나타났다(Cattanach & Tebes, 1991). 부양으로 인한 건강상의 부담과 관련된 연구에서 정신건강은 심리적 부담으로 분류하여 논의하는 경향이 높아 건강과 관련된 부담을 논의하는 경우에는 주로 신체적 건강에 대한 부정적 영향을 말하는 경우가 많다.

치매환자 부양자의 경우 다른 노인 부양자에 비하여 신체적 질병이나 장애를 경험하는 비율이 더 높은 것이 일반적이다. Cattanach와 Tebes(1991)의 연구에 따르면 치매환자 부양자의 경우 지난 1년 동안 신체질환에 이환된 횟수가 다른 부양자에 비하여 높게 나타났다. 우리나라 치매환자 주 부양자의 경우 치매환자를 부양한 이후로 요통, 심질환, 고혈압, 관절염, 소화기 질환 등의 신체적 질환을 한 가지 이상 앓고 있는 부양자가 2/3 정도인 것으로 나타나, 신체적 질환으로 인한 건강상의 부담이 매우 높았다(이성희, 권중돈, 1993). 그리고 정신장애가 있는 부양자의 경우 기존의 신체적 질환이 악화되기도 하고, 약물에 의존하는 경향이 높아지는 경향이 있다.

치매환자 부양자는 부양역할뿐만 아니라 가사, 경제활동, 자녀양육 등의 다양한 역할을 수행하는 과정에서 신체적 피로를 경험할 가능성이 매우 높다. Rabins 등

(1982)의 연구에 따르면 치매환자의 부양은 주 부양자는 물론 다른 가족성원의 신체적 피로를 가중시키는 것으로 나타났으며, 우리나라 치매가족의 주 부양자 대다수가 신체적 피로를 느끼는 것으로 나타났다. 특히 주 부양자 및 주 가사담당자의 역할을 동시에 수행하는 경우와 수면이 부족하다고 느끼는 경우에 피로도가 더 높은 것으로 나타났다.

치매환자 부양자의 경우 노인의 주야전도 증상으로 인하여 밤에 충분한 수면을 취하지 못하는 경우가 많다. 우리나라 치매가족의 주 부양자 중에서 절반 이상이 수면부족을 호소하고 있으며, 일본 주 부양자는 지속적인 가족 내 부양을 방해하는 주된 요인으로 수면방해를 들고 있다(小泉直子 外, 1993). 그리고 부양으로 인한 신체질환, 피로 및 수면부족 이외에 치매환자 부양자가 경험하는 건강상의 부담요인으로 지적되고 있는 것은 건강유지 및 증진활동을 할 수 있는 시간의 부족, 건강에 대한 불안, 질병 이환에 대한 염려 등이 있다.

3) 부양부담 항목별 부담 수준

권중돈(1994b, 1995c)의 연구에 따르면, 〈표 12-1〉의 치매가족이 경험하는 부양부담 세부항목 중에서 부양부담 수준이 가장 높은 항목은 '피로'였으며, 그다음으로 부양 시 짜증이 남, 부양 시 화가 남, 부양이 지겨움, 부양하는 것에서 벗어나고 싶음, 개인시간 부족, 미래의 부양에 대한 불안, 불충분한 휴식, 수면부족 등의 순이었다.

표 12-1 부양부담 내용과 수준

부담 차원	부담항목 (1. 전혀 그렇지 않다… 5. 매우 그렇다)	평균	표준편차	순위*
사회적 활동제한	개인시간의 부족	3.66	1.28	6
	친구 접촉기회 제한	3.45	1.37	11
	가족 동반행사의 참여 제한	3.21	1.43	13
	이웃 접촉기회 제한	2.85	1.24	20
	바깥일을 볼 수 없음	3.14	1.07	15
	충분한 휴식을 취하지 못함	3.59	1.21	8

가족관계의 부정적 변화	노인 부양에서 벗어나고 싶음	3.69	1.12	5
	노인 부양이 지겨움	3.87	.97	4
	노인 부양 시 짜증이 남	4.05	.90	2
	노인 부양 시 화가 남	3.88	.93	3
	노인과 같이 있는 것이 즐겁지 않음	3.46	1.17	10
	미래의 노인부양에 대한 불안	3.61	1.12	7
	노인을 대하기 싫음	3.16	1.18	14
	가족갈등	2.98	1.21	17
	가족의 몰이해	2.45	1.25	24
	가족에게 화가 남	3.01	1.22	16
	가족의 비협조	2.96	1.41	18
	가족관계의 악화	2.68	1.31	22
심리적 부담	자살하고 싶을 정도로 괴로움	2.42	1.28	25
	자신의 미래에 대한 불안	2.87	1.36	19
	의욕상실	2.57	1.23	23
	미래에 대한 비관적 전망	2.71	1.15	21
재정 및 경제활동 부담	치료 및 간호비용의 가계부담	2.10	1.37	27
	치료 및 간호비용의 부족	2.24	1.19	26
	경제활동에 지장	2.02	1.16	28
건강의 악화	피로	4.12	.96	1
	수면부족	3.51	1.37	9
	건강에 대한 불안	3.27	1.19	12

주: * 표시는 부양부담 항목별 평균치에 근거한 순위이다.
자료: 권중돈(1995c). 한국치매가족연구. 서울: 홍익재.

3. 치매가족의 부양부담 경감을 위한 지원방안

　치매환자를 부양하는 데 따르는 가족의 부양부담을 예방 또는 경감하기 위해서는 치매가족의 자발적 노력과 국가의 직간접적 개입이 요구된다. 다음에서는 치매가족이 현재 국가정책에서 어느 정도의 지위를 인정받고 있는지에 대해 간략히 살펴본 후 이들 가족의 부양부담 경감을 위한 직접적 지원방안과 가족의 자체적 노력과 관련하여 논의하고자 한다.

1) 치매정책에서의 가족의 지위

우리나라의 국민이면 모두 「헌법」 제10조와 제24조에 규정된 행복을 추구할 권리와 인간다운 생활을 할 권리를 지닌다. 그러나 치매가족은 제38조에 규정된 납세의 의무를 성실히 이행함에도, 국가가 「헌법」 제34조의 사회보장과 사회복지증진의 의무를 성실히 이행하지 않은 관계로 「헌법」에 규정된 권리를 충분히 보장받지 못하고 있다. 즉, 치매가족은 납세의무의 이행에 따른 복지권을 지니고 있음에도 서비스 수급자로서의 권리를 향유하지 못하고, 치매환자에 대한 1차적 서비스 제공자로서의 지위에 따르는 역할수행의 의무만을 성실히 수행하고 있는 실정이다.

이처럼 치매가족이 갖는 두 가지 사회지위 중에서 서비스 제공자로서의 의무만이 강조되고 서비스 수급자로서의 권리가 보장되지 못하게 된 이유에는 여러 가지가 있다.

첫째, 치매환자 보호대책을 수립하기 시작한 기간이 짧기 때문이다. 일반적으로 하나의 현상이 사회적 관심을 끌기까지 10년, 사회적 관심을 얻은 후 사회문제로 인식되는 데 10년, 그리고 사회문제로 인식된 이후 이에 대한 대책이 수립되기까지 10년 정도의 유예기간이 필요하다(권중돈, 1995a). 우리나라에서 치매대책이 수립된 것은 30년 정도이지만 실질적으로 가족이 서비스를 이용할 수 있게 된 것은 2017년부터 치매국가책임제가 실시된 이후이며, 이 제도하에서도 치매가족에 대한 서비스가 상대적으로 부족하여 치매가족은 충분한 서비스를 받을 수 없는 실정이다.

둘째, 국가의 보수적 복지이데올로기에 근거한 잘못된 정책방향 때문이다. 최근 들어 보편적 복지에 대한 관심이 증가함에 따라 복지정책의 방향이 변화하고는 있으나 아직도 '최소의 대상에게 최소의 비용으로 최저의 서비스를 제공'하는 정책방향이 잔존해 있고, 서비스의 기본단위가 개인으로 규정되어 있는 관계로 가족은 서비스 수급대상에서 제외될 수밖에 없게 되었다.

셋째, 사회복지정책의 집행과정상의 오류 때문이다. 치매 전문병원이나 노인요양시설은 치매환자에게 더욱 필요한 시설일지 모르지만 치매가족은 시설보다는 간호와 돌봄을 원조해 줄 수 있는 전문간호인력이나 재가서비스에 대한 요구가 더욱 크다. 하지만 노인장기요양등급 판정을 받지 못했거나, 받아도 여러 가지 사정 때문에 재가급여를 이용하지 못하는 치매가족이 더 많은 실정이다. 이와 같은 이유에서 우리나라의 치매가족은 서비스 수급자로서의 권리를 제대로 보장받지 못한 채 서비스 제공자로서의 의무만을 이행하고 있는 것이 현실이다.

2) 치매가족의 부담경감을 위한 직접적 개입방안

치매가족의 부양부담을 경감할 수 있는 방법은 여러 가지가 있을 수 있으나 그중에서도 가장 1차적인 방법은 주 부양자를 대상으로 한 직접적 개입방법이다. 현재 치매안심센터 등에서는 치매가족의 부양부담을 경감하기 위하여 교육 · 지지집단 프로그램, 치매가족 상담과 치료, 휴식서비스, 치매가족 자조모임 등 다양한 직접적 개입프로그램을 실시하고 있다.

(1) 치매가족을 위한 교육 · 지지집단 프로그램

치매환자를 부양하는 가족의 부양부담을 경감하기 위한 집단사회사업적 개입방법으로는 교육집단, 지지집단, 교육 · 지지집단, 자조집단 프로그램 등의 다양한 형태의 개입방법이 있다. 가족중심적 개입방법으로는 가족에 대한 심리교육적 접근(psychoeducational approach), 가족자문(family consultation), 가족워크숍(family workshop) 등이 있다. 그러나 이러한 집단프로그램과 가족프로그램은 명칭만을 달리할 뿐 치매가족에 대한 교육과 지지의 제공이라는 공통의 목적을 추구한다. 따라서 어떤 용어를 사용하여도 그 의미는 동일하므로 다음에서는 '치매가족 교육 · 지지집단 프로그램'이라는 용어를 사용하여 구체적인 지원방안을 논의해 보고자 한다.

치매가족 교육 · 지지집단은 교육집단과 지지집단의 목적을 동시에 추구하는 집단으로, ① 치매에 대한 의학적 이해, 치매환자의 증상과 기능저하에 대한 대처방법, 노인과의 효과적 관계형성 방법, 자기보존전략 등에 대한 교육과 정보 제공, ② 집단성원이 경험하는 부양부담을 공유하고 상호지지하는 데 목적을 두고 있다. 이러한 교육 · 지지집단을 구성하기 위해서는 먼저 가족의 부양부담 차원과 수준, 치매환자의 치매 정도, 그리고 주 부양자의 일반적 특성을 고려하여 가능한 한 동질적 집단(homogeneous group)을 구성하는 것이 바람직할 것이다. 그 이유는 동질성이 높은 집단일수록 집단성원 간의 정서적 결속력이 높고, 보다 활발한 상호작용과 상호지지가 이루어지기 때문이다.

　교육 · 지지집단에서 다루어져야 할 주요 의제(agenda)로는 ① 치매와 치매환자의 기능변화에 대한 의학적 이해, ② 치매 증상별 대처방법과 간호방법(증상관리, 영양관리, 신체질병관리, 일상간호 등), ③ 치매환자를 위한 각종 치료방법(인지치료, 작업치료, 미술치료, 음악치료, 문예치료, 원예치료, 회상치료, 운동치료 등), ④ 가족 생활환경의 정비 및 효과적 가족관계 형성 방법, ⑤ 부양자의 건강 및 스트레스 관리기법, ⑥ 시설 및 재가서비스에 대한 정보제공 및 자원 연결, ⑦ 치매가족의 조직화 등이 있다(권중돈, 2001a). 이러한 목적을 달성하기 위해서는 단일분야의 전문가로는 어려우며 의사, 간호사, 각종 치료사, 영양사 등의 보건의료전문직, 사회복지사, 치매환자 부양 경험이 있는 가족, 요양보호사, 그리고 기타 전문가로 교육팀을 구성하여 진행하는 것이 효과적이다. 치매안심센터에서는 헤아림교실이라는 이름으로 치매가족교실을 운영하고 있는데, 이에 대해서는 이 책의 제10장 〈표 10-5〉를 참조하기 바란다.

　집단성원에 대한 교육과 정보 제공에 초점을 둔 의제를 다루는 회합은 전문강사를 초빙하는 관계로 1명의 집단지도자가 진행하는 것이 바람직할 것이다. 하지만 부양부담의 공유와 정서적 지지에 초점을 둔 회합에서는 2명의 지도자가 참여하는 공동지도력을 활용하는 것이 필요하다. 그 이유는 부양부담에 관한 정서적 감정을 공유하는 과정에서 특정 성원이 과도한 감정표현을 할 경우 한 명의 집단지도자가 그 성원의 감정처리를 위한 개입을 하고 나머지 한 명의 지도자가 다른 성원과 집단을 이끌고 나갈 수 있는 장점이 있기 때문이다. 그리고 집단종결 이후에 자조집단(mutual-aid group)인 치매가족 자조모임의 형성을 원조하기 위해서는 집단 내에 존재하는 자생적 지도력(indigenous leadership)을 개발하는 것이 더욱 필요할 것이다.

　앞서 기술한 집단의제를 효과적으로 다루기 위해서는 대집단과 소집단을 모두 활용할 수 있다. 소집단의 경우에는 집단성원에 대한 교육과 정보 제공, 성원 간의 정서적 공유와 상호지지라는 두 가지 목적을 모두 달성할 수 있다. 대집단에서는 교육과 정보 제공이라는 목적은 성취할 수 있지만, 집단성원 간의 정서적 공유와 상호지지라는 집단목적을 성취하는 데는 많은 제한이 따를 수 있으므로 교육에 초점을 둔 회합이 끝난 이후에는 몇 개의 소집단으로 나누어 진행하는 것이 효과적이다. 이와 같이 교육 · 지지집단에서는 소집단과 대집단을 모두 활용할 수 있지만, 집단성원 간의 정서적 지지와 상호지지라는 목적을 달성하기 위해서는 폐쇄형의 소집단(closed small group)이 더욱 적절할 것이다. 그리고 교육과 정보 제공의 목적을 달성하기 위해서는 보다 구조화된 지도자 중심의 집단이 적절한 반면 집단성원 간의 정서적 공유와 상호지지의 목적을 달성하기 위해서는 보다 비구조화된 성원 중심의 집단이 적절하다.

　치매환자 주 부양자의 경우 노인부양, 가사 등으로 인하여 개인시간을 충분히 갖지 못하므로 장시간 동안 회합을 진행하는 것은 집단참여뿐만 아니라 주 부양자의 부양역할 수행에도 부정적 영향을 미칠 수 있기 때문에 집단회합의 길이는 1~2시간 내외로 제한하는 것이 적절하다. 만약 교육 · 지지집단 프로그램을 실시하는 기관에서 치매환자를 위한 돌봄서비스를 제공하는 경우에는 집단회합의 길이는 좀 더 연장하여도 무방하다. 그리고 앞서 제시한 주요 의제를 모두 다루기 위해서는 전체 회합의 횟수가 최소 8회기 정도는 되어야 하며, 회합빈도는 집단성원의 시간 편의를 최대한 고려하여 결정하여야 한다. 회합장소는 집단의 크기에 따라 달라질 수 있으나, 회합의 목적이 교육과 정보 제공일 경우에는 강당이나 회의실도 무방하지만, 정서적 공유와 지지에 초점을 둔 회합에서는 특별한 물리적 환경을 갖춘 회합실이 적절하다.

(2) 치매가족 상담과 치료

① 전화 및 온라인상담

　치매가족의 경우 많은 심리사회적 부담을 경험하기 때문에 상담에 대한 욕구가 매우 높지만, 치매 전문 상담기관의 부족과 부양자의 사회적 활동기회 제한 등으로 인하여 현실적으로 전문상담을 받는 경우는 매우 적다. 따라서 치매가족을 위한 상담은 직접적 대면상담보다는 전화상담이나 온라인상담과 같은 비대면적 상담이 주류를 이루며, 전문상담보다는 가족교육과 가족지원서비스에 초점을 두는 경향이 강하다.

현재 치매안심센터에서 상담서비스를 이용하는 치매가족의 경우 직접 방문하여 상담을 받는 경우는 소수에 불과하며, 치매상담콜센터(☎ 1899-9988)에 전화로 심리적 문제, 치매 간호방법, 시설입소상담 등을 요청하는 경우가 많다. 그러므로 짧은 시간 내에 치매가족에게 유익한 정보와 지지를 제공하고 문제해결을 지원하기 위해서는 전화상담 담당자는 전화상담, 치매간호기술 등에 대한 전문교육을 이수하여야 하며, 전국의 치매 전문 의료기관과 복지시설에 대한 구체적인 정보를 갖추고 있어야 한다. 온라인상담의 경우에는 인터넷 홈페이지를 통한 치매간호방법 교육과 전국 시설에 대한 정보서비스가 가능하기 때문에 가족의 활용도가 높은 편이며, 이는 심리상담 전문가가 담당해야 한다. 그리고 자신의 비밀정보가 밝혀지는 것을 꺼리는 가족을 위하여 비공개 이메일(e-mail) 상담을 활용하는 것도 좋은 방법이다.

② 가족상담과 가족치료

현재까지 치매 관련 기관에서는 치매가족의 문제해결을 지원하기 위하여, 치매가족에게 심리교육적 접근방법을 주로 활용하고 있지만, 전통적 가족치료 접근이 불필요하거나 불가능하다는 의미는 아니다. 치매가족에 대한 가족치료 개입의 주된 대상은 드러난 환자(identified patient)인 현재 치매 증상을 보이고 있는 치매환자보다는 나머지 가족성원이 되어야 하며, 그중에서도 치매환자의 부양을 주로 담당하고 있는 주 부양자가 되어야 한다. 그리고 가족치료의 표적문제는 치매 증상의 개선이 아니라 주 부양자의 끝없이 이어지는 부양과업(unfinished business)과 이로 인한 부양부담, 역기능적 가족 상호작용 유형이 되는 것이 타당할 것이다. 그러므로 치료목표는 주 부양자의 부양부담 경감과 역기능적 가족 상호작용 유형의 변화와 가족성원 간의 역할재조정을 통한 협력적 가족부양체계를 구축하는 것이 되어야 한다(권중돈, 2001a).

권중돈(1994a)에 따르면 치매가족의 부정적 가족관계 변화를 일으키는 선행요인이 치매환자의 인지장애 및 문제행동, 일상생활 동작능력 저하, 부정적 성격변화 및 대인관계 변화인 것으로 나타났다. 따라서 어떤 가족치료 접근방법을 선택하든 치료사는 치매환자의 기능 저하가 가족에게 미치는 영향에 대한 충분한 이해를 지녀야 하며, 치매에 대한 임상적 이해와 간호방법에 대한 지식과 기술을 갖추고 있어야 한다.

　치매가족을 대상으로 한 전통적 의미의 가족치료적 접근에서의 표적문제 중 하나는 Haley의 전략적 가족치료에서와 같이 역기능적 가족 상호작용의 연쇄과정([그림 12-1] 참조)이 되어야 한다. 즉, 치료사는 치료 상황에서 전개되는 노인부양과 관련된 가족 상호작용의 연쇄과정을 면밀히 분석하여, 역기능적 가족 상호작용의 연쇄과정 중 일부 단계를 차단하여야 한다. 역기능적 가족 상호작용의 연쇄과정 중에서도 가장 변화가 용이한 것은 가족갈등으로 전이되기 이전의 단계, 즉 '가족성원 또는 가족 외부의 무지원과 비협조, 부양자의 역할가중도 심화 및 역할수행능력 저하, 동 · 별거 가족의 부양자의 부양방법과 태도에 대한 비난'이라는 세 가지 단계가 연결되지 못하도록 개입해야 한다. 이들 단계에 개입하기 위하여 활용할 수 있는 개입기법으로는 Minuchin의 상호작용 실연기법, Milan Group의 순환적 질문과 긍정적 의미부여 기법, Haley의 지시적 기법 등이 있다. 즉, 가족치료사는 먼저 가족 내에서 치매환자의 부양과 관련하여 이루어지는 가족의 상호작용 유형을 재연하도록 요구한 후, 순환적 질문을 통하여 각 성원이 가족 상호작용이나 다른 성원에 대한 생각이나 감정을 표현하게 하여 가족성원 간의 상호작용에 대한 인식 차이를 외현화하고, 부양부담이 많고 자존감이 낮은 주 부양자의 부양방법과 태도를 긍정적으로 재해석해 주어야 한다(권중돈, 2001a).

　또 다른 개입표적이 되는 문제는 부양자의 역할가중과 부양태도에 대한 인식 차이이다. 이를 개선하기 위해서는 치매 간호방법에 대한 교육을 통하여 우선적으로 부양자의 일상적 부양과업 수행능력을 증진시켜야 할 것이며, 가족생활시간 관리기법을 활용하여 부양자의 생활시간을 관리하고 전체 가족성원의 역할을 분석하여 이를 재조정해 나가야 한다(권중돈, 1997). 그리고 가족 내에 지지자원이 없는 경우에 치료사는 외부의 지지자원이나 서비스와 연결해 주는 중개자의 역할을 수행하여야 한다. 이러한 외부자원의 동원도 불가능할 경우에는 부양자를 대상으로 노인부양기술, 부양부담 관리기법, 효과적 가족관계 형성기법에 대한 훈련과 교육프로그램을 실시하여 부양역할 수행능력과 부양부담 관리능력을 증진시키는 방안도 고려해야 한다.

(3) 휴식서비스

치매환자 부양자는 개인시간이 부족하고, 치매환자를 부양하는 과업 이외에 가사활동, 가족부양 등으로 인하여 과중한 역할부담을 경험하는 경우가 많다. 따라서 치매환자 가족을 위한 교육 · 훈련서비스와 병행하여 실시되어야 할 보완적 가족서비스는 휴식서비스(respite service)이다. 휴식서비스는 치매환자에게 일상생활 원조와 같은 구체적인 서비스를 제공함과 동시에 주 부양자에게는 부양책임에서 벗어나 자신만의 시간을 가질 수 있게 해 준다. 그러므로 주 부양자의 부양부담과 역할부담을 경감함은 물론 신체 및 정신건강과 사기를 증진시키며, 지속적인 부양역할 수행에 대한 확신을 증진시켜 주는 효과가 있다.

가장 직접적인 휴식서비스는 요양보호사나 방문간호사를 치매가족에 파견하여 서비스를 제공하는 것이다. 하지만 치매환자를 간호하는 데는 특별한 간호기술이 필요하므로 재가서비스를 확대하고자 하는 경우에는 훈련된 준전문가나 치매 전문교육을 이수한 요양보호사를 활용해야 한다.

치매가족을 위한 또 다른 휴식서비스로는 부양자를 대상으로 한 문화기행이나 다양한 형태의 여가서비스가 있다. 그리고 치매환자의 재활을 원조함과 동시에 가족에게 부양책임에서 벗어나 휴식을 취할 수 있도록 원조하는 휴식서비스로는 치매가족 휴가제도, 치매환자 주간보호 · 야간보호 · 단기보호 등이 있다. 치매환자가 주간보호 프로그램에 참여하는 동안에 부양자는 휴식을 취하거나 개인적 용무를 볼 수 있으며, 주간보호 프로그램에 공동으로 참여하여 부양책임을 다른 가족과 분담하고, 가정에서 실시할 수 있는 여러 가지 재활훈련방법을 학습할 수 있는 기회를 가질 수도 있다. 이 외에 부양자에 대한 건강지원서비스(건강검진, 운동요법 등), 아동 및 청소년 자녀 교육지원서비스(무료 보충학습지도, 독서실 운영 등)도 동시에 이루어져야 할 것이다.

(4) 치매가족 자조집단

치매가족으로 구성된 자조집단은 정서적 지지는 물론 필요한 자원과 정보를 상호교환할 수 있는 이점이 있다. 우리나라에서와 같이 노인복지 재정이 충분하지 않은 상황에서 치매환자의 가족부양 기능을 강화하고 가족의 부양부담을 경감하기 위해서는 이러한 형태의 자조집단을 활성화해야 한다.

자조집단은 구성방법에 따라 ① 성원이 자발적으로 구성한 집단과 ② 전문가가 개입하여 조직한 집단으로 그 유형을 구분할 수 있다. 우리나라의 경우 가족문제는 가족 내에서 스스로 해결하려는 의식이 강하고, 주 부양자의 대부분이 시간제한을 받기 때문에 이들이 자발적으로 자조집단을 구성하기는 어려울 것으로 보인다. 따라서 우리나라의 현실에서는 전문가가 개입하여 집단을 구성하고, 초기 단계에서는 집단운영절차 등에 대해 자문을 제공하되, 점차적으로 지도력을 성원에게 이양하는 형태의 자조집단이 바람직할 것이다.

치매가족의 경우 대리부양자가 없는 경우가 많으므로 자조집단 모임에 참여하기가 어려운 경우가 많기 때문에, 자조집단 모임을 계획할 때는 치매가족의 편의를 최대한도로 고려하여 시간과 장소를 정해야 한다. 자조집단 모임의 운영방식과 관련하여서는 교육이나 구체적 사업에 대한 논의는 구조화된 운영절차가 적절하지만, 치매에 관한 정보 공유나 정서적 지지를 목적으로 한 모임은 비구조화된 집단 운영절차가 더욱 적절하다.

전국의 치매안심센터에서 실시하고 있는 치매가족 자조모임은 주로 치매간호방법에 대한 교육과 가족 간의 정보교류와 정서적 지지를 주된 목적으로 하고 있다. 앞으로 이러한 치매가족 자조모임의 조직화와 연계 강화를 통하여 치매가족의 권익옹호사업을 적극적으로 전개해 나갈 필요가 있다. 즉, 이해 당사자인 치매가족과 관련단체에서 치매환자 특별부양수당 지급, 치매의 장애인정, 치매환자 의료비 경감 등과 같은 복지권 회복운동을 적극적으로 전개해 나감으로써, 장기적인 측면에서의 치매정책의 발전을 도모해야 한다.

3) 치매가족의 스트레스 관리방안

치매환자를 간호하고 수발하는 부양자는 사회적 활동제한, 심리적 부담, 부정적 가족관계, 건강문제 등과 같은 부양부담과 생활 스트레스를 경험하게 된다. 따라서 치매환자를 효과적으로 부양하고 치매환자의 부양에 따르는 부담이나 스트레스를 경감하기 위해서는 나름대로의 스트레스 관리전략을 갖고 있어야 한다. 따라서 이 책에서는 치매환자를 부양하고 있는 부양자가 스트레스의 발생을 최소화하기 위한 방법과 구체적인 스트레스 관리방법을 간략히 소개해 보고자 한다.

(1) 부양자의 생활태도

치매환자를 부양하는 가족이 높은 수준의 부양부담을 예방하고 이를 경감해 나가기 위해서는 무엇보다도 가족 스스로의 노력이 요구된다. 치매가족이 치매환자를 치료·간호하는 과정에서 행복한 개인 및 가족 생활을 영위해 나가기 위해서는 다음과 같은 방법이 도움이 된다(권중돈, 2002; Alzheimer's Association, 2009b).

- 가능한 한 일찍 병원에서 진단을 받고 조기치료를 실시한다.
- 치매에 관해 배울 수 있는 것은 모두 배운다.
- 치매환자가 규칙적인 생활을 하도록 유도한다.
- 치매환자가 할 수 있는 일은 가능하면 스스로 하게 한다.
- 치매환자도 감정을 가진 인격체임을 명심하고, 환자가 있는 곳에서는 병의 상태나 환자에 대한 험담을 하지 않는다.
- 치매환자와 다투고 말다툼을 하게 되면 환자의 상태가 더욱 악화되고 신경이 예민해져 갈등을 일으키기 쉬우므로 최대한 수용하고 인내한다.
- 치매환자에게 감당하기 힘든 일이나 선택권이 너무 많은 일은 맡기지 않는다.
- 항상 유머감각을 갖고, 환자가 저지르는 실수를 가볍게 웃음으로 넘기는 태도를 유지한다.
- 치매환자는 신체장애나 인지장애로 인하여 각종 안전사고를 당할 위험이 높으므로, 환자 주변을 잘 정리하고 위험한 요소는 미리 제거한다.
- 의사의 조언을 받아 치매환자가 적절한 운동을 할 수 있도록 돕는다.
- 치매환자가 좋아하고 잘할 수 있는 일을 계속하도록 하고, 잔존 능력을 최대한 발휘할 수 있도록 돕는다.
- 치매환자를 돌보는 데 도움이 될 수 있는 주변 사람의 도움을 받는다.

- 간호자 자신을 돌보고, 스트레스를 적정 수준에서 관리하도록 노력한다.
- 현실 상황에서 치매환자에게 해 줄 수 있는 범위 내에서 간호를 하고, 한계를 느낄 때는 다른 사람의 도움을 요청한다.
- 자신이나 가족을 탓하지 말고, 자신이 치매환자를 간호하는 것에 대해 자부심을 가진다.
- 가족 중 한 사람이 환자의 간호를 전담하는 것은 너무 어려운 일이므로, 가족이 서로 돕는다.
- 간호자가 어려운 일이 있을 때는 혼자 해결하려 하기보다는 가족과 상의하여 해결한다.
- 취미생활, 휴식시간 등 간호자 자신만을 위한 시간을 정해 두고, 이 시간을 적극 활용한다.
- 치매환자의 건강도 좋지만 간호자의 건강 또한 매우 중요하므로, 자신의 건강관리에 만전을 기한다.

(2) 부양자의 건강관리

치매환자의 건강도 중요하지만 그에 못지않게 간호자의 건강 또한 매우 중요하다. 그러므로 간호자는 다음과 같은 방법으로 자신의 건강을 지켜 나가야 한다.

- 적어도 주 1회 이상 외출을 하거나 운동을 한다.
- 적어도 하루에 7~9시간 동안 숙면을 취한다.
- 매주 최소한 친구 세 명 혹은 친척 세 명과 대화를 나눈다.
- 1년에 1회 정기 건강 검진을 한다.
- 술, 담배, 커피 등 건강에 유해한 것은 가급적 피한다.
- 1주일에 한 번 이상 환자의 간호와 수발을 도와줄 다른 사람을 찾아 맡긴다.
- 매일 균형 잡힌 세끼 식사를 한다.

(3) 스트레스의 예방과 관리

'스트레스는 만병의 근원이다'라는 말이 있듯이, 스트레스를 사전에 예방하고 적극적으로 관리하는 것이 치매환자 간호자의 심신건강을 유지하는 데 중요하다. 먼저 치매환자의 간호와 부양에 따르는 스트레스와 부양부담을 예방하기 위해서는 다음과 같은 방법을 활용할 수 있다.

- 가족성원이 역할을 적절히 분담하고 간호자의 간호활동을 돕고, 필요하다면 가족회의를 소집하여 대화를 나눈다.
- 치매가족모임에 참여하여 간호 경험을 서로 공유하고 부정적인 감정을 해소한다.
- 주변에 활용할 수 있는 모든 도움이나 서비스를 찾아 이용한다.
- 자신만을 위한 개인시간을 만들어 취미생활을 한다.
- 어떤 상황이든 자신이나 환자의 탓이 아니라 '치매라는 병' 때문임을 인식하고, 현명하게 환자, 가족, 이웃, 친지와의 관계를 잘 유지한다.
- 나는 나만을 위한 시간을 가질 것이며, 그럴 필요가 있고 그럴 자격도 있음을 기억한다.
- 환자의 상태를 가족에게 이해시키고, 전문가의 조언이나 교육을 받는다.
- 환자와의 소중했던 시간을 되돌아본다.
- 남이 하는 말에 신경 쓰지 말고 마음을 안정시키고, 필요하면 기분전환을 할 수 있는 기회를 가진다.
- 자신은 인내심이 있고, 노인에게 잘해 주고 있으며, 반드시 보상을 받을 것이라는 점을 명심하고 자기 칭찬을 아끼지 않는다.

그러나 치매환자를 간호하고 부양하는 것이 매우 힘들고 어려운 일이기 때문에 위와 같은 방법으로 치매가족의 스트레스와 부양부담이 모두 예방될 수는 없다. 따라서 치매가족은 다음과 같은 방법으로 스트레스나 부양부담을 느낄 때 이를 적절히 관리해야 한다.

- 환자간호를 하면서 느끼는 스트레스를 찾아내라. 가장 불안을 많이 일으키고 좌절을 느끼는 부양역할이나 노인의 행동은 어떤 것인가? 스트레스 목록(list)을 작성하고, 이것을 간직한다. 어떤 상황에서 가장 스트레스를 많이 받는가? 어떤 때 주로 스트레스를 받는가(1일, 1주, 1개월)? 노인 이외에 스트레스를 일으키는 사람은 누구인가? 스트레스를 받을 때 전형적인 반응양식은 어떤 것인지를 확인한다.
- 사건을 긍정적으로 보기 위하여 마음속으로 긍정적인 얘기를 한다.
- 운동은 체력단련뿐 아니라 감정발산의 도구가 되므로 규칙적인 운동을 한다.
- 명상, 단전호흡, 점진적 이완요법, 합리적 명상기법과 자기암시기법을 이용하여 스트레스를 관리한다.
- 영화 보기, 춤추기, 운동, 온수 목욕, 정원 가꾸기, 음악감상, 편지쓰기, 독서 등을 한다.
- 스트레스를 줄일 수 있는 나름대로의 특별한 방법(운동, 친교 등)을 개발한다.
- 슬프거나 웃기는 영화나 TV 프로그램을 보고, 실컷 울고 웃는다.
- 빨리 걷기, 뛰기, 펀치, 수영, 축구, 물건 던지기, 소리 지르기, 열까지 세기 등을 통해 분노를 조절하고 적절한 방식으로 표출한다.
- 일상생활의 조그만 일에 과민반응하지 않는다.
- 1주일에 하루는 어떤 일에도 걱정하지 않는다.

　이상과 같은 일반적인 스트레스 예방 및 관리방법 이외에 과학적인 스트레스 관리훈련 프로그램(김수영 외, 2007; 김양이, 1999; Baldwin et al., 1989; Lehrer & Woolfolk, 1984; Zarit & Zarit, 1982)이 개발되어 보급되어 있는데, 그중 근육이완훈련과 인지재구조화 기법을 활용한 스트레스 관리훈련을 소개하면 〈표 12-2〉와 같다.

표 12-2 │ 스트레스관리훈련 매뉴얼

다음에 제시한 스트레스 해소 훈련기법은 모델화기법과 자기주장기법, 인지적 재구조화, 근육이완훈련에 음악을 가미한 방법으로, 치매환자 간호자의 정서적, 심리적, 신체적, 사회적 스트레스를 해소시킬 뿐 아니라 삶의 질을 향상시키기 위해 녹음테이프로 제작된 30분 소요 프로그램이다.

프로그램의 적용과정을 요약하면, 첫째, 주 1회 치매환자의 가정을 방문하여 모델화, 자기 주장기법을 관찰 · 평가하고 시범이나 재훈련을 실시한다. 내용은 전 주 과제 중심으로 이루 어진다. 둘째, 한 주 동안 스트레스 유발 상황, 기법활용상의 어려움, 기타 궁금증에 대해 상 담 · 토의한다. 셋째, 한 주간의 과제에 대해 설명해 준다. 넷째, 녹음테이프를 이용한 기법을 시행케 하고 관찰 · 평가하여 시범이나 재훈련을 실시한다. 다섯째, 녹음테이프 기법은 먼저 자리에 누우면서 녹음테이프를 작동한다. 음악이 나오면 눈을 감고 ②~⑥번까지의 음악을 감상한다(5분간). ①, ⑩번 음악이 작게 들리면서 근육이완훈련의 지시가 시작된다. 이 훈련 이 끝나면 인지적 재구조화 훈련을 시작하게 되는데 ⑦~⑨번 음악이 작게 흐르면서 상상의 과정을 경험하게 된다. 이 과정에서는 가능한 한 자기 독백의 다짐을 사용한다. 인식의 재구 조화 훈련이 다 끝나도 음악이 끝날 때까지 누워 있다.

1. 배경음악(30분)
① 이완시킬 수 있는 음악
  • 두 대의 바이올린을 위한 협주곡 D-minor BMV1043 중 Largo(바흐)
  • 타이스의 명상곡(마쓰네)
② 몰입 단계 음악
  • 아름답고 푸른 도나우 작품 314, 왈츠(요한 스트라우스)
  • 야상곡 Eb-Major 작품 9-2(쇼팽)
③ 자극의 해소 단계 음악
  • 볼레로(라벨)
  • 피아노 콘체르토 No. 5 Eb-Major 황제(베토벤)
④ 초조, 욕구불만, 분노를 식혀 주는 음악
  • 심포니 No. 7 A-Major 제4악장(베토벤)
  • 스페인 기상곡-정경과 집시의 노래(림스키코르사코프)
⑤ 우울한 기분을 달래 주는 음악
  • 피아노 콘체르토 No. 20 D-Minor(쇼팽)

⑥ 슬픔을 달래 주는 음악
- 환상의 폴로네이즈 A-Major(쇼팽)

⑦ 평온을 주는 음악
- 백조의 호수(차이코프스키)

⑧ 상쾌한 기분을 주는 음악
- 바이올린 콘체르토 사계 중 '봄'(비발디)
- 피아노 소나타 물에 비친 그림자(드뷔시)

⑨ 즐거움과 용기가 솟는 음악
- 피아노 소나타 No. 33 열정 f-minor 제3악장(베토벤)
- 심포니 No. 1 봄 B-Major(슈만)

⑩ 숙면을 위한 음악
- 아베마리아(구노)
- 피아노 소나타 비 온 후의 정원(드뷔시)

2. 근육이완훈련(10분)

- 신체의 어느 부위에도 불편함이 없도록 편안하게 눕습니다(3초 휴식).
- 오른손 끝에서 팔목까지 힘을 뺍니다(3초 휴식).
- 다시 한 번 힘을 완전히 뺍니다(3초 휴식).
- 오른손 팔목에서 팔꿈치까지 힘을 뺍니다(3초 휴식).
- 다시 한 번 힘을 완전히 뺍니다(3초 휴식).
- 오른쪽 팔꿈치에서 어깨까지 힘을 뺍니다(3초 휴식).
- 다시 한 번 힘을 완전히 뺍니다(3초 휴식).
- 오른손 팔 전체에서 최대한 힘을 뺍니다(3초 휴식).
- 왼손 끝에서 팔목까지 힘을 뺍니다(3초 휴식).
- 다시 한 번 힘을 완전히 뺍니다(3초 휴식).
- 왼손 팔꿈치에서 어깨까지 힘을 뺍니다(3초 휴식).
- 다시 한 번 힘을 완전히 뺍니다(3초 휴식).
- 왼쪽 팔 전체에서 최대한 힘을 뺍니다(3초 휴식).
- 양팔의 무게가 느껴지지 않도록 충분히 힘을 뺍니다(3초 휴식).
- 얼굴의 근육을 이완합니다(3초 휴식).
- 이마 부위를 펴시고 이마에서 힘을 뺍니다(3초 휴식).

- 다시 한 번 힘을 완전히 뺍니다(3초 휴식).
- 눈을 편안하게 감고 힘을 뺍니다(3초 휴식).
- 양쪽 볼에서 힘을 뺍니다(3초 휴식).
- 다시 한 번 힘을 완전히 뺍니다(3초 휴식).
- 턱의 힘을 뺍니다(3초 휴식).
- 얼굴 전체에서 최대한 힘을 뺍니다(3초 휴식).
- 목과 가슴 부위에서 힘을 뺍니다(3초 휴식).
- 다시 한 번 힘을 완전히 뺍니다(3초 휴식).
- 숨을 깊이 내쉬면 충분히 이완됩니다(3초 휴식).
- 복부에서 힘을 뺍니다(3초 휴식).
- 다시 한 번 힘을 완전히 뺍니다(3초 휴식).
- 양쪽 허벅지에서 무릎까지 힘을 뺍니다(3초 휴식).
- 다시 한 번 힘을 완전히 뺍니다(3초 휴식).
- 양쪽 무릎에서 발목까지 힘을 뺍니다(3초 휴식).
- 다시 한 번 힘을 완전히 뺍니다(3초 휴식).
- 양쪽 발의 힘을 완전히 뺍니다(3초 휴식).
- 다시 한 번 힘을 완전히 뺍니다(3초 휴식).
- 하나에서 열까지 세는 동안 더 많이 몸 전체의 힘을 뺍니다. 하나 셀 때마다 힘을 빼고 3초 간 휴식합니다.
- 숨을 깊이 내쉬면서 마음을 편하게 갖습니다(3초 휴식).

3. 인지적 재구조화(15분)

- 천천히 다섯 번 숨을 깊이 내쉽니다.
- 숨을 한 번씩 들이마시고 내쉴 때마다 온몸에 쌓인 긴장이 손끝과 발끝을 통해 빠져나간 다고 생각합니다. 긴장이 빠진 몸을 느껴 봅니다. 온몸의 근육이 늘어져 무겁게 느껴지는 자신을 상상해 봅니다. 이제 긴장이 다 빠져나갔으므로 피가 자유롭게 온몸을 돌게 되었 습니다. 조용히 심장소리에 귀 기울여 봅니다. 활발한 혈액순환으로 온몸에 신선한 공기 와 영양분이 공급되어 있는 것을 상상해 봅니다.
- 당신의 마음속에 당신이 안전하고 평화로운 곳이라고 생각되는 곳을 떠올립니다. 평화롭 고 아주 안전하며 당신에게 편안함을 주는 그곳(해변가나 오솔길, 초원, 깊고 상쾌한 산 속, 폭포 또는 당신이 편안함을 느낄 수 있는 어떤 방)에서 쉬고 있는 당신의 모습을 상상 해 봅니다. 그곳에서 무엇을 보고, 듣고, 냄새 맡고, 느낄 수 있는지 생각해 봅니다. 살랑

거리는 바람, 신선한 공기, 꽃향기, 소나무 향, 시냇물 소리, 파도 소리, 멀리 보이는 수평선… 마치 움직이는 그림을 그리듯이 세밀하게 상상해 봅니다. 당신이 얼마나 평화로운지 느껴 봅니다.

- 당신의 생활 속 어려움을 눈보라라고 생각하고 이를 극복하여 원하는 바를 이루는 당신을 생각해 봅니다.
- 당신은 지금 길을 가고 있습니다. 목적지는 편안하고 행복하고 따뜻한 당신의 집입니다. 하지만 당신의 집으로 가는 도중에 눈보라를 만났습니다. 순식간에 길은 눈으로 덮여 보이지 않습니다. 다만 멀리 아물거리며 반짝이는 불빛만 보일 뿐입니다. 하지만 당신은 꺾이지 않는 용기를 갖고 있어서 불빛을 향해 한 발씩 앞으로 걸어갑니다. 열심히 손과 발을 움직이며 눈을 헤치고 걸어갑니다. 이런 눈보라 속에서는 걸음을 멈추면 얼어 죽게 됩니다. 당신은 끊임없이 조금씩 전진하고 있습니다. 저 멀리 반짝이는 불빛이 당신에게 빨리 오라고 손짓하는 듯합니다.
- 당신은 이제 상당히 많이 왔습니다. 너무 힘들어서 온몸에는 땀이 흐르지만 얼굴은 칼로 에이는 듯 시리고 몸을 가눌 수 없이 눈보라는 세찹니다. 몸을 움직여 왔기 때문에 추운 것도 배고픈 것도 느끼지 못합니다.
- 이제 불빛은 가깝게 보입니다. 여기서 그만둘 수는 없습니다. 당신은 더욱 힘을 내어 전진합니다. 그곳에만 가면 당신은 편안히 쉴 수 있고 사랑하는 가족이 맛있는 음식을 준비하고 애타게 기다리고 있습니다.
- 조금만 더 참고 걷습니다. 휴우! 이제 다 왔습니다. 눈은 그치고 바람도 잔잔해졌습니다. 당신은 드디어 편안하고 따뜻한 당신의 집에 도착했습니다.
- 온 가족이 등불을 밝히며 당신을 기다리고 있습니다.
- 이제 편안함과 행복감과 따뜻함이 느껴집니다.
- 당신의 집은 따뜻하고 식탁에는 온 가족이 준비한 맛있는 음식이 가득하고 욕조에는 따끈한 목욕물도 준비해 두었습니다.
- 당신은 가족에게 이렇게 기다려지는 소중한 사람입니다.
- 당신은 항상 가족에게 기쁨과 행복을 주는 소중한 사람입니다.
- 가족은 모두 당신의 소중함을 알고 있습니다.
- 그래서 가족은 당신이 항상 행복해하기를 바라고 있습니다.
- 당신이 힘들 땐 언제나 도움을 요청하기를 바라는 가족입니다.
- 당신이 원한다면 언제든지 친구들을 초대해서 수다도 떨 수 있고, 친구 집에 초대받아 외출할 수도 있습니다.

- 영화를 볼 수도 있고 쇼핑을 갈 수도 있습니다.
- 당신이 원하는 사람과 함께 편안히 쉬고 있는 모습을 생각해 봅니다.
- 원하는 선물을 받고 기뻐하는 당신의 모습을 생각해 봅니다.
- 모든 사람에게서 인정받는 사람이기 때문입니다.
- 당신은 역시 능력 있는 사람입니다.
- 당신은 남에게 베풀 수 있는 마음과 힘을 가졌기 때문입니다.
- 모든 가족과 이웃은 당신을 훌륭한 사람으로 인정합니다.
- 자! 이제 힘을 내어 나와 가족의 행복과 기쁨을 위하여 다시 시작합니다.
- 기지개를 켜고 숨을 크게 들이쉽니다.
- 눈을 서서히 뜹니다.
- 음악이 다 끝나면 일어납니다.

(4) 생활시간의 관리

치매환자의 부양자가 부양부담 또는 스트레스를 경험하게 되는 것은 치매환자 부양에 지나치게 많은 시간을 쓰고 있는 것이 중요한 원인이다. 치매환자 부양자는 하루 평균 6시간 30분 정도의 노인부양 역할을 담당하며, 그 외에도 가사활동, 자녀양육과 교육, 경제활동 그리고 가족부양의 역할을 담당하는 경우가 많기 때문에 자신을 위해 쓸 수 있는 개인시간은 매우 부족한 것이 사실이다(권중돈, 2022). 또한 이러한 개인시간은 일정 시간대에 몰려 있는 것이 아니고 자투리 시간을 더한 것이기 때문에, 의미 없이 흘려보낼 수 있는 시간이다. 따라서 부양자의 각 생활 영역에 투입해야 할 시간과 실제 투입하는 시간 사이의 격차를 확인하고 이를 재조정하여, 효율적인 생활시간을 관리하는 것도 효과적인 스트레스 관리방법이 된다. 이러한 생활시간 관리법(Springer & Brubaker, 1984)을 제시하면 다음의 〈표 12-3〉과 같다.

표 12-3 치매가족의 생활시간 관리법

Ⅰ. 귀하는 다음의 활동을 하는 데 어느 정도의 시간이 필요하고, 실제 어느 정도의 시간을 쓰고 있는지를 기록하십시오.

활동 영역	필요시간	실제 사용시간
① 수면	시간	시간
② 직업활동	시간	시간
③ 식사준비 및 쇼핑	시간	시간
④ 노인간호 및 수발	시간	시간
⑤ 자녀 돌보기	시간	시간
⑥ 배우자와의 시간	시간	시간
⑦ 자신을 위한 시간	시간	시간
⑧ 다른 가사활동	시간	시간
⑨ 사회활동	시간	시간
⑩ 기타 활동(　　　　)	시간	시간

Ⅱ. 위의 두 시간을 비교하여 보십시오.
　① 두 시간 사이에 차이가 있습니까?
　② 필요시간이 현실적이라고 생각하십니까?
　③ 귀하는 위의 필요시간을 조절할 수 있으시겠습니까?
　④ 조절할 수 있다면, 어떻게 시간을 재조정하시겠습니까?

Ⅲ. 치매환자를 부양하는 데 따르는 역할부담이 많다면, 이상적인 시간활용 계획을 수립해 보시는 것이 어떻겠습니까?
　① 귀하가 이상적으로 생각하시는 시간활용 계획을 수립하고 기록해 보십시오.
　② 다음 주에 시간계획표대로 활동하는 데 아무런 지장이 없습니까? 시간계획이 바뀌어야 한다면, 다음 주에 꼭 그 일을 해야 하는지 생각해 보십시오.
　③ 어떤 사람으로 인해 시간계획이 바뀐다면, 그 사람과 그 점에 대해 얘기를 나누십시오.
　④ 귀하가 수립한 시간계획을 가족에게 보여 주고, 그들과 협의하여 시간을 재조정하십시오.

(5) 치매환자 사후의 활동

치매환자를 부양하는 과정에서 해결되지 않은 심리적 과업을 지니고 있는 부양자는 환자의 사망 이후에 죄의식, 무력감, 허무감과 같은 다양한 심리적 문제를 경험하게 된다. 따라서 치매환자 사망 이후에 다른 가족성원은 부양자의 심리적 문제해결을 지원할 수 있어야 하며, 필요에 따라서는 개인상담, 가족치료 등의 전문 서비스를 이용한다.

많은 부양부담을 경험하고 있는 치매가족이 다른 치매가족을 지원하는 것은 쉬운 일이 아니다. 그러나 치매환자를 부양한 경험이 있는 사람만큼 치매가족의 고통을 잘 이해하고 치매환자를 부양하는 방법을 정확히 알고 있는 사람이 없다는 점을 고려한다면, 치매환자 부양과정에서 체득한 치매환자 간호방법의 노하우를 다른 가족과 공유하는 것은 매우 바람직한 공헌활동이다. 따라서 치매환자를 부양한 경험이 있는 가족은 치매가족모임, 치매상담, 자원봉사활동 등을 통하여 다른 가족을 지원함으로써, 우리나라의 치매환자 보호와 가족의 부양부담 문제를 완화시키는 데 기여하여야 할 것이다.

제13장 │ 치매환자와 가족의 인권보호

노인복지 분야에서는 2000년대 초반부터 자선과 구제, 문제, 그리고 욕구해결의 단계를 넘어 인권관점에 기초한 노인복지정책과 실천에 관한 논의가 진행되고 있다(권중돈, 2010b). 그러나 노인 인권의 가장 취약한 집단이라 할 수 있는 치매환자에 관한 인권 논의는 거의 이루어지지 않고 있다. 뿐만 아니라, 부양의무자로서의 책임을 성실히 수행하고 있는 치매가족의 인권 상황과 보호방안에 대한 논의 또한 전무한 실정이다. 이러한 상황에서 치매환자와 부양가족의 인권을 보호할 수 있는 방안에 대한 논의가 이루어진다는 것은 매우 의미 있는 일이다. 이에 이 장에서는 노인 인권에 대한 간략한 논의를 한 이후에 가정과 노인복지시설에서 생활하는 치매환자와 부양가족의 인권 현상에 대해 살펴보고, 이를 근거로 하여 치매환자와 부양가족의 인권을 보호할 수 있는 방안을 제시해 보고자 한다.

1. 인권에 대한 기본 이해

1) 인권의 개념과 특성

인권(human rights)이라는 개념은 봉건사회의 몰락과 근대 자본주의 사회의 형성이라는 역사적 측면과 17~18세기 유럽의 자유주의 정치사상에 입각한 자연법사상에서 비롯되었다. 인권이라는 용어는 Pain의 저서 『인간의 권리(Rights of Man)』의 제목과 동의어인 '인간의 권리(right of man)'에서 유래되었다(안치민, 2003). 이때 권리(right)는 '옳다(rectitude)'는 뜻과 '어떤 것을 요구할 수 있는 자격(entitlement)'이라는 뜻을 동시에 가진다. 그러므로 인권이란 '옳고 정당한 어떤 것을 요구할 수 있는 자격'을 말한다(류은숙, 2009).

이러한 인권은 모든 개인에게 보편적으로 적용되는 생명, 인간 존엄성, 자유, 평등, 정의, 사회적 책임과 연대, 평화, 자연과의 조화 등과 같은 가치가 내포되어 있다(염형국, 2004; UN Center for Human Rights, 2005). 그러나 인권은 인간이기에 갖는 천부적 권리라는 선험적이고 절대적인 최고선(最高善)으로만 기술되는 정태적 개념이 아니며, 시대적 상황과 사람들 사이의 의사소통과 상호작용을 통해 구성되고 진화하는 역동적 개념이다(Ife, 2000). 그러므로 인권을 바라보는 관점 또한 매우 다양하며, 서술하는 방식에 따라 인권 개념에 차이가 있다.

인권을 인간이기에 당연히 갖는 천부적 권리로서 인간의 존엄성을 보장받을 권리로 보는 관점이 있는가 하면, 평등할 권리 또는 차별받지 않을 권리로서 시대와 국가의 상황에 따라 강조되는 인권의 내용과 실천은 다양해질 수 있다고 보는 관점도 있다(김중섭, 2001; 이봉철, 2001; 이창수 외, 2005; Sweet, 2003). 또 자연법적 전통에 따른 천부적 권리로서의 인권 개념이 지니는 모호함을 비판하면서, 인권 관련 헌장, 선언, 국제협약, 헌법 등에 의해 구체적으로 규정된 권리로만 보아야 한다는 관점도 있다(Sweet, 2003). 이와 같이 인권 개념은 학자마다 그리고 시대와 사회·문화적 맥락에 따라 달라지기도 하므로, 그 개념을 명확하게 정의한다는 것은 매우 어려운 일이다.

　　인권의 사전적 의미는 '사람이 사람답게 살기 위해 필요한 것으로서 당연히 인정된 기본적 권리' 또는 '인간이 자연인으로 누려야 할 당연한 권리'이다. 그러나 세계인권선언에서는 인권의 개념을 보다 적극적으로 해석하여 "인간의 권리(right of man)를 넘어 인간이 존엄한 존재가 되기 위해 가져야 할 당연한 권리"로 본다(국가인권위원회, 2004a). 세계인권선언에서는 인권을 "인간이 누구이고 무엇을 하든지 간에 하나의 존엄한 존재로서 존중받을 권리"로 규정한다. UN 인권센터(UN Center for Human Rights)에서는 "인간의 타고난 천성에 내재되어 있는 것으로, 이것 없이는 인간으로 살 수 없는 권리"라고 정의한다. 또한 우리나라의 「국가인권위원회법」에서는 "헌법 및 법률에서 보장하거나 대한민국이 가입 · 비준한 국제인권조약 및 국제관습법에서 인정하는 인간으로서의 존엄과 가치 및 자유와 권리"라고 규정한다. 이와 같은 인권에 대한 정의를 기반으로 볼 때, 인권이란 '인간이기에 갖는 본질적이고 선천적인 권리로서, 인간이 그 자체로서 존엄성을 인정받고 인간답게 살아가는 데 필요한 모든 권리'라고 할 수 있다.

　　이러한 인권과 유사한 의미로 사용되는 개념이 있는데, 자연권, 시민권, 기본권이 그것이다. 먼저 자연권은 태어나면서부터 개인에게 초자연적으로 부여된 권리로서 천부인권이라고도 불리며, 자유와 평등을 핵심 개념으로 하는 권리를 말한다. 이에 비해 인권은 인간의 권리가 천부적으로 주어진 것이 아니라 세상에 인간으로 태어나서 다른 사람과 관계를 맺는 과정에서 형성되는 권리로서, 완전한 평등보다는 '정의'를 강조한다. 시민권은 사회공동체를 이루고 사는 인간이 국적과 영토를 기반으로 하는 특정 국가의 구성원으로서 갖는 권리를 말한다. 이에 비해 인권이란 특정 국가에서의 지위가 아닌 인간이기 때문에 갖는 보편적 권리이다. 기본권이란 민주사회의 헌법과 법률에 규정된 법적 권리인 반면 인권은 인간존엄성에 바탕을 두고 인간의 자유와 평등, 정의 등의 기본 가치를 반영하는 도덕적 권리로서 기본권보다 포괄적 권리이며 기본권의 토대를 제공한다. 그러므로 기본권은 인권의 도덕적 가치와 배치되지 않는지 끊임없이 점검받아야 하며, 실정법에 규정되지 않는 권리까지도 인권으로 인정하고 인권을 제도화해 나가는 노력이 병행되어야 한다(류은숙, 2009).

　　이와 같은 인권은 몇 가지 중요한 특성을 지닌다(국가인권위원회, 2004b; 염형국,

2004; 이봉철, 2001). 첫째, 모든 인간이 인간이기에 갖는 권리이다. 인권은 모든 사람이 갖는 권리이며, 인간이기에 갖는 천부적·생래적 권리이고, 인간다운 삶의 영위에 필요한 권리이다. 즉, 인간의 권리(right of man)라기보다는 인간답게 살 권리(human rights)이다. 둘째, 인간이 갖는 보편적 권리이다. 성, 연령, 종교, 사회적 신분 등에 관계없이 모든 인간이 인간이기 때문에 가질 수 있는 권리이다. 셋째, 약자를 위한 권리이다. 사회적 약자는 당연히 누려야 할 권리를 침해 또는 박탈당하는 경우가 많으므로 이들을 위해 반드시 지켜지고 확보되어야 하는 권리이다. 넷째, 책임을 동반한 권리이다. 인권은 사회적 관계를 전제로 하므로 개인은 권리의 향유에 따르는 의무를 반드시 수반하며, 타인의 권익을 무시한 채 개인적 이익, 즉 사익(私益)만을 주장하여서는 안 되며 모두가 서로의 권리를 존중해 주어야 하는 권리이다. 다섯째, 인권은 도덕적 권리로서 실정법상의 권리 이상의 것이다. 즉, 인권은 도덕적 특성이 갖는 구속력을 가지므로 법에서 보장하고 있는 기본권에만 한정되지 않으며, 현행법이 보장하고 있지 않더라도 인간의 존엄성을 보장하는 데에 반드시 필요한 제도와 법을 초월한 권리이다. 그러므로 인권의 기준에 부합되는 정치사회제도와 법제도는 정당화하는 반면 인권 기준에 반하는 제도를 개혁할 수 있는 근거와 명분을 제공해 준다. 여섯째, 인권은 다양한 권리를 포괄하며 이들 권리의 최상위의 권리이다. 인간이 누리는 권리에는 실정법에 근거를 둔 법적 권리, 정치사회적 제도와 그 내적 규칙에 근거한 제도적 권리, 도덕적 원칙에 근거한 도덕적 권리 등 다양한 권리가 있다. 인권은 이들 권리 중의 하나가 아니며, 이들 권리의 상층부에 자리 잡고 이들 권리에 인권의 기본정신이 반영되거나 실행되도록 하는 권리이다.

2) 인권의 발달

인권은 특정한 시대의 산물이다. 그러므로 인권 개념에는 인류의 역사와 그 개념이 도출될 당시의 시대적 상황이 반영되어 있다. 인권 개념의 역사적 기원은 미국의 독립선언(1776년)과 프랑스의 인간과 시민의 권리선언(1789년)으로 절정에 달했던 18세기로 거슬러 올라가지만, 사회가 변화하면서 인권의 개념 역시 변화하게 된다. 즉, 인권의 개념이 형성될 수 있는 계기가 되었던 18세기의 시민적·정치적 권리에 대한 관심은 점차 경제적·사회적·문화적 권리에 대한 요구로 대체되었으며, 점차 전체 인류를 위한 합법적이며 보편적 권리에 대한 관심으로 변화하였다. 이러한 인권 발달 과정은 3세대 인권론으로 정리될 수 있다(김미옥 외, 2006; 이창수 외, 2005; Ife, 2000; Wronka, 1992). 즉, 제1세대 인권은 시민적·정치적 권리, 제2세대 인권은 경제적·사회적·문화적 권리, 그리고 제3세대 인권은 연대권으로 분류되는데, 인권의 3세대에 걸친 발전과정을 살펴보면 다음과 같다.

(1) 1세대 인권: 자유권

1세대 인권의 발달은 18세기 자유주의 정치철학의 발달과 계몽주의에 그 기원을 두고 있으며, 시민권과 정치권(civil and political right)으로 불리기도 한다. 1세대 인권은 투표권, 언론의 자유, 집회의 자유, 공정한 재판과 법 앞의 평등, 공민권, 사생활의 보장, 자기표현의 권리, 종교의 자유, 공무담임의 권리, 시민생활과 사회활동에의 자유로운 참여 등을 포함한다. 이와 아울러 존엄하게 대우받을 권리, 공공안전의 권리, 차별받지 않을 권리, 합법적 사업을 보호받을 권리, 협박·희롱·고문·강요 등을 받지 않을 권리가 포함된다. 이러한 권리는 개인의 가치에 대한 자유주의적 견해에 기초하고 있는 것으로 국가가 개인에게 간섭하지 말 것을 요구하며, 반드시 보호되어야 할 권리로 규정한다(Ife, 2000).

세계인권선언에서 1세대 인권에 포함되는 조항을 살펴보면, 차별로부터의 자유(2조), 인간의 생명과 자유 그리고 안전에 대한 권리(3조), 노예나 기타 자발적이 아닌 예속 상태로부터의 자유(4조), 고문, 비인간적인 처우 또는 처벌로부터의 자유(5조), 자의적인 체포·구금 또는 추방으로부터의 자유(9조), 공정하고 공개적인 재판을 받을 권리(10조), 사생활 및 통신에 간섭받지 않을 자유(12조), 재산을 소유하고 자의적으로 박탈당하지 않을 자유(17조), 사상·양심·종교의 자유(18조), 의견·표현의 자유(19조), 평화적인 집회와 결사의 자유(20조), 자유로운 선거를 통해 정부에 참여할 권리(21조) 등이 있다.

이러한 1세대 인권은 자유권으로 불리는 것으로, UN의 세계인권선언은 공정한 대우, 선거권과 같은 시민적, 정치적 권리에 강조를 둔다. 이 권리는 국가의 부당한 권리침해에 대항하는 '탄압패러다임'에서 생성(조효제, 2007)된 것으로 국가의 불간섭과 비개입을 강조하므로 소극적 권리(negative rights)로 불린다. 즉, 1세대 인권은 개인의 자유를 박탈하는 어떠한 것으로부터도 해방을 보장하도록 고안된 권리이다(UN Center for Human Rights, 2005). 이러한 1세대 인권을 Galtung(1994)의 컬러코드(color code)에 따라 분류하면, 청색인권(The Blue)이 된다. 즉, 1세대 인권은 사회공동체 안에서 인정되는 개인적 권리의 침해를 예방하고 보호 또는 방어에 중점을 두는 경향이 있다. 이처럼 1세대 인권 개념은 경제적 · 사회적 · 문화적 권리를 중시하지 않으며, 인권의 협소한 개념이 개인주의 이념에 지나치게 가치를 두는 서구의 시각으로서 경제적 저개발 국가와 빈곤국의 국민을 비롯한 나머지 전 세계 국가의 근본적 욕구를 반영하지 못한다는 비판에 직면해 있기도 하다(김미옥 외, 2006).

(2) 2세대 인권: 사회권

2세대 인권은 19세기와 20세기의 사회민주주의, 사회주의 등의 집단주의 운동에 기반을 두고 있으며, 경제적 · 사회적 · 문화적 권리로 불리기도 한다. 근대 시민혁명을 통해 획득한 자유가 진정한 자유가 되기 위해서는 인간다운 생활을 추구할 수 있을 때에만 가능하지만, 1세대 인권은 자유를 가져다주었을 뿐 사회경제적 불평등을 적극적으로 바꾸려 하지는 않았다. 그 결과 여성에 대한 차별과 아동의 저임금 · 장시간 노동과 같은 열악한 인권 상황이 지속되었다. 즉, 1세대 인권을 통해 자유는 확보되었지만, 이를 향유할 수 있는 사회경제적 토대가 형성되지 못하여, 사회경제적 약자의 권리 보장과 노동조건의 개선 등을 비롯한 실질적인 평등을 담보할 수 있는 인권 개념과 실천노력이 필요하게 된 것이다(http://www.sarangbang.or.kr).

이러한 1세대 인권의 한계를 인식함에 따라 인권 개념의 전환이 이루어지기 시작했고, 아동권리협약, 여성에 대한 모든 형태의 차별금지 협약 등이 체결되었으며, 시민권과 정치권과 아울러 경제 · 사회 · 문화적 권리도 동일한 중요성을 인정받게 되었다. 결국 2세대 인권은 국가가 훨씬 능동적이고 적극적인 역할을 수행할 것을 요구하기 때문에, 적극적 권리(positive rights)로 불린다. 국가는 1세대 인권처럼 단지 권리를 보호하기보다는 다양한 사회적 급여를 통하여 사회정의를 실천하고, 결핍으로부터의 해방을 도모하며, 사회 · 경제 · 문화생활에의 참여를 실질적으로 보장하는 사회권 보장을 위해 노력하여야 한다(Ife, 2000; UN Center for Human Rights, 2005). 이런 점에서 2세대 인권은 사회권으로 불리며, Galtung(1994)의 컬러코드(color code)에 따른 분류에 따르면 적색인권(The Red)에 해당한다.

2세대 인권에 포함되는 세계인권선언의 조항을 살펴보면, 사회보장에 대한 권리 (22조), 일할 수 있는 권리, 실업으로부터 보호받을 권리 등(23조), 유급휴가 등 휴식과 여가를 가질 권리(24조), 건강 및 행복에 필요한 생활수준을 누릴 수 있는 권리(25조), 교육을 받을 권리(26조), 문화생활에 참여하고 과학의 혜택을 누릴 권리(27조) 등이다. 그리고 이를 보다 구체화한 경제적 · 사회적 · 문화적 권리에 관한 국제협약이 체결되어 있다.

(3) 3세대 인권: 연대권

3세대 인권은 20세기 들어서야 인권으로 인식된 것으로, 1 · 2세대 인권이 개인적 수준의 권리라고 한다면 3세대 인권은 집단적 수준의 권리로서 연대권이라고 한다 (Ife, 2000). 인권의 성립과 발전과정에서 서구사회가 자신들의 관점에서 인권을 개념화하였고, 인권을 개념화하고 보장하는 과정에서 서구사회는 제3세계의 식민지화를 통한 희생을 대가로 자신들의 인권을 신장해 왔다고 해도 과언이 아니다(Reighert, 2003). 그 결과 제3세계의 대다수 국민은 억압과 착취를 경험했고, 오늘날까지도 심각한 빈곤과 정치적 혼란을 겪고 있다. 따라서 오늘날 제3세계 국민은 인간다운 생존을 보장받기 위하여 권력과 자원, 부(富), 그리고 기타 중요한 가치의 세계적인 재분배를 요구하게 되었고, 인권 개념화에서 서구적 관점에서 벗어나 '아시아적 가치'에 기초한 인권을 옹호하는 관점이 등장하게 되었다(Ife, 2000). 그리고 지구촌시대에 진입한 현 시점에서 인류가 직면한 많은 인권 문제는 한 나라나 개별 국가의 힘만으로는 대처할 수 없다는 인식 또한 3세대 인권 개념의 발달을 촉진하게 되었다.

이런 점에서 집단권 또는 연대권으로 불리는 3세대 인권은 아직 형성 단계에 있는 개념으로 그 개념을 명확하게 제시할 수는 없다. 그러나 세계인권선언에는 자결권

(자신들의 정치적 지위를 자유로이 결정하고 경제·사회·문화의 발전을 자유롭게 추구할 수 있는 권리), 천연 자원과 재화를 자신들을 위해 자유롭게 처분할 수 있는 권리, 우주 자원·과학·기술·기타 정보의 발전 결과와 문화적 전통·유적·기념물 등 인류 공동의 유산에 공동으로 참여하고 혜택을 받을 수 있는 권리 등이 포함된다(김미옥 외, 2006).

이와 같은 3세대 인권은 집단수준에서 정의될 때만 의미가 통하는 권리로서 개인에게 적용되기보다는 지역사회, 전체 국민, 국가, 지구촌에 더 잘 적용될 수 있으며, 전 세계적 차원의 권리개념이다. 즉, 3세대 인권은 세계무역과 경제성장으로부터 혜택을 받을 권리, 인도적 구호를 받을 권리, 조화로운 사회에서 살 권리, 오염되지 않은 공기와 깨끗한 물을 마실 권리와 같은 환경권까지를 포함하는 것으로 전 세계 국가 간에 적용되는 인권이다. 이러한 권리는 Galtung의 컬러코드(color code)에 따른 인권 분류 틀에 따르면, 녹색인권(The Green)에 해당한다.

하지만 3세대 인권을 보장하기 위한 인권 조약과 협정을 성문화하는 작업은 아직 초기 단계이며, 그 권리를 보호하고 실현하기 위한 국제법적 장치 또한 초보적 형태에 머물러 있다(Ife, 2000; UN Center for Human Rights, 2005). 앞으로 3세대 인권은 인권 연구나 투쟁의 중요한 영역으로 부상하여 의미 있는 논쟁이 지속될 것이며, 집단적 차원 또는 전 세계적 차원에서 이를 보장하기 위한 다양한 장치와 기제가 마련되어 갈 것이다.

3) 인권의 영역과 내용

인권 개념의 포괄성과 복잡성으로 인하여 인권의 영역과 세부 내용을 면밀히 검토하여야만 인권을 더욱 구체화하고 쉽게 이해할 수 있다. 인권의 영역과 내용을 이해하기 위해서는 세계인권선언(1948년)을 포함한 국제인권장전을 살펴볼 필요가 있다. 세계인권선언 제1조에서는 "모든 사람은 날 때부터 자유롭고 동등한 존엄성과 권리를 가지고 있다. 사람은 천부적으로 이성과 양심을 가지고 있으며, 서로 형제애의 정신으로 대하여야 한다."라고 규정하여, 인권이 천부적으로 부여받은 인간의 존엄성

표 13-1 국제인권장전에 나타난 인권의 영역과 내용

인권 영역	하위 영역	세부 항목
인간 존엄 및 평등권	인간 존엄권 평등권	천부적 자유와 존엄, 생명권, 신체의 자유와 안전, 강제노동과 노예제도의 금지, 고문금지, 법 앞에서의 평등, 차별금지
시민적 · 정치적 권리	시민적 권리	사생활의 자유(명예, 정보통신, 혼인선택 등), 거주 이전의 자유, 국적 취득권, 아동의 권리, 재산소유권, 사상 · 양심 · 종교의 자유
	정치적 권리	의사표현의 자유(알 권리, 정보접근권), 언론 · 출판의 자유, 집회 · 결사의 자유, 참정권(발안권, 참정권, 공무참여권, 청원권)
경제적 · 사회적 · 문화적 권리	경제적 권리	사회보장권, 노동에 대한 권리, 적정 보수의 권리, 유리한 노동조건 향유권, 노동조합의 권리
	사회적 권리	가족형성권, 적정 생활수준 향유권(식량권, 물에 대한 권리, 주거권, 건강권 포함)
	문화적 권리	교육에 대한 권리, 문화생활 참여(과학기술 향유권, 저작권, 자기문화 향유권 포함), 인권질서 추구권
법절차적 권리	법절차적 권리	법적 인격체의 인정, 법적 구제권, 인신보호, 공정/신속재판을 받을 권리, 적법절차, 무죄추정, 죄형법정주의, 수형자의 권리

자료: 이창수 외(2005). 인권관련 정부통계 현황에 대한 실태조사. 국가인권위원회.

을 의미하는 것임을 알 수 있다. 또 세계인권선언 제2조에서는 "모든 사람은 인종, 피부색, 성, 언어, 종교, 정치적 또는 그 밖의 견해, 민족적 또는 사회적 출신, 재산, 출생, 기타의 지위 등에 따른 어떠한 종류의 구별도 없이 이 선언에 제시된 모든 권리와 자유를 누릴 자격이 있다."라고 함으로써 평등의 가치와 차별금지의 원칙을 명기하고 있다.

국제인권조약은 선언적 의미를 지닌 세계인권선언의 내용을 더욱 구체적이며 강제력이 높은 국제조약 형태로 변경하여 제정한 것이다. 시민적 · 정치적 권리에 관한 국제조약(1976년)에서는 모든 사람이 자신의 시민적 · 정치적 권리를 향유할 수 있는

여건이 조성되는 경우에만 인권이 성취될 수 있음을 인정하고 있다. 경제적 · 사회적 · 문화적 권리에 관한 국제조약(1976년)에서는 세계인권선언을 근거로 결핍으로부터의 자유를 향유하는 인간이 되기 위해서는 경제적 · 사회적 · 문화적 권리를 향유할 수 있는 여건이 조성되어야만 가능하다는 점을 인정하고 있다.

2. 노인 인권의 이해

1) 노인 인권의 영역과 내용

노년기라는 특정 연령대에 속해 있는 노인은 다른 연령집단과 다름없이 인간이 누릴 수 있는 모든 권리를 향유할 수 있는 인권의 주체이다. 앞서 논의한 인권에 대한 정의에 근거해 볼 때, 노인의 인권은 노인의 인간존엄성 보장을 위한 기본 전제이며, 노인이 '인간답게 노후생활을 영위할 수 있는 권리'라고 정의(박수천, 2005; 이석준, 2001)할 수 있다. 그러나 인간다운 생활을 할 수 있는 권리라는 노인 인권에 대한 개념 정의는 매우 추상적이며, 노인의 특성과 사회환경을 충분히 반영하지 못하고 있으므로, 노인의 인권을 더욱 구체적으로 개념화할 필요가 있다.

1969년 백악관 노인회의에서 채택된 미국의 노인헌장에서는 노인의 권리를 아홉 가지로 명기하고 있다. 미국 노인헌장에서는 노인이 ① 인간으로서의 역할을 수행할 수 있는 권리, ② 각자의 능력에 따라 취업을 할 수 있는 권리, ③ 노후생활의 궁핍을 면할 수 있는 권리, ④ 여가 · 교육 및 의료에 대한 지역사회의 자원을 공평하게 향유할 수 있는 권리, ⑤ 노후의 필요를 충족시킬 수 있는 주거에 거주할 수 있는 권리, ⑥ 가족의 최선의 이익에 반하지 않는 한 정신적 · 경제적 원조를 받을 수 있는 권리, ⑦ 본인이 원하는 경우에는 독립하여 생활할 수 있는 권리, ⑧ 생존이나 사망 시까지도 인간으로서의 존엄성을 잃지 않을 권리, ⑨ 노후를 풍부하게 보내는 데 필요한 모든 지식에 접근할 수 있는 권리를 지닌다고 규정한다(권중돈, 2006).

우리나라의 「노인복지법」 제2조에서는 노인은 존경받으며 건전하고 안정된 생활을 할 권리와 능력에 따른 경제활동 및 사회활동 참여 권리를 지님과 동시에 심신의 건강 유지와 사회발전에 기여할 의무를 지닌다고 규정한다. 국가인권위원회의 국가 인권정책기본계획(2006)에서는 노인의 주거권, 건강권, 사회복지권이라는 세 가지 권리 보장을 노인 인권 증진의 목표로 규정한다. 밝은 노후(2004)는 권리의 주체로서의 노인, 자기결정의 원칙, 잔존 능력의 존중과 활용, 노인의 가치와 존엄의 확보라는 인권사상을 기반으로 하여, 노인의 권리 영역을 주거권, 고용보장의 권리, 건강권, 교육권, 소득보장권, 기타의 권리라는 6개 영역으로 구분한다. 김미혜(1999) 역시 위와 같은 인권사상을 기반으로 하여 ① 의식주 등을 보장받을 권리, ② 수발을 요구하고 받을 권리(수발청구권), ③ 적절하고 충분한 의료를 보장받을 권리, ④ 적절한 노동과 이에 상응하는 소득을 보장받을 권리, ⑤ 재산상의 관리·보호를 보장받을 권리, ⑥ 정치 및 정책에 참여할 권리, ⑦ 문화적 생활을 누릴 권리, ⑧ 권리구제를 요구할 권리라는 여덟 가지를 노인 인권의 영역으로 규정한다. 서혜경(2001)은 노인이 갖는 복지권에 ① 의식주 보장의 권리, ② 수발청구권, ③ 적절하고 충분한 의료보장의 권리, ④ 노동과 적당한 소득보장의 권리, ⑤ 재산상의 권리 보호를 받을 권리, ⑥ 정치 및 정책에 참여할 권리, ⑦ 권리구제를 요구할 권리가 포함된다고 본다.

이상의 노인 인권에 관한 국제원칙, 법률, 선행연구에서 제시한 노인 인권의 영역과 내용이 각기 상이하긴 하지만, 노인의 인권 역시 인간존엄권, 자유권, 사회권, 그리고 법절차적 권리를 포함하는 것으로 볼 수 있다. 이에 이 글에서도 노인 인권의 영역을 ① 행복추구권과 평등권 등의 인간존엄권, ② 신체적 자유권과 사생활에 관한 자유권, 정치·문화·종교활동의 자유권, 차별과 학대를 받지 않을 권리 등을 포함하는 자유권 ③ 건강권, 환경권, 소득보장권, 국가와 사회로부터 부양받을 권리, 교육문화권, 노동기본권, 복지수급권 등의 사회권, 그리고 ④ 청원권, 국가배상 청구권 등의 절차적 권리로 규정한다(권중돈, 2010b, 2012). 이러한 노인의 인권 영역을 좀 더 세부적으로 제시하면 〈표 13-2〉와 같다.

표 13-2 노인 인권의 영역과 세부적 권리

영역	인권항목	세부적 권리
인간 존엄권	행복추구권과 평등권	• 천부적 자유와 존엄, 생명권, 신체의 자유와 안전, 강제노동과 노예제도의 금지, 고문금지, 법 앞에서의 평등, 차별과 학대 금지
자유권	신체자유권	• 불법 체포 및 구속으로부터의 자유, 불법 강제노역으로부터의 자유
	사생활자유권	• 사생활의 비밀과 자유, 주거의 불가침, 거주 및 이전의 자유, 통신의 자유
	정신적 자유권	• 양심의 자유, 종교의 자유, 학문과 예술의 자유, 개인적 및 집단적 표현의 자유, 의사표현의 자유(알 권리, 정보접근권)
	경제적 자유권	• 재산권의 보장, 직업 선택의 자유
	정치적 자유권	• 정보접근권, 정치활동의 자유, 참정권
사회권	경제권	• 연금수급권, 기초생활보장권, 노후경제생활 교육을 받을 권리 등
	노동권	• 은퇴준비 교육권, 경제활동 참여권(기업체 취업, 창업, 노인일자리 사업), 적정 보수를 받을 권리, 적정 노동환경 요구권(산재보험 등) 등
	주거권	• 주거환경보장권(주택 소유, 주거환경 개선, 임대보증금지원 등)
	건강권	• 건강증진권(건강교육, 건강상담, 건강교실 등) • 위생 및 영양권(이·미용, 목욕, 세탁서비스, 경로식당(중식서비스), 밑반찬·도시락배달, 푸드뱅크 등) • 건강급여권(의료이용, 건강보험과 의료급여 등) • 재활서비스 이용권(양·한방진료, 재활문제 해결－물리치료, 작업치료, 운동재활, ADL훈련 등) • 요양보호권(방문요양, 노인돌봄서비스, 주간·야간·단기보호, 장제서비스), 시설 입소권(노인요양시설 등) 등
	평생교육권	• 노인교실, 노인복지관 등의 교육프로그램 참여권(한글교실, 외국어교실, 교양교실, 정보화교육, 역사교실, 예능교실, 전통문화교실 등)
	문화생활권	• 경로당, 노인복지관 등의 여가프로그램 참여권(음악, 미술, 원예교실, 다도교실, 문화교실, 운동, 바둑·장기 등)
	사회참여권	• 자원봉사활동 참여권, 동아리·클럽 활동 참여권, 교통편의서비스 이용권 등
	가족유지권	• 가족 형성권, 가족과의 교류, 가족의 부양을 받을 권리 등
	교류소통권	• 가족, 이웃, 친구, 비노인층 등 관계망과의 교류권
절차적 권리		• 청원권, 재판 청구권, 형사보상 청구권, 국가배상 청구권, 범죄피해자의 구조 청구권

자료: 권중돈(2012). 인권과 노인복지실천. 서울: 학지사.

표 13-3 노인복지시설 생활노인 권리선언

노인복지시설 생활노인은 대한민국 국민으로서 그리고 후손의 양육과 국가 및 사회의 발전에 기여하여 온 자로서 헌법과 법률에 정한 권리와 존엄한 노후생활의 보장을 받을 권리를 지니고 있다. 노인복지시설 생활노인은 다음과 같은 기본적 권리를 가지며 어떠한 이유로도 권리의 침해를 받아서는 안 되며, 국가와 시설은 생활노인의 인권을 보호하고 삶의 질을 향상시키기 위하여 최선의 노력을 기울여야 한다.

- 시설 운영 및 생활관련 정보를 제공받고 입소를 선택할 수 있는 권리
- 개인적 욕구에 상응하는 서비스를 제공받고 선택할 수 있는 권리
- 안락한 가정과 같은 환경과 안전한 주거환경에서 생활할 권리
- 개인적 사생활과 비밀보장에 대한 권리
- 존경과 존엄한 존재로 대우받고, 차별 및 노인학대를 받지 않을 권리
- 부당한 신체구속을 받지 않을 권리
- 건강한 생활을 위한 서비스를 제공받을 권리
- 시설 내·외부 활동 및 사회적(종교, 정치 등) 관계에 참여할 권리
- 개인 소유의 재산과 소유물을 스스로 관리할 권리
- 이성교제, 성생활, 기호품 사용에 관한 자기 결정의 권리
- 고충의 표현과 해결을 요구할 권리
- 퇴소를 결정하고 퇴소 후 거주지를 선택할 권리
- 시설 종사자와 동료 노인의 인권을 보호해야 할 권리

자료: 보건복지부(2023b). 노인보건복지사업안내.

2) 노인복지시설 생활노인의 인권 영역과 내용

지역사회에 거주하는 노인과는 달리 노인복지시설 생활노인의 인권 영역과 항목은 다소 다르게 구분될 수 있다. 보건복지부(2023b)의 '노인보건복지사업안내'에서는 〈표 13-3〉에서 보는 바와 같이 '시설 생활노인 권리선언'을 통하여 노인복지시설 생활노인이 갖는 권리를 열세 가지로 명시하고 있다.

국가인권위원회에서 발간한 『노인분야 인권교육 교재』에서는 〈표 13-4〉에서 보는 바와 같이 노인복지시설 생활노인의 권리를 건강권, 주거권, 생활안전권, 경제권,

표 13-4 국가인권위원회의 노인복지시설 생활노인의 인권 영역 분류

영역	하위 영역	개별항목
건강권	1. 건강증진 및 치료	의료, 간호, 물리치료, 작업치료, ADL 및 기타 재활요법 등
	2. 위생관리	의복, 청소, 목욕, 대소변, 양치, 용모단장, 전염병, 식중독 등
	3. 영양관리	급식, 간식, 특별식 등
주거권	1. 안전한 생활	실종, 시설 내 안전사고, 화재 등
	2. 주거생활	시설의 쾌적성, 편의성, 접근성, 안전성, 집단 활동실, 생활실 환경
인간존엄권	1. 존엄한 존재로 대우받을 권리	평등, 행복추구, 집단과 개인의 생활시간 등
	2. 안전한 생활	신체적 학대, 방임 등
경제권	1. 노동권	강제노동, 치료적 목적의 노동행위 등
	2. 물품 및 금전관리	기초연금, 개인소유물품 및 지참금 관리, 요양급여자 부담
	3. 장제서비스	임종, 장례, 유류품 처리 등
문화생활권 및 정치·종교 자유권	1. 여가문화생활	음악, 미술, 레크리에이션 등 문화생활 참여 등
	2. 정치 및 종교활동	투표 참여, 종교활동 참여 등
교류소통권	1. 가족 및 사회관계유지	외출, 외박, 외부활동 참여, 면회, 서비스정보 등
	2. 동료노인의 인권	동료노인의 사생활 보호, 존엄한 대우, 집단따돌림, 폭언과 폭행 등
	3. 시설 종사자의 인권	서비스 요구 수준, 종사자의 인권보호 등
자기결정 및 선택권	1. 입소와 퇴소	시설 요양급여와 시설생활에 대한 충분한 정보 제공과 자기결정, 생활규범 설명 등
	2. 서비스 선택 및 변경	요양급여 정보, 서비스 정보 제공과 선택, 서비스 변경, 가족통지 등
	3. 정보통신생활	우편, 전화, 인터넷 이용 등
	4. 사생활보호 및 비밀보장	생활노인의 개인 정보 보호, 생활실 환경 등
	5. 생활고충 및 불평 처리	생활상담, 사례관리, 불평 및 건의절차 등
	6. 이성교제, 성생활 및 기호품	음주, 흡연 등

자료: 권중돈(2010b). 인권관점 노인복지 실천방안 모색. 한국노인복지실천연구회 창립총회 및 기념세미나 자료집, 25.

표 13-5 노인복지시설 생활노인의 인권 영역

단계	서비스 내용	인권 영역과 항목
입소 이전 단계	시설 홍보와 정보 제공	정보접근권
	입소 상담	표현의 자유, 정보접근권, 비밀보장의 권리
	시설생활 협의 및 입소 계약	서비스 선택 및 결정권
입소 초기 단계	시설생활 안내	정보접근권
	욕구사정과 목표 수립	표현의 자유, 욕구사정 과정 참여 권리, 개별화 된 질 높은 서비스를 요구할 권리
	서비스 계획 수립	서비스 계획 수립에 참여할 권리, 개별화된 질 높은 서비스를 요구할 권리
	서비스 모니터링과 조정	표현의 자유, 서비스 선택권
입소 생활 단계	입소생활 기본 처우	존엄하고 평등한 처우를 받을 권리, 차별과 학 대받지 않을 권리
	보건의료서비스(응급구호, 질병 예방, 병 원 진료, 입퇴원, 간호·투약, 호스피스)	보건의료서비스에 대한 권리
	일상생활 지원(식사, 배설, 목욕, 의류, 개인 위생, 이동, 편의대행)	영양권, 개인위생서비스 권리, 이동의 자유와 서비스를 받을 권리
	재활치료서비스(물리치료, 작업치료, 인지능훈련, 일상생활 동작훈련)	재활서비스에 대한 권리
	치매 등 특정 질환 노인 간호	간호 및 간병에 대한 권리
	의사소통 및 고충처리	소통권, 표현의 자유
	여가문화생활	문화생활권
	경제, 노동, 정치, 종교 활동	경제권, 노동권, 정치적 자유권, 종교적 자유권
	생활환경(시설공간 구축, 실내환경, 안 전생활, 간호의료보호장구, 옥외환경)	안전하고 가정과 같은 환경에서 생활할 권리
	이성교제, 성생활, 기호품 사용	개인생활양식을 보호받을 권리, 자기결정권
	서비스 선택과 변경	서비스 정보접근권, 서비스 선택 및 변경권
	가족, 지역주민, 외부인, 동료노인, 종사 자와의 교류	교류 및 소통권, 타인 권리 보호의 의무
퇴소 단계	퇴소 상담 및 결정	표현의 자유, 정보접근권, 서비스 자기결정권
	서비스 의뢰 및 사후서비스	표현의 자유, 정보접근권, 비밀보장의 권리
	장례 지원	인간존엄권, 장제서비스에 대한 권리

자료: 권중돈 외(2009b). 노인복지시설 인권매뉴얼. 한국노인복지시설협회.

문화생활권, 교류 및 소통권, 자기결정 및 선택권이라는 일곱 가지 인권 영역으로 구분하였다(권중돈 외, 2009a).

한국노인복지중앙회(옛 한국노인복지시설협회)에서는 〈표 13-5〉에서 보는 바와 같이 노인복지시설의 서비스 단계를 입소이전 단계, 입소초기 단계, 입소생활 단계, 퇴소 단계로 나누고, 시설 서비스의 영역을 22개로 구분한 후, 각각의 서비스 영역에서 보호해야 할 생활노인의 인권항목을 모두 64개로 상세하게 분류하여 제시하고, 노인복지실천의 기본원칙을 제시하고 있다(권중돈 외, 2009b).

국가인권위원회에서 발간한 『노인인권 길라잡이』에서는 노인복지시설과 기관의 종사자가 생활노인과 이용노인의 인권에 대한 이해와 민감성을 갖추고, 노인주거 및 의료복지시설, 재가복지시설, 노인여가복지시설, 노인보호전문기관에서 인권관점에 기반을 둔 서비스를 제공하는 데 필요한 구체적인 실천 원칙을 제시하고 있다(권중돈 외, 2014).

3. 치매환자의 인권 현상과 보호전략

치매환자라고 해서 비치매환자와 다른 인권을 갖는 것은 아니나, 다른 노인에 비하여 인권침해를 당할 가능성이 상대적으로 높다. 그리고 가정에서 생활하는 노인과 노인복지시설 생활노인은 광의의 인권 영역은 유사하지만, 생활 상황이 다르기 때문에 세부적 권리에서는 다소 차이가 나고, 인권침해를 유발하는 상황과 가능성이 서로 다르다. 그리고 치매환자의 인권에 대한 논의가 부족한 상황에서 치매환자의 인권보호 실태를 제시한다는 것은 매우 무모한 시도일 수 있지만, 언제까지 논의를 지연시킬 수는 없는 일이다. 이에 다음에서는 재가노인과 시설 생활노인의 인권침해 가능성을 중심으로 치매환자의 인권 현상을 추정해 보고, 치매환자의 인권보호와 증진 방안에 대해서 살펴보고자 한다(권중돈, 2010b, 2012).

1) 재가 치매환자의 인권 현상

재가(在家) 치매환자의 경우에는 부양을 받지 못할 수도 있으며, 가족의 부양만 받거나, 가족의 부양을 받으면서 지역사회의 재가노인복지기관의 서비스를 이용할 수도 있다. 따라서 어떤 형태의 부양과 서비스를 이용하는가에 따라서도 인권침해의 가능성이 달라지기 때문에 부양 상황에 따라 서로 구분하여 논의할 필요가 있다. 그러나 지금까지 선행연구에서 치매환자의 인권에 대한 논의가 거의 이루어지지 못한 관계로 다음에서는 부양 상황의 차이를 고려하지 않고 〈표 13-2〉에서 제시한 인권 영역과 세부적 권리 중에서 치매환자가 당하기 쉬운 인권침해 상황에 대해서만 살펴보고자 한다.

(1) 인간존엄권 영역

치매환자는 인간존엄권 영역에서 전반적으로 인권침해를 당할 가능성이 높다. 첫째, 사회적 차별 경험을 할 가능성이 높다. 일반인의 치매에 대한 인식 부족으로 인하여 '제정신이 아니다' '미쳤다' '바보다' 등의 비하적 언어표현에 노출될 가능성이 높고, 인지장애, 정신장애, 언어장애 등의 치매 증상이 수반되면서 원만한 대인관계를 유지할 수 없게 됨에 따라 타인으로부터 접촉을 기피당하거나 거부당하는 등 노인차별주의(ageism)에 더하여 치매라는 정신질환으로 인한 차별을 이중으로 경험할 가능성이 높다. 둘째, 다양한 학대를 경험할 가능성이 높다. 기존의 노인학대에 관한 연구(권중돈, 2004a)에 따르면, 치매환자의 낮은 인지기능은 학대를 유발하는 매우 중요한 요인으로 밝혀지고 있다. 그리고 치매의 다양한 증상과 문제행동으로 인하여 구타 등의 신체적 학대, 위협이나 협박 등의 정서적 학대, 재산 탈취나 편취 등의 재정적 학대, 기본적 의료서비스나 일상생활 지원서비스를 받지 못하는 방임이나 자기방임, 심지어는 유기라는 학대를 경험할 가능성이 높다. 특히 재가 치매환자를 부양하고 있는 가족 2명 중 1명이 1회 이상 언어 및 신체적 학대행위를 하고 있는 것(서울대학교병원, 2008)으로 나타나, 치매환자에 대한 학대가 만연되어 있음을 알 수 있다. 셋째, 신체적 안전과 생명권의 침해를 당할 개연성이 높다. 치매환자의 경우 판단력 저하, 공격성 증가, 배회 증상, 이식 또는 거식 증상 등으로 인하여 적절한 보호부양서비스를 받지 못할 경우, 실종되거나 안전사고에 노출될 위험이 높고, 심한 경우에는 생명에 위협을 받을 수 있는 상황에 노출될 가능성이 있다.

(2) 자유권 영역

치매환자는 자유권 영역에서도 인권침해를 당할 가능성이 높다. 첫째, 공격성, 이상행동 등으로 인하여 치매환자 자신이나 타인의 안녕에 위협이 되는 문제행동을 보일 경우 결박이나 격리 등의 신체적 구속 상황에 놓일 가능성이 높아지므로, 신체적 자유권을 위협받을 수 있다. 둘째, 치매에 대한 시민의 낮은 인식으로 인하여 전세나 월세로 거주하는 경우에는 임대인의 직접적인 이사 요구를 받게 되고, 이웃주민이 치매환자와 가족을 소외시키거나 암묵적으로 이사를 강요할 수도 있으므로, 거주 및 이전의 자유를 침해당할 우려가 있다. 셋째, 의사소통장애가 있는 치매환자의 경우에는 자신의 의사를 정확하게 표현하거나 전달하는 데 한계를 지닐 수밖에 없고, 인지기능의 저하로 인하여 복잡한 정보를 이해하지 못하여 정보접근권이 제한될 가능성이 높으므로 정신적 자유권을 보장받지 못하는 상황에 노출될 가능성이 높다. 넷째, 치매 증상으로 인하여 재산의 처분과 획득에 결정권을 행사할 수 없는 경우가 많아지고, 직업활동 자체가 불가능해지기 때문에 경제적 자유권의 침해를 받게 된다. 다섯째, 정치적 이슈, 인물, 사건 등에 대한 정보를 갖지 못하는 경우가 대부분으로 참정권 등의 정치적 자유권 또한 제약을 받을 수밖에 없다.

(3) 사회권 영역

사회권 영역 전반에 걸쳐서도 치매환자의 인권을 침해하는 상황이 발생할 가능성이 높다. 첫째, 치매환자가 가족 등으로부터 적절한 부양을 받지 못하는 상황에서 연금수급 신청절차를 이행할 수 없어 연금수급권을 보장받지 못하거나, 적절한 노후준비가 되지 않았거나, 가족의 경제력이 뒷받침되지 않을 경우 기초생활보장권을 향유할 수 없는 상황이 야기됨으로써 경제권을 침해당할 가능성이 높다. 둘째, 노동권은 인지장애, 정신장애, 언어장애 등으로 인하여 전체적으로 제한될 가능성이 높다. 셋째, 치매환자의 경우 지남력장애, 일상생활 동작능력의 장애로 특별히 계획된 주거 환경이 필요하나 주거환경 리모델링이 쉽지 않다는 점, 임대주택 입주나 임대료 지원 등의 주거정책이 발달하지 않은 점 등으로 인하여 주거환경보장권이 침해당할 가능 성이 높다. 넷째, 건강권 전반에 걸쳐서도 인권침해를 당할 가능성이 높다. 즉, 건강 교실이나 상담 등에 참여하지 못하는 건강증진권 제한, 섭식장애 또는 일상생활 동작 능력장애 등으로 인한 위생 및 영양권 제한, 치매에 대한 치료적 허무주의(therapeutic nihilism)의 만연(권중돈, 2004b)으로 적절한 치료를 받지 못하는 건강급여권 제한, 작 업치료, 일상생활 동작훈련, 다양한 대안적 치료 등을 제공하는 서비스 기관의 부족 에 기인한 재활서비스 이용권 제한, 중등도 및 경도 치매환자의 경우 시설급여를 이 용할 수 있는 장기요양등급을 받기 어려운 점으로 인한 요양보호권의 제한 등과 같 은 건강권 전반에 대한 권리를 향유하지 못할 가능성이 높다. 다섯째, 치매 증상으로 인하여 다수가 이용하는 평생교육기관이면서 노인여가복지시설인 경로당, 노인복지 관, 노인교실의 이용을 제한당할 가능성이 농후하므로 평생교육권이나 문화생활권 을 제약받을 가능성이 높다. 여섯째, 지남력장애로 인한 교통편의서비스 이용의 한 계, 치매환자에 대한 거부적 태도로 인한 동아리활동 참여권의 제한 등의 사회참여권 의 제약을 받을 가능성이 높다. 일곱째, 가족과의 교류가 단절되거나 가족으로부터 적절한 부양을 받지 못하는 경우 가족유지권의 제한이 따른다. 여덟째, 치매 증상으 로 인한 가족과의 소통, 이웃이나 친구와의 교류와 소통이 제약됨으로써 소통권에 제 약을 받을 가능성이 높다.

(4) 절차적 권리 영역

치매환자의 경우 인지장애 등으로 인하여 자신의 인권이 침해되는지에 대한 인식 이나 판단 자체가 불가능한 경우가 많아, 자신의 인권이 침해되는 상황에서도 이를 보상받기 위한 청구권을 행사할 수 없는 경우가 대부분이다. 그리고 가족 등이 청구 권을 행사한 경우에도 법적 진술 등에서 자신의 의견을 분명하게 제시하지 못함으로 써 법적 절차를 통한 보상이나 배상 등을 얻을 수 있는 가능성은 낮은 편이다. 특히 치매환자를 대신하여 청구권을 행사하고 치매환자의 의사를 대신 전달할 성년후견인 제도가 온전히 정착되지 않은 상황에서 친족이 없는 치매환자의 경우 법절차적 권리를 보호받는 것은 불가능한 상황이다.

2) 노인복지시설 치매환자의 인권 현상

노인복지시설 특히 양로시설, 노인요양시설, 노인(요양)공동생활가정에서 생활하는 노인의 인권 기준으로 제시된 국가인권위원회의 기준, 보건복지부의 기준, 그리고 한국노인복지시설협회의 기준은 서로 장단점이 있으므로, 어떤 것이 더 좋다고 단정할 수 없다. 그러나 어떤 인권 기준을 선택하는가에 따라 시설생활 치매환자의 인권 영역과 세부 권리는 달라지며, 그에 따라 인권침해 가능성에 대한 논의는 달라질 수 있다. 이에 다음에서는 〈표 13-5〉에 제시된 한국노인복지시설협회(현 한국노인복지중앙회)의 『노인복지시설 인권매뉴얼』과 국가인권위원회의 『노인 인권 길라잡이』에 근거하여 치매환자의 인권침해 가능성에 대해 논의해 보고자 한다.[1]

(1) 입소이전 단계

노인복지시설 입소를 위한 사전정보 수집이나 입소 결정과 계약 과정에서 치매환자는 자신의 권리를 행사하는 데 많은 한계를 지닌다. 치매환자는 인지장애로 인하여 시설에 대한 정보에 접근할 수 있는 능력이 부족하며, 시설 입소를 위한 상담과정에서도 자신의 의사를 표현하는 데 제약을 받을 수밖에 없으며, 시설 입소에 대한 자기결정권을 행사하거나 서비스 선택권을 행사하는 데도 한계를 지닐 수밖에 없다. 따라서 대부분의 치매환자는 자유의지나 자기결정에 의해서보다는 부양가족 등 타인의 결정에 따라 주거지를 이동함으로써, 본인의 삶에 영향을 미치는 중대한 사건에 대한 자기결정권, 서비스 선택권, 그리고 거주 이전의 자유권 행사에 상당한 제약을 받게 된다.

---

1) 『노인복지시설 인권매뉴얼』과 『노인 인권 길라잡이』에는 노인복지시설의 치매환자를 대상으로 한 인권 관점 실천원칙과 인권침해 예방전략에 관한 내용이 상세하게 제시되어 있다.

(2) 입소초기 단계

노인복지시설 입소 직후에 이루어지는 시설생활 안내나 욕구사정, 서비스 계획 수립 등에서도 치매환자의 자신의 권리를 행사하는 데 제약을 받는다. 치매환자의 인지장애로 인하여 시설생활에 대한 기본 정보를 숙지하지 못하여, 시설생활에서 자발적 적응에 애로를 겪게 된다. 또한 욕구사정과 이를 바탕으로 한 목표 및 서비스 계획 수립 과정에서 인지장애, 언어장애 등으로 자신의 욕구를 정확히 표현하지 못하고, 서비스에 대한 이해의 부족과 서비스 계획 수립과정에 자발적 참여 기회를 부여받지 못하는 경우가 대부분이다. 따라서 치매환자의 입소초기 단계에 시설생활에 적응하고, 자신이 받을 수 있는 서비스를 선택하고 스스로 결정할 수 있는 권리에 많은 제약을 받게 된다.

(3) 입소생활 단계

시설생활 치매환자에 대한 인권침해가 가장 많이 일어나는 단계가 바로 본격적인 시설입소 생활이 이루어지는 단계이다. 첫째, 치매환자는 입소초기 단계에서 시설생활에 대한 적응능력이 떨어지고 인지장애, 정신장애, 언어장애, 문제행동 등으로 인하여 비치매환자의 생활을 방해하는 행동을 할 가능성이 높고, 치매에 대한 이해가 부족한 종사자나 동료 노인은 치매환자를 차별하고 심지어는 학대할 가능성이 있으므로, 인간존엄권과 평등처우권 등을 보장받지 못할 가능성이 높다. 둘째, 보건의료서비스와 일상생활지원서비스 이용에서도 자신의 질병이나 건강 상태와 관련된 문제나 욕구를 정확히 표현하지 못함으로써, 서비스 선택과 이용권 그리고 서비스 변경권을 행사하는 데 많은 제약을 받는다. 셋째, 치매 증상의 간호와 간병을 제공하는 요양보호사가 치매에 대한 이해가 부족하거나 간호기술이 부족할 경우, 치매환자에 대한 차별과 학대를 행할 가능성이 높다. 실제로 노인장기요양보험제도에서 노인요양시설의 치매환자 등에 대한 신체적 구속과 관련된 구체적 지침이 없는 관계로, 치매환자를 대상으로 한 학대사례가 빈발하고 있는 것으로 보고되고 있다(정일만, 2011). 넷째, 여가문화생활, 경제, 노동, 정치, 종교활동에 참여하는 데도 치매로 인한 다양한 장애와 증상으로 인하여 제약을 받을 수밖에 없으므로, 문화생활권, 경제권, 노동권, 정치적 자유권, 종교적 자유권 등에서 제약을 받게 된다. 다섯째, 치매환자의 경우 지남력장애, 일상생활 동작능력장애 등으로 인하여 특별히 계획된 주거환경이 필요하지만, 이에 대한 배려가 없는 시설에서 생활할 경우 안전사고를 당할 가능성이 높아지는 등 주거환경권을 보장받지 못하는 경우가 많다. 여섯째, 동료노인, 가족, 시설 종사자와의 소통과 교류에서도 상대방의 특별한 배려가 있지 않는 한 적절한 소통과 교류가 이루어지기 어려우므로, 소통과 교류권의 제약이 따를 수 있다. 일곱째, 치매환자가 본인의 권리를 충분히 행사하지 못하는 경우가 대부분이지만, 치매환자가 종사자나 동료노인의 권리를 침해하는 경우도 자주 발생하고 있어, 인권 향유에 따르는 의무 이행에서도 한계를 보이는 경우가 많다.

(4) 퇴소 단계

입소이전 단계와 마찬가지로 퇴소 단계에서도 정보접근권, 표현의 자유, 서비스 이용과 변경에서의 자기결정권을 행사하는 데 많은 제약을 받을 수 있다. 그리고 사망하여 퇴소하는 경우 가족이나 친지가 지켜보는 앞에서 임종할 권리를 보장받지 못하거나, 적절한 장례서비스가 이루어지지 못할 경우 인생의 마지막 순간에도 인간존엄권을 보장받지 못할 위험이 있다.

3) 치매환자의 인권보호를 위한 방안

치매의 원인과 정도에 따라 치매환자가 보이는 장애와 증상은 매우 다양하고, 치매환자의 생활환경이 매우 다양하기 때문에, 치매환자의 인권보호를 위한 일반화된 원칙이나 방안을 제시한다는 것은 매우 어려운 작업이다. 게다가 전체 노인인구집단의 인권에 대한 논의와 연구가 부족한 상황이므로, 치매환자의 기능수준이나 생활환경에 따른 구체적인 인권보호 방안을 모색하기 위한 작업은 오랜 시간이 걸릴 수밖에 없다. 이에 다음에서는 치매환자 인권보호를 위한 일반적 원칙과 방안을 간략히 제시해 보고자 한다(권중돈, 2010b).

(1) 노인 인권보호를 위한 제도적 기반 마련

치매환자는 물론 노인의 인권을 증진하기 위한 제도적 기반이 구축되어야 한다. 치매환자의 인권보호를 위한 복지급여나 서비스는 법에 기반을 두고 이루어져야 하며, 인권을 서비스로 구현해 내기 위해서는 법의 제정, 개정, 이행, 준수가 전제되어야 한다(조효제, 2007). 따라서 노인복지실천에서 인권관점에 기초한 급여나 서비스가 제공되기 위해서는 노인 인권보호를 위한 법률의 제정과 정비가 이루어져야 한다. 예를 들어, 「장애인차별금지법」과 같은 수준의 구체적 조항을 담은 (가칭)노인차별금지법률이나 노인의 권리를 명시적으로 인정하는 '노인권리선언'의 제정이 필요하다. 치매로 인하여 자신의 의사를 표현하는 데 한계가 있거나 권리를 행사하는 데 어려움이 있는 노인을 대신하여 권리를 행사할 수 있는 성년후견인제도를 확대, 강화해 나가야 한다.

(2) 인권관점에 기초한 노인보건복지정책으로 전환

치매환자의 인권보호를 위한 급여와 서비스는 국가가 선택한 복지이념과 정책에 의거하여 실시된다. 그러므로 시혜적 성격의 복지정책을 권리로서의 복지정책으로 전환시켜야 할 필요가 있다. 즉, 기존의 문제해결과 욕구충족에 치중하고 있는 노인복지정책이 인권관점에 기초한 정책으로 전환되어야 한다. 현행 노인복지정책에서는 학대나 차별과 같은 노인 인권이 침해된 사례에 개입하는 소극적 인권보호정책을 채택하고 있는데, 인권이 침해되기 이전에 적극적으로 예방하고 노인 인권을 보호하는 적극적 노인 인권보호정책으로 정책기조를 전환해 나가야 한다. 예를 들어, 경도나 중등도의 치매를 앓고 있지만 등급외 판정을 받은 치매환자가 소득에 관계없이 노인돌봄서비스를 받을 수 있도록 정책을 확대하여야 할 것이다. 그리고 노인장기요양서비스의 확대에만 치중한 나머지 장기요양서비스의 질에 대한 감독이 이루어지지 못하는 문제에 대해서는 공식적 노인권익위원(ombudsman) 제도를 도입하여 노인의 권리를 더욱 적극적으로 보장해 나가야 한다.

(3) 노인 인권에 대한 인식전환과 역량강화

치매환자의 인권보호를 위해서는 부양가족을 포함한 일반시민 그리고 노인복지시설 종사자에 대한 인권교육이 강화되어야 한다. 현재 사회복지, 보건의료 등의 관련 분야 대학교육에서는 노인 인권에 대한 교육이 거의 이루어지지 않아, 치매환자 관련 종사자는 노인 인권에 대한 기본적 이해조차 갖추지 못한 상태에서 노인복지 현장에 투입되고 있다. 게다가 기존의 노인복지 종사자 대부분이 과중한 업무 부담으로 인하여 현임교육훈련(in-service training)의 기회를 갖기 어렵고, 교육훈련 기회를 갖는다고 하여도 노인 인권과 관련된 교육 프로그램에 접근할 수 있는 기회가 많지 않다. 따라서 노인을 수혜자 또는 객체로 간주하는 노인복지 종사자의 노인관(老人觀)을 인권관점으로 변화시키기 위한 법정 노인 인권교육이 강화되어야 하며, 서비스과정에서의 인권관점 실천원칙을 개발하고 이를 습득하게 하여 인권관점에 기초한 실천이 이루어지도록 해야 한다.

노인복지 종사자뿐 아니라 일반 시민을 대상으로 노인 인권교육을 실시하고, 노인 인권에 대한 홍보를 강화하여 사회 전체의 노인 인권의식을 제고하여야 한다. 특히 치매환자를 부양하는 가족에게는 치매환자의 간호기술에 대한 교육을 통하여 부양역량을 강화함과 아울러 치매환자의 인권에 대한 인식을 높일 수 있는 교육의 기회를 충분히 부여해야 한다.

(4) 치매환자 인권 연구와 권익옹호 활동의 강화

치매환자의 인권에 대한 연구와 심도 깊은 논의는 거의 이루어지지 않고 있다. 노인의 인권보호와 관련하여 선제적으로 대응하고 있는 노인요양시설의 경우에도 인권매뉴얼이 보급되어 있지만, 이를 서비스에 적용하려는 노력은 아직은 미약한 편이며, 재가노인을 위한 인권 논의는 주로 노인의 인권을 알리는 단계에 머물러 있다. 이와 같이 노인 인권 전반에 대한 연구와 논의가 부족한 상황에서 치매환자라는 특수계층의 인권보호를 위한 세부 전략을 모색한다는 것은 현실적으로 불가능하다. 따라서 앞으로 재가와 시설생활 치매환자의 인권 영역과 세부 권리 그리고 이를 보호할 수 있는 방안에 대한 심도 깊은 연구와 논의가 이루어져야 한다.

치매환자는 자신의 권리를 주장할 권력과 기회, 자원이 제한되어 있으며, 노인복지정책이 확대됨에도 자신의 권리를 충족시키기 못하는 인권 취약집단에 속한다. 그러므로 치매환자와 접촉하면서 인지한 인권침해 상황을 외부로 알리고, 치매환자의 권익을 옹호하는 부양가족과 노인보건복지기관 종사자의 적극적 노력이 경주되어야 한다. 즉, 치매환자의 역량강화를 통한 자기 권리의 주장을 기대하기 어려운 상황이므로 치매환자와 관계를 맺고 있는 가족, 전문직 종사자 등이 치매환자를 위한 급여와 서비스가 확대될 수 있도록 권익운동을 전개해 나가야 한다. 그러나 개별 시설이나 부양가족 단위로 치매환자 인권보호를 위한 권익운동을 전개하는 데는 한계가 많으므로 치매가족협회, 노인보호전문기관, 시민단체, 노인복지단체나 협회, 법조계, 비정부(NGO) 인권운동단체 등과 치매환자 인권보호를 위한 유기적 네트워크를 구축하여 공동 대응할 필요가 있다.

4) 노인복지시설 치매환자 인권보호를 위한 실천원칙

노인복지시설에서 생활하는 치매환자를 포함한 노인의 인권보호를 위한 실천원칙을 입소생활 단계별로 구분하여 간략히 제시해 보면 다음과 같다(권중돈 외, 2009b; 권중돈, 2012)

(1) 입소이전 단계
• 시설 입소에 필요한 다양한 정보(예: 노인장기요양제도의 등급판정 신청, 주거 및 의료복지시설의 입소 기준, 서비스 내용 및 비용 등)를 충분히 제공한다.
• 부적절한 정보를 제공하거나 시설에 불리한 정보를 의도적으로 누락하고 제공해서는 안 된다.
• 입소를 희망하는 노인이나 보호자가 시설환경을 사전 확인하고자 하는 경우에는 기존 생활노인의 인권을 침해하지 않는 범위 내에서 시설환경을 공개한다.
• 상담환경이 잘 갖추어진 별도의 상담공간에서 입소상담을 실시한다.
• 충분한 시간 여유(적어도 1시간)를 가지고 입소상담을 받을 수 있도록 다른 업무

를 조정하여, 충분한 상담시간을 보장한다.

- 노인의 권리에 대해 상세히 설명하되 동료노인, 시설 종사자 등에 대해 지켜야 할 의무에 대해서도 상세히 소개한다.
- 노인복지시설은 입소 정원 초과, 노인의 전염성 질환을 제외한 다른 어떤 이유에서도 노인의 시설 입소를 거부하여서는 안 된다.
- 노인복지시설은 성별, 종교, 경제적 조건, 장기요양등급 등을 이유로 차별하거나 불공평한 처우를 해서는 안 되며, 대기자 중에서 입소할 노인을 시설이 자의적이고 선별적으로 선택하여서도 안 된다.
- 입소계약 체결 이후에는 계약내용에 명기되지 않은 부가 비용을 청구하여서는 안 되며, 서비스 내용과 비용에 변경사항이 있는 경우 재계약을 체결해야 한다.

(2) 입소초기 단계

- 시설공간 배치(침실, 거실, 식당, 프로그램실, 강당 등), 서비스 내용 및 인력, 서비스 담당 요양보호사, 하루 일과와 식단, 특별서비스의 내용과 참여, 서비스 제공 기준 및 운영방식, 노인이 선택할 수 있는 서비스 내용과 이용 기준 등에 관한 정보를 상세히 제공한다.
- 종사자에 대한 인권교육과 모니터링, 개인정보 보호장치, 노인의 자기결정권 보장장치 등과 같은 권리보호장치에 대해 상세한 정보를 제공한다.
- 노인이 사정(assessment) 과정에 참여할 수 있는 기회를 제공하고 참여를 격려한다.
- 사정을 할 때, 종사자는 노인의 신체 문제뿐 아니라 심리적 건강과 안전을 동시에 고려하여 사정한다. 즉, 노인의 신체적 및 심리적 강점과 장애요인, 스트레스 상황과 대처방법 등을 사정에 포함한다.
- 생활노인의 질병 특성, 기능수준 등에 적합한 맞춤형 서비스 제공을 위한 계획을 수립하며, 서비스의 내용과 제공빈도 등을 노인과 보호자가 서비스 계획 수립과정에 참여하여 함께 결정한다.
- 같은 생활실을 사용하는 동료노인과 원만한 관계를 형성하고 교류할 수 있도록 지원한다.

- 활동 참여나 서비스 이용에서 어떠한 강요도 받지 않고 노인이 시설에서 자유롭게 생활하도록 지원한다.

(3) 입소생활 단계

- 종사자는 서비스과정이나 의사소통과정에서 반드시 존칭어를 사용한다.
- 의사표현에 제한이 있는 노인과의 의사소통을 위하여 문자, 사진, 그림 등의 비언어적 방법으로라도 노인의 의사를 표현할 수 있도록 하여 이를 서비스에 반영한다.
- 노인이 시설 취침시간을 넘겨 TV를 계속 시청하기 원하는 경우, 다른 노인에게 방해가 되지 않는 다른 장소에서 TV의 음량을 적절히 조절하여 시청하게 한다.
- 노인의 기능수준이 낮아 서비스 이용을 희망하지만 서비스를 이용하기 어려운 경우에는 노인의 특성과 기능수준에 적합한 새로운 서비스를 개발하여 참여하게 한다.
- 노인이 질병이나 일상생활 동작능력의 저하로 인하여 부적응적인 행동이나 이상행동을 하더라도 다른 동료노인이 보고 있는 가운데서 꾸짖거나 비난하지 않는다.
- 종사자는 노인 간의 집단따돌림이나 학대행위를 예방하기 위해 노력한다.
- 모든 시설 종사자는 동료 종사자 또는 생활노인에 의해 이루어지는 구체적 학대행위를 목격한 경우 즉시 해당 시설이나 노인학대 관련기관(노인보호전문기관, 보건복지콜센터), 시·군·구 노인복지 담당부서의 관계 공무원, 경찰 등에 신고한다.
- 종사자는 생활노인의 건강 상태, 질병과 증상, 치료 및 투약 등에 관한 상세한 내용을 숙지하여 적절한 요양서비스를 제공한다.
- 의료진의 정확한 진단과 처방에 따라 투약 여부를 결정하고, 투약 시에는 투약 기준을 준수하고 부작용을 예방하기 위한 노력을 기울이며, 투약하는 약물의 종류와 양을 세밀하게 기록한다.
- 치료사, 보호자, 요양보호사 등 관련 종사자가 치료에 대한 정보를 공유한다.

- 아무리 사소한 내용이라도 노인 및 보호자의 호소를 가볍게 넘기지 않도록 하며, 이들이 호소하는 문제에 대해서는 항상 긍정적인 반응을 보인다.
- 요양보호사나 봉사자의 도움을 받아야 하는 경우에 재활치료 기구의 사용법, 사고예방과 대처방법 등에 대한 교육을 철저히 실시한다.
- 와상노인 등 치료공간으로의 이동이 어려운 노인의 경우, 치료용구를 생활실로 가지고 가서 적극적으로 치료한다.
- 장기요양등급이 상향조정되는 것을 우려하여 재활치료를 소극적으로 시행하지 않는다.
- 낙상사고, 세제 음용(飮用), 모서리, 날카롭고 위험한 물건 등 안전사고의 위험이 있는 요인을 제거한 안전한 원내 배회공간을 마련한다.
- 와상노인에 대한 주기적인 체위변경을 통해 욕창을 예방하려는 노력을 경주한다.
- 와상노인의 누워 있고 싶다는 욕구를 존중함과 동시에 침상을 벗어난 생활을 유도하기 위해 노력한다.
- 의식이 없거나 의사소통이 불가능한 경우라 할지라도 노인과 교류할 수 있는 적절한 의사소통의 방법을 모색하거나, 노인의 표정, 상태 등의 변화를 면밀히 관찰한다.
- 생활노인 또는 종사자 등의 생명이나 신체에 위험을 초래할 가능성이 현저히 높거나, 대체할 만한 간호나 수발방법이 없거나, 증상의 완화를 목적으로 불가피하게 일시적으로 신체적 제한을 하는 경우 등 긴급하거나 어쩔 수 없는 경우를 제외하고는 노인의 의사에 반하는 신체적 제한을 하지 않는다.
- 업무편의 등 종사자와 시설의 필요와 자의적 판단에 의거하여 약물복용 여부를 결정하지 않는다.
- 육류 등 특정 음식을 기피하거나 장염 등으로 음식섭취가 어려운 노인을 위한 특별 식단을 준비하여 제공한다.
- 당뇨, 고혈압, 고지혈증 등 특정 질환을 앓고 있어 식이요법이 필요한 생활노인을 위한 특별급식서비스를 실시한다.
- 충분한 식사시간을 제공하고, 빠른 식사를 재촉하는 등의 관리감독을 하지 않

는다.

- 노인복지시설은 노인의 기호를 무시하고 단체복이나 환자복을 일괄적으로 착용시켜서는 안 되며, 노인 개인이 선호하는 색상과 스타일의 의복을 착용할 권리를 보장한다.
- 생활실을 청소하는 과정에서 노인의 개인물품이 관리가 되지 않고 지저분하게 널려 있는 경우에도 노인의 허락이나 자발적 동의 없이 폐기하거나 버리지 않는다.
- 서비스 편의를 위하여 짧은 헤어스타일을 강요해서는 안 되며, 평소에 선호하는 헤어스타일을 미리 파악하여 파마, 염색 등의 다양한 이·미용 서비스를 제공한다.
- 목욕을 거부하는 것이 단순히 씻기 싫어서가 아니라 다른 욕구나 불만이 있을 때 목욕 거부라는 방법을 통해 전달하려는 것일 수 있으므로, 목욕 거부 시에는 불만이나 충족되지 않은 욕구를 찾아서 제거하는 노력을 기울인다.
- 목욕 중에 성적 수치심을 느끼지 않도록 중요 부분은 수건으로 가리는 등 세심하게 배려한다.
- 노인이 스스로 배변할 수 있도록 하고, 남아 있는 배변능력을 유지시키기 위해서 보행훈련, 괄약근 운동 등을 실시한다.
- 노인복지시설의 인력 부족이나 종사자의 업무량 과다로 기저귀 교체 주기를 정해 놓고 서비스할 수밖에 없는 상황이더라도, 개별적인 노인의 욕구에 신속하고 민감하게 반응한다.
- 와상노인에 대해서는 욕창, 피부질환을 예방하기 위한 체위변경서비스만 제공할 것이 아니라, 일정한 주기를 정하여 시설 내부 이동서비스와 시설 외부로의 짧은 외출 등을 통하여 심리사회적 위축을 줄여 주기 위한 서비스를 병행한다.
- 질병별, 증상별 노인의 상태를 고려하고 잔존하는 감각 기능에 맞는 개별적 의사소통 방법을 찾아내기 위해 노력한다.
- 생활노인의 요청이 있는 경우 개인 서신을 대필하거나 전화걸기 대행, 인터넷 검색 대행 등 자유로운 정보통신 생활을 보조해 주어야 하며, 휴대전화의 사용을 금지시키지 않는다.

- 노인이 제기한 불만 및 불편에 대해서는 최대한 빠른 시간 내에 조치를 취하며, 최장 15일 이내에는 문제를 해결하고 노인에게 모든 처리과정을 보고한다.
- 어떤 경우에도 불만, 불평, 고충처리를 요구했다는 이유로, 노인에게 부당한 처우를 하지 않는다.
- 노인의 흥미나 취향, 의견을 충분히 파악하고 질병, 증상, 건강 및 기능 상태 등에 적합한 여가문화 프로그램을 개발하여 실시한다.
- 노인의 여가문화서비스 선택권을 최대한 보장하되, 노인의 프로그램 참여 동기가 낮다는 점을 고려하여 적극적으로 참여를 유도하기 위한 노력을 기울인다.
- 스스로 외출이 가능하거나 동반자와 함께 외출이 가능한 노인을 대상으로는 쇼핑, 영화 보기, 산책이나 가벼운 운동, 나들이 등의 다양한 시설 외부 여가문화 프로그램을 개발하여 실시한다.
- 개인 소유물과 금전을 스스로 관리할 수 있는 능력이 없거나 제한되어 있는 노인의 경우에는 노인복지시설이 권한을 위임받아 철저히 관리해 주며, 사용내역에 대해 증빙서류를 첨부하여 정기적으로 노인에게 보고한다.
- 정원 가꾸기 등 정서 함양을 위한 치료목적을 지닌 노동활동이라 할지라도 반드시 노인의 적극적인 참여에 대한 동의를 선행한다.
- 노인이 정치적인 권리행사를 제대로 할 수 있도록 선거 관련 정보를 충분하고도 신속하게 제공하며, 종사자는 정치적 중립의 의무를 지킨다.
- 특정 종교를 믿게 하기 위해서 종교적 신념의 변화를 요구하거나 종교행사에의 참여를 강요하지 않는다.
- 식당은 휠체어를 타고 식사할 수 있는 높이의 식탁과 식당 입구에 간단히 손을 씻을 수 있는 세면기를 설치하고, 앞치마, 휴지, 물컵 등 보조도구 보관함을 비치한다.
- 자연채광은 자외선 살균효과가 있고 신진대사에 유익하나, 채광에 의한 직사광선은 각막에 장애를 초래할 수 있으므로 커튼, 발, 블라인드 등을 설치하여 잘 관리한다.
- 환기 시에는 바람이 노인에게 직접 닿음으로써 호흡기 질환을 유발하지 않도록

간접환기 방법을 사용한다.

- 벽 모서리, 가구 모서리, 기둥 등은 면을 둥글게 하고, 통로에는 물건을 적재하지 않으며, 소화기 등은 매립될 수 있도록 설비한다.
- 인지장애가 있는 노인이 외부로 이탈했을 경우를 대비해 평소에 연락처가 적힌 표시물(의복, 팔찌, 실내화, 명찰, 목걸이 등)을 지니게 한다.
- 면회객이 가져온 음식물 섭취 후 잔량은 반드시 냉장 보관하도록 하고 장기 보관 · 방치되지 않도록 철저히 관리한다.
- 가연성 가스시설, 전기시설, 냉난방시설, 소방시설에 대하여 정기적으로 안전점 검을 실시하고 점검일지를 기록한다.
- 종사자는 노인도 성적 존재임을 인식하여야 하며, 이성교제와 성에 대한 노인의 욕구를 금기시하거나, 흥밋거리로 다루거나, 무시하지 않는다.
- 노인 중 어느 일방이 원치 않는 성적 접촉, 종사자에 대한 성희롱 등은 일종의 학 대행위로서, 이는 노인의 건강한 성적 욕구 및 관계에 대한 욕구와 명백히 구분 되는 것으로 엄중 대처한다.
- 흡연, 음주, 특정 기호품 사용에 대해 개별적인 욕구가 표현된 경우, 노인 본인과 가족이 참여한 가운데 주어진 시설 환경 내에서 해결할 수 있는 방안을 함께 모 색한다.
- 한 노인의 욕구가 다른 동료노인의 권리를 제한하는 결과를 가져올 때, 노인과 보호자의 요구가 다를 때, 이를 조정 · 중재하며 최선의 판단을 내릴 수 있도록 시설 내부의 지침을 통해 원칙을 마련한다.
- 비용부담 능력이 없다는 이유로 노인에게 제공되어야 할 서비스를 제한하거나 차별하여서는 안 되며, 지역사회의 다른 자원을 개발하고 적정하게 연계하여 최 선의 서비스를 제공하려는 노력을 경주한다.
- 종사자는 노인이 자신이 선택할 수 있는 서비스의 범위와 내용에 대해 자유롭게 질문하고 요구할 수 있으며, 제공될 서비스의 내용과 양을 결정하는 과정에 참 여해야 함을 인지한다.
- 생활노인의 요청 없이 서비스를 변경해야 할 경우, 응급 상황을 제외하고는 사

전에 노인 본인과 가족에게 통보하고 동의를 얻는다.

- 노인복지시설은 정해진 기간 동안 생활노인이 이용한 서비스의 내역과 지불한 요양급여 자부담 내역, 비급여 내역을 노인 본인과 가족에게 고지한다.
- 가족상담을 통해 확인한 가족의 요구사항이나 상담을 통해 얻은 결과를 노인에 대한 서비스에 충실하게 반영한다.
- 노인복지시설에서의 생활실이나 서비스 또는 권리의 변경이 있을 시에는 가족과 사전에 협의하고 그 조치결과를 통보한다.
- 지역사회 행사에 시설노인이 참여할 수 있는 기회를 발굴하고 부여하여, 생활노인이 지역사회와의 관계를 유지하고 시설 외부활동에 대한 욕구를 충족시키도록 한다.
- 자원봉사자에 대해서는 자원봉사에 대한 기본이해와 노인복지시설 운영과 서비스, 그리고 생활노인의 인권보호를 위한 행동원칙에 대해 교육한다.
- 노인복지시설은 노인 개인이 향유할 수 있는 권리의 내용뿐 아니라 동료노인의 인권보호를 위해 지켜야 할 의무에 대해 생활노인을 대상으로 지속적으로 교육과 상담을 실시한다.
- 노인복지시설은 생활노인이나 가족에게 종사자의 인권보호에 관한 의무가 있음을 공지하고, 입소계약서에 이에 관한 조항을 삽입하여 종사자 인권침해 사례 발생 시 조치사항을 사전에 알리고 동의를 받는다.
- 종사자를 대상으로 한 인권교육과 전문서비스 교육을 통하여 생활노인의 인권에 대한 인식을 증진시킴과 동시에 생활노인 등으로부터의 인권침해 행위를 사전에 예방하고 자신의 권리를 지킬 수 있는 역량을 강화해 나간다.

(4) 퇴소 단계

- 시설 퇴소를 자율적으로 결정할 수 있는 권리는 노인에게 있으므로, 시설과 보호자는 부당한 강요나 의사결정에 부정적 영향을 미칠 수 있는 의견을 피력하지 않는다. 즉, 노인의 퇴소결정을 번복시키기 위한 회유, 강요, 협박 등의 부적절한 언행을 취하지 않는다.

- 퇴소상담 시 부정적 감정이 표현되거나 시설 퇴소의 귀책사유에 대한 논란이 있는 경우에도 노인복지시설 종사자는 상담의 원리에 입각하여 비심판적 태도를 취하고 감정이입, 수용 등의 전문적 상담자로서의 태도를 유지한다.
- 입소비용을 장기 체납한 경제적 이유만으로 시설에서 제공하는 서비스 이용을 제한해서는 안 되며, 노인의 입소비용 문제 해결을 위한 지지망을 개발하고, 노인의 전원 또는 퇴소 시까지 최선의 서비스를 제공한다.
- 비자발적으로 퇴소하는 노인에게도 퇴소하는 날까지 최선의 서비스를 제공해야 하며, 퇴소를 이유로 차별적 처우를 하지 않는다.
- 시설의 귀책사유로 전원을 하거나, 긴급한 의료적 처지가 요구되는 상황에서는 노인과 보호자가 입소계약서상의 사전 예고의 의무를 다하지 않은 경우에라도 즉시 전원과 입원 조치를 한다.
- 노인과 보호자가 서비스 내역 등에 관한 기록을 활용하고자 할 경우, 복사 또는 파일 등 노인과 보호자가 원하는 형태로 기록을 제공한다.
- 노인복지시설은 가정으로의 복귀, 전원, 입원 등으로 시설에서 퇴소한 이후에도 정기적 전화상담 등의 방법을 활용하여 노인의 퇴소 이후 생활적응에 대한 관심을 기울인다.
- 노인의 생명이 위독할 경우, 그 사실을 가족 등의 보호자에게 즉시 통보하여 임종의식에 참여할 수 있도록 조치한다.
- 응급 상황이나 불의의 사고로 인하여 생명에 위협이 초래된 경우에는 신속한 응급조치를 취한 후, 보호자에게 그 사실을 통보하고, 보호자에게 사고의 경위와 시설에서의 조치사항을 상세히 설명한다.
- 장례절차는 노인의 유지와 보호자 뜻에 따라 결정하며, 무연고자인 경우는 시설의 결정에 따라 적법한 절차로 실시하되, 노인의 유지를 우선적으로 받든다.
- 장례의식과 애도과정에 대한 지원을 명목으로 보호자에게 어떠한 답례도 요구하지 않는다.
- 노인의 사망 후 유류금품은 노인의 의사에 따라 처리하여야 하며, 의사표시 없이 사망한 경우에는 보호자의 의사에 따라 처리한다.

4. 치매가족의 인권 현상과 보호전략

치매환자의 인권 못지않게 부양가족의 인권 역시 매우 중요한 의미를 지니며, 양자의 인권을 보호하기 위한 노력이 균형을 이루어야 한다. 이에 다음에서는 치매환자 부양가족이 경험하는 어려움과 이로 인해 제약을 받게 되는 인권 현상을 살펴본 후, 치매환자 부양가족의 인권보호를 위한 방안을 모색해 보고자 한다.

1) 치매가족의 인권 현상

치매환자를 가정에서 부양함으로써 가족 결속력의 증진, 부양자의 자아존중감 및 유능성 증진과 같은 긍정적 변화가 일어나기도 한다. 그러나 대부분의 경우 치매가족은 여러 가지 부정적 스트레스(distress)를 경험하게 된다. 실제로 서울대학교병원(2008)의 「치매환자 유병률 조사」에 따르면, 치매환자 부양자의 90%는 가족이며, 치매환자 부양자 4명 중 3명은 심각한 정신적 · 경제적 · 신체적 부담을 경험하고 있는 것으로 나타났다. 치매가족 특히 주 부양자가 경험하는 부양부담은 부양자의 인권을 제한하거나 침해하는 중요한 요인이 된다.

치매환자 부양자는 하루 평균 5시간의 보호부양서비스를 제공하며, 특히 도구적 일상생활 동작능력(IADL)에 장애가 심한 중등도 치매환자를 부양하는 경우에는 하루 8시간 정도의 부양을 하는 것으로 나타났다(서울대학교병원, 2008). 이와 같은 부양과업 수행에 많은 시간을 투여함에 따라 부양자는 사회적 관계에서 많은 제한을 받으며, 개인적 시간과 자유를 가질 수가 없게 된다. 이와 같은 사회적 활동 제한으로 인하여 부양가족은 사생활의 자유권, 사회참여권, 교류소통권, 종교적 자유권, 문화생활권 등의 다양한 인권 영역에서 제약을 받는다.

부양자는 치매환자의 부양을 담당한 이후로 우울감, 불안감, 죄의식, 허무감, 무력감, 좌절감, 구속감, 소외감 등의 부정적 감정을 경험하게 된다. 그럼에도 부양자는 이러한 자신의 심리 상태를 표현할 수 있는 기회가 제한되고, 상담이나 치료를 받을 수 있는 기회를 갖지 못하는 경우가 많다. 이와 같은 심리적 부담으로 인하여 부양자는 행복추구권, 의사표현의 자유권, 건강권, 문화생활권 등에 제약을 받게 된다.

치매가족은 많은 돈은 아니라고 하더라도 환자의 치료와 간호비용으로 인해 가계 운영에 압박을 받는다. 실제로 치매환자 부양가족은 월 47만 원(연 564만 원)의 의료 및 보호비용을 지출하는 것으로 나타났다(서울대학교병원, 2008). 그리고 경제활동 참여와 관련하여서도 다양한 제약을 받는다. 이와 같은 재정 및 경제활동 제약이라는 부담으로 인하여 적정 생활향유권, 노동권 등에 제약을 받게 된다.

치매환자 부양자의 경우 절반 이상이 치매환자를 부양한 이후 신체 및 정신적 질환에 걸린 것으로 나타났다(이성희, 권중돈, 1993). 질병에는 이환되지 않는다 할지라도 대부분의 부양자가 신체적 피로를 경험하고, 수면방해, 건강유지 및 건강증진 활동을 위한 시간부족, 건강에 대한 불안 등을 경험하게 된다. 이러한 건강의 부정적 변화라는 부담으로 인하여 치매환자 부양자는 건강권을 적절하게 행사하지 못하는 경우가 많다.

치매환자와 부양자는 의사소통의 제한, 과도한 부양과업, 부정적 감정 등으로 인하여 부정적 관계변화를 경험하게 된다. 이러한 치매환자와의 갈등으로 인하여 부양자는 표현의 자유권, 교류소통권에 제한을 받을 가능성이 높아진다. 그러나 치매환자에 대한 학대나 방임 등을 행함으로써 치매환자의 인간존엄권을 침해하는 경우도 있다.

부양자는 자신의 어려움을 이해해 주지 않고 자신의 부양노력을 이해해 주지 않는 가족성원에 대해 부정적 감정을 쌓아 둔 상태에서 지속적으로 환자 간호, 가사, 자녀 양육 및 교육, 직업활동에 따르는 역할, 배우자나 부모로서의 역할 등을 동시에 수행해야 하므로, 다른 가족성원과 갈등을 겪게 된다. 이로 인해 부양자는 가족형성·유지권, 교류소통권의 제약을 받게 될 가능성이 높다.

2) 치매가족의 인권보호 방안

치매환자 부양가족은 시민 그리고 부양자로서의 의무를 강요당해 왔으며, 힘든 부양 상황에서 자신의 권리를 요구하고 향유하고 싶어도 기회가 부여되지 않는 상황에서 어렵게 생활하고 있다. 이러한 치매환자 부양가족의 인권보호를 위한 방안을 모

[그림 13-1] 치매환자와 가족지원 정책의 기본 방향

색함에 있어서도 치매환자의 인권보호 방안 모색과 마찬가지로 기존 연구의 제한으로 인한 많은 제약이 따르므로, 치매가족의 인권보호를 위한 일반적 원칙만을 제시해 보고자 한다.

가장 먼저 치매정책은 [그림 13-1]에서 보는 바와 같이 치매환자와 가족에 대한 균형적 서비스, 의료와 복지, 시설보호와 재가보호의 역동적 균형을 유지하는 정책방향으로 전환되어야 한다. 치매 국가책임제의 시행과 노인장기요양보험제도의 도입으로 인하여 의료와 복지, 시설과 재가의 균형은 어느 정도 이루어졌다고 할 수 있으나, 환자와 가족을 위한 정책내용은 여전히 치매환자 중심이어서 그 불균형이 해소되지 않고 있다. 이러한 정책방향이 지속된다면 국가의 치매관리비용과 노인장기요양제도에 대한 비용부담은 급증할 것이며, 부양가족의 인권 상황은 더욱 악화될 것이다. 그러므로 앞으로 치매환자와 부양가족을 위한 급여와 서비스가 일정 수준의 균형을 이룰 수 있도록 정책방향의 전환이 시급하다.

치매가족의 인권이나 삶의 질 향상을 위해 확대되어야 할 급여나 서비스는 매우 다양하다. 소득기준과 장기요양등급 기준을 완화하여 수급권자의 범위를 확대하고, 치매환자에 대한 주간보호를 실시하는 시간과 동 시간대에 가족부양자의 자기계발과 문화생활을 지원할 수 있는 평생교육이나 여가프로그램을 동시 실시하는 프로그램이 개발되어야 한다. 뿐만 아니라, 치매가족을 위한 교육·지지 프로그램의 확대, 치매에 대한 상담 기회의 확대, 치매가족 자조모임에 대한 지원 확대 등의 가족을 대상으로 한 직접서비스가 확대되어야 할 것이다.

치매가족을 위한 서비스나 급여의 확대는 가족이 자신의 권익을 강력하게 주장할 때 더욱 빠르게 이루어질 수 있다. 그러므로 치매가족 자조모임의 조직화와 연계 강화를 통하여 치매가족의 권익옹호사업을 적극적으로 전개하는 것이 바람직할 것이

다. 즉, 이해 당사자인 치매가족과 관련 단체와 협회가 연합하여 치매환자 특별 부양
수당 지급, 치매의 장애인정, 치매환자 의료비 및 장기요양 본인부담금 경감 등과 같
은 사회권 회복을 위한 옹호운동을 적극적으로 전개해 나가야 한다. 그리고 자발적
인 노인권익위원(ombudsman) 조직을 구축하여 치매환자와 가족의 인권침해 상황을
감시하고 구제하기 위한 노력을 전개해야 할 것이다. 물론 치매가족의 경우 사회적
활동 제한 등의 부담감으로 인하여 직접 참여가 어려운 점을 고려하여, 치매와 관련
된 분야의 전문가집단이 치매환자 부양가족을 대신하거나 또는 측면에서 지원하는
등 적극적 역할을 감당해 내는 것이 필수이다.

5. 치매환자와 가족의 인권보호를 위한 제도

치매환자를 포함한 노인의 인권과 노인계층의 권익을 보호하고 옹호하기 위한 대
표적인 인권관점 실천방안이자 노인복지제도로는 성년후견제도가 있으며, 노인 인
권의 극단적 침해 행위인 노인학대의 예방과 사례관리를 위한 노인보호전문기관의
서비스가 존재한다. 이에 다음에서는 성년후견제도와 노인보호전문기관의 서비스에
대해 간략히 살펴본다(권중돈 외, 2014; 권중돈, 2012, 2022).

1) 성년후견제도

성년후견제도는 '질병, 장애, 노령 또는 그 밖의 사유로 인하여 판단능력이 상실되
었거나 또는 불완전한 상태인 사람이 후견인의 도움을 받아 본인의 잔존능력을 이용
하여 스스로 일상생활을 유지할 수 있도록 사회복지서비스 및 재산관리와 같은 사무
처리를 지원하는 제도'로서, 개인의 인권을 보호하고 잔존능력에 기반한 자립적 삶을
지원하기 위한 제도이다. 성년후견제도는 자기결정권의 존중, 잔존능력의 활용, 정
상화의 원리, 자립생활 지원이라는 이념에 기반하여 운용된다. 즉, 정신적 제약 등으
로 인하여 판단능력이 부족한 사람도 외부의 간섭 없이 자신의 삶과 관련된 결정을

자유롭게 내리고 그에 따라 행동하며, 남아 있는 능력을 최대한 존중받아야 하며, 사회 구성원으로서의 권리를 누리며 지역사회 내에서 통상적 생활을 영위할 수 있어야 하며, 자신의 삶과 관련된 의사결정 과정에 참여하고 자신이 가진 능력을 최대한 활용하여 스스로 살아갈 수 있도록 도와야 한다.

성년후견제도의 도움을 받기 위한 피후견인이 되기 위해서는 가정법원의 심판을 받아야 한다. 피후견인은 질병, 장애, 노령, 그 밖의 사유로 인하여 자신의 행위의 의미나 결과를 정상적인 인식력과 예기력을 바탕으로 합리적으로 판단할 수 있는 정신적 능력 내지는 지능이 결여되어 단독으로 유효한 법률행위를 할 수 있는 능력이 없는 행위무능력자, 즉 보호를 필요로 하는 성인이다. 피후견인이 되기 위해서는 본인, 배우자, 4촌 이내의 친족, 후견인, 후견감독인, 검사 또는 지방자치단체의 장이 가정법원에 후견 신청을 하여 성년후견 심판을 받음으로써 피후견인의 자격을 얻게 된다.

성년후견인이란 성년후견제도에서 피성년후견인에게 1차적인 후견 사무를 담당하는 사람들을 통칭하는 용어이다. 법정후견제도에서 가정법원이 피후견인의 복리를 위하여 후견인을 직권으로 선임하지만, 이때에도 피후견인의 의사를 존중하고 건강, 생활관계, 재산상황, 성년후견인이 될 사람의 직업과 경험, 피후견인과의 이해관계의 유무 등의 사정을 고려하여 선임한다. 후견인이 될 수 있는 사람은 근친의 가족 이외에 법률전문가, 사회복지전문가, 법인 등 제 3자가 후견인으로 참여할 수 있는데, 근친 가운에 후견인이 될만한 사람이 없거나 부적당한 경우에는 제3자가 후견인으로서의 역할을 맡을 수 있게 된다. 그리고 피후견인의 신상과 재산에 관한 제반 사정을 고려하여 복수의 후견인을 선임할 수도 있으며, 자연인뿐 아니라 법인도 후견인이 될 수도 있다. 그러나 ① 미성년자, ② 피후견인, ③ 회생절차 개시 결정 또는 파산 선고를 받은 자, ④ 자격정지 이상의 형의 선고를 받고 그 형기(刑期) 중에 있는 사람, ⑤ 법원에서 해임된 법정대리인, ⑥ 법원에서 해임된 후견인과 그 감독인, ⑦ 행방이 불분명한 사람, ⑧ 피후견인을 상대로 소송을 하였거나 하고 있는 자 또는 그 배우자와 직계혈족은 성년후견인이 될 수 없다. 후견인은 정당한 사유가 있는 경우에는 가정법원의 허가를 받아 사임할 수 있고, 가정법원은 피후견인의 복리를 위하여 후견인을 변경할 필요가 있다고 인정하면 직권으로 또는 피후견인, 친족, 후견감독인, 검사,

지방자치단체장의 청구에 의하여 후견인을 변경할 수 있다.

　피후견인이 이용 가능한 성년후견제도는 크게 법정후견제도와 임의후견제도로 나뉜다. 법정후견제도는 법으로 미리 후견인의 역할과 권한 그리고 의무, 책임에 대해 미리 정해 두고, 가정법원이 피후견인의 판단능력의 정도에 따라 성년후견, 한정후견, 특정후견을 판정하는 제도를 말한다. 임의후견제도는 본인이 온전한 판단능력을 갖고 있을 때 후견인이 될 사람을 미리 지정하여 그 의사를 물어 선임하고, 추후 예상되는 후견의 내용에 관한 사항을 공정증서로 작성하여 등기를 하고, 후견 개시의 필요가 발생할 경우 법원에 신청하여 임의후견감독인을 선임하면 효력이 발생하는 제도이다. 성년후견인의 유형을 비교해 보면 다음 〈표 13-6〉과 같다.

표 13-6 성년후견인의 유형별 비교

구분	법정후견인			임의후견인
	성년후견인	한정후견인	특정후견인	
후견인 선임 요건 (정신 제약 정도)	• 사무처리 능력의 지속적 결여	• 사무처리 능력이 부족	• 일시적 혹은 특정한 사무에 관한 후원 필요	• 사무처리 능력이 부족하거나 부족하게 될 상황에 대비
후견심판 청구권자	• 본인, 배우자 · 4촌 이내 혈족, 후견인(감독인), 검사, 지방자치단체장	• 좌동	• 성년/한정후견인(감독인)은 청구권자에서 제외	• 본인, 배우자 · 4촌 이내 혈족, 임의후견인, 검사, 지방자치 단체장(후견감독인 선임청구)
후견인 결격사유	• 파산자, 법원이 해임한 후견인(감독인), 피후견인 대상 소송 경험 또는 진행 중인 자(그 가족) 등	• 좌동	• 좌동	• 성년 · 한정 · 특정후견인 결격사유 외에 현저한 비행, 후견계약에 정한 임무에 적합하지 않은 경우도 배제
후견인의 선임	• 법원이 선임, 추가 · 변경 가능	• 좌동	• 좌동	• 공정증서로 작성된 후견계약에 의함 • 법원의 감독인 선임으로 효력 발생

후견인 선임의 효과	• 피성년후견인의 행위는 취소 가능 • 일상생활에 필요하고 대가가 과도하지 않은 경우 취소 불가 • 법원이 취소할 수 없는 본인의 법률 행위 설정 가능	• 후견인의 동의를 받아야 하는 행위를 단독으로 한 경우 취소 가능 • 일상생활에 필요하고 대가가 과도하지 않은 경우 취소 불가	• 피특정후견인의 행위 능력을 제한하는 규정은 없음 • 특정후견인의 대리권이 인정되는 범위라도 피특정후견인 단독행위 가능	• 피임의후견인의 행위능력을 제한하는 규정은 없음
후견의 종료	• 후견인의 사임 신청 → 가정법원 허가 • 가정법원이 해임 · 신 후견인 선임 • 후견사유의 해소	• 좌동	• 좌동 • 후견기간의 만료	• 임의후견인 결격사유 발생 시 가정법원이 해임 • 후견감독인 선임 전에는 언제나, 선임 후에는 법원허가로 후견계약 철회(쌍방)
후견인의 권한	• 법정대리권 • 재산관리권 • 신상결정 동의권(법원이 권한 부여한 경우) • 신분행위 동의권	• 법원에 의하여 위임된 범위 내에서 대리권 보유 • 신상 결정 동의권(법원이 권한 부여한 경우) • 신분행위 동의는 원칙적으로 불가	• 법원에서 결정된 특정 기간 및 특정 사안에 대해서만 대리권 보유 • 피후견인의 사무처리의 지원	• 후견계약에 의함
후견 감독인	• 성년후견감독인(임의)	• 한정후견감독인(임의)	• 특정후견감독인(임의)	• 임의후견감독인(필수)
가정 법원의 권한	• 피후견인 재산상황 조사권, 특정처분 명령권 • 중요한 신상결정 등에 대한 허가권	• 피후견인 재산상황 조사권, 특정처분 명령권 • 중요한 신상결정 등에 대한 허가권	• 피후견인 재산상황 조사권, 특정처분 명령권	• 임의후견감독인의 보고를 받고 보고 요구 가능 • (임의후견감독인에 대한) 임의후견인 사무 및 피후견인 재산상황 조사 명령권, 필요한 처분 명령권

출처: 보건복지부(2013). 발달장애인 성년후견지원 사업안내.

2) 노인보호전문기관의 학대 예방 및 개입서비스

노인보호전문기관은 노인학대 관련 업무를 전담하는 유일한 기관으로서, 2023년 현재 1개소의 중앙노인보호전문기관과 37개소의 지역노인보호전문기관이 운영되고 있다(중앙노인보호전문기관, https://noinboho1389.or.kr). 노인보호전문기관은 노인학대 등 노인권익 침해 문제에 대해 전문적이고 체계적으로 대처하고, 노인학대 예방 및 노인인식 개선사업 등을 통하여 노인의 삶의 질 향상을 도모하는 데 목적을 두고 있다.

중앙노인보호전문기관은 노인인권보호 관련 정책제안, 노인인권보호를 위한 연구 및 프로그램의 개발, 노인학대 예방의 홍보, 교육자료의 제작 및 보급, 노인보호전문사업 관련 실적 취합, 관리 및 대외자료 제공, 지역 노인보호전문기관의 관리 및 업무지원, 지역노인보호전문기관 상담원의 심화교육, 관련 기관 협력체계의 구축 및 교류, 노인학대 분쟁사례 조정을 위한 중앙노인학대사례판정위원회 운영 및 그 밖에 노인의 보호를 위하여 대통령령으로 정하는 사항에 관한 사무를 담당한다.

지역노인보호전문기관은 학대받는 노인의 발견 · 보호 · 치료 등을 신속히 처리하고 노인학대를 예방하기 위하여, 노인학대 신고전화의 운영 및 사례접수, 노인학대 의심사례에 대한 현장조사, 피해노인 및 노인학대자에 대한 상담, 피해노인에 대한 법률 지원의 요청, 피해노인가족 관련자와 관련 기관에 대한 상담, 상담 및 서비스 제공에 따른 기록과 보관, 일반인을 대상으로 한 노인학대 예방교육, 노인학대 행위자를 대상으로 한 재발방지 교육, 노인학대 사례 판정을 위한 지역노인학대사례판정위원회 운영 및 자체 사례회의 운영과 그 밖에 노인의 보호를 위하여 보건복지부령으로 정하는 사항에 관한 사무를 담당한다.

노인보호전문기관의 주요 서비스 내용 중에서 노인학대 신고와 위기상담을 위하여 긴급전화(☎ 1577-1389)를 설치하여, 24시간 위기상담서비스를 제공하고 있다. 그리고 전화, 내방, 이동상담, 가정방문, 서신, 온라인 등의 다양한 통로를 통하여 노인학대 사례가 신고 또는 접수되면, 현장조사와 사정(assessment)을 한 후 사례에 대한 판정절차를 거쳐, [그림 13-2]의 절차에 따라서 학대받은 노인에 대한 사례관리서비

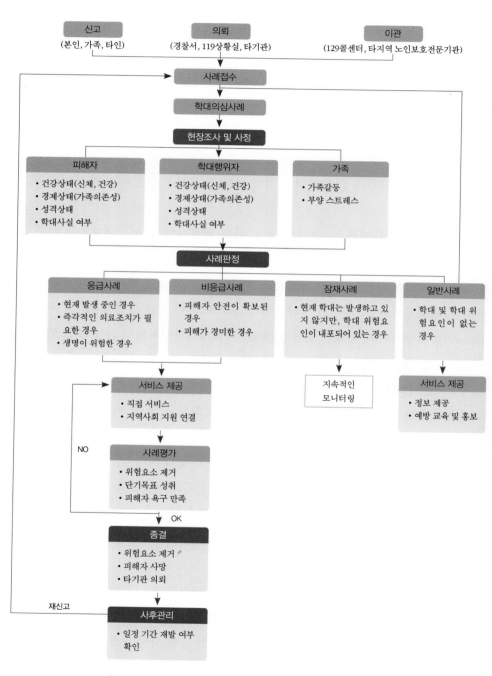

[그림 13-2] 노인보호전문기관의 노인학대 사례관리 흐름도

출처: 보건복지부(2023b). 노인보건복지사업안내.

스를 제공한다. 노인학대 예방 교육사업으로 노인, 가족, 지역주민, 노인학대 신고의무자, 관련기관 종사자 등을 대상으로 교육을 실시하고 있으며, 지역주민의 노인학대에 대한 인식을 제고하기 위하여 다양한 노인학대 홍보사업을 실시하고 있다. 그 외에 노인복지시설 종사자와 노인학대 신고의무자 등을 대상으로 한 노인 인권교육을 실시하고 있다.

학대피해노인 전용쉼터는 학대피해노인에 대한 일정 기간 보호조치 및 심신 치유 프로그램 제공을 통해 학대피해노인에 대한 보호를 강화하고, 학대행위자 및 그 가족들에 대해 전문상담 서비스를 제공함으로써, 재학대 발생 예방과 원가정 회복을 지원하는 데 목적을 둔 노인복지시설로서, 지역노인보호전문기관에 병설하여 운영되고 있다. 이 시설에서 제공하는 서비스는 ① 학대피해노인의 보호와 숙식제공 등의 쉼터 생활지원, ② 학대피해노인의 심리적 안정을 위한 전문심리상담 등의 치유 프로그램, ③ 학대피해노인에게 학대로 인한 신체 및 정신적 치료를 위한 기본적 의료비 지원, 학대 재발 방지와 원가정 회복을 위한 노인학대 행위자 등에 대한 전문상담서비스, 그리고 ④ 학대행위자에 대한 법률 자문 등이다. 이 시설의 입소정원은 5~9명 이하이며, 보호기관은 4~6개월 이내이다. 종사자로 소장 1명, 사회복지사 또는 정신보건전문요원 2명 그리고 요양보호사 4명을 배치하여 서비스를 제공한다.

참고문헌

강경자, 강미정(2021). 국내 노인 치매 대상자에게 적용한 원예치료의 효과: 메타분석. 정신간
　　호학회지, 30(4), 352-368.

건강보험심사평가원(2018). 치매 환자의 의료 이용.

건강보험심사평가원(2021). 2020년 진료비 통계지표.

고대식(2000). 복지시설용 정보통신시스템: 치매노인 대소변 배설 감지 및 리마인드 시스템
　　을 중심으로. 한국노년학회 2000년도 춘계학술대회 자료집, 85-91.

국가인권위원회(2004a). 국제인권장전 유엔인권해설집.

국가인권위원회(2004b). 교사를 위한 학교인권교육의 이해.

국가인권위원회(2006). 국가인권정책기본계획 권고안(2007~2011).

국민건강보험공단(2020). 건강보험통계연보.

국민건강보험공단(2022a). 노인장기요양보험 통계연보.

국민건강보험공단(2022b). 2021 노인장기요양보험 통계연보.

국민건강보험공단(2022c). 2021년 의료급여 통계연보.

국민건강보험공단(2023). 2023년도 노인장기요양보험 민원상담 사례집.

권영철, 박종한(1989). 노인용 한국판 Mini-Mental State Examination(MMSE-K)의 표준화 연구, 제1편: MMSE-K의 개발. 신경정신의학, 28, 125-135.

권중돈(1994a). 한국 치매노인 가족의 부양부담 사정에 관한 연구. 연세대학교 박사학위논문.

권중돈(1994b). 치매환자의 부양실태와 대응전략. 한국보건사회연구원.

권중돈(1995a). 노인복지의 동향. 한국사회과학연구소(편). 한국 사회복지의 이해 (pp. 364-373). 서울: 동풍.

권중돈(1995b). 치매환자 가족의 가족관계 변화와 가족치료적 접근. 한국가족치료학회지, 2, 1-16.

권중돈(1995c). 한국치매가족연구. 서울: 홍익재.

권중돈(1996). 치매노인 가족을 위한 서비스 개발. 한국노인문제연구소. 노인복지정책연구. 1996년 하계호, 151-185.

권중돈(1997). 치매노인 가족의 갈등과 스트레스 관리. 한국치매협회. 치매조호(助護)의 실제, 87-98.

권중돈(2001a). 치매노인 부양가족에 대한 지원과 개입. 제13회 한국가족치료학회 추계학술대회 자료집: 문제별 가족치료 전략, 11-26.

권중돈(2001b). 치매노인·장애인을 위한 간호·치료용 전문가시스템의 수요자 특성 분석. 대전: (주)알파인터넷.

권중돈(2002). 치매! 어떻게 할까요?. 대전: 한국치매가족협회 대전지부.

권중돈(2004a). 노인학대에 영향을 미치는 요인. 한국노년학, 24(1), 1-20.

권중돈(2004b). 치매환자를 위한 프로그램의 실제. 서울: 학현사.

권중돈(2005). 치매환자의 사례관리. 서울시치매환자종합상담센터. 치매간호 전문인력 양성교육, 81-95.

권중돈(2006). 노인복지실천에서의 인권관점 도입 방안 고찰. 광진노인종합복지관 개관 3주년 기념세미나 자료집.

권중돈(2009). 노인돌봄기본서비스의 실제(기본교육). 보건복지가족부.

권중돈(2010a). 인권관점 노인복지 실천방안 모색. 한국노인복지실천연구회 창립총회 및 기념세미나 자료집, 1-25.

권중돈(2010b). 치매환자와 가족의 인권보호. 권중돈, 양철호, 오세근, 김경호, 조미경, 양동석. 치매와 인권. 광주: 광주대학교출판부.

권중돈(2012). 인권과 노인복지실천. 서울: 학지사.

권중돈(2018). 노인복지정책의 관점에서 본 치매대응체계 진단과 과제, 보건사회연구 38(1), 9-36.

권중돈(2021). 인간행동과 사회복지실천: 이론과 적용(2판). 서울: 학지사.

권중돈(2022). 노인복지론(8판). 서울: 학지사.

권중돈, 김은주, 김철중, 박지영, 이병만, 이은영(2009a). 노인분야 인권교육 교재. 국가인권위원회.

권중돈, 김은주, 박지영, 이은영(2009b). 노인복지시설 인권매뉴얼. 한국노인복지시설협회.

권중돈, 이은영, 박현주, 이은주, 정희남(2014). 노인 인권 길라잡이. 서울: 국가인권위원회.

권중돈, 조학래, 윤경아, 이윤화, 이영미, 손의성, 오인근, 김동기(2022). 사회복지학개론(5판). 서울: 학지사.

김경미(2018). 작업치료의 이해. 전세일(편). 재활치료학(개정판)(pp. 235-255). 서울: 계축문화사.

김경수, 이지아(2019). 회상요법이 치매노인의 우울증상에 미치는 효과: 체계적 문헌고찰 및 메타분석. 대한간호학회지, 49(3), 225-240.

김경화(2021). 회상요법을 적용한 집단미술치료가 치매노인의 우울, 의사소통, 자기효능감, 주관적 행복감에 미치는 영향. 산업진흥연구, 6(4), 59-68

김귀분(1997). 치매환자의 신체간호. 한국치매협회. 치매조호의 실제, 113-124.

김도연, 이혜미, 배지우, 정남해(2022). 집단미술치료가 치매 노인에게 미치는 영향에 대한 체계적 고찰. 대한통합의학회지, 10(4), 71-81.

김미옥, 정진경, 김희성, 최영식, 윤덕찬(2006). 장애인생활시설 인권교육교재 및 프로그램 개발. 국가인권위원회.

김미혜(1999). 노인과 인권. 복지동향, 8, 31-40.

김범생(2001). 치매란 무엇인가?. 대한치매연구회. 일반인을 위한 치매 안내서, 1-5.

김수영, 김재우, 손수경, 민소영(2007) 치매노인 가족부양자 대상 집단교육프로그램의 효과성. 노인복지연구, 36, 7-34.

김양이(1999). 치매환자 주부양자를 위한 스트레스 관리훈련의 효과. 서울여자대학교 대학원 박사학위논문.

김영숙(1997). 치매노인의 심리사회적 재활을 위한 집단 프로그램 개발에 관한 연구. 한국노
　　년학, 17(3), 53-69.

김영숙(1997). 치매환자와의 의사소통. 한국치매협회. 치매조호의 실제, 41-52.

김정희(2006). 치매노인을 위한 질적인 환경관리. 한국치매가족협회. 치매전문인력 양성교육
　　교재, 187-192.

김주희, 양경희, 안수연, 서문숙, 정주연, 정명실, 최선하(1998). 노인간호학(개정판). 서울: 현문사.

김중섭(2001). 한국 지역사회의 인권: 2001 진주지역 사례연구. 서울: 오름.

김지영(2011). 치매환자 급여서비스 활성화 방안: 공급자 측면. 한림대학교 치매예방센터. 치
　　매와 노인장기요양보험, 48-56.

김찬영(2022). 집단음악치료가 치매노인의 인지기능 및 무력감에 미치는 효과: 단일사례연
　　구. 한국웰니스학회지, 17(2), 407-413.

김현미(2006). 치매환자의 일상생활원조: 이동 및 보행분석. 한국치매가족회. 치매전문인력 양
　　성교육 교재, 173-198.

김홍렬, 윤숙영(2003). 치매노인의 기억력 향상과 정서적 안정에 미치는 원예치료의 효과. 화
　　훼연구, 11(1), 61-66.

대한민국 정부(2010). 제2차 저출산 고령사회 기본계획: 새로마지 플랜 2015.

대한민국 정부(2020). 제4차 저출산 · 고령사회 기본계획.

류은숙(2009). 인권의 이해. 보건복지가족부, 한국정신사회재활협회. 정신보건시설 인권교육
　　참고교재(I), 9-33.

민성길(2006). 최신정신의학(제5판). 서울: 일조각.

박수천(2005). 노인 인권 보호의 세계 동향과 성년후견인제 도입방안. 한국노인복지학회 2005년 추계학술대회 자료집, 11-34.

박종한, 고효진(1991). 경북 영일군 1개면 노인들의 치매의 원인적 분류 및 주요 치매의 상대적 유병률. 신경의학, 3, 885-891.

박창환, 권규준, 김수경(2019). 경도인지장애 및 치매노인을 위한 작업치료 효과에 관한 체계적 고찰. 대한작업치료학회지, 27(4), 1-13.

박현주, 서명옥(2009). 미술치료의 매체활용법. 서울: 학지사.

밝은 노후(2004). NAP수립을 위한 노인권 기초현황조사. 국가인권위원회.

보건복지가족부(2008). 치매 종합관리대책.

보건복지부(1996). 삶의 질 세계화를 위한 노인·장애인복지 종합대책.

보건복지부(2000). 고령화와 관련된 국제행동계획과 노인을 위한 유엔원칙.

보건복지부(2002). 고령사회에 대비한 노인보건복지 종합대책.

보건복지부(2008). 제1차 치매관리 종합대책(2008~2012년).

보건복지부(2010). 맞춤형 치매 사례관리 안내.

보건복지부(2012). 제2차 국가치매관리종합계획(2013~2015년)

보건복지부(2013). 발달장애인 성년후견지원 사업안내.

보건복지부(2015). 제3차 치매관리종합계획(2016~2020년).

보건복지부(2017). 치매 국가책임제 추진계획.

보건복지부(2020). 제4차 치매관리종합계획(2021~2025년).

보건복지부(2022). 장기요양급여 제공 기준 및 급여비용 산정방법 등에 관한 고시.

보건복지부(2023a). 2023년 치매정책 사업안내.

보건복지부(2023b). 노인보건복지사업안내.

보건복지부(2023c). 2023년도 보건복지부 소관 예산 및 기금운용계획 개요.

보건복지부, 국립중앙의료원, 중앙치매센터(2023a). 나에게 힘이 되는 치매가이드북.

보건복지부, 국립중앙의료원, 중앙치매센터(2023b). 대한민국 치매현황 2022.

보건복지부, 국민건강보험공단(2023a). 노인장기요양보험 급여 이용 안내.

보건복지부, 국민건강보험공단(2023b). 치매전담형 장기요양기관운영 매뉴얼.

보건복지부, 분당서울대병원(2011). 치매노인 실태조사.

보건복지부, 중앙치매센터(2017a). 중고도 치매환자를 위한 비약물치료법 개발 연구: 나답게 하루하루 프로그램.

보건복지부, 중앙치매센터(2017b). 2016년 전국 치매역학조사.

보건복지부, 중앙치매센터(2018). 치매 환자의 낙상 방지를 위한 주거환경 만들기.

보건복지부, 중앙치매센터(2014). 치매예방운동법(포스터 및 동영상). 중앙치매센터 홈페이지(https://www.nid.or.kr/notification/notice_view.aspx?BOARD_SEQ=1065)

보건복지부, 한국영양학회(2020). 한국인 영양소 섭취기준(개정판).

서울대학교 지역의료체계 시범사업단(1994). 치매환자 관리사업 개발.

서울대학교병원(2008). 2008년 치매노인 유병률 조사.

서정근, 이종석, 곽병화, 곽혜란, 이애경(2000). 식물과 인간이 함께하는 원예 치료학. 서울: 단국
　　대학교출판부.

서혜경(2001). 노인권익운동의 오늘과 내일. 밝은 노후, 창간호, 25-31.

손기철, 박석근, 부희옥, 배공영, 백기엽, 이상훈, 허복구(2002). 원예치료. 서울: 중앙생활사.

손숙미(1997). 치매환자의 영양관리. 한국치매협회. 치매조호의 실제, 89-98.

손정표(2018). 신독서지도방법론(수정증보3판). 서울: 태일사

실버스핸드(2000). 작업치료 캐비넷과 작업운동기구.

안치민(2003). 복지권의 구성과 성격. 한국사회복지학. 55, 5-25.

연병길(2001). 치매와 우울증. 한국치매가족회. 전국치매순회교육, 50-56.

염형국(2004). 시설장애인의 인권보장을 위한 실천방안 모색. 교남 소망의 집 개원 22주년 기념
　　세미나 자료집.

오홍근(2000). 향기요법. 서울: 양문.

유수정(2006). 치매 증상 간호. 한국치매가족회. 치매전문인력 양성교육 교재, 193-206.

이근매, 아오키 도모코(2010). 상담자, 심리치료사, 사회복지사, 교사를 위한 콜라주 미술치료. 서울:
　　학지사.

이근홍(1998). 케이스 매니지먼트. 서울: 대학출판사.

이금재(2006). 치매환자 간호의 원칙과 자세. 한국치매가족회. 치매전문인력 양성교육 교재,
　　99-108.

이봉철(2001). 현대인권사상. 서울: 아카넷.

이상규(2001). 치매의 자가진단. 한국치매가족회. 전국치매순회교육, 43-49.

이상일(1999). 다시 보는 노인과 치매. 서울: 이상일 신경정신과 의원.

이상훈(2006). 치매노인을 위한 원예치료적 접근. 한국치매가족협회. 2006 치매전문인력 양성 교육, 313-321.

이상훈, 임은애, 조문경, 손기철(2007). 원예치료가 치매노인의 우울과 자아존중감에 미치는 영향. 인간식물환경학회지, 10(4), 40-47.

이석준(2001). 고령화사회의 노인인권보장에 관한 연구. 고려대학교 대학원 석사학위논문.

이선영(2005). 라벤더 향요법 손마사지가 치매노인의 인지기능, 정서 및 공격행동에 미치는 효과. 대한간호학회지, 35(2), 303-312.

이성희(1991). 치매노인의 이해와 간호. 서울: 서울특별시 중부노인종합복지관.

이성희(1995a). 치매노인 간호방법. 서울: 선육출판사.

이성희(1995b). 치매와 식생활. 서울: 선육출판사.

이성희(1995c). 치매노인을 위한 안전보호. 서울: 선육출판사.

이성희(1999). 치매상담매뉴얼: 상담요원용. 보건복지부.

이성희(2001). 알기 쉬운 치매 Q&A. 서울: 선육출판사.

이성희, 권중돈(1993). 치매노인과 가족의 생활실태 및 복지욕구. 서울: 북부노인종합복지관.

이유나, 박지혁, 임경민(2013). 신체활동 작업치료가 치매노인의 실행기능에 미치는 영향. 한 국콘텐츠학회논문지, 13(5), 322-331.

이윤로, 김영숙, 배숙경, 김양이(2000). 치매노인과 사회복지실천: 데이케어센터를 중심으로. 서울:

학지사.

이진주(2001). 작업요법이 치매노인의 인지기능과 ADL기능 증진에 미치는 영향 연구. 목원대학교 대학원 석사학위논문.

이창수, 윤영철, 김영옥, 신수경, 조영임, 오영경(2005). 인권관련 정부통계 현황에 대한 실태조사. 국가인권위원회.

이하란, 박소정(2022). 경증치매 노인의 우울 완화를 위한 회상중심 미술치료 질적 사례 연구. 미술치료연구, 29(3). 497-522

임재원, 전병찬, 김예원, 장서인, 김수경(2022). 가정방문 작업치료 중재가 치매 환자의 인지기능과 일상생활수행에 미치는 영향: 체계적 고찰. 한국정신보건작업치료학회지, 9(1), 29- 40.

전세일(2011). 재활의학. 전세일(편). 재활치료학(개정판)(pp. 17-24). 서울: 계축문화사.

전수영(2021). 회상요법이 시설 치매노인의 인지기능에 미치는 효과. 보건의료산업학회지, 15(4), 93-105.

정여주(2018). 노인미술치료(2판). 서울: 학지사.

정일만(2011). 노인장기요양보험에서의 치매. 한림대학교 치매예방센터. 치매와 노인장기요양보험, 2-16.

정현주 외 16인(2006). 음악치료 기법과 모델. 서울: 학지사.

정현주(2022). 인간행동과 음악(2판). 서울: 학지사.

정현희, 이은지(2017). 실제 적용 중심의 노인 미술치료(2판). 서울: 학지사.

조옥주(2006). 치매환자의 일상생활 원조. 한국치매가족회. 치매전문인력 양성교육 교재,

135-146.

조유향(2009). 노인간호(4판). 서울: 현문사.

조현, 박춘화, 김혜옥(2001). 노인간호학. 서울: 현문사.

조효제(2007). 인권의 문법. 서울: 후마니타스.

주리애(2021). 미술치료학(2판). 서울: 학지사.

채공주, 이미경, 남은숙, 이호연(2021). 음악요법이 치매노인의 인지기능, 초조행동, 불안 및 우울에 미치는 효과: 체계적 고찰 및 메타분석. 한국산학기술학회논문지, 22(1), 220-230.

최병철, 문지영, 문서란, 양은아(2015). 음악치료학(3판). 서울: 학지사.

최성재, 장인협(2010). 고령화사회의 노인복지학. 서울: 서울대학교출판문화원.

최영애(2003). 원예치료. 서울: 학지사.

통계청(2021a). 장래인구추계.

통계청(2021b). 2020년 생명표.

하양숙(1997). 치매환자를 위한 환경관리. 한국치매협회. 치매조호의 실제, 55-64.

한경아, 문리학(2019). 치매노인 대상 미술치료의 효과성에 대한 메타분석. 예술심리치료연구, 15(3). 285-311.

한국보건사회연구원(1997). 치매관리 Mapping 개발연구.

한국청소년개발원(1996). 인간관계 수련활동.

한국케어복지협회 편(2007). 케어기술론(개정판). 서울: 나눔의 집.

한림대학교(1997). 경기도 지역정신보건사업 광명시 치매관리 모형 개발.

형주병원(2000). 치매: 환자와 가족을 위하여.

황병용(2001). 운동치료의 적용사례와 실천. 한국치매가족협회. 치매노인 활동 프로그램 개발과
    실제, 15-24.

金榮敏(1996). 痴'c性 老人の生活障害と生活空間に關する硏究. 京都府立大學 碩士論文.

小泉直子 外(1993). 在宅癡'c老人の介護を繼續する沮害要因について. 厚生の指標, 40, 19-23.

Alzheimer's Association (2006). *Maintain your brain.*

Alzheimer's Association (2009a). *Dementia care practice recommendations for professionals
    working in a home setting.*

Alzheimer's Association (2009b). *If you have Alzheimer's disease.*

Alzheimer's Association (2010a). *Basics of Alzheimer's disease.*

Alzheimer's Association (2010b). *Behaviors.*

Alzheimer's Association (2011). *2011 Alzheimer's disease facts and figures.*

American Psychiatric Association (2013). *Diagnostic and Statistical Manual of Mental
    Disorders(DSM-5).* Washington, DC.: American Psychiatric Association.

Aneshensel, C. S., Pearlin, L., & Schuler, R. H. (1993). Stress, role capacity, and the
    cessation of caregiving. *Journal of Health and Social Behavior, 34,* 54-70.

Baldwin, B., Kleeman, K., Stevens, G., & Rasin, J. (1989). Family caregiver stress: Clinical assessment and management. *International Psychogeriatrics, 1*, 195-194.

Barusch, A. (1988). Problems and coping strategies of elderly spouse caregivers. *The Gerontologist, 28*, 677-685.

Beaver, M. L. (1983). *Human service practice with the elderly.* Englewood Cliffs, NJ: Prentice-Hall.

Bergman, A., Wells, L., Bogo, M., Abbey, S., Chandler, V., Embleton, L., Guirgis, S., Huot, A., McNeill, T., Prentice, L., Stapleton, D., Shekter-Wolfson, L., & Urman, S. (1993). High-risk indicators for family involvement in social work in health care: A review of the literature. *Social Work, 38*, 281-288.

Brotons, M., Koger, S., & Pickeett-Cooper, P. (1977). Music and dementia: A review of literature. *Journal of Music Therapy, 34,* 204-245.

Bruscia, K. E. (1998). *Dynamics of Music Psychotherapy.* Texas: Barcelona Publishers.

Burton, M. (1980). Evaluation and charge in a psychogeriatric ward through direct observation and feedback. *British Journal of Psychiatry, 137*, 566-571.

Butler, R. N. (1963). The life review: An interpretation of reminiscence in the aged. *Psychiatry, 26*, 65-76.

Cantor, M. H. (1986). Strain among caregivers: A study of experience in the United States. In L. E. Troll (Ed.), *Family issues in current gerontology* (pp. 246-263). New York: Springer.

Cattanach, L., & Tebes, J. K. (1991). The nature of elder impairment and its impact on family caregiver's health and psychosocial functioning. *The Gerontologist, 31*, 246–255.

Chenoweth, B., & Spencer, B. (1986). Dementia: The experience of family caregivers. *The Gerontologist, 26*, 267–272.

Cicirelli, V. G. (1988). A measure of filial anxiety regarding anticipated care of elderly parents. *The Gerontologist, 28*, 478–482.

Clipp, E. C., & George, L. K. (1993). Dementia and cancer: A comparison of spouse caregivers. *The Gerontologist, 33*, 534–541.

Cohen, U., & Weisman, G. D. (1991) *Holding on to home–designing environments for people with dementia*. Baltimore, MD: Johns Hopkins University Press.

Deimling, G. T., & Bass, D. M. (1986). Symtoms of mental impairment among elderly adults and their effects on family caregivers. *Journal of Gerontology, 41*, 778–784.

Drachman, D. A., & Swearer, J. M. (1996). Screening for dementia: Cognitive assessment screening test(CAST). *American Family Physician, 54*, 1957–1962.

Farren, C. J., Keane-Hagerty, E., Salloway, S., Kupferer, S., & Wilken, C. (1991). Finding meaning: An alternative paradigm for Alzheimer's disease family caregivers. *The Gerontologist, 31*, 483–489.

Folstein, M. F., Folstein, S. E., & McHugh, P. H. (1975). Mini–mental state: A practical method for grading the cognitive state of patients for the clinician. *Journal of Psychiatric Research, 12*, 189-198.

Galtung, J. (1994). *Human rights in another key*. Cambridge, UK: Polity Press.

George L. K., & Gwyther, L. P. (1986). Caregiver well-being: A multidimensional examination of family caregivers of demented adults. *The Gerontologist, 26*, 253-259.

Gheorghiu, C. V. (2002). 25시(최규남 역). 서울: 홍신문화사.

Gilbert, N., & Terrell, P. (2013). *Dimensions of social welfare policy*. Boston: Pearson Education.

Giordano, J. A., & Rich, T. A. (2001). *The gerontologist as an administrator*. Conneticut: Auburn House.

Haller, R. L., & Kramer, C. L. (2010). 원예치료 방법: 의료서비스, 휴먼서비스, 지역사회 프로그램과 연계(최영애 역). 서울: 학지사.

Houlihan, J. P. (1987). Families caring for frail and demented elderly: A review of selected finding. *Family Systems Medicine, 5*, 344-356.

Huppert, F. A., & Brayne, C. (1994). What is the relationship between dementia and normal aging?. In F. A. Huppert, C. Brayne, & D. W. O'Connor (Eds.), *Dementia and normal aging* (pp. 3-11). New York: Cambridge University Press.

Ife, J. (2000). *Human rights and social work*. New York: Columbia University Press.

Jorm, A. F. (1994). A method for measuring dementia as a continuum in community surveys. In F. A. Huppert, C. Brayne, & D. W. O'Connor (Eds.), *Dementia and normal aging* (pp. 230-253). New York: Cambridge University Press.

Khalsa, D. S., & Stauth, C. (2006). 치매 예방과 뇌 장수법(장현갑, 추선희, 김정모, 허동규 공역). 서울: 학지사.

Kosberg, J. I., & Cairl, R. E. (1986). The cost of care index: A case management tool for screening informal care providers. *The Gerontologist, 26,* 273-277.

Kuhn, D. (1998). *Alzheimer's early stages.* Alameda, CA: Hunter House Publishers.

Lehrer, P. M., & Woolfolk, R. L. (1984). Are stress reduction techniques interchangeable or do they have specific effects?: A review of the comparative empirical literature. In R. L. Woolfolk & P. M. Lehrer (Eds.), *Principles and practice of stress management* (pp. 33-46). New York: The Guilford Press.

Lerner, M. J., Somers, D. G., Reid, D., Chiriboga, D., & Tierney, M. (1991). Adult children as caregivers: Egocentric biases in judgments of sibling contributions. *The Gerontologist, 31,* 746-755.

Mace, N. L., & Rabins, P. Y. (1999). *The 36-hour day.* New York: Warner Books.

McCormack, D., & Whitehead, A. (1981). The effect of providing recreational activities on the engagement level of long-stay geriatric patients. *Age and Aging, 10,* 287-291.

McMahon, A. W., & Rhudick, P. J. (1964). Reminiscing. *Archives of General Psychiatry, 10,* 292-298.

Mortimer, J. A. (1994). What are the risk factors for dementia?. In F. A. Huppert, & C. Brayne, & D. W. O'Connor (Eds.), *Dementia and normal aging* (pp. 208-229). New York: Cambridge University Press.

Moxley, D. P. (1989). *The Practice of Case Management*. New York: Sage.

Novak, M., & Guest, C. I. (1989). Application of a multidimensional caregiver burden inventory. *The Gerontologist, 29*(6), 798-803.

Oshagan, H., & Allen, R. L. (1992). Three loneliness scales: An assessment of their measurement properties. *Journal of Personality Assessment, 59*, 380-409.

O'Connor, G. (1988). Case management: System and practice. *Social Casework, 33*(1), 97-106.

Pearlin, L., Mullan, J., Semple, S., & Skaff, M. (1990). Caregiving and the stress process: An overview of concepts and their measures. *The Gerontologist, 30*, 583-594.

Poulshock, S. W., & Deimling, G. T. (1984). Families caring for elders in residence: Issues in the measurement of burden. *Journal of Gerontology, 39*, 230-239.

Rabins, P., Mace, N., & Lucas, M. (1982). The impact of dementia on the family. *Journal of the American Medical Association, 248*, 333-335.

Reighert, E. (2003). *Social work and human rights: A foundation for policy and practice*. New York: Columbia University Press.

Robinson, B. C. (1983). Validation of a caregiver strain index. *Journal of Gerontology, 38*, 344-348.

Rothman, T. (1991). A model of case management: Toward empirically based practice. *Social Work, 36*(6), 520-528.

Scharlach, A. E., Sobel, E. L., & Roberts, R. E. L. (1991). Employment and caregiver strain: An integrative model. *The Gerontologist, 31*, 778-787.

Smith, A. L., Cole, R., Smyth, K. A., Koss, E., Lerner, A. J., Rowland, D. J., Debanne, S. M., Petot, G. J., Teel, W., & Friedland, R. P. (1998). The protective effects of life-long, regular physical exercise on the development of Alzheimer's disease. *Neurology*, No. 4: Presentation at the Fiftieth Annual Meeting of the American Academy of Neurology.

Solomon, P. R., Hirchoff. A., Kelly, B., Relin, M., Brush, M., DeVeaux, R. D., & Pendlebury, W. W. (1998). A 7 minute neurocognitive screening battery highly sensitive to Alzheimer's disease. *Archives of Neurology, 55*, 349-355.

Springer, D., & Brubaker, T. H. (1984). *Family caregivers and dependent elderly: Minimizing stress and maximizing independence*. Beverly Hills, CA: Sage.

Steinberg, R. M., & Carter, G. W. (1983). *Case management and the elderly*. Lexington, MA: Lexington Books.

Stephens, M. A. P., Kinney, J. M., & Ogrocki, P. K. (1991). Stressors and well-being among caregivers to elder adults with dementia: The in-home versus nursing home experience. *The Gerontologist, 31*, 217-223.

Stommel, M., Given, C. W., & Given, B. A. (1990). Depression as and overriding variable explaining caregiver burdens. *Journal of Aging and Health, 2*, 81-102.

Strawbrige, W. J., & Wallhagen, M. I. (1991). Impact of family conflict on adult child caregivers. *The Gerontologist, 31*, 770-777.

Sweet, W. (Ed.). (2003). *Philosophical theory and the universal declaration of human rights*. Ottawa, ON: University of Ottawa Press.

UN Center for Human Rights (2005). 인권과 사회복지실천(이혜원 역). 서울: 학지사.

Unites Nations (2019). *World Population Aging*.

Van Deest, H. (1998). 음악치료(공찬숙, 여상훈 공역). 서울: 도서출판 시유시.

Vitaliano, P. P., Young, H. M., & Russo, J. (1991). Burden: A review of measures used among caregivers of individuals with dementia. *The Gerontologist, 31*, 67-75.

Wallace, P. (1999). *Agequake*. London: Nicholas Brealey.

Weil, M., & Karls, J. M. (1985). *Case management in human service practice: A systematic approach to mobilizing resources for clients*. San Francisco: Jossey-Bass.

White, M., & Goldis, L. (1992). Evaluation: Case managers and quality assurance. In B. S. Vorlekis & R. R. Greene (Eds.), *Social work case management*. New York: Aldine De Gruyter.

World Health Organization (2018). *ICD-11 for Mortality and Morbidity Statistics*.

Wronka, J. (1992). *Human rights and social policy in the 21st century*. Lanham, MD: Univ Press of America.

Youn, J. C., Kim, K. W., Lee, D. Y., Jhoo, J. H., Lee, S. B., Park, J. H., ··· & Woo, J. I. (2009). Development of the Subjective Memory Complaints Questionnaire. *Dementia and Geriatric Cognitive Disorders, 27*(4), 310–317.

Zarit, S. H., Reever, K. E., & Bach-Peterson, J. (1980). Relatives of the impaired elderly correlates of feeling of burden. *The Gerontologist, 20,* 649–655.

Zarit, S. H., & Zarit, J. M. (1982). Families under stress: Intervention for caregivers of senile dementia patients. *Psychotherapy, Theory, Research and Practice, 19,* 461–471.

〈인터넷 사이트〉
경제개발협력기구(OECD)(www.oecd.org)
국가법령정보센터(http://www.law.go.kr)
국민건강보험공단(http://www.nhic.or.kr)
국민체력 100(https://nfa.kspo.or.kr)
노인장기요양보험제도(http://www.longtermcare.or.kr)
대한노인정신의학회(http://www.kagp.or.kr)
대한작업치료사협회(http://www.kaot.org)
대한치매학회(http://www.thedementia.co.kr)
미국미술치료협회(http://www.arttherapy.org)
미국알츠하이머협회(http://www.alz.org)

미국원예치료협회(http://www.ahta.org)

미국음악치료협회(http://www.musictherapy.org)

미국작업치료사협회(http://www.aota.org)

보건복지부(http://www.mohw.go.kr)

세계음악치료연맹(http://www.wfmt.info)

세계작업치료사협회(http://www.wfot.org)

실버스핸드(http://www.silvershand.com)

영국작업치료사협회(www.rcot.co.uk)

위키피디아(http://www.wikipedia.org)

인권운동사랑방(http://www.sarangbang.or.kr)

중앙노인보호전문기관(www.noinboho1389.or.krs)

중앙치매센터(www.nid.or.kr)

한국원예치료복지협회(http://www.khta.or.kr)

한국치매가족협회(http://www.alzza.or.kr)

한국치매협회(http://www.silverweb.or.kr)

찾아보기

저자 소개

권중돈(權重燉, Kwon Jung-Don)

　1960년 늦여름 경남 의령의 작은 동네에서 태어나 성장하였고, 숭실대학교에서 영어영문학을 전공, 사회사업학을 부전공한 후, 연세대학교 대학원에서 사회사업학 석사와 박사과정을 이수하였다. 가족, 정신장애, 노인이라는 세 가지 주제에 관심을 갖고 연구하여, 치매가족의 부양부담에 관한 주제로 박사학위 논문을 제출하였다.

　그 후 『사회복지학개론』(6판, 공저, 학지사, 2024), 『사회복지사의 길: 99가지 실천지혜』(학지사, 2024), 『노인복지론』(8판, 학지사, 2022), 『인간행동과 사회환경』(2판, 학지사, 2021), 『인간행동과 사회복지실천』(2판, 학지사, 2021), 『복지, 맹자에서 길을 찾다』(학지사, 2019), 『길에서 만난 복지: 해파랑길 770km를 걸으며』(학지사, 2018), 『복지, 논어를 탐하다』(학지사, 2015), 『인권과 노인복지실천』(학지사, 2012), 『노인복지 프로그램 개발의 실제』(공저, 학지사, 2012), 『자원봉사의 이해와 실천』(공저, 학지사, 2007), 『치매환자를 위한 프로그램의 실제』(현학사, 2004), 『한국치매가족연구』(弘益齋, 1997), 『집단사회사업방법론』(공저, 弘益齋, 1993) 등 노인복지와 사회복지실천, 전통사회복지 분야의 저서 15권과 다수의 논문을 발표하였다.

　보건복지부 산하 연구원인 한국보건사회연구원의 주임연구원으로 재직하였으며, 현재는 목원대학교 사회복지학과의 교수로 재직하고 있다. 또한 보건복지부의 국가치매관리위원과 민생제도개선위원, 대전광역시 노인복지정책위원 등으로 활동하였으며, 한국노인종합복지관협회, 한국노인복지중앙회, 독거노인종합지원센터, 사회복지공동모금회, 삼성복지재단, 현대자동차, 아산복지재단 등의 사회복지 프로그램 슈퍼바이저로 활동하였고, 그 외의 여러 사회복지법인, 기관과 단체의 이사, 자문위원, 운영위원 등으로 활동하였다.

　e-mail: kjd716@mokwon.ac.kr

치매와 가족(3판)

－다학제적 접근－

Dementia and the Family (3rd ed.)

2002년 9월 30일 1판(치매와 가족)　　　　1쇄 발행
2005년 1월 10일 1판(치매와 가족)　　　　2쇄 발행
2012년 2월 28일 2판(치매환자와 가족복지) 1쇄 발행
2021년 4월 20일 2판(치매환자와 가족복지) 2쇄 발행
2024년 2월 29일 3판(치매와 가족)　　　　1쇄 발행

지은이 • 권중돈

펴낸이 • 김진환

펴낸곳 • ㈜ 학 지 사
　　　　04031 서울특별시 마포구 양화로 15길 20 마인드월드빌딩
대표전화 • 02-330-5114　　팩스 • 02-324-2345
등록번호 • 제313-2006-000265호

홈페이지 • http://www.hakjisa.co.kr
인스타그램 • https://www.instagram.com/hakjisabook/

ISBN 978-89-997-3078-8　93330

정가 26,000원

출판미디어기업 학 지 사

간호보건의학출판 **학지사메디컬** www.hakjisamd.co.kr
심리검사연구소 **인싸이트** www.inpsyt.co.kr
학술논문서비스 **뉴논문** www.newnonmun.com
교육연수원 **카운피아** www.counpia.com
대학교재전자책플랫폼 **캠퍼스북** www.campusbook.co.kr